A Sabedoria do Eneagrama

A Sabedoria do Eneagrama

Guia completo para o crescimento psicológico e espiritual dos nove tipos de personalidade

Don Richard Riso
Russ Hudson

Tradução
MARTA ROSAS DE OLIVEIRA

EDITORA CULTRIX
São Paulo

Título original: *The Wisdom of the Enneagram.*

Copyright © 1999 Don Richard Riso e Russ Hudson.

Copyright da edição brasileira © 2003 Editora Pensamento-Cultrix Ltda.

1ª edição 2003.

15ª reimpressão 2023.

Publicado mediante acordo com The Bantam Dell Publishing Group, uma divisão da Random House, Inc.

Todos os direitos reservados. Nenhuma parte deste livro pode ser reproduzida ou usada de qualquer forma ou por qualquer meio, eletrônico ou mecânico, inclusive fotocópias, gravações ou sistema de armazenamento em banco de dados, sem permissão por escrito, exceto nos casos de trechos curtos citados em resenhas críticas ou artigos de revistas.

A Editora Cultrix não se responsabiliza por eventuais mudanças ocorridas nos endereços convencionais ou eletrônicos citados neste livro.

Direitos de tradução para o Brasil adquiridos com exclusividade pela
EDITORA PENSAMENTO-CULTRIX LTDA., que se reserva a
propriedade literária desta tradução.
Rua Dr. Mário Vicente, 368 – 04270-000 – São Paulo, SP – Fone: (11) 2066-9000
E-mail: atendimento@editoracultrix.com.br
http://www.editoracultrix.com.br
Foi feito o depósito legal.

Impresso por : Graphium gráfica e editora

Nove tipos distintos de personalidade...
Nove maneiras diferentes de ver a vida...
Nove modos de estar no mundo...

CADA TIPO POSSUI EXTRAORDINÁRIOS DOTES — E CORRE RISCOS PREVISÍVEIS

1. O REFORMISTA
Pode liderar pela integridade e pelo bom senso
OU sucumbir ao perfeccionismo e ao ressentimento

2. O AJUDANTE
Pode brilhar pela generosidade e pelo poder de cura
OU ver-se obrigado a lutar contra a adulação e a possessividade

3. O REALIZADOR
Pode tornar-se um inspirador exemplo de excelência e autenticidade
OU buscar o sucesso e o *status* a qualquer custo

4. O INDIVIDUALISTA
Pode ser um modelo de criatividade e intuição
OU cair na irritabilidade e na afetação

5. O INVESTIGADOR
Pode demonstrar inventividade e intelecto visionário
OU tornar-se cada vez mais isolado e excêntrico

6. O PARTIDÁRIO
Pode ser um exemplo de coragem e lealdade
OU ter de lutar contra a ansiedade e a rebeldia

7. O ENTUSIASTA
Pode ser um indivíduo ardente e realizado
OU deixar-se deter pela impaciência e impulsividade

8. O DESAFIADOR
Pode ser um líder forte e magnânimo
OU controlar e intimidar as pessoas

9. O PACIFISTA
Pode aglutinar as pessoas e sanar conflitos
OU ver-se preso na passividade e na teimosia

COMECE *SUA* JORNADA DE AUTOCONHECIMENTO FAZENDO O TESTE DA PÁGINA 24.

*Dedicamos este livro
à Razão de todo Ser,
Àquele de Quem viemos,
e a quem retornaremos,
a Fonte de sabedoria e Luz das luzes,
Aquele que cria, renova e mantém todas as coisas.
Que este livro, vindo de nosso coração,
possa falar ao coração de cada leitor.*

SUMÁRIO

Prefácio — Seres de Luz 11

I ▼ A JORNADA INTERIOR

1. Descobrindo seu Tipo de Personalidade 19
   Apresentação dos Nove Tipos 21
   O Questionário Riso-Hudson 24

2. Origens Antigas, Novas Revelações 29

3. Essência e Personalidade 37

4. O Cultivo da Percepção 46

5. O Eu Triádico 59
   As Tríades 59
   O Estilo Social — Os Grupos Hornevianos 70
   O Estilo de Confronto das Dificuldades — Os Grupos Harmônicos 74

6. Dinâmica e Variações 79
   As Asas 79
   As Variantes Instintivas 80
   Os Níveis de Desenvolvimento 85
   As Tendências Rumo à Integração e à Desintegração 97

II ▼ OS NOVE TIPOS DE PERSONALIDADE

7. *Tipo Um:* O REFORMISTA 107

8. *Tipo Dois:* O AJUDANTE 135

9. *Tipo Três:* O REALIZADOR 161

10. *Tipo Quatro:* O INDIVIDUALISTA 188

11. *Tipo Cinco:* O INVESTIGADOR 216

12. *Tipo Seis:* O PARTIDÁRIO 243

13. *Tipo Sete:* O ENTUSIASTA 270

14. *Tipo Oito:* O DESAFIADOR 297

15. *Tipo Nove:* O PACIFISTA 324

III ▼ INSTRUMENTOS PARA A TRANSFORMAÇÃO

16. O Eneagrama e a Prática Espiritual 353

17. A Jornada Espiritual — Sempre Agora 378

Agradecimentos 395

Bibliografia 398

Para Mais Informações 400

PREFÁCIO
Seres de Luz

TODOS NÓS SOMOS MOVIDOS por uma profunda inquietude interior. Podemos descrevê-la como a sensação de que algo nos falta, algo que geralmente é difícil de definir com exatidão. Temos mil idéias acerca do que pensamos que precisamos ou queremos — um relacionamento melhor, um emprego melhor, um carro melhor e por aí vai. Acreditamos que, se adquirirmos o relacionamento, o emprego ou o novo "brinquedo" perfeitos, a inquietude cessará, deixando-nos satisfeitos e completos. Mas a experiência nos ensina que o carro novo só nos faz sentir melhor por pouco tempo. O novo relacionamento pode ser fantástico, mas jamais nos preenche da maneira que pensávamos. Então o que *realmente* buscamos?

Se refletirmos por um instante, perceberemos que o anseio de nosso coração é *saber quem somos* e *por que estamos aqui*. Porém, nossa cultura pouco nos estimula a procurar respostas para essas questões tão importantes. Ensinaram-nos que a nossa qualidade de vida depende da melhoria de nossa riqueza exterior. Entretanto, mais cedo ou mais tarde, descobrimos que, apesar de seu valor, as coisas externas não podem falar à profunda inquietude de nossa alma.

Então, onde podemos buscar respostas?

Vários dos livros sobre transformação pessoal hoje disponíveis discorrem com eloqüência acerca do tipo de pessoa que todos nós gostaríamos de ser. Eles reconhecem a importância vital da compaixão, do espírito comunitário, da comunicação e da criatividade. Porém, por mais belas e desejáveis que essas (e outras) qualidades possam ser, é para nós muito difícil adotá-las ou praticá-las em nossa vida cotidiana. Nosso coração anseia por asas, mas quase sempre entramos em parafuso e nos chocamos

> "Há em cada ser vivo uma parte que deseja que ele se torne o que é: o girino em sapo, a crisálida em borboleta, o ser humano machucado em um ser inteiro. Isso é espiritualidade."
>
> ELLEN BASS

> "Parece-me que, antes de começarmos a viagem em busca da realidade, em busca de Deus, antes de agirmos ou podermos ter qualquer relação uns com os outros (...), é essencial que comecemos por compreender-nos a nós mesmos."
>
> KRISHNAMURTI

contra as rochas do medo, do hábito e da ignorância. Demasiadas vezes nossas boas intenções e nobres esperanças tornam-se simplesmente novas fontes de decepção. Desistimos de tudo, voltamos às nossas velhas distrações e tentamos esquecer a história toda.

Então a maioria dos atuais livros de psicologia está equivocada? Os seres humanos serão de fato incapazes de viver uma vida mais plena e satisfatória? Os grandes mestres da moral e do espírito sempre insistiram em que temos o potencial que nos permite atingir a grandeza — que, na verdade, somos criaturas divinas num sentido concreto. Então por que temos tanta dificuldade em admitir essa verdade e viver de acordo com ela?

Não acreditamos que a maioria dos livros de auto-ajuda esteja necessariamente errada, *mas apenas incompleta*. Tomemos como exemplo um tema mais simples, como a perda de peso. Há várias possíveis razões para alguém ter problemas com o peso ou com a comida: suscetibilidade ao açúcar, excesso de gordura na dieta, uso da comida para minorar a ansiedade ou diversas outras razões ligadas ao fator emocional. Sem identificar qual a razão que está causando o problema, será impossível solucioná-lo, por maior que seja o empenho.

Ao sugerir alguma coisa, o autor ou autora do livro de auto-ajuda se baseia normalmente em métodos que funcionaram para eles e que têm que ver com seu próprio caráter e sua maneira de ser. Se o leitor coincidir nisso com o autor, o método pode funcionar para ele. Mas, quando eles não "combinarem", em vez de conseguir auxílio, o leitor poderá ser induzido a erro.

Por isso, para funcionar, qualquer tentativa de crescimento deverá levar em conta o fato de que existem diferentes tipos de pessoa — *diferentes tipos de personalidade*. Historicamente, vários sistemas psicológicos e espirituais tentaram incorporar essa idéia-chave: a astrologia, a numerologia, os quatro temperamentos clássicos (fleumático, colérico, melancólico e sangüíneo), o sistema junguiano de tipos psicológicos (orientação extroversa ou introversa *versus* as funções da sensação, intuição, sentimento e raciocínio) e vários outros. Além disso, recentes estudos sobre o cérebro e o desenvolvimento infantil indicam que as diferenças mais marcantes de temperamento entre diferentes tipos de pessoas têm uma base biológica.

Essa diversidade explica por que um bom conselho para uma pessoa pode ser desastroso para outra. Dizer a certos tipos que se concentrem mais em seus sentimentos é como jogar água em quem está se afogando. Dizer a outros que precisam afirmar-se mais é tão insensato quanto mandar um anoréxico fazer dieta. Ao nos compreendermos e compreendermos os relacionamentos, o crescimento espiritual e diversas outras questões importantes, veremos que é o tipo — e não o gênero, a cultura ou as diferenças de geração — o fator crucial.

> "Independentemente de sua idade, criação e educação, a maior parte daquilo que você é consiste em potencial não aproveitado."
>
> GEORGE LEONARD

Acreditamos que em muitas áreas — na educação, nas ciências, nos negócios, nas humanidades e na terapia e, acima de tudo, na espiritualidade e na transformação — é preciso conhecimento dos tipos de personalidade. Embora nossos incansáveis anseios possam ser universais, a forma como os expressamos é muito particular e, de fato, é uma função do "filtro" através do qual vemos a vida. Nosso principal filtro — aquele que usamos para entender a nós mesmos e ao mundo que nos cerca, para expressar-nos, defender-nos, lidar com o passado e antecipar o futuro, para aprender, para alegrar-nos e para nos apaixonar — é o nosso tipo de personalidade.

> "Espiritualmente falando, tudo aquilo que se quer, almeja e necessita está sempre presente, acessível aqui e agora — para aqueles que têm olhos para ver."
>
> SURYA DAS

E se houvesse um sistema que nos permitisse ver e entender melhor quem somos e quem são os outros? E se esse sistema nos ajudasse a discernir melhor nossos filtros e levá-los em conta dentro de uma perspectiva mais adequada? E se ele pudesse mostrar-nos nossas principais questões psicológicas e nossos pontos fracos e fortes nas relações interpessoais? E se esse sistema não dependesse do veredicto de gurus ou especialistas, de nossa data de nascimento ou de nossa ordem de aparição na família, mas sim dos padrões de nossa personalidade e de nossa disposição para a auto-análise honesta? E se esse sistema não só nos mostrasse nossos principais problemas, mas também indicasse como lidar satisfatoriamente com eles? E se ele também nos fizesse voltar-nos para as profundezas de nossa alma? Esse sistema existe e é chamado de "Eneagrama".

SERES DE LUZ

Uma das coisas mais importantes de minha vida aconteceu há muitos anos, quando eu, Don, estava fazendo um retiro espiritual de uma semana de duração no norte do Estado de Nova York. Éramos cerca de cinqüenta pessoas e estávamos hospedados num hotel da virada do século, pertencente ao nosso mestre. Já que tanto o terreno quanto o interior da antiga casa sempre precisavam de manutenção, a situação se prestava maravilhosamente bem a que nos dedicássemos com todo afinco ao trabalho braçal — e a que observássemos nossas reações e resistências durante esse trabalho. O calor do verão era intenso; os chuveiros, poucos; as filas para os banheiros comuns, longas; e quase não havia períodos de descanso. Como bem sabíamos, nosso mestre havia maquinado todas aquelas situações para que os "traços" de nossas personalidades se evidenciassem, permitindo-nos a observação mais detalhada em meio à intensidade daquele laboratório de vida.

Uma bela tarde, tivemos a rara oportunidade de descansar 45 minutos entre uma tarefa e outra. Eu havia sido encarregado de raspar a pintura das paredes externas do velho hotel e estava coberto, da cabeça aos pés, de pequenos pedaços de reboco e tinta. No fim daquela sessão de trabalho, eu estava tão suado e exausto que nem me importava estar tão imundo — precisava dar um cochilo e, assim que fomos dispensados, fui o primeiro a subir e deitar-me na cama. A maioria das pessoas

> "O espírito é a força invisível que se vê na vida."
>
> MAYA ANGELOU

que dividiam o quarto comigo também subiu logo em seguida e, em menos de cinco minutos, estávamos todos prestes a cair no sono.

Justo nesse momento, o companheiro que faltava, Alan, entrou ruidosamente no quarto. Ele havia ficado encarregado de tomar conta dos filhos dos participantes do encontro e, pelo modo como jogava coisas em cima dos móveis, estava furioso por não poder abandonar seu serviço e dormir como nós. Entretanto, deu um jeito de subir e fazer tanto barulho que ninguém mais pôde descansar também.

Porém, logo após Alan haver feito sua aparição ruidosa, algo incrível me ocorreu: vi as reações negativas que ele havia despertado em mim crescerem em meu corpo como um trem que entra na estação e *eu não embarquei nesse trem*. Num instante de lucidez, vi Alan com sua raiva e frustração — vi seu comportamento pelo que era, sem maiores elaborações — e vi minha raiva "acumulando-se" para revidar — e não reagi a nada daquilo.

Simplesmente observando minhas reações — a raiva e autojustificação — sem as pôr em prática, senti como se um véu tivesse sido retirado de cima de meus olhos e *me abri*. Algo que normalmente bloqueava minha percepção se diluiu num átimo, e o mundo inteiro ganhou vida. Alan de repente era digno de amor e as outras pessoas eram perfeitas em suas reações, independentemente de quais estas fossem. De modo igualmente espantoso, quando virei a cabeça e olhei pela janela, vi tudo em torno de mim resplandecer numa luz que vinha de dentro. A luz do sol nas árvores, o balanço das folhas ao vento, o leve tremor das vidraças da velha janela, tudo era belo demais para ser dito em palavras. Estava maravilhado por tudo ser um milagre. Tudo, sem exceção, era belo.

Eu ainda estava atônito, imerso nesse êxtase, quando me juntei ao resto do grupo para uma meditação de fim de tarde. Enquanto a meditação se aprofundava, eu abri os olhos e olhei em torno, caindo em algo que só posso chamar de visão interior, algo cuja impressão permanece comigo há anos.

O que vi foi que cada um dos presentes era um "ser iluminado". Vi claramente que todos somos feitos de luz — que somos como formas luminosas. Mas sobre nós se forma uma crosta. Essa crosta é negra e viscosa como breu e obscurece a luz interior que é o eu verdadeiro de cada um. Algumas partes são muito espessas; outras são mais ralas e transparentes. Os que se trabalham há mais tempo têm menos breu e irradiam mais de sua luz interior. Devido a suas histórias pessoais, outros estão cobertos por uma maior quantidade de breu e precisam de muito trabalho para conseguir livrar-se dela.

Após cerca de uma hora, a visão se esvaiu e acabou por desaparecer. Quando a meditação chegou ao fim, mais trabalho nos aguardava e eu me apressei a oferecer-me para uma das tarefas mais evitadas: lavar pratos na abafada cozinha. Mas, como os resquícios do êxtase que sentira eram ainda palpáveis, também aquela tarefa foi um momento de felicidade.

Conto essa história não só pela importância que tem para mim, mas também porque ela me mostrou vividamente que as coisas de que falamos neste livro existem mesmo. Se nos observarmos com sinceridade e sem julgamentos, vendo em ação os mecanismos de nossa personalidade, *poderemos despertar, e nossa vida poderá tornar-se uma maravilhosa sucessão de belezas e alegrias.*

COMO USAR ESTE LIVRO

O Eneagrama só pode ajudar-nos se formos sinceros. Assim, os elementos do sistema — e este livro — encontram sua melhor aplicação como guia de autoobservação e autoquestionamento. Conforme foi planejado, este livro possui diversos tópicos práticos que o ajudarão a usá-lo dessa forma, entre os quais:

- ➤ Dons, atitudes propícias à cura e processo de transformação específicos de cada tipo
- ➤ Como "detectar e abandonar" hábitos e reações problemáticos
- ➤ Como trabalhar com as motivações de cada tipo
- ➤ Mensagens inconscientes da infância
- ➤ Estratégias terapêuticas para cada tipo
- ➤ "Empurrões espirituais", Sinais de Alerta e Bandeiras Vermelhas para cada tipo
- ➤ Como cultivar a percepção no dia-a-dia
- ➤ Sessões e práticas de trabalho interior para cada tipo
- ➤ Como usar o sistema para contínuo crescimento espiritual

Já que é aconselhável fazer os exercícios deste livro como se fossem uma espécie de diário, seria bom reservar um caderno ou classificador para eles. Sugerimos que você use seu Diário de Trabalho Interior para registrar as idéias que forem surgindo à medida que você ler não só o material a respeito de seu tipo de personalidade, bem como aquele dedicado aos demais tipos. Para a maioria das pessoas, isso trará consigo associações relacionadas a vários tipos de problemas, lembranças e inspirações criativas.

Como primeiro exercício de seu Diário de Trabalho Interior, sugerimos que você escreva uma biografia sua — observe que não é uma autobiografia: escreva a seu respeito na terceira pessoa, isto é, como "ele" ou "ela", em vez de "eu". Conte a história de sua vida, começando pelos primeiros anos de sua infância (ou antes, se souber algo da história de sua família) e vindo até o presente, como se estivesse falando de outra pessoa. Se possível, dedique pelo menos uma página a cada década — assim, haverá espaço para acrescentar lembranças e observações oportunas à medida que você recordar mais coisas. Não se preocupe em ser literário nem "correto". O importante é ver sua vida como um todo e como se estivesse sendo contada por uma outra pessoa.

Quais foram os momentos decisivos — seus traumas e triunfos, aqueles momentos em que você teve a certeza de que sua vida jamais voltaria a ser a mesma, acontecesse o que acontecesse? Quais foram as pessoas mais importantes de sua vida — aquelas que serviram de "testemunhas" de suas lutas e conquistas, as que o magoaram e as que o compreenderam, que foram suas mentoras e amigas? Seja o mais detalhado possível.

Volte à sua biografia sempre — quando quiser acrescentar alguma coisa e quando, ao prosseguir a leitura deste livro, for adquirindo uma melhor perspectiva de si mesmo. Sua história será mais rica e mais cheia de sentido na medida em que você se compreender melhor.

PARTE I

▼

A Jornada Interior

▲

CAPÍTULO 1

▼

DESCOBRINDO SEU TIPO DE PERSONALIDADE

▲

O ENEAGRAMA é uma figura geométrica que representa graficamente os nove tipos essenciais de personalidade presentes na natureza humana e suas complexas inter-relações. Ele é resultante da evolução da psicologia moderna, que tem suas raízes na sabedoria espiritual de diversas tradições antigas. A palavra *Eneagrama* vem do grego *ennea*, que significa "nove", e *grammos*, que significa "figura, desenho"; assim, a palavra representa uma "figura de nove pontas".

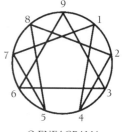

O ENEAGRAMA

O atual Eneagrama de tipos de personalidade foi obtido a partir de muitas tradições espirituais e religiosas distintas. Boa parte dele é resultante da condensação da sabedoria universal, a filosofia perene acumulada em milhares de anos por cristãos, budistas, muçulmanos (especialmente os sufistas) e judeus (na Cabala). O coração do Eneagrama é a revelação universal de que os seres humanos são presenças espirituais encarnadas no mundo material que misteriosamente personificam a mesma vida e o mesmo espírito do Criador. Por trás das diferenças e semelhanças superficiais, por trás dos véus da ilusão, a luz da Divindade brilha em cada indivíduo. Porém, várias forças obscurecem essa luz, o que levou cada tradição espiritual aos mitos e doutrinas que buscam explicar como a humanidade perdeu sua ligação com o Divino.

Um dos pontos fortes do Eneagrama está em sua transcendência das diferenças entre doutrinas. Ele vem ajudando pessoas de praticamente todos os maiores credos a redescobrir sua unidade fundamen-

> "As grandes metáforas de todas as tradições espirituais — graça, libertação, nascer de novo, despertar da ilusão — provam que é possível transcender o condicionamento de meu passado e fazer algo novo."
>
> SAM KEEN

> "Não chore; não fique indignado. Entenda."
>
> SPINOZA

tal como seres espirituais. Portanto, o Eneagrama tem imensa valia no mundo de hoje: ele pode mostrar a negros e brancos, mulheres e homens, protestantes e católicos, judeus e árabes, homossexuais e heterossexuais, pobres e ricos que, se forem além das distinções superficiais que os separam, encontrarão um nível inteiramente novo de comunhão em sua humanidade. Com a ajuda do Eneagrama, veremos que uma pessoa que pertence ao Tipo Seis é como todos os seus colegas de tipo, compartilhando com eles os mesmos valores. Os negros pertencentes ao Tipo Um são muito mais parecidos aos brancos desse tipo do que poderiam imaginar e assim por diante. Surge um novo nível de compaixão e comunhão que oblitera o antigo medo e a antiga ignorância.

Entretanto, o Eneagrama não é uma religião nem interfere com a orientação religiosa. Ele não pretende ser um caminho espiritual em si. Todavia, ocupa-se de um elemento fundamental a todos os caminhos espirituais: o *autoconhecimento*.

Sem autoconhecimento, não iremos muito longe em nossa jornada espiritual nem seremos capazes de manter o progresso obtido. Um dos maiores riscos do trabalho de transformação é que o ego tenta esquivar-se do trabalho psicológico mais profundo lançando-se cedo demais ao transcendente. Isso ocorre porque ele sempre se julga muito mais "avançado" do que realmente é. Quantos noviços já não se persuadiram, no primeiro ano, de que estavam prontinhos para ser canonizados? Quantos alunos de meditação não acharam que haviam chegado à iluminação em tempo recorde?

O autêntico autoconhecimento é de valor inestimável contra esse tipo de engano. O Eneagrama nos permite ir em frente (e possibilita um verdadeiro progresso) porque parte de onde nós realmente estamos. Da mesma forma que nos revela os pincaros espirituais que somos capazes de atingir, ele lança luz clara e imparcial sobre os aspectos sombrios e intransponíveis de nossa vida. Se quisermos viver como seres espirituais no mundo material, devemos saber de antemão que essas são as áreas que mais precisamos explorar.

> "O que ganhamos com a ida à Lua se não conseguimos transpor o abismo que nos separa de nós mesmos?"
>
> THOMAS MERTON

Presença (percepção alerta, consciência), *prática de auto-observação* (adquirida por meio do autoconhecimento) e *compreensão do significado das próprias experiências* (uma interpretação precisa fornecida por um contexto mais amplo como a comunidade ou o sistema espiritual) são os três elementos básicos do trabalho de transformação. O *ser* fornece o primeiro, *você* fornece o segundo e *o Eneagrama* fornece o terceiro. Quando esses três elementos estão juntos, as coisas acontecem rápido.

APRESENTAÇÃO DOS NOVE TIPOS

Você pode começar a trabalhar com o Eneagrama quando identificar qual o seu tipo e compreender quais as suas principais questões.

Embora possamos identificar em nós mesmos comportamentos de cada um dos nove tipos, as características que mais nos definem provêm de apenas um deles. Na página 24 você encontrará o Questionário Riso-Hudson, que o ajudará a descartar os tipos que não lhe correspondem e determinar qual o seu tipo básico. No início dos capítulos dedicados a cada tipo há um segundo teste, o Classificador Tipológico por Atitude ou CTA Riso-Hudson, para que você confirme suas conclusões. Usando esses dois testes e as descrições e os exercícios dos capítulos dedicados a cada tipo, você poderá descobrir qual o seu tipo com alto grau de precisão.

> "Se os homens se conhecessem, Deus lhes daria a mão e os perdoaria."
>
> PASCAL

Por enquanto, leia a rápida descrição de cada tipo para chegar às duas ou três que mais lhe parecem adequadas a você mesmo. Lembre-se que as características aqui relacionadas são apenas os traços mais marcantes — o quadro completo contém muito mais detalhes.

Tipo Um: O Reformista. Tipo idealista, seguidor de princípios. Éticas e conscienciosas, as pessoas do Tipo Um têm um senso muito claro do que é certo ou errado. São professores e cruzados que sempre lutam para melhorar as coisas, mas têm medo de errar. Organizadas, ordeiras e meticulosas, elas tentam viver conforme altos padrões, mas podem resvalar para a crítica e o perfeccionismo. Costumam ter problemas com a impaciência e a raiva reprimida. *Em seu aspecto mais positivo*, quando se encontram na faixa saudável, essas pessoas são criteriosas, ponderadas, realistas e nobres, além de moralmente heróicas.

Tipo Dois: O Ajudante. Tipo compreensivo, voltado para o lado interpessoal. As pessoas do Tipo Dois são amigáveis, generosas, empáticas, sinceras e afetuosas, mas podem ser também sentimentalistas e aduladoras, esforçando-se para agradar os outros a qualquer preço. Sua maior motivação é chegar perto dos demais e, por isso, muitas vezes tentam tornar-se necessárias. Costumam ter dificuldade em cuidar de si mesmas e reconhecer suas próprias necessidades. *Em seu aspecto mais positivo*, quando se encontram na faixa saudável, são pessoas altruístas e desprendidas que amam a si mesmas e aos demais incondicionalmente.

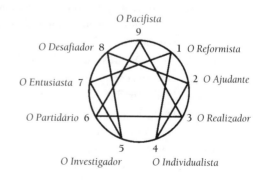

O ENEAGRAMA COM A TIPOLOGIA RISO-HUDSON

Tipo Três: O Realizador. Tipo adaptável, movido pelo sucesso. As pessoas do Tipo Três são seguras de si, atraentes e encantadoras. Ambiciosas, competentes e sempre prontas a agir, elas podem deixar-se orientar muito também pelo *status* e pela idéia de progredir na vida. Muitas vezes preocupam-se com a própria imagem e com o que os outros pensam a seu respeito. Seus problemas geralmente são a paixão excessiva pelo trabalho e a competitividade. *Em seu aspecto mais positivo*, quando se encontram na faixa saudável, são pessoas autênticas, que se aceitam como são e de fato representam tudo aquilo que parecem ser: modelos que a todos inspiram.

Tipo Quatro: O Individualista. Tipo romântico, introspectivo. As pessoas do Tipo Quatro são atentas a si mesmas, sensíveis, calmas e reservadas. São emocionalmente honestas e não têm medo de revelar-se como são, mas estão sujeitas a flutuações de humor e inibições. Podem mostrar-se desdenhosas e agir como se não estivessem sujeitas às mesmas leis que os demais, ao mesmo tempo que se esquivam das pessoas por sentir-se vulneráveis e cheias de defeitos. Seus problemas mais comuns são o comodismo e a autocomiseração. *Em seu aspecto mais positivo*, quando se encontram na faixa saudável, são pessoas muito criativas e inspiradas, capazes de renovar-se e transformar as próprias experiências.

Tipo Cinco: O Investigador. Tipo concentrado, cerebral. As pessoas do Tipo Cinco são alertas, perspicazes e curiosas. Conseguem abstrair-se de tudo e concentrar-se no cultivo de idéias e dons os mais complexos. Independentes e inovadoras, quando excessivamente dedicadas a seus pensamentos e construtos imaginários, podem mostrar-se distantes e irritadiças. Em geral, seus maiores problemas são o isolamento, a excentricidade e o niilismo. *Em seu aspecto mais positivo*, quando se encontram na faixa saudável, as pessoas do Tipo Cinco são como pioneiros e visionários que vivem adiante de seu tempo e vêem o mundo de uma forma inteiramente nova.

Tipo Seis: O Partidário. Tipo dedicado, que valoriza a segurança. As pessoas do Tipo Seis são esforçadas, responsáveis e dignas de confiança, mas podem ser defensivas, evasivas e muito ansiosas, estressando-se só de reclamar do *stress*. Costumam ser indecisas e cautelosas, mas podem mostrar-se reativas, desafiadoras e rebeldes. Seus problemas mais comuns são a insegurança e a desconfiança. *Em seu aspecto mais positivo*, quando se encontram na faixa saudável, as pessoas deste tipo são dotadas de muita estabilidade e autoconfiança, defendendo corajosamente os mais necessitados.

Tipo Sete: O Entusiasta. Tipo produtivo, sempre ocupado. As pessoas do Tipo Sete são versáteis, espontâneas e otimistas. Práticas, brincalhonas e joviais, podem mostrar-se também dispersivas e pouco disciplinadas, tendendo a assumir mais responsabilidades do que poderiam dar conta. Sua eterna busca de novas emoções pode levá-las a não terminar o que começaram, exaustas pelo excesso de atividade. Seus maiores problemas são geralmente a superficialidade e a impulsividade. *Em seu aspecto mais positivo*, quando se encontram na faixa saudável, as pessoas do Tipo Sete mostram-se capazes de concentrar-se em metas louváveis, realizando-se e tornando-se cheias de alegria e gratidão.

Tipo Oito: O Desafiador. Tipo forte e dominador. As pessoas pertencentes ao Tipo Oito são seguras de si, firmes e assertivas. Protetoras, talentosas e decididas, podem ser também orgulhosas e dominadoras. Por achar que precisam controlar o meio em que vivem, as pessoas deste tipo mostram-se muitas vezes contenciosas e intimidadoras. Seu maior problema é a dificuldade de compartilhar a intimidade. *Em seu aspecto mais positivo*, quando se encontram na faixa saudável, as pessoas deste tipo são mestras do autodomínio — usam sua força para melhorar a vida dos outros, mostrando-se heróicas, magnânimas e, às vezes, deixando sua marca na História.

Tipo Nove: O Pacifista. Tipo descomplicado, de fácil convivência. As pessoas deste tipo são constantes, crédulas e receptivas. Têm bom gênio, bom coração e são fáceis de contentar, mas podem ir longe demais na disposição de ceder para manter a paz. Em sua ânsia de evitar conflitos, podem exagerar na complacência, minimizando todos os entraves que surgirem. Seus maiores problemas são a passividade e a teimosia. *Em seu aspecto mais positivo*, quando se encontram na faixa saudável, as pessoas do Tipo Nove são incansáveis em sua dedicação a aproximar os demais e resolver mal-entendidos.

OS QUESTIONÁRIOS

O primeiro questionário, apresentado à página 24, é o Questionário Riso-Hudson, um teste que o ajudará a identificar seu tipo em menos de cinco minutos e com precisão de cerca de 70%. Na pior das hipóteses, você conseguirá identificar as duas ou três maiores possibilidades relacionadas ao seu tipo.

O segundo grupo de questionários é o Classificador Tipológico por Atitude ou CTA Riso-Hudson. No início de cada um dos nove capítulos há 15 afirmações características do tipo descrito. Se tiver interesse, você poderá fazer um Teste do Eneagrama em nossa página na Internet: www.EnneagramInstitute.com. Esse teste, chamado RHETI (*Riso-Hudson Enneagram Type Indicator, Versão 2.5*)/ITERH (*Indicador Tipológico via Eneagrama Riso-Hudson, Versão 2.5*), consta de 144 afirmativas e tem cerca de 80% de precisão. Além de indicar o tipo principal, ele cria um perfil que mostra os pontos fortes de cada um dos nove tipos presentes em sua personalidade. Esse teste geralmente leva 45 minutos para ser respondido.

Se esta for a primeira vez que utiliza o Eneagrama, responda primeiro ao Questionário e depois ao CTA Riso-Hudson para ver se há coincidência. Suponhamos que o Questionário indique que seu tipo é o Seis. Leia as quinze afirmativas do CTA para o Tipo Seis (Capítulo 12) — se sua pontuação aí for alta, você provavelmente estará na trilha certa.

Todavia, insistimos em que você mantenha a cabeça aberta e leia todo o capítulo dedicado ao Tipo Seis (para continuar com o exemplo apresentado acima) até que mais peças se encaixem. Se a descrição e os exercícios lhe causarem forte impressão, você poderá dizer com certeza quase absoluta que pertence ao Tipo Seis.

Fazemos essas ligeiras ressalvas porque sempre é possível errar no autodiagnóstico — da mesma forma que também é possível ser erradamente diagnosticado e classificado por um "especialista em Eneagrama". Portanto, não se precipite em determinar o seu tipo. Leia atentamente este livro e, principalmente, *procure acostumar-se com o resultado por algum tempo*. Fale sobre ele com as pessoas que o conhecem bem. Lembre-se que a autodescoberta é um processo que não termina com a identificação do tipo a que se pertence — na verdade, ela constitui apenas o começo.

Quando descobrir seu tipo, você saberá. Provavelmente vai sentir-se aliviado e constrangido, eufórico e preocupado. Coisas que inconscientemente sempre soube a seu próprio respeito de repente se tornarão claras, fazendo surgir padrões em ação na sua vida. Pode ter a certeza de que, quando isso acontecer, você terá identificado corretamente seu tipo de personalidade.

O QUESTIONÁRIO RISO-HUDSON

O Teste Classificatório Rápido do Eneagrama

INSTRUÇÕES:

Para que o resultado seja preciso, é importante que você siga as instruções abaixo:

➤ Selecione *um* parágrafo em cada um dos dois grupos de afirmações. Ele deverá ser aquele que melhor espelha suas atitudes e comportamentos até o momento.

➤ Não é preciso concordar inteiramente com cada palavra ou afirmativa no parágrafo escolhido! Você pode concordar só em 80 ou 90% com o que se afirma nele e, ainda assim, considerá-lo preferível aos outros dois do grupo. Porém, é preciso que você concorde com o tom geral e com a "filosofia" em que ele se baseia. Provavelmente você discordará de alguma parte de cada um dos parágrafos escolhidos. Não rejeite um parágrafo por causa de uma palavrinha ou frase! Lembre-se: o importante é a visão geral.

➤ Não analise excessivamente suas escolhas. Escolha o parágrafo que você "sente" que é o mais certo para você, mesmo que não concorde 100% com ele. A motivação e a idéia geral do parágrafo como um todo são mais importantes que suas partes individualmente. Siga sua intuição.

➤ Se não conseguir decidir qual o parágrafo que melhor o descreve em qualquer dos dois grupos, *pode escolher dois, mas só em um dos grupos*: por exemplo, C no grupo I e X e Y no grupo II.

➤ Escreva a letra correspondente ao parágrafo selecionado no lugar indicado.

OPÇÃO REFERENTE AO GRUPO I

GRUPO I

A. Até hoje, tendi a ser bastante independente e assertivo: para mim, a vida funciona melhor quando você a encara de frente. Defino minhas próprias metas, envolvo-me com as coisas e quero fazê-las acontecer. Não gosto de ficar de braços cruzados — quero realizar grandes coisas e causar impacto. Não ando em busca de confrontos, mas também não deixo que ninguém me pressione. Na maioria das vezes, sei o que quero e procuro consegui-lo. Geralmente entro de cabeça tanto no trabalho quanto na diversão.

B. Até hoje, tenho sido uma pessoa tranqüila e estou acostumado a "me virar" sozinho. Em sociedade, normalmente não chamo a atenção, e é raro que me imponha a qualquer custo. Não me sinto à vontade em posições de liderança nem em competições, como tanta gente. É provável que me julguem um tanto sonhador — é na imaginação que se alimenta boa parte da emoção que sinto. Não me incomodo se não tiver de ser ativo o tempo inteiro.

C. Até hoje, tenho sido extremamente responsável e dedicado. Para mim é terrível não poder honrar meus compromissos ou colocar-me à altura das expectativas. Quero que as pessoas saibam que desejo ajudá-las e fazer o que acredito ser melhor para elas. Já fiz grandes sacrifícios para o bem dos outros, estivessem eles sabendo ou não. Muitas vezes esqueço de mim mesmo; faço o que tenho que fazer e depois — se sobrar tempo — relaxo (e faço o que realmente queria).

GRUPO II

X. Sou uma pessoa que geralmente procura ter uma visão positiva e achar que as coisas correrão da melhor forma possível. Sempre encontro alguma coisa que me entusiasme e atividades diferentes com que me ocupar. Gosto de companhia e de ajudar os outros a serem felizes — gosto de compartilhar o bem-estar que sinto. (Nem sempre estou tão bem, mas tento não deixar transparecer!) Porém, para manter essa visão positiva, às vezes tive de adiar demais a resolução de alguns problemas pessoais.

Y. Sou uma pessoa que não esconde o que sente — todo mundo sabe quando não gosto de alguma coisa. Posso ser reservado, mas no fundo sou mais sensível do que deixo transparecer. Quero saber como as pessoas me julgam e com quem ou o que eu posso contar — minha opinião sobre elas quase sempre é bem clara. Quando alguma coisa me aborrece, quero que os outros reajam e se afetem tanto quanto eu. Sei quais são as regras, mas não gosto que ninguém me diga o que fazer. Quero decidir por mim mesmo.

Z. Sou uma pessoa lógica e autocontrolada — não fico à vontade com os sentimentos. Sou competente — até perfeccionista — e prefiro trabalhar sozinho. Quando surgem conflitos ou problemas pessoais, procuro não envolver meus sentimentos. Há quem me considere muito frio e distante, mas não quero que minhas reações emocionais me afastem do que realmente me importa. Geralmente não demonstro minhas reações quando alguém me "incomoda".

OPÇÃO REFERENTE AO GRUPO II

Para interpretar suas respostas, veja a página 28.

> "Se você odeia uma pessoa, odeia algo nela que faz parte de você. O que não faz parte de nós não nos incomoda."
>
> HERMANN HESSE

COISAS A LEMBRAR EM RELAÇÃO AOS TIPOS

➤ Embora todos tenhamos uma mistura de vários tipos em nossa personalidade como um todo, há um determinado padrão ou estilo que é nossa "base" e ao qual retornamos sempre. Nosso tipo básico permanece o mesmo no decorrer da vida. As pessoas podem mudar e desenvolver-se de muitas maneiras, mas não passam de um tipo de personalidade a outro.

➤ As descrições dos tipos de personalidade são universais e aplicam-se tanto a homens quanto a mulheres. Evidentemente, as pessoas expressam os mesmos traços, atitudes e tendências de modo um tanto diferente, mas as questões básicas do tipo permanecem as mesmas.

➤ Nem tudo na descrição do seu tipo básico se aplicará a você *todo o tempo*. Isso ocorre porque nós constantemente transitamos entre os traços saudáveis, médios e não-saudáveis que compõem nosso tipo de personalidade, conforme veremos no Capítulo 6 (Os Níveis de Desenvolvimento). Veremos ainda como o amadurecimento ou o *stress* podem influir significativamente sobre nossa forma de expressar o tipo a que pertencemos.

➤ Embora tenhamos atribuído a cada tipo um título descritivo (como Reformista, Ajudante etc.), na prática preferimos utilizar o número correspondente no Eneagrama. Os números são neutros — são um modo de referência rápida e não preconceituosa aos tipos. Além disso, a seqüência numérica dos tipos não é significativa: tanto faz pertencer a um tipo de número menor quanto a um de número maior. (Por exemplo, não é melhor ser do Tipo Nove que do Tipo Um.)

➤ Nenhum dos tipos de personalidade é melhor ou pior que os demais — todos têm pontos fortes e fracos, todos têm trunfos e desvantagens específicos. O que pode acontecer é que determinados tipos sejam mais valorizados que outros numa dada cultura ou grupo. À medida que você aprender mais sobre todos eles, verá que, da mesma forma que cada um tem qualidades intrínsecas, tem também limitações características.

➤ Independentemente de qual seja o seu tipo, *você tem em si, até certo ponto, algo dos nove tipos*. Cultivá-los e colocá-los em ação é ver em si mesmo tudo que pode haver na natureza humana. Essa conscientização o levará a uma maior compreensão e compaixão pelos seus semelhantes, pois o fará reconhecer em si próprio várias facetas dos hábitos e reações deles. Será mais difícil condenarmos a agressividade do Tipo Oito ou a carência disfarçada do Tipo Dois, por exemplo, se estivermos atentos à agressividade e à carência que existem em nós mesmos. Investigando os nove tipos que há em você, você verá que eles são tão interdependentes quanto o símbolo do Eneagrama que os representa.

A CLASSIFICAÇÃO TIPOLÓGICA DE TERCEIROS

"Aquele que conhece os outros é culto. Aquele que conhece a si mesmo é sábio."

LAO-TSÉ

Estamos convictos de que sempre é mais problemático usar o Eneagrama para classificar outras pessoas que para descobrir o nosso próprio tipo. Todos temos pontos cegos e há tantas possíveis variações entre os tipos que simplesmente não podemos conhecer todas. Devido aos nossos preconceitos, também é provável que tenhamos absoluta aversão a certos tipos. Lembre-se que o Eneagrama deve ser utilizado essencialmente para a autodescoberta e a autocompreensão.

Além disso, o fato de sabermos qual o nosso tipo ou o de outra pessoa pode nos revelar coisas muito importantes, mas não nos diz tudo — como o fato de saber qual a raça ou a nacionalidade de alguém tampouco nos diria. O tipo em si não diz nada da história, da inteligência, do talento, da honestidade, da integridade, do caráter da pessoa nem muitos outros fatores referentes a ela. Por outro lado, ele nos diz muita coisa acerca da forma como vemos o mundo, nossas escolhas mais prováveis, nossos valores, nossas motivações, nossas reações, nosso comportamento em situações de *stress* e várias outras coisas importantes. Quanto mais conhecermos os padrões de personalidade revelados por este sistema, mais facilmente apreciaremos as perspectivas diferentes das nossas.

O OBJETIVO MAIS PROFUNDO DO ENEAGRAMA

Descobrir qual dentre os nove tipos de personalidade nos pertence pode ser como uma revolução. Pela primeira vez na vida, temos a oportunidade de conhecer o padrão e a lógica subjacente ao modo como vivemos e agimos. Porém, ao chegar a determinado ponto, o conhecimento de nosso tipo se incorpora à nossa auto-imagem e pode transformar-se em obstáculo à continuação de nosso crescimento.

Com efeito, alguns estudiosos do Eneagrama ficam presos demais ao seu tipo de personalidade, dizendo: "Claro que eu entro em paranóia! Afinal, sou do Tipo Seis" ou "Você sabe como somos nós do Tipo Sete; não conseguimos ficar parados!" Justificar atitudes questionáveis ou adotar uma identidade mais rígida é usar mal o Eneagrama.

Porém, ajudando-nos a ver como estamos presos a nossas ilusões e o quanto nos afastamos de nossa natureza Essencial, *o Eneagrama nos convida a desvendar o mistério de nossa verdadeira identidade.* Ele se destina a iniciar um processo de questionamento que pode levar-nos a uma verdade mais profunda sobre nós e sobre nosso lugar no mundo. Entretanto, se usarmos o Eneagrama simplesmente para atingir uma auto-imagem melhor, interromperemos o processo de descoberta (ou, melhor, de resgate) de nossa verdadeira natureza. Se conhecendo nosso tipo obtemos informações importantes, elas devem ser apenas o ponto de partida para uma jornada muito maior. Em resumo, *saber qual o nosso tipo não é o nosso destino final.*

O objetivo deste Trabalho é interromper as reações automáticas da personalidade por meio da conscientização. Só distinguindo e compreendendo os mecanismos da personalidade poderemos despertar — que é a razão de havermos escrito este livro. Quanto mais percebermos as reações mecânicas de nossa personalidade, menor a nossa identificação com elas e maior a nossa liberdade. É disso que trata o Eneagrama.

INTERPRETAÇÃO DAS RESPOSTAS DO QUESTIONÁRIO
(páginas 24 e 25)

Juntas, as duas letras selecionadas formam um código. Por exemplo, escolhendo o parágrafo C do grupo I e o parágrafo Y do grupo II, tem-se o código digramático CY.
Para saber qual o tipo de personalidade que lhe atribui o Questionário, confira os códigos ao lado:

Código Digramático	Tipo	Nome e Características Principais do Tipo
AX	7	O **Entusiasta**: Otimista, talentoso, impulsivo
AY	8	O **Desafiador**: Confiante, decidido, dominador
AZ	3	O **Realizador**: Adaptável, ambicioso, consciente da própria imagem
BX	9	O **Pacifista**: Receptivo, apaziguador, complacente
BY	4	O **Individualista**: Intuitivo, esteta, absorto em si mesmo
BZ	5	O **Investigador**: Perceptivo, inovador, distante
CX	2	O **Ajudante**: Afetuoso, generoso, possessivo
CY	6	O **Partidário**: Leal, responsável, defensivo
CZ	1	O **Reformista**: Racional, escrupuloso, autocontrolado

CAPÍTULO 2

▼

ORIGENS ANTIGAS, NOVAS REVELAÇÕES

▲

O MODERNO ENEAGRAMA de tipos de personalidade não provém de uma única fonte. Ele é um produto híbrido, um amálgama atual de diversas antigas tradições de sabedoria e da moderna psicologia.

"Descubra o que você é e seja-o."

PÍNDARO

Vários autores já se indagaram acerca das origens do Eneagrama e seus entusiastas contribuíram para criar muito folclore sobre sua história e desenvolvimento, mas a verdade é que, infelizmente, muito do que se diz é fruto de má interpretação. Vários dos primeiros pesquisadores do tema atribuíram-no aos mestres sufistas, o que não é o caso, como hoje se sabe.

Para entender a história do Eneagrama, é preciso traçar uma distinção entre o *símbolo* do Eneagrama e *os nove tipos de personalidade*. É verdade que o símbolo do Eneagrama é muito antigo, tendo pelo menos 2.500 anos. Da mesma maneira, as origens das idéias que por fim levaram ao desenvolvimento da psicologia dos nove tipos remonta ao século IV d.C., talvez antes. Porém foi apenas há algumas décadas que essas duas fontes de conhecimento foram reunidas.

As origens exatas do *símbolo* do Eneagrama se perderam na História; não sabemos de onde ele vem, da mesma forma que não sabemos quem inventou a roda ou a escrita. Diz-se que surgiu na Babilônia por volta do ano 2500 a.C., mas há poucas provas em favor dessa hipótese. Muitas das idéias abstratas relacionadas ao Eneagrama, para não falar em sua geometria e derivação matemática, sugerem que ele pode ter origem no pensamento grego clássico. As teorias a ele subjacentes podem ser encontradas nas idéias de Pitágoras, Platão e alguns dos filósofos neoplatônicos. Seja como for, ele certamente pertence à tradição ocidental que deu origem ao judaísmo, ao cristianismo e ao islamismo, bem como à filosofia hermética e gnóstica, cujos indícios podem ser vistos em todas essas três grandes religiões proféticas.

> "Junte a compreensão do Oriente ao conhecimento do Ocidente — e então busque."
>
> GURDJIEFF

Não há dúvida, porém, de que o responsável pela introdução do *símbolo* do Eneagrama no mundo moderno foi George Ivanovich Gurdjieff, um greco-armênio nascido por volta de 1875. O jovem Gurdjieff, interessado pelo esoterismo, estava convencido de que os antigos haviam criado uma ciência capaz de transformar a psique humana. Essa ciência se teria perdido ao longo dos séculos. Junto com alguns amigos igualmente apaixonados pela idéia de resgatar a ciência perdida da transformação humana, Gurdjieff passou a juventude tentando reconstituir as relações que havia entre os ensinamentos da antiga sabedoria que ia descobrindo. Juntos, eles criaram um grupo chamado "Os que Buscam a Verdade" e resolveram que cada um exploraria independentemente diferentes ensinamentos e sistemas de pensamento e periodicamente se reuniriam para compartilhar suas descobertas. Correram mundo, viajaram pelo Egito, Afeganistão, Grécia, Pérsia, Índia e Tibete, conhecendo monastérios e santuários remotos, aprendendo tudo que podiam acerca das antigas tradições de sabedoria.

Numa de suas viagens, possivelmente ao Afeganistão ou à Turquia, Gurdjieff encontrou o símbolo do Eneagrama. A partir daí, elaborou uma síntese de tudo que ele e seu grupo haviam pesquisado. Gurdjieff concluiu seus muitos anos de busca pouco antes da I Guerra Mundial e começou a ensinar em São Petersburgo e Moscou, atraindo imediatamente uma ávida platéia.

> "Lembre-se a todo momento e em todo lugar de você mesmo."
>
> GURDJIEFF

O sistema que Gurdjieff ensinava era um complexo estudo de psicologia, espiritualidade e cosmologia que visava ajudar os discípulos a discernir seu lugar no universo e seu propósito objetivo na vida. Ele ensinou também que o Eneagrama era o símbolo central e mais importante em sua filosofia. A seu ver, ninguém podia compreender nada completamente se não o fizesse em termos do Eneagrama, isto é, se não colocasse corretamente os elementos de um processo nos pontos corretos do Eneagrama, vendo assim a interdependência e o apoio existentes entre as partes do todo. O Eneagrama ensinado por Gurdjieff era, portanto, basicamente um *modelo de processos naturais* e não uma tipologia psicológica.

Gurdjieff explicou que o símbolo do Eneagrama tem três partes que representam as três leis Divinas, as quais regem toda a existência. A primeira delas é o *círculo*, uma mandala universal, presente em quase todas as culturas. O círculo diz respeito à unidade, integridade e identidade e simboliza a idéia de que *Deus é uno*, compartilhada pelas três maiores religiões ocidentais: o judaísmo, o cristianismo e o islamismo.

Dentro do círculo, encontramos o símbolo seguinte, o *triângulo*. No cristianismo, ele tradicionalmente se refere à Trindade do Pai, Filho e Espírito Santo. Da mesma forma, a Cabala, um ensinamento esotérico do judaísmo, prega que Deus inicialmente Se manifesta no universo como três emanações ou "esferas", os *Sefirot* (Kether, Binah e Hokmah), designado pelo principal símbolo da Cabala, a Árvore da Vida. Podem-se ver reflexos da idéia da trindade em outras religiões: os budistas falam de Buda, Dharma e Sangha; os hindus, de Vishnu, Brahma e Shiva; os taoístas, de Céu, Terra e Homem.

Surpreendentemente, quase todas as grandes religiões pregam que o universo não é a manifestação de uma dualidade, como ensina a lógica ocidental, mas sim de uma trindade. Nossa forma usual de ver a realidade baseia-se em pares de opostos, como bom e mau, preto e branco, macho e fêmea, introvertido e extrovertido, e assim por diante. As antigas tradições, por sua vez, não vêem homem e mulher, mas homem, mulher e criança. As coisas não são classificáveis segundo o preto ou o branco, mas segundo o preto, o branco e o cinza.

Gurdjieff chamava a esse fenômeno "a Lei da Trindade" e dizia que tudo que existe resulta da interação de três forças (sejam elas quais forem numa determinada situação ou dimensão). Até as descobertas da física moderna parecem respaldar a idéia da Lei da Trindade. Na escala subatômica, os átomos são feitos de prótons, elétrons e nêutrons e, em vez das quatro forças fundamentais que julgávamos haver na natureza, a física descobriu que só existem três: a força forte, a fraca e o eletromagnetismo.

A terceira parte desse símbolo tríplice chama-se *héxade* (a figura que interliga os números 1-4-2-8-5-7). Essa figura simboliza o que Gurdjieff chamava de "a Lei do Sete", que diz respeito a processos e desenvolvimento ao longo do tempo. Ela afirma que nada é estático; tudo está em movimento e no processo de tornar-se outra coisa. Mesmo as rochas e as estrelas por fim se transformam. Tudo está em mudança, recicla-se e evolui ou involui — embora de maneira previsível e de acordo com uma lei, segundo sua natureza e as forças que estejam atuando. Os dias da semana, a Tabela Periódica e a oitava musical ocidental baseiam-se na Lei do Sete.

Quando juntamos estes três elementos — o círculo, o triângulo e a héxade —, temos o Eneagrama. Ele é um símbolo que demonstra a integridade de algo (círculo), cuja identidade resulta da interação de três coisas (triângulo) e evolui ou muda ao longo do tempo (héxade).

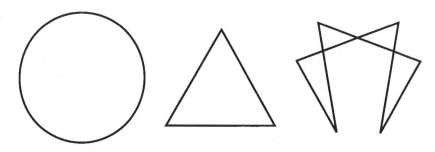

AS TRÊS PARTES DO SÍMBOLO DO ENEAGRAMA

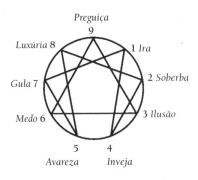

O ENEAGRAMA DAS PAIXÕES
(PECADOS CAPITAIS) DE OSCAR ICHAZO

Gurdjieff ensinava o Eneagrama mediante uma série de danças sagradas, explicando que ele deveria ser concebido, não como um símbolo estático, mas sim como *vivo*, mutável e dinâmico. Contudo, nem nas suas publicações nem nas de seus discípulos, encontra-se menção ao Eneagrama de tipos de personalidade. As origens deste são mais recentes e têm duas fontes modernas principais.

A primeira é Oscar Ichazo. Assim como Gurdjieff, quando jovem Ichazo era fascinado pela idéia de recuperar conhecimentos perdidos. Na infância, ele aplicou sua notável inteligência à absorção de informação na vasta biblioteca de filosofia e metafísica de um tio. Ainda muito jovem, viajou da Bolívia para Buenos Aires, na Argentina, e depois para outros países em busca da antiga sabedoria. Após viajar pelo Oriente Médio e por outros lugares, voltou à América do Sul e começou a depurar o que havia aprendido.

Ichazo pesquisou e sintetizou os vários elementos do Eneagrama até que, no início da década de 50, descobriu qual a relação entre o símbolo e os tipos de personalidade. Os nove tipos que ele ligou ao símbolo do Eneagrama provêm de uma antiga tradição que *lembrava os nove atributos Divinos conforme se refletem na natureza humana*. Essas idéias começaram com os neoplatônicos, se não antes, e aparecem, no terceiro século d.C, nas *Enéadas* de Plotino. Elas penetraram na tradição cristã como seu contrário: a distorção dos atributos Divinos deu origem aos Sete Pecados Capitais (ou "Pecados Mortais" ou "Paixões"), acrescidos de mais dois (medo e ilusão).

Comum tanto ao Eneagrama quanto aos Sete Pecados Capitais é a idéia de que, embora tenhamos em nós todos eles, *um* especificamente se avulta. Ele é a origem de nosso desequilíbrio e de nosso apego ao ego. Conforme as pesquisas de Ichazo, as primeiras idéias sobre os nove atributos Divinos remontam à Grécia e aos pais do deserto do século IV, que foram os que primeiro elaboraram o conceito dos Sete Pecados Capitais. Daí, introduziram-se na literatura medieval, por meio dos *Contos de Canterbury*, de Chaucer, e do *Purgatório*, de Dante.

Ichazo estudou ainda a antiga tradição judaica da Cabala. Esse ensinamento místico surgiu em comunidades judias da França e da Espanha entre os séculos XII e XIV de nossa era, embora tivesse antecedentes em antigas tradições místicas judaicas, bem como no gnosticismo e na filosofia neoplatônica. De importância central na filosofia cabalística é o símbolo conhecido como a Árvore da Vida (*Etz Hayim*), o qual, como o Eneagrama, contém as idéias de unidade, trindade e de um processo de desenvolvimento que implica sete partes.

AS NOVE PAIXÕES

Compreenderemos melhor a idéia dos Pecados Capitais (também chamados "Paixões") se pensarmos na palavra *pecado* não como algo errado ou ruim, mas sim como a tendência a "falhar, errar o alvo" de alguma forma. As Paixões representam as nove principais maneiras de perder o equilíbrio e incorrer em distorções de raciocínio, sentimento e ação.

1	IRA	Esta paixão estaria mais bem descrita pela palavra *Ressentimento*. A ira em si não é problema, mas no Tipo Um ela é reprimida, levando a constantes frustrações e dissabores em relação a si e ao mundo.
2	SOBERBA	A soberba consiste numa incapacidade ou falta de disposição para reconhecer o próprio sofrimento. Enquanto procura "ajudar" os outros, o Tipo Dois nega muitas de suas próprias necessidades. Esta paixão também poderia ser descrita como *Vanglória* — orgulho das próprias virtudes.
3	ILUSÃO	A ilusão consiste em pensar que somos apenas o ego. Quando acreditamos nisso, esforçamo-nos para desenvolver o ego, em vez da nossa verdadeira natureza. Também poderíamos chamar esta paixão de *Vaidade*, uma tentativa de fazer o ego sentir-se importante sem recorrer à fonte espiritual.
4	INVEJA	A inveja baseia-se na sensação de que algo fundamental nos falta. Ela leva o Tipo Quatro a pensar que os outros têm qualidades que ele não possui. As pessoas desejam o que está ausente, esquecendo-se muitas vezes de ver as dádivas com que foram abençoadas.
5	AVAREZA	O Tipo Cinco acredita que, por ter poucos recursos interiores, a interação com as pessoas o levará a uma catastrófica redução ou esgotamento. Esta paixão leva as pessoas a esquivar-se do contato com o mundo e a minimizar suas necessidades para garantir a preservação de seus recursos.
6	MEDO	Esta paixão estaria mais bem descrita pela palavra *Ansiedade*, pois esta nos faz recear coisas que na verdade não estão acontecendo. O Tipo Seis vive a vida em constante estado de apreensão e preocupação com possíveis eventos futuros.
7	GULA	A gula aqui se refere ao desejo insaciável de "encher-se" de experiências. O Tipo Sete tenta superar a sensação de vazio interior dedicando-se a inúmeras idéias e atividades estimulantes e positivas, mas nunca acha que tem o bastante.
8	LUXÚRIA	A luxúria não se aplica apenas ao desejo sexual; o Tipo Oito tem luxúria no sentido de deixar-se mover por uma constante necessidade de intensidade, controle e quantidade. A luxúria leva o Tipo Oito a tentar controlar tudo em sua vida — a afirmar-se com obstinação.
9	PREGUIÇA	A preguiça não significa apenas inação, já que o Tipo Nove pode ser bem ativo e realizador. Aqui, ela se refere mais ao desejo de não ser afetado pelas coisas, uma falta de disposição para entregar-se plenamente à vida.

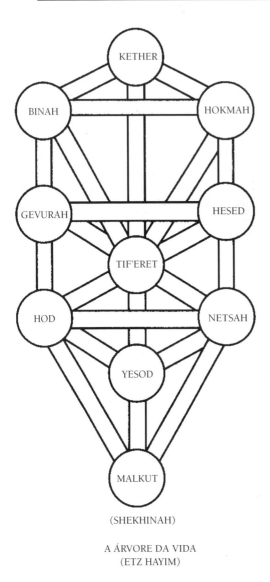

A ÁRVORE DA VIDA
(ETZ HAYIM)

Num lampejo de genialidade, foi Ichazo quem conseguiu pela primeira vez, em meados dos anos 50, dar a esse material a seqüência adequada no símbolo do Eneagrama. Só então as diferentes correntes de transmissão se juntaram para formar o padrão básico do Eneagrama conforme hoje o conhecemos.

Em 1970, o eminente psiquiatra Claudio Naranjo, que estava elaborando um método de *gestalt*-terapia no Esalen Institute, em Big Sur, na Califórnia, juntamente com um grupo de pensadores do movimento do potencial humano, viajou para Arica, no Chile, para estudar com Ichazo. Este estava ministrando um curso intensivo de quarenta dias, criado para ajudar seus discípulos a encontrar a auto-realização. Um dos primeiros itens abordados nesse curso foi o Eneagrama e os nove tipos ou, como ele os chamava, "fixações do ego".

O Eneagrama imediatamente cativou várias pessoas do grupo, particularmente Naranjo, que voltou a Califórnia e começou a aplicá-lo aos sistemas psicológicos que havia estudado. Naranjo interessou-se em correlacionar os tipos do Eneagrama às categorias psiquiátricas que conhecia e, assim, começou a expandir as resumidas descrições que Ichazo inicialmente fizera dos tipos. A forma que encontrou para demonstrar a validade do sistema foi reunir grupos de pessoas que se identificavam com um determinado tipo, ou cujas categorias psiquiátricas eram conhecidas, entrevistando-as para destacar as semelhanças entre elas e obter informações adicionais. Ele reunia, por exemplo, todas as pessoas de seu grupo que tinham personalidade obsessivo-compulsiva e observava como suas reações se encaixavam nas descrições do Tipo Um de personalidade, e assim por diante.

O método de Naranjo — usar grupos para estudar os tipos — não faz parte, como já se afirmou, de nenhuma antiga tradição oral. Tampouco o Eneagrama da personalidade provém de um corpo de conhecimento que tenha sido transmitido oralmente a nossos dias. O uso de grupos começou com Naranjo no início dos anos 70 e constitui apenas uma forma de estudar e esclarecer o Eneagrama.

Naranjo começou a divulgar uma versão preliminar do sistema a pequenos grupos de estudantes em Berkeley, na Califórnia, e, a partir daí, houve uma rápida disseminação. O Eneagrama ganhou mestres entusiastas na área metropolitana de San Francisco e em retiros jesuítas de todo o território norte-americano, num dos quais um de nós, Don, então um seminarista jesuíta, teve contato com o novo material. Desde o surgimento da obra fundamental de Ichazo e Naranjo, várias pessoas, entre as quais nos incluímos, vêm desenvolvendo o Eneagrama e descobrindo nele muitas novas facetas.

Nosso trabalho consistia principalmente no desenvolvimento da base psicológica dos tipos, pela ampliação das resumidas descrições originais e pela demonstração da forma como o Eneagrama se relaciona com outros sistemas psicológicos e espirituais. Don sempre teve certeza de que, se as descrições dos tipos não fossem plena e precisamente resolvidas, o Eneagrama teria pouca utilidade e, de fato, poderia tornar-se uma fonte de informações errôneas e tentativas equivocadas de crescimento.

Um avanço de grande importância verificou-se em 1977, quando ele descobriu os Níveis de Desenvolvimento. Os Níveis revelaram as gradações de crescimento e decadência realmente encontradas pelas pessoas no decorrer de suas vidas. Eles mostraram quais os traços e motivações inerentes a cada tipo e o porquê. Mas o mais importante é que eles indicaram o grau de nossa identificação com a personalidade e nossa conseqüente falta de liberdade. Don também chamou a atenção para as motivações psicológicas de cada tipo, de uma maneira muito distinta das descrições impressionistas que prevaleciam quando começou sua pesquisa. Ele desenvolveu essa e outras idéias, tal como a das correlações com outras tipologias psicológicas, e apresentou suas conclusões em *Personality Types* (1987) e *Understanding the Enneagram* (1990).

Russ juntou-se a Don em 1991, inicialmente para ajudar na elaboração de um questionário sobre os tipos do Eneagrama — que veio a ser o Riso-Hudson Enneagram Type Indicator (RHETI)/Indicador Tipológico via Eneagrama Riso-Hudson (ITERH) —, e posteriormente nas revisões de *Personality Types* (1996). Russ trouxe sua experiência e compreensão das tradições e práticas por trás do Eneagrama para o trabalho. Subseqüentemente, ele desenvolveu as idéias inicialmente apresentadas por Don, revelando as estruturas profundas dos tipos e as várias implicações do sistema em relação ao crescimento pessoal. Desde 1991, ambos temos ministrado *workshops* e seminários em todo o mundo. Grande parte das revelações contidas neste livro vem dessa nossa experiência de trabalho com alunos. Tivemos o privilégio de trabalhar com pessoas dos cinco continentes e de todas as principais religiões. Continuamos surpresos e impressionados com a universalidade e a utilidade do Eneagrama.

A HISTÓRIA DO SERRALHEIRO:
UMA PARÁBOLA SUFISTA

Era uma vez um serralheiro que, acusado de crimes que não cometera, foi condenado a viver encerrado numa prisão escura. Decorrido algum tempo da sentença, sua mulher, que muito o amava, foi ao Rei e suplicou-lhe que a deixasse ao menos enviar ao marido um tapete para que ele pudesse observar as cinco prostrações diárias para a oração. O Rei acedeu e permitiu-lhe que mandasse ao marido o tal tapete. O prisioneiro, agradecido pelo presente que ganhara da mulher, passou a cumprir fielmente suas prostrações diárias no tapete.

Muito tempo depois, ele fugiu da prisão. Quando as pessoas lhe perguntavam como havia conseguido sair, o serralheiro explicava que, após anos e anos cumprindo as prostrações e orando para ser libertado, percebera o que estava bem diante de seu nariz. Um dia ele viu subitamente que a forma que sua mulher havia bordado naquele tapete não era outra coisa senão o mecanismo da fechadura que o separava da liberdade. Ao perceber isso e compreender que possuía todas as informações de que precisava para fugir, começou a fazer amizade com os guardas. Persuadiu-os de que todos teriam uma vida melhor se colaborassem e fugissem juntos da prisão. Eles concordaram porque, embora fossem guardas, se deram conta de que também viviam presos. Queriam sair dali, mas não tinham como.

Então o prisioneiro e seus guardiães elaboraram o seguinte plano: eles lhe trariam pedaços de metal, e o serralheiro confeccionaria utensílios que poderiam ser vendidos no mercado. Juntos acumulariam recursos para a fuga e, com o pedaço de metal mais resistente que encontrassem, o serralheiro faria uma chave.

Uma noite, quando tudo estava preparado, o prisioneiro e seus guardiães abriram o portão e saíram para o frescor da noite. O serralheiro deixou o tapete na prisão para que, assim, outros prisioneiros astutos o bastante para interpretar o que nele estava bordado pudessem fugir também. Desse modo, o serralheiro voltou para a mulher que o amava, seus antigos guardiães tornaram-se seus amigos e todos viveram em paz. O amor e a habilidade venceram.

Essa tradicional parábola sufista de Idries Shah pode simbolizar nosso estudo do Eneagrama: a fechadura é nossa personalidade, o tapete é o Eneagrama e a chave é o Trabalho. Observe que, embora a mulher tenha enviado o tapete, para conseguir os instrumentos o serralheiro teve de criar algo útil para seus guardiães. Ele não podia sair dali sozinho e precisava dar-lhes algo em troca. Além disso, enquanto orava por sua própria libertação, o meio de que precisava estava literalmente "bem embaixo de seu nariz", apesar de ele não ter visto o mecanismo da fechadura no tapete nem entendido o que significava. Um dia, porém, ele despertou, viu-o e ficou pronto para sair da prisão.

A moral da história é evidente: *todos estamos numa prisão*. Precisamos apenas despertar para "ler" o mecanismo da fechadura que nos permitirá ganhar a liberdade.

CAPÍTULO 3

▼

ESSÊNCIA E PERSONALIDADE

▲

A VERDADE MAIS PROFUNDA que há no Eneagrama é que *somos muito mais que a nossa personalidade*. Esta não é senão as partes familiares e condicionadas de um leque muito mais amplo de potenciais que todos possuímos. Além das limitações de nossa personalidade, somos um vasto e pouco reconhecido atributo do Ser ou Presença — aquilo que se chama nossa *Essência*. Em termos espirituais, poderíamos dizer que dentro de cada um há uma centelha do Divino, apesar de havermos esquecido essa verdade fundamental, pois *adormecemos para nossa verdadeira natureza*. Não vivenciamos nossa própria natureza Divina nem os outros como manifestações do Divino. Em vez disso, tornamo-nos duros e até cínicos, tratando os demais como objetos contra os quais devemos defender-nos ou que devem ser usados para que obtenhamos satisfação.

A maioria das pessoas tem alguma noção do que é a personalidade, mas a idéia de Essência provavelmente é menos conhecida. Quando falamos de Essência, referimo-nos ao seu sentido literal — àquilo que no fundo somos, nosso *eu Essencial*, a base do Ser que há em nós. (*Espírito* é outra palavra adequada.)

É importante traçar uma distinção entre Essência, ou espírito, e "alma". A base fundamental de nosso Ser é Essência ou Espírito, mas ela assume uma forma dinâmica à qual denominamos "alma". Nossa personalidade é apenas uma faceta da alma. Esta é "feita" de Essência ou Espírito. Se o Espírito fosse água, a alma seria um rio ou lago e a personalidade seria os pedaços de gelo ou as ondas que se formam em sua superfície.

"O espírito é o verdadeiro eu e não a figura física que podemos apontar com o dedo."

CÍCERO

"O desenvolvimento espiritual é uma viagem longa e árdua, uma aventura através de terras estranhas e cheias de surpresas, alegria, beleza, dificuldades e até perigos."

ROBERTO ASSAGIOLI

Em geral, não vivenciamos nossa Essência em seus diversos aspectos porque nossa percepção está muito dominada pela personalidade. Mas, à medida que nossa personalidade se conscientiza, ela se torna mais transparente e nos possibilita a vivência mais direta de nossa Essência. Continuamos a agir no mundo, mas com uma percepção cada vez maior de nossa ligação com a Divindade. Conscientizamo-nos de que somos parte de uma Divina Presença que a tudo cerca e a tudo preenche, em constante e maravilhosa multiplicação.

O Eneagrama pode ajudar-nos a ver o que nos impede de lembrar essa profunda verdade sobre quem realmente somos, a verdade de nossa natureza espiritual. Ele o faz por meio de suas precisas revelações acerca de nossa estrutura psicológica e espiritual. O Eneagrama pode ajudar-nos também a descobrir o rumo em que devemos trabalhar, mas só se lembrarmos que ele não conta quem somos, mas sim como limitamos aquilo que somos. *Lembre-se: o Eneagrama não nos prende num cubículo; ele simplesmente mostra o cubículo em que estamos encerrados e a saída que devemos tomar.*

A PSICOLOGIA SAGRADA

Uma das mais profundas lições do Eneagrama é que a integração psicológica e a realização espiritual não são processos separados. Sem a espiritualidade, a psicologia não nos liberta nem nos conduz às mais profundas verdades que existem sobre nós. Sem a psicologia, a espiritualidade pode representar uma ilusão e uma tentativa de fuga da realidade. O Eneagrama não é nem psicologia árida nem misticismo confuso, mas sim um instrumento de transformação que usa a lucidez e a precisão da psicologia como ponto de partida para uma espiritualidade profunda e universal. Desse modo, num sentido bastante literal, o Eneagrama representa "a ponte entre a psicologia e a espiritualidade™".

O fulcro dessa psicologia sagrada é que *nosso tipo básico revela os mecanismos psicológicos pelos quais esquecemos nossa verdadeira natureza — nossa Essência Divina — e o modo como nos abandonamos.* Nossa personalidade se vale de nossa capacidade inata de erguer defesas e compensações para o que nos magoou na infância. A fim de sobreviver às dificuldades que encontramos nessa época, inconscientemente adotamos um repertório finito de estratégias, auto-imagens e comportamentos que nos permitiram resistir e sobreviver aos primeiros desafios de nosso meio ambiente. Portanto, cada um se torna "perito" numa determinada forma de comportamento que, quando excessivamente utilizada, se torna a base da área desestruturada da nossa personalidade.

À medida que se tornam mais estruturadas, as defesas e estratégias de nossa personalidade nos afastam da vivência direta de nós mesmos, de nossa Essência. A personalidade torna-se a nossa fonte de identidade, em vez de ser o nosso contato com o Ser. A

> "O homem quer ser feliz mesmo quando vive de modo a impossibilitar a felicidade."
>
> SANTO AGOSTINHO

forma como nos vemos se baseia cada vez mais em lembranças, imagens interiores e comportamentos aprendidos, em vez de basear-se na expressão espontânea de nossa verdadeira natureza. Essa falta de contato com a Essência provoca muita ansiedade, assumindo a forma de uma das nove Paixões. Uma vez estabelecidas, essas Paixões — geralmente inconscientes e invisíveis a nossos próprios olhos — começam a dirigir a personalidade.

Por conseguinte, a compreensão do tipo de personalidade e de sua dinâmica representa um modo de abordagem muito eficaz do inconsciente, de nossas feridas e compensações e, em última análise, da cura e da transformação. O Eneagrama mostra onde a personalidade mais nos "puxa o tapete". Ele destaca não só o que podemos conseguir como também o quanto são desnecessários — e por vezes prejudiciais a nosso desenvolvimento — tantos de nossos velhos comportamentos e reações. É por isso que, quando nos identificamos com a personalidade, fadamo-nos a ser muito menos do que realmente somos. É como se ganhássemos uma mansão ricamente mobiliada e cercada de belos jardins para morar, mas nos confinássemos a um cubículo escuro no porão. A maioria das pessoas esquece que o resto da mansão existe e a quem ela de fato pertence.

"(...) O processo neurótico (...) é um problema do eu. Trata-se de um processo de abandono do verdadeiro eu em favor de um eu idealizado; de uma tentativa de atualizar, em vez dos potenciais que possuímos, esse pseudo-eu."

KAREN HORNEY

Como assinalaram muitos mestres espirituais através dos séculos, *adormecemos para aquilo que somos e para o que é nossa vida*. Boa parte do tempo corremos de um lado para o outro, consumidos por idéias, ansiedades, preocupações e imagens mentais. Raramente estamos presentes para nós mesmos e nossa experiência imediata. Porém, à medida que começamos a nos trabalhar, começamos a ver que nossa atenção foi tomada ou "atraída" pelas preocupações e pelos traços de nossa personalidade e que, na verdade, atravessamos a vida quase toda como sonâmbulos. Essa forma de ver as coisas é contrária ao senso comum e muitas vezes parece ofensiva ao modo como nos vemos: pessoas conscientes e determinadas que têm controle sobre as coisas.

Ao mesmo tempo, nossa personalidade não é "má". Ela é importante para nosso desenvolvimento e necessária para o refinamento de nossa natureza Essencial. O problema é que nos prendemos a ela e ficamos sem saber como passar à fase seguinte. Essa atrofia no desenvolvimento não se deve a alguma falha nossa, mas ocorre porque, nos anos de formação, as pessoas geralmente não estão conscientes de que é possível desenvolver-se mais. Nossos pais e professores podem ter tido lampejos quanto a sua verdadeira natureza, mas, como nós, não os reconheceram nem, muito menos, viveram como se fossem sua expressão.

"A maior felicidade é conhecer a fonte da infelicidade."

DOSTOIÉVSKI

Assim, uma das revelações mais propícias à transformação que nos pode fazer o Eneagrama é que *não somos nossa personalidade*. Captar essa idéia leva a uma transformação da noção de eu. Quando finalmente compreendemos que não somos nossa personalidade, percebemos que somos seres espirituais que *têm* uma personalidade por intermédio da qual se manifestam. Quando deixamos de nos identificar com ela e de defendê-la, ocorre um milagre: nossa natureza Essencial espontaneamente surge e nos transforma.

A PERSONALIDADE NÃO DESAPARECE

O objetivo do Eneagrama não é livrar-nos de nossa personalidade. Mesmo que pudéssemos, isso não nos ajudaria muito. Isso talvez tranqüilize aqueles que receiam que, se deixarem de lado a personalidade, perderão a identidade ou se tornarão menos capazes e competentes.

Na verdade, o contrário é que vale. Quando nos aproximamos de nossa Essência, não perdemos a personalidade. Ela se torna mais transparente e flexível, algo que nos auxilia a viver, em vez de dominar nossa vida. Quando estamos mais presentes e conscientes — qualidades da Essência —, sobrevêm momentos de "fluxo" e de "desempenho máximo", ao passo que as manifestações da personalidade costumam levar-nos a ignorar coisas, cometer erros e criar problemas de toda espécie. Se estivermos muito ansiosos por causa de uma viagem, por exemplo, provavelmente colocaremos na mala as roupas erradas ou esqueceremos de levar objetos importantes. Aprendendo a permanecer relaxados e presentes em meio às pressões do dia-a-dia, tornaremos a vida mais fácil.

Quando conseguimos nos identificar menos com a personalidade, ela se torna uma parte menor da totalidade que somos. A personalidade ainda existe, mas há uma inteligência mais ativa, uma sensibilidade e uma Presença por trás dela que a utilizam como veículo, em vez de deixar-se guiar por ela. Quanto mais nos identificarmos com a Essência, mais veremos que não perdemos a identidade — nós na verdade a encontramos.

> "Quando um homem desperta, ele desperta do falso pressuposto de haver estado sempre desperto e, assim, de haver sido senhor de seus pensamentos, sentimentos e atos."
>
> HENRI TRACOL

Seria um erro, porém, sugerir que uma experiência de despertar — ou mesmo várias delas — nos libertaria da identificação com a personalidade. Embora cada momento de auto-realização até certo ponto nos transforme, em geral é preciso ter várias dessas experiências para que a percepção se amplie. À medida que elas vão se acumulando, a identidade gradualmente se expande, passando a abarcar mais e mais da natureza Essencial. Surge a capacidade de viver experiências mais profundas e tornamo-nos transmissores mais constantes do Divino. Nossa luz interior torna-se mais forte e brilha no mundo com maior firmeza.

O MEDO E O DESEJO FUNDAMENTAIS

O mecanismo da personalidade é acionado pelo que denominamos o *Medo Fundamental* de cada tipo. Esse medo surge em decorrência da inevitável perda de contato com a natureza Essencial na primeira infância. Várias são as razões para isso.

> "As mesmas coisas que desejamos evitar e esquecer revelam-se a 'prima materia' da qual provém o verdadeiro crescimento."
> ANDREW HARVEY

Como recém-nascidos, chegamos ao mundo com necessidades naturais, inatas, que precisavam de satisfação para que nos tornássemos seres humanos maduros. Todavia, mesmo nas circunstâncias mais favoráveis, nossos pais não puderam — nem poderiam — atender perfeitamente a todas as nossas necessidades de desenvolvimento. Por mais bem-intencionados que fossem, eles enfrentaram problemas ao satisfazer nossas necessidades, principalmente aquelas que eles próprios tiveram e foram inadequadamente atendidas. É próprio dos bebês manifestar uma grande variedade de emoções e estados de espírito. Se essa manifestação tiver sido bloqueada em nossos pais, eles provavelmente ficarão ansiosos e pouco à vontade quando nós o fizermos, assim tornando nosso eu infantil igualmente ansioso e insatisfeito.

Quando um bebê manifesta sua alegria e seu prazer de viver e a mãe está deprimida, é pouco provável que ela se sinta à vontade diante da efusão do filho. Assim, esse bebê aprende a suprimir sua alegria para não perturbar mais a mãe. Outro bebê, de temperamento diferente, pode chorar ou tentar de outras maneiras obter uma reação da mãe, mas de qualquer modo não vê nela um reflexo de sua alegria.

> "Antes de morrer, todos deveríamos lutar para saber o que evitamos, para onde vamos e por quê."
> JAMES THURBER

É importante notar que essas reações não se devem ao fato de nossos pais serem "maus", mas sim ao de eles só poderem refletir aquilo que neles não tiver sido bloqueado. Essa gama limitada — e muitas vezes desestruturada — de atitudes e comportamentos grava-se na alma receptiva da criança como o pano de fundo que ela usará na vida e em todos os relacionamentos futuros.

Em decorrência de necessidades infantis não satisfeitas e subseqüentes bloqueios, começamos a sentir logo no início da vida que certos elementos-chave estão faltando em nós. Naturalmente, essa sensação cria uma profunda ansiedade. É provável que nosso temperamento inato determine nossa reação à ansiedade. Seja como for, independente de nosso futuro tipo de personalidade, acabamos chegando à conclusão de que há algo fundamentalmente errado conosco. Mesmo que não consigamos verbalizar o que isso é, sentimos o puxão de uma ansiedade muito forte e inconsciente — nosso Medo Fundamental.

Cada tipo possui um Medo Fundamental característico, embora todos esses Medos sejam universais. (De um ponto de vista mais sutil, cada Medo Fundamental é uma reação ao medo universal da morte e da aniquilação — o medo que nos-

> "Não conseguimos mudar as coisas conforme desejamos. Nosso desejo é que gradualmente muda."
>
> PROUST

sa personalidade tem do nada.) Veremos em nós mesmos os Medos Fundamentais de todos os nove tipos, embora o que é inerente ao nosso tipo nos motive o comportamento muito mais que os outros.

Para compensar o Medo Fundamental, surge um Desejo Fundamental. Ele é o meio que encontramos de proteger-nos do Medo Fundamental para de alguma forma continuar a agir. O Desejo Fundamental é aquilo que acreditamos que nos fará bem; é como se nos disséssemos: "Se eu tivesse X

MENSAGENS INCONSCIENTES DA INFÂNCIA

Todos recebemos de nossos pais (bem como de outras figuras importantes) várias mensagens inconscientes durante a infância. Elas têm um profundo efeito sobre nossa identidade em formação e sobre o quanto nos permitiram ser plenamente o que somos. A menos que nossos pais fossem eles próprios seres humanos muito desenvolvidos e conscientes, o brilho expansivo de nossa alma teve de reduzir-se em graus variáveis.

Embora possamos ter recebido várias das mensagens abaixo, uma delas tende sempre a ser mais importante para um tipo. Quais o afetam particularmente?

Tipo Um:	"Errar não é bom."
Tipo Dois:	"Ter necessidades próprias não é bom."
Tipo Três:	"Ter sentimentos e identidade próprios não é bom."
Tipo Quatro:	"Estar bem ou feliz demais não é bom."
Tipo Cinco:	"Estar à vontade no mundo não é bom."
Tipo Seis:	"Confiar em si mesmo não é bom."
Tipo Sete:	"Depender dos outros para alguma coisa não é bom."
Tipo Oito:	"Ser vulnerável e confiar nos outros não é bom."
Tipo Nove:	"Impor-se não é bom."

OS MEDOS FUNDAMENTAIS DE CADA TIPO

1	Medo de ser mau, corrupto, malvado ou falho
2	Medo de não merecer ser amado
3	Medo de ser desprezível, de não valer nada
4	Medo de não ter identidade ou importância
5	Medo de ser inútil, incapaz ou incompetente
6	Medo de não contar com apoio ou orientação
7	Medo de sofrer dor ou privação
8	Medo de ser machucado ou controlado pelos outros
9	Medo de fragmentar-se, de perder o vínculo com os outros

(amor, segurança, paz etc.), tudo entraria nos eixos". Poderíamos chamá-lo de *prioridade do ego*, pois esse desejo sempre nos revela o que o ego se empenha em obter.

Os Desejos Fundamentais representam necessidades humanas universais e legítimas, embora a idealização e a importância que cada tipo dá ao seu desejo específico sejam tantas que afetam outras necessidades. Contudo, é importante frisar que não há nada de errado com nosso Desejo Fundamental. O problema é que, ao tentar satisfazê-lo, podemos tomar caminhos errados que acabam por levar-nos à improdutividade.

Por exemplo, o Desejo Fundamental do Tipo Seis é encontrar segurança. Conforme veremos, as pessoas desse tipo podem buscá-la com tanta ânsia que acabam por arruinar tudo em sua vida, inclusive, ironicamente, sua própria segurança. Da mesma forma, todos os tipos são capazes de tornar-se autodestrutivos se perseguirem cega e demasiadamente seu Desejo Fundamental. Acabamos perseguindo sempre a mesma coisa, usando as mesmas estratégias, mesmo que elas não nos tragam os resultados pretendidos.

Nosso Desejo Fundamental pode também levar-nos a um bloqueio inconsciente de nossa natureza Essencial porque a personalidade não abrirá mão de seu controle enquanto não acreditar que o Desejo Fundamental está satisfeito. O Tipo Seis, por exemplo, não relaxará enquanto não tiver certeza de que seu mundo está em absoluta segurança. Da mesma forma, o Tipo Um não relaxará nem se fará mais presente enquanto tudo em seu mundo não estiver perfeito. Evidentemente, essas coisas jamais se concretizarão.

Entender o Medo e o Desejo Fundamentais ajuda a compreender melhor o milenar ensinamento universal de que a natureza humana é movida pelo medo e pelo desejo. Assim, poderíamos dizer que a estrutura de nossa personalidade é constituída por um movimento de fuga do Medo Fundamental e outro de busca do Desejo Fundamental. O tom geral de nossa personalidade surge dessa dinâmica, a qual se torna a base de nossa noção de eu.

OS DESEJOS FUNDAMENTAIS E SUAS DISTORÇÕES	
1	O desejo de ter integridade (descamba em perfeccionismo e crítica)
2	O desejo de ser amado (descamba em necessidade de fazer-se necessário)
3	O desejo de ter valor (descamba em busca de sucesso)
4	O desejo de ser quem é (descamba em autocomplacência)
5	O desejo de ser competente (descamba em especializações inúteis)
6	O desejo de ter segurança (descamba em apego a convicções)
7	O desejo de ser feliz (descamba em escapismo frenético)
8	O desejo de proteger-se (descamba em briga constante)
9	O desejo de estar em paz (descamba em teimosa negligência)

A ESSÊNCIA É RESTRINGIDA PELA PERSONALIDADE

A psicologia sugere que nossa capacidade de agir como adultos maduros e integrados é, em grande parte, determinada pelo modo como nossas necessidades específicas de desenvolvimento foram satisfeitas na primeira infância. As necessidades que não tiverem sido adequadamente atendidas podem ser vistas como "lacunas" que interferem em nossa capacidade de vivenciar a plenitude Essencial. A tradição espiritual sugere, além disso, que a estrutura de nossa personalidade se forma buscando compensar essas lacunas de desenvolvimento. A personalidade é como o gesso que protege um braço ou perna quebrados. Quanto maiores as fraturas originais, mais gesso terá de ser usado. Sem dúvida, o gesso é necessário para que o membro se recupere e volte a funcionar como antes. Mas, se jamais o retirarmos, ele limitará terrivelmente o uso do membro atingido e impedirá seu desenvolvimento. Algumas pessoas são obrigadas a desenvolver uma personalidade equivalente a um molde de gesso que recobre o corpo todo. Ninguém atravessa a infância sem alguma necessidade de proteger-se contra futuras mágoas.

Vista como um molde temporário, a personalidade é um recurso útil e essencial porque protege as áreas da alma que mais necessitam. Esse molde de gesso é mais reforçado onde nós somos mais vulneráveis. Assim, a personalidade não só nos ajudou a sobreviver psicologicamente como também pode, a partir de agora, orientar-nos quanto ao que mais precisamos fazer em nosso trabalho de transformação.

MENSAGENS PERDIDAS DA INFÂNCIA

Se recebemos na infância muitas mensagens que nos limitam, existem também mensagens que toda criança precisa ouvir. É possível que tenhamos recebido pelo menos algumas delas, mas certamente não todas. A Mensagem Perdida, aquela que não foi ouvida (mesmo que tenha sido emitida), geralmente se torna o problema principal da criança e o cerne de seu Medo Fundamental. Assim, a estrutura da personalidade adulta faz tudo que pode para levar os outros a dar-nos a Mensagem Perdida que jamais chegamos a receber como deveríamos.

Leia as seguintes Mensagens Perdidas e observe qual o impacto que provocam em você. Qual delas mais precisava receber? Qual o efeito que tem o reconhecimento dessa necessidade sobre você?

Tipo Um:	"Você é bom."
Tipo Dois:	"Você é querido."
Tipo Três:	"Você é amado pelo que é."
Tipo Quatro:	"Você é visto como é."
Tipo Cinco:	"Suas necessidades não são problema."
Tipo Seis:	"Você está seguro."
Tipo Sete:	"Você não será abandonado."
Tipo Oito:	"Você não será traído."
Tipo Nove:	"Sua presença é importante."

Todavia, como a maior parte da personalidade é simplesmente um conjunto de crenças, medos e reações condicionados e não o nosso verdadeiro Eu, a identificação com ela provoca *um profundo auto-abandono*. A vivência da identidade deixa de ter seu objeto na nossa verdadeira natureza e passa a fixar-se na couraça de defesas que tivemos de criar. Enquanto acreditarmos que somos nossa personalidade, continuaremos identificados com ela. Uma das maiores razões para a nossa resistência à mudança é que a volta à Essência sempre implica a dor do auto-abandono. Quando nos dispusermos a dizer: "Quero ser quem realmente sou, quero viver na verdade", o processo de resgate de nós mesmos terá começado.

> "Todos estamos cumprindo uma sentença de prisão perpétua na masmorra do eu."
>
> CYRIL CONNOLLY

Por isso, ao trabalhar com esse material, estamos sujeitos a descobrir verdades a nosso respeito de que jamais suspeitamos e a reviver antigas mágoas, medos e raivas. É por essa razão que é importante cultivar a *compaixão em relação a nós mesmos*: temos de amar-nos o bastante para saber que valemos o esforço de conhecer-nos *como realmente somos*. Temos de amar-nos o bastante para saber que, mesmo que fiquemos ansiosos ou deprimidos, não nos abandonaremos de novo. Quando queremos viver a verdade de quem fomos e quem somos agora e quando queremos curar-nos, nossa verdadeira natureza emerge. O resultado é garantido: só precisamos revelar-nos.

A Essência Não Pode Ser Perdida Nem Danificada

Independentemente de seu passado, pode ter certeza de que *mesmo as mais traumáticas experiências de infância não podem danificar nem destruir sua Essência*. Ela continua pura e imaculada, mesmo que tenha sido constrangida e obscurecida pelas estruturas da personalidade. Se nossa família for muito desajustada, essa estrutura será extremamente rígida e restritiva. Se nossa família for mais ajustada, a estrutura de nossa personalidade será mais leve e flexível.

Os que provêm de famílias muito desajustadas podem animar-se ao saber que o eu Essencial que há em nós permanece intato e à procura de meios de manifestar-se. No início, talvez tenhamos que empenhar muito tempo e esforçar-nos para suprir as lacunas de nosso desenvolvimento, mas o âmago de nosso Ser sempre nos apoiará. *É bom repetir: por mais sofridas que sejam as experiências da infância, nossa Essência não é afetada*. Ela está à espera de uma oportunidade de manifestar-se. A verdade é que *nós* sempre estamos esperando a oportunidade de ser quem somos. Nosso espírito almeja libertar-se, expressar-se, voltar à vida, estar no mundo da forma como deveria.

E, no entanto, ironicamente receamos abrir-nos àquilo que é mais verdadeiro em nós e resistimos a essa idéia. Porém, quando confiamos no processo e nos entregamos a ele, nossa verdadeira natureza vem à tona. O resultado é verdadeira integridade, amor, autenticidade, criatividade, compreensão, orientação, alegria, força e serenidade — todas as qualidades que sempre exigimos da personalidade.

CAPÍTULO 4

O CULTIVO DA PERCEPÇÃO

▲

COMO PODEMOS nos aproximar de nossa verdadeira natureza — a centelha divina que há dentro de cada um de nós? Como podemos livrar-nos das sucessivas camadas de defesas e identificações que acreditamos ser nosso eu e aprender a confiar no apoio e na orientação de nossa Essência? Como podemos fazê-lo, não apenas num *workshop* ou num tranqüilo retiro nas montanhas, mas em nossa vida diária? Como podemos deixar de lado o reconhecimento intelectual do que é verdadeiro e passar a *viver* nossa verdade em todos os momentos? Como podemos fazer da vida nossa prática?

O Eneagrama nos ajuda a abandonar os mecanismos limitadores da personalidade para que possamos vivenciar mais profundamente quem e o que realmente somos. Mas isso não acontece de forma automática. Entender claramente os tipos de personalidade é o pré-requisito, embora a informação sozinha não baste para libertar-nos. Por mais que assim desejemos, não podemos dispor de nosso caminho rumo à transformação — não podemos criá-lo ou "maquiná-lo". Apesar disso, nossa participação é imprescindível: sem ela, nada acontecerá. Então, qual é o papel que temos em nossa própria transformação?

"COM A BOCA NA BOTIJA"

As tradições sagradas do mundo inteiro concordam em frisar a importância de sermos testemunhas de nossa própria transformação. Devemos estar vigilantes, observando com atenção nossas atitudes e atividades. Se quisermos algum benefício desse mapa da alma, precisamos cultivar a arte da percepção e aprender a estar alertas em todos os momentos da vida, sem julgar nem justificar. Precisamos aprender a "pegar-nos com a boca na botija", ou seja, a perceber quando estamos agindo conforme os ditames da personalidade, a ver como nos manifestamos mecanicamente, abrindo mão da opção a cada instante. Quando conseguirmos notar o que estamos fazendo e apreender completamente e sem julgamentos nosso atual estado, os velhos padrões começarão a ruir.

A percepção é de importância vital para o trabalho de transformação porque os hábitos da personalidade são mais evidentes quando os vemos *no momento em que se manifestam*. Analisar as atitudes passadas é útil, mas não tanto quanto observar-nos como somos no momento presente. Por exemplo, certamente vale a pena entender por que tivemos uma discussão terrível com o parceiro ou ficamos irritados com um colega ou com um filho. Mas se nos "pegarmos com a boca na botija" enquanto estamos discutindo ou sentindo a irritação, pode acontecer uma coisa extraordinária. Nesse momento de conscientização, talvez possamos perceber que na verdade não queremos manter a atitude questionável à qual segundos antes estávamos tão aferrados. Talvez consigamos ver uma verdade mais profunda sobre aquela situação — por exemplo, que aquilo que tanto queríamos provar era apenas uma tentativa de justificar-nos ou, pior ainda, um pretexto para vingar-nos de alguém. Ou que as "piadinhas" com que tanto nos divertíamos eram apenas uma tentativa de evitar a tristeza e a solidão.

Se conseguirmos levar em frente essa decisão, nossa percepção vai continuar a aumentar. Talvez no início fiquemos constrangidos ou envergonhados; talvez queiramos a todo custo parar no meio do caminho ou distrair-nos de alguma forma. Mas, se atentarmos para o desconforto, veremos que surge algo mais: algo mais verdadeiro, capaz de fazer-nos sentir com extraordinária força a nós mesmos e o que está à nossa volta. Esse "algo mais" tem força e compaixão, paciência e sabedoria, liberdade e valor: ele é quem nós na verdade somos. Ele é o "Eu" que vai além do nome, que não tem personalidade, que é nossa verdadeira natureza.

O DESPERTAR

A percepção pode não apenas mudar sua vida; ela pode salvá-la. Muitos anos atrás, uma grande ponte de uma importante rodovia interestadual ruiu numa noite de tempestade. Vários trechos da ponte caíram no rio, deixando os motoristas, desprevenidos, expostos a risco de vida em meio à chuva torrencial e à confusão da tempestade.

Um motorista atento viu o que ocorrera e conseguiu parar a poucos metros da cabeceira da ponte, salvando-se da morte certa no rio que corria a mais de 100 metros abaixo de seus pés. Ele arriscou a própria vida correndo em direção aos carros que se aproximavam, tentando freneticamente avisar os demais motoristas acerca do perigo que corriam. Nesse momento, um carro com cinco rapazes passou. Eles viram o homem que gesticulava feito louco em sua direção, mas certamente pensaram que ele estava buscando ajuda para seu próprio carro que quebrara. Rindo, fizeram-lhe um gesto pouco gentil e arrancaram a toda velocidade. Segundos mais tarde, lançavam-se ao rio e morriam, todos os cinco.

Do nosso ponto de vista, poderíamos dizer que a personalidade os matou. Desprezo, hostilidade, bravata, jactância, falta de desejo de ouvir ou falta de compaixão — qualquer um de vários impulsos poderia ter sido a razão da decisão do motorista de não parar. Algum hábito, alguma característica de sua personalidade, falou mais alto num momento decisivo, com trágicos resultados.

Entender até que ponto confiamos nossa vida aos mecanismos de nossa personalidade e o risco que corremos fazendo-o já é um grande progresso. Muitas vezes, é como se um bebê de 3 anos de idade tomasse por nós decisões cruciais. Quando entendemos a natureza dos mecanismos da personalidade, passamos a ter uma opção quanto a identificar-nos com eles ou não. Se não temos consciência deles, logicamente não há possibilidade de optar. Porém, ao percebermos o quanto somos integrantes do Tipo Cinco, ou Dois, ou Oito, temos a oportunidade de não agir irrefletidamente, como um simples autômato do tipo.

> "A Bíblia diz que um sono profundo caiu sobre Adão, mas não há nenhuma referência ao seu despertar."
>
> UM CURSO DE MILAGRES

Gurdjieff e outros mestres espirituais disseram repetidas vezes que nosso estado de consciência normal é uma espécie de "sono". Isso pode parecer estranho, mas, no que diz respeito ao nível de consciência que podemos atingir, nosso estado normal está tão distante da vivência direta da realidade quanto o sono está da vigília. Entretanto, sabemos o quanto os sonhos nos parecem reais enquanto estamos dormindo. Quando acordamos e percebemos que estávamos sonhando, nossa relação com a realidade se altera. A noção de quem somos ganha outro foco.

O despertar do transe da personalidade se processa de forma muito parecida. Perguntamo-nos: "O que é isso, afinal? Onde é que eu estava há um minuto?" É possível que fiquemos surpresos ao constatar o quanto estávamos perdidos, mesmo que não nos apercebêssemos disso. Se alguém nos tivesse perguntado se estávamos despertos naquele momento, teríamos respondido que sim. Mas, desta nova perspectiva, vemos que não. Talvez descubramos aí que passamos partes inteiras de nossa vida "dormindo".

A VISÃO CONSCIENTE

Pare um instante para olhar o local em que se encontra neste exato momento. O que você havia registrado dele? Há alguma coisa que nunca tenha visto antes? Olhe de verdade. Não parta do princípio de que já sabe tudo que há nele. Enquanto olha ao seu redor, consegue sentir seu próprio corpo? Pode sentir qual é sua postura enquanto observa? Percebe alguma diferença entre a noção que tem de si agora e a que tem normalmente?

O que é percepção?

Usamos muito a palavra *percepção*, e ela de fato é muito importante em vários métodos que visam ao crescimento psicológico e espiritual. Apesar disso, é difícil dar-lhe uma definição adequada. Talvez seja mais fácil defini-la pelo que ela *não é* do que pelo que *é*. Por exemplo, podemos dizer que a percepção não é raciocínio, não é sentimento, não é ação, não é intuição e não é instinto, embora possa abarcar uma ou todas essas coisas.

Mesmo o raciocínio mais ativo e concentrado não é a mesma coisa que a percepção. Por exemplo, podemos estar pensando sem parar no que escrever neste capítulo e, ao mesmo tempo, perceber nossos próprios processos de raciocínio. Em outra ocasião, podemos perceber que estamos pensando numa reunião de trabalho que está para ocorrer ou ensaiando mentalmente uma conversa com alguém enquanto caminhamos pela rua. Em geral nossa percepção está tão voltada para nossa conversa interior que não nos damos conta de que somos algo à parte dela. Com um pouco mais de percepção, porém, conseguiremos sair de nossa conversa imaginária e observá-la.

Da mesma forma, podemos perceber melhor nossos sentimentos e conscientizar-nos deles. Podemos "ver-nos" justo no momento em que nos sentimos irritados, entediados ou solitários. Quando não estamos tão atentos, identificamo-nos com um sentimento e não vemos que ele é de natureza temporária: pensamos que *somos* e não que *estamos* frustrados ou deprimidos. Quando a tempestade passa, percebemos que aquele sentimento na verdade era transitório, mesmo que ele tivesse sido para nós a própria realidade enquanto estávamos entregues a ele. Por outro lado, quando estamos conscientes de nossos sentimentos, observamos claramente seu surgimento, seu impacto sobre nós e seu desvanecimento.

Podemos também ter uma maior percepção do que estamos fazendo — das próprias sensações do corpo em ação e em repouso. Independentemente de isso poder ser bom ou mau, nosso corpo aprendeu a fazer muitas coisas no piloto automático. Por exemplo, somos capazes de dirigir e conversar ao mesmo tempo. Podemos estar pensando no que vamos dizer em seguida enquanto nos preocupamos com o horário de chegada. Enquanto isso, o corpo empreende todas as complicadas ações necessárias à direção do carro. Tudo isso pode se processar automaticamente e sem muita percepção, ou com percepção de uma parte ou de tudo que ocorre.

Cada momento nos coloca diante da possibilidade de expandir nossa percepção — com muitos benefícios:

➤ Quando relaxamos e deixamos que a percepção aumente, ficamos menos presos ao que quer que seja que possa atrair-nos a atenção. Se sentíamos medo ou ansiedade ou estávamos perdidos em fantasias e devaneios, ganharemos objetividade e perspectiva em relação ao que estamos fazendo. Por conseguinte, sofreremos menos.

> "À luz da percepção, cada pensamento, cada ato se torna sagrado."
>
> THICH NHAT HANH

▶ Uma maior percepção nos permite colocar mais de nós — e, assim, mais recursos — nos problemas e dificuldades que possamos estar enfrentando. Seremos capazes de novas soluções, em vez de velhas reações baseadas nos mecanismos de nossa personalidade.

▶ Uma maior percepção nos abre para um verdadeiro relacionamento com as pessoas e com o mundo que nos cerca. O prazer e a surpresa de cada novo momento passam a alimentar-nos e enriquecer-nos. Mesmo as experiências que normalmente consideraríamos desagradáveis ganham um novo sabor quando as vivenciamos com percepção.

Além disso, usamos com muita freqüência a palavra *ver*, como, por exemplo, na frase: "É importante que *vejamos* os mecanismos de nossa personalidade". Contudo, é preciso esclarecer o que queremos dizer com essa palavra, da mesma forma que com a palavra *percepção*. Particularmente, *é vital que compreendamos o que é que "vê" em nós*. Todos sabemos muito bem tecer comentários a nosso próprio respeito e analisar nossas experiências. Nesses casos, uma parte de nossa personalidade está criticando ou comentando outra parte, como se dissesse: "Não gosto dessa parte de mim" ou "Acabo de fazer um belo comentário", e assim por diante. Esse tipo de comentário interior não costuma levar a nada além de inflação, esvaziamento e empobrecimento da estrutura do ego — e, finalmente, a uma guerra interior. Não é esse tipo de "visão" que queremos cultivar.

"Ver" não é tampouco uma compreensão puramente intelectual. O intelecto certamente tem sua parte; não queremos insinuar que não precisamos da mente no processo de transformação. Mas a parte de nós que vê é algo mais onipresente e, no entanto, fugidio. É algo que às vezes é chamado de *testemunha* ou *observador interior*: nossa percepção plena, viva, aqui e agora, capaz de aprender experiências em vários níveis diferentes.

APRENDER A "OBSERVAR E DEIXAR DE LADO"

Uma das habilidades mais importantes que precisamos cultivar ao embarcar na jornada interior é a de "observar e deixar de lado" os hábitos e mecanismos da personalidade que nos aprisionam.

Nossa máxima é enganosamente simples. Ela significa que precisamos aprender a observar-nos, vendo o que surge em nós a cada momento, bem como o que nos distrai do aqui e agora. Devemos simplesmente observar o que encontrarmos, seja ele agradável ou não. Não devemos mudá-lo nem criticar-nos pelo que foi descoberto. Quanto mais plenamente presentes estivermos em relação a tudo que encontrarmos em nós, mais flexíveis se tornarão as restrições impostas pela personalidade e mais a nossa Essência poderá manifestar-se.

Ao contrário do que pode crer o ego, não cabe a nós reparar-nos nem transformar-nos. Com efeito, um dos maiores obstáculos à transformação é a idéia de que podemos "consertar-nos". Ela naturalmente levanta algumas questões interessantes. O que achamos que precisa ser consertado e que parte de nós se arroga o direito de consertar a outra parte? Que partes são o juiz, o júri e o réu, respectivamente? Quais os instrumentos de punição ou reabilitação e que partes de nós os aplicarão a que partes?

"Não temos de melhorar-nos; temos apenas de abandonar aquilo que nos bloqueia o coração."

JACK KORNFIELD

Somos programados desde a mais tenra infância a acreditar que precisamos nos superar, nos esforçar mais e desconsiderar as partes de nós mesmos que as demais partes não aceitam. Nossa cultura e nossa educação lembram-nos constantemente que poderíamos ser mais bem-sucedidos, desejáveis, seguros ou espiritualizados se mudássemos alguma coisa em nós. Em resumo, aprendemos que devemos ser diferentes do que realmente somos, com base em alguma fórmula recebida pela mente. A idéia de que basta descobrirmos e aceitarmos quem na verdade somos contradiz quase tudo que nos ensinaram.

Sem dúvida, se estivermos fazendo alguma coisa prejudicial — como abusando de álcool e drogas, estabelecendo relacionamentos destrutivos ou dedicando-nos a atividades criminosas —, será necessário parar para que possamos dar início ao trabalho da transformação. Mas o que geralmente nos permite mudar não é arenga nem punição e sim o cultivo da percepção, tranqüila e concentrada, para que possamos ver o que nos está induzindo ao que é prejudicial. Quando percebemos não só os maus hábitos, mas também as partes de nós que gostariam de ver-nos pelas costas, algo inteiramente novo entra em jogo.

"O mundo surge por meio dos sentidos. Por meio de nossas reações, criamos ilusões vãs. Sem reações, o mundo torna-se claro."

BUDA

Quando aprendemos a estar presentes na vida e a abrir-nos para o momento, começam a acontecer milagres. Um dos maiores é a possibilidade de abandonar num minuto um hábito que nos atazanou a vida inteira. Quando estamos realmente presentes, podemos renunciar a velhos hábitos porque já não somos os mesmos. *O milagre que podemos ter por certo* é o milagre de ver a cura de nossas mais antigas e profundas feridas pela ação da percepção. Se usarmos este mapa da alma para seguir até o fundo do coração, o ódio se transformará em compaixão; a rejeição, em aceitação; e o medo, em maravilhamento.

Lembre-se sempre que, além de ser um direito, é seu estado natural ser sábio e nobre, amoroso e generoso, estimar a si mesmo e aos outros, ser criativo e renovar-se constantemente, ter com o mundo um compromisso de reverência e entrega, ter coragem e contar consigo mesmo, regozijar-se e realizar-se, ser forte e potente, gozar de paz de espírito e presenciar o eterno mistério da própria vida.

A IDENTIFICAÇÃO E O OBSERVADOR INTERIOR

À medida que ganharmos experiência de presença e auto-observação, notaremos o desenvolvimento de uma faceta aparentemente nova de nossa percepção: uma profunda capacidade de "testemunhar" mais objetivamente nossa própria experiência. Como já dissemos, essa faceta da percepção é denominada de *observador interior*, a qual nos permite observar — simultaneamente e sem comentários ou julgamentos — o que está ocorrendo dentro de nós e à nossa volta.

O observador interior é necessário à transformação devido a um mecanismo psicológico que Gurdjieff chamou de "identificação", o qual é um dos meios principais de que dispõe a personalidade para criar e sustentar sua realidade.

> "A identificação (...) é uma forma de fuga do eu."
>
> KRISHNAMURTI

A personalidade pode identificar-se com praticamente qualquer coisa — uma idéia, um corpo, um anseio, um pôr-do-sol, um filho, uma canção. Ou seja, em qualquer momento no qual não estejamos plenamente despertos e no presente, nosso senso de identidade provém daquilo a que estejamos atentos. Por exemplo, se estivermos preocupados, concentrando-nos numa reunião que está por acontecer, é como se já estivéssemos vivendo a reunião (embora seja uma reunião imaginária), em vez de viver o que realmente está acontecendo no momento. Ou, se estivermos identificados com uma reação emocional — por exemplo, a atração por uma pessoa —, é como se nos *tornássemos* essa atração. Ou, se nos sentirmos traídos por uma crítica voz interior, não podemos nos separar dessa voz.

EMPURRÕES ESPIRITUAIS

Independentemente de seu tipo, há determinadas coisas que você pode fazer para dar um "empurrão" em seu crescimento pessoal e espiritual. Abaixo, uma lista de áreas problemáticas relacionadas a cada tipo, embora todos nós nos vejamos diante delas de vez em quando. Portanto, se quiser avançar em seu trabalho interior, atente o mais que puder para os seguintes padrões:

- ➤ Fazer juízos de valor, condenar a si e aos outros (Um)
- ➤ Entregar aos outros o que para si tem mais valor (Dois)
- ➤ Tentar ser diferente do que realmente é (Três)
- ➤ Fazer comparações negativas (Quatro)
- ➤ Interpretar demasiadamente a própria experiência (Cinco)
- ➤ Depender do apoio de algo exterior a si mesmo (Seis)
- ➤ Prever o que fará em seguida (Sete)
- ➤ Tentar forçar ou controlar a própria vida (Oito)
- ➤ Insistir em não se deixar afetar pelas próprias experiências (Nove)

Quando tranqüilizamos a mente, mesmo que seja só um pouco, percebemos o quanto nossos estados flutuam de um momento para o outro. Num instante estamos pensando sobre o trabalho, no outro vemos alguém cruzar a rua que nos faz lembrar um antigo amor. Momentos depois, estamos lembrando de uma canção dos tempos de colégio, até que passa um carro e faz espirrar em cima de nós a água de uma poça. Imediatamente sentimos raiva do idiota que estava dirigindo e não pensamos em outra coisa até que percebemos que só um chocolate nos fará sentir melhor. E por aí vai. A única coisa que não muda é a tendência da personalidade a identificar-se com cada um dos sucessivos estados.

A percepção se expande e contrai como um balão, mas a identificação sempre nos torna menores. Talvez já tenhamos percebido que, quando estamos identificados com alguma coisa, nossa percepção do ambiente imediato diminui enormemente. Temos menos consciência dos outros, do meio ambiente e do nosso próprio estado de espírito. Simplificando, quanto mais identificados estivermos, mais contraída estará nossa percepção — e mais distantes estaremos da realidade.

> "Falando com exatidão, poucos vivem no presente: todos estão cuidando de viver em outro tempo."
>
> JONATHAN SWIFT

CONTINUUM DE PERCEPÇÃO

Para este exercício, você precisará de um relógio e, se possível, um gravador. Escolha um local onde possa sentar-se confortavelmente e observe-o. Por cinco minutos, acompanhe o melhor que puder sua própria atenção, dizendo o nome de todas as coisas em que reparar. Você poderia dizer, por exemplo: "Estou percebendo a forma como a luz incide sobre a parede. Agora observo que gostaria de saber por que olhei para a parede. Percebo que estou contraindo meu ombro direito e que estou me sentindo nervoso" e assim por diante.

Você pode gravar suas observações ou fazer este exercício com outra pessoa. Seja como for, mesmo que não faça nem uma coisa nem outra, veja se consegue discernir algum padrão específico em sua forma de perceber. Você se concentra mais nos pensamentos? No ambiente? Nas sensações? Nos sentimentos e reações? Há recorrência de algum tema?

Com o tempo, a identificação com um determinado conjunto de qualidades (como a força, a empatia, a tranqüilidade ou a espontaneidade, para citar apenas algumas) se fixa e a noção de eu característica de nosso tipo se estabelece. Os sentimentos e estados que constituem nossa noção de eu são aqueles que acreditamos necessários à realização de nosso Desejo Fundamental. Quanto mais identificados com essa noção de eu, mais presos nela ficamos e mais esquecidos de que existem outras opções e outros modos de ser. Começamos a crer que *somos* esse padrão. Concentramo-nos apenas em determinadas qualidades do total de nosso potencial humano, como se disséssemos: "Estas qualidades são minhas, mas aquelas não. Sou assim, não assado". Dessa forma, criamos uma auto-imagem, uma autodefinição — um tipo de personalidade previsível.

IDENTIFICAÇÕES BÁSICAS DOS TIPOS

Tipo	Forte identificação com:	Para manter a seguinte auto-imagem:
1	O superego, com a capacidade de avaliar, comparar, medir e discernir coisas e experiências. Resistência ao reconhecimento de tensões motivadas pela raiva.	acessível, sensato, objetivo — moderado, prudente, dotado de moral — "bom", racional
2	Sentimentos motivados pelos outros e sentimentos baseados nas reações que despertam nas pessoas. Resistência ao reconhecimento dos próprios sentimentos e necessidades.	amoroso, afetuoso, desinteressado — atencioso, solícito, gentil — carinhoso, compassivo
3	Uma auto-imagem criada em reação ao que percebe como admiração da parte das pessoas. Resistência ao reconhecimento de sentimentos de vazio e de auto-rejeição.	admirável, desejável, atraente — incomparável, bem-ajustado, eficiente — dotado de "potencial ilimitado"
4	A sensação de alteridade e a de possuir defeitos e com as reações emocionais. Resistência ao reconhecimento de qualidades positivas autênticas em si mesmo e a tornar-se como os outros.	sensível, diferente, singular — consciente de si mesmo, delicado, intuitivo — tranqüilo e profundo, honesto consigo mesmo
5	A sensação de ser um observador frio e distante do mundo, e não parte dele. Resistência ao reconhecimento da presença e do estado físicos, a sentimentos e necessidades.	perspicaz, "esperto", curioso — auto-suficiente, observador, invulgar — alerta, objetivo
6	A necessidade de responder e reagir à ansiedade interior diante de uma falta de apoio percebida. Resistência ao reconhecimento de apoio e da própria orientação interior.	confiável, responsável, digno de confiança — digno de amor, "normal", cuidadoso — previdente, questionador
7	A sensação da emoção proveniente da antecipação de futuras experiências positivas. Resistência ao reconhecimento do próprio sofrimento e da ansiedade.	entusiasta, dono de espírito livre, espontâneo — alegre, ávido, sociável — cheio de energia, positivo
8	A sensação de intensidade decorrente da resistência ou desafio às pessoas e ao meio. Resistência ao reconhecimento da própria vulnerabilidade e necessidade de cuidados.	forte, assertivo, direto — hábil, ativo, tenaz — resistente, independente
9	A sensação de estabilidade interior decorrente do distanciamento de impulsos e sentimentos intensos. Resistência ao reconhecimento da própria força e capacidade.	tranqüilo, relaxado, estável — constante, delicado, natural — fácil de agradar, amigável

O Medo Fundamental do Tipo Oito, por exemplo, é o de ser magoado ou controlado por outras pessoas ou pela vida e o seu Desejo Fundamental é o de proteger-se e defender-se. Proteger-se e contar consigo mesmo são necessidades humanas universais, já que todos precisamos proteger-nos física e emocionalmente, mesmo que não sejamos do Tipo Oito. Os jovens desse tipo, porém, começam a concentrar-se nas qualidades que encontram em si que os ajudarão nessa tentativa de proteção. Eles descobrem então sua força, sua perseverança, sua firmeza e sua força de vontade e começam a usá-las para desenvolver e reforçar a identidade de seu ego.

O MEDO DE ESTAR PRESENTE

É inevitável que fiquemos ansiosos, pressentindo que algo incômodo possa surgir, quando nos mantemos abertos para nós mesmos. Isso ocorre porque estamos "abrindo o invólucro" de nossa personalidade. Não devemos desanimar, pois um certo grau de ansiedade ao longo do processo de transformação é um bom sinal. Quando deixamos para trás nossas velhas defesas, começamos a vivenciar diretamente os sentimentos que evitamos a vida toda.

"E se não agora, quando?"

O TALMUDE

Isso explica por que é possível viver experiências espirituais gratificantes e, em seguida, voltar a estados reativos, negativos ou receosos. *O processo de crescimento implica um movimento constante entre o abandono de antigos bloqueios, a abertura para novas possibilidades e o encontro de níveis de bloqueio mais profundos.* Embora pudéssemos desejar que o crescimento espiritual fosse mais linear e pudesse ser obtido com um ou dois grandes progressos, a verdade é que se trata de um processo ao qual nos devemos submeter muitas vezes e em várias situações até que toda a nossa psique se reorganize.

O crescimento espiritual é também um processo que requer que sejamos delicados e pacientes. São comuns as reações de frustração, as expectativas preestabelecidas quanto ao crescimento e o estabelecimento de cronogramas para medir o progresso espiritual, mas nada disso adianta. Levamos muitos anos para construir as defesas do ego e não podemos esperar desmontá-las da noite para o dia. A alma tem sua própria sabedoria e não permitirá que vejamos nada a nosso respeito (muito menos que renunciemos ao que quer que seja) antes de estarmos realmente preparados para tal.

"Se você se irrita com qualquer atrito, como é que vai limpar seu espelho?"

RUMI

Quando se começa um trabalho como esse, é comum o receio de que estar presente seja simplesmente ficar parado, "olhando o próprio umbigo" ou olhando para o teto. Temos a idéia de que estar mais presentes nos impede de lidar com os problemas importantes da vida — seremos "aéreos", inúteis e incompetentes. Na verdade, o que ocorre é o contrário: ficamos mais atentos e nossos julgamentos e percepções, mais precisos.

> "Em última análise, valemos para alguma coisa simplesmente pelo que de essencial incorporamos em nós, e se não o incorporamos, a vida é um desperdício."
>
> JUNG

Da mesma forma, muita gente pensa que, se estivermos mais presentes, perderemos toda a maturidade ou a qualificação profissional duramente conquistada. Mais uma vez, o que ocorre é o oposto: quando estamos presentes, podemos fazer tudo melhor que nunca; além disso, adquirimos novas capacitações muito mais facilmente porque nossa concentração aumenta. Quando estamos atentos, a inteligência age de maneiras surpreendentes, fazendo-nos ir direto à informação ou habilidade necessárias à resolução do problema que temos à nossa frente.

Num nível ainda mais profundo, temos medo de estar presentes e de revelarnos na vida porque pensamos que isso nos fará reviver todas as feridas da infância. Temos medo de que, se ousarmos revelar nossa verdadeira natureza, ela não seja reconhecida ou amada, que ela possa ser rejeitada e humilhada, fazendo-nos vulneráveis ou levando as pessoas a temer-nos ou trair-nos. Temos medo de ser abandonados. Temos medo de que nossa preciosa alma seja desconsiderada ou machucada mais uma vez.

E, no entanto, quando nos revelamos completamente, ganhamos paz e espaço imensos, além de tranqüilidade para viver. Descobrimos que estamos inteiros, vivos e ligados ao mundo que nos cerca. Não há por que não viver assim, a não ser pelas razões que a personalidade nos dá — razões com certeza parciais e interessadas.

A PERCEPÇÃO LEVA À PRESENÇA

Se continuarmos com esse processo, atentando para o que é verdadeiro — para o que está acontecendo neste exato momento —, começamos a notar que uma sutil *Presença* permeia todo o espaço que existe dentro e fora de nós. Ela é leve, delicada e prazerosa e pode dar ensejo ao surgimento de muita coisa boa. Assim, quando nos concentramos na vivência do momento presente, somos preenchidos pela Presença. E, na verdade, veremos que *essa Presença é o que essencialmente somos*.

O mais impressionante é que *essa Presença sempre nos diz o que em nós nos impede de estar mais presentes*. Quanto mais presentes estivermos, mais nos aperceberemos das partes de nós que não se relaxam, partes que ainda não ocupamos plenamente. Quanto mais conseguimos relaxar, mais conscientes ficamos do sutil movimento da Presença, preenchendo-nos e

> "Se apenas você acendesse a luz da percepção e observasse a si mesmo e tudo que o cerca ao longo do dia, se você se visse refletido no espelho da percepção da forma que vê seu próprio rosto refletido no espelho de sua casa, ou seja, exatamente como ele é, sem o menor acréscimo ou distorção, e se você observasse esse reflexo sem julgamentos nem condenações, veria um sem-número de mudanças maravilhosas se processar em você. Só que você não poderá controlá-las nem planejálas com antecedência; não é você quem resolve como e quando elas devem ocorrer. Somente essa percepção que não julga pode curar, mudar e fazer alguém crescer. Mas a seu próprio modo e em seu próprio ritmo."
>
> ANTHONY DEMELLO,
> *THE WAY TO LOVE*

rodeando-nos. Talvez o melhor seja permanecer com essa impressão sem rotulá-la nem pensar demasiado a seu respeito. Com o tempo, o que é vago e sutil tornar-se-á mais claro e nítido, à medida que novas camadas do Ser se revelarem a nós.

A Presença irrompe em nossos devaneios e identificações o tempo todo. Porém, devido às estruturas criadas pela personalidade, não conseguimos fincar pé e permanecer presentes. Quanto mais fundo entrarmos no transe do ego, mais "carregados" se tornam os mecanismos de nossa personalidade, como se fossem ímãs dotados de feroz e desesperada atração. Todavia, se nos sintonizarmos com a vibrante natureza da Presença e virmos o enorme investimento de energia de vida que fazemos nos "projetos" da personalidade, teremos uma saída. Ao mesmo tempo que não podemos simplesmente resolver estar presentes, sem essa resolução a Presença é impossível. Então como pode alguém que está imerso em transe sair do próprio transe?

É evidente que uma empresa tão heróica é quase impossível sem o apoio e os instrumentos adequados. Em capítulos subseqüentes, veremos como um sistema de compreensão profunda como o Eneagrama e, mais que isso, a prática diária do cultivo da percepção e da Presença, podem contribuir para o despertar de uma pessoa. Além disso, nesses capítulos sugeriremos vários instrumentos e várias formas de apoio que podem funcionar como "despertadores" para o nosso transe. Quanto mais escutarmos esses "chamados", mais Presença teremos (e mais provável será que *nos despertemos*). Mas isso requer muita prática.

Não se engane: esse é um trabalho para a vida inteira. Porém, quanto mais momentos de despertar conseguirmos ter, mais *momentum* terá nosso processo de despertar: algo estará depositado em nós — um grão de areia, o núcleo de uma pérola — que não se perde quando retornamos ao estado normal. Para saber quando estamos despertos, há três características para as quais podemos atentar:

1. *Vivenciamos plenamente nossa Presença enquanto seres vivos, aqui e agora.* Sabemos que alguém está aqui; sentimos nossa substancialidade, nosso "ser", e assim cravamos os pés no momento. Além disso, isso ocorre não por estarmos imaginando-nos de um ponto de vista exterior, mas sim porque estamos "dentro" da experiência, totalmente ligados às sensações do corpo, desde a cabeça até os pés. Não há nenhuma resistência à realidade do momento.

2. *Absorvemos as impressões do ambiente externo e interno completamente e sem julgamentos nem reações emocionais.* Somos capazes de observar os vários pensamentos e sentimentos que passam por nossa percepção sem nos prender a nenhum deles. Interagimos com a vida a partir da tranqüilidade interior, não da ansiedade. Nossa atenção volta-se para o que está acontecendo no momento, sem sonhar com o passado nem fantasiar com o futuro ou qualquer outra coisa.

3. *Participamos plenamente do momento*, deixando-nos tocar pelas impressões à nossa volta, vivenciando intensamente a riqueza e a sutileza da vida. Somos sinceros, sem artifícios nem inibições. A cada instante, vivemos a identidade como algo inteiramente novo. Estamos sempre em busca de alguma fórmula, regra ou oração que resolva os problemas. Mas *não há nada que substitua a Presença*. Sem ela,

não há nenhuma oração, meditação, mestre nem técnica neste mundo que possam nos transformar. É por isso que podemos passar anos e anos observando as práticas de nossa religião e, ainda assim, não conseguir personificar as nossas convicções. Podemos ter experiências extraordinárias e momentos em que nos sentimos livres dos grilhões da personalidade, porém, mais cedo ou mais tarde — e, em geral, muito mais cedo do que gostaríamos —, voltamos a viver como antes. Isso é assim porque não entendemos a importância vital da Presença: ela não é, nem pode ser, parte da personalidade ou de sua ordem do dia.

"O Espírito sempre está presente, assim como o sol sempre brilha por trás das nuvens."

DAN MILLMAN

A boa notícia é que a Presença já está aí, mesmo que a percepção que temos dela tenha sido limitada por nossa preocupação com os estreitos interesses da personalidade. Quanto mais valorizarmos, cultivarmos e fortalecermos a percepção, mais claramente as qualidades mais profundas de nossa natureza Essencial se manifestarão.

UM CONVITE À ABUNDÂNCIA	
\multicolumn{2}{l}{O Eneagrama nos lembra os diferentes elementos ou qualidades que compõem um ser humano inteiro. Cada um dos convites seguintes se baseia nas virtudes simbolizadas pelos nove tipos; independentemente de qual seja o nosso, podemos aceitar todos eles.}	
Convite 1	*Viver por um Objetivo Mais Sublime* Lembre-se que é de sua verdadeira natureza ser sábio e ponderado.
Convite 2	*Cuidar de si mesmo e dos outros* Lembre-se que é de sua verdadeira natureza ser bom consigo mesmo e ter boa vontade e compaixão para com seus semelhantes.
Convite 3	*Desenvolver-se e dar aos demais um exemplo* Lembre-se que é de sua verdadeira natureza ter prazer na própria vida e estimar e valorizar as pessoas.
Convite 4	*Abandonar o passado e renovar-se com as próprias experiências* Lembre-se que é de sua verdadeira natureza perdoar e usar tudo que estiver ao seu alcance para seu crescimento e renovação.
Convite 5	*Observar a si mesmo e aos outros sem julgamentos nem expectativas* Lembre-se que é de sua verdadeira natureza ter os pés na realidade, contemplando as infinitas riquezas do mundo.
Convite 6	*Ter fé em si mesmo e confiar na bondade da vida* Lembre-se que é de sua verdadeira natureza ser corajoso e capaz de lidar com a vida sob quaisquer circunstâncias.
Convite 7	*Celebrar com alegria a existência e compartilhar sua felicidade* Lembre-se que é de sua verdadeira natureza ser feliz e contribuir para que a experiência de todos seja rica.
Convite 8	*Defender-se e defender aquilo em que acredita* Lembre-se que é de sua verdadeira natureza ser forte e capaz de influir sobre o mundo de várias formas positivas.
Convite 9	*Levar ao seu mundo a paz e a cura* Lembre-se que é de sua verdadeira natureza ser uma fonte inesgotável de serenidade, aceitação e bondade.

CAPÍTULO 5

▼

O EU TRIÁDICO

▲

SE OS SERES HUMANOS conseguissem permanecer centrados em sua unidade Essencial, não haveria necessidade do Eneagrama. É universalmente reconhecido por todas as grandes tradições espirituais que a natureza humana é dividida — é contrária a si mesma e ao Divino. Nossa *falta* de unidade é, de fato, mais característica de nossa realidade "normal" que nossa unidade Essencial.

Surpreendentemente, o símbolo do Eneagrama representa ambos os aspectos da natureza humana, em sua unidade (círculo) e na forma como se divide (triângulo e héxade). Cada parte do Eneagrama revela verdades psicológicas e espirituais acerca de quem somos, aprofundando a compreensão de nossa difícil condição, ao tempo em que sugere soluções para que a superemos.

Neste capítulo, analisaremos as principais formas assumidas pela divisão da unidade original da psique humana — as Tríades, diferentes grupos de três. Os nove tipos não são categorias isoladas, mas apresentam ricas e profundas inter-relações cujos sentidos ultrapassam os meros tipos psicológicos.

AS TRÍADES

As Tríades são importantes para o trabalho de transformação porque indicam onde está nosso principal desequilíbrio. Elas representam os três maiores grupos de problemas e defesas do ego e revelam os principais meios pelos quais reduzimos a percepção e nos limitamos.

O primeiro agrupamento de tipos diz respeito aos três componentes básicos da psique humana: instinto, sentimento e raciocínio. De acordo com a teoria do Eneagrama, essas três funções relacionam-se a "Centros" sutis do corpo humano, e a fixação da personalidade associa-se basicamente a um desses Centros. Os Tipos Oito,

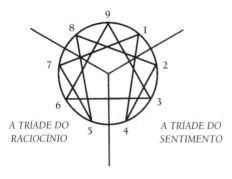

A TRÍADE DO INSTINTO

A TRÍADE DO RACIOCÍNIO

A TRÍADE DO SENTIMENTO

Nove e Um constituem a Tríade do Instinto; os Tipos Dois, Três e Quatro formam a Tríade do Sentimento; e os Tipos Cinco, Seis e Sete são a Tríade do Raciocínio.

Vale observar que a medicina atual também divide o cérebro humano em três partes principais: o bulbo cerebral — a parte do cérebro que rege os instintos; o sistema límbico — a parte responsável pelas emoções; e o córtex cerebral — a parte responsável pelo raciocínio. Alguns dos mestres do Eneagrama referem-se aos três Centros como cabeça, coração e vísceras ou como os Centros do raciocínio, sentimento e ação, respectivamente.

Independentemente do tipo, a personalidade contém os três componentes: instinto, sentimento e raciocínio. Como os três estão em interação, não podemos trabalhar um sem afetar os outros dois. Porém, para a maioria das pessoas — presa no mundo da personalidade, como quase todos nós — é difícil distinguir esses componentes. Nada na moderna educação nos ensina como fazer isso.

Cada uma dessas Tríades representa um leque de capacidades ou funções Essenciais que foram bloqueadas ou distorcidas. A personalidade então procura preencher as lacunas onde nossa Essência foi bloqueada — a Tríade a que pertence nosso tipo indica onde estão as maiores limitações à Essência e onde é mais forte o recheio artificial da personalidade. Se pertencermos ao Tipo Oito, por exemplo, a qualidade Essencial bloqueada é a força. Assim, a personalidade tomou a frente e tentou *imitar* a verdadeira força, fazendo-nos agir com rispidez e afirmar-nos de forma às vezes inadequada. A falsa força da personalidade assume o controle e disfarça o bloqueio da verdadeira força diante até de nossos próprios olhos. Se não reconhecermos esse fato, não poderemos reconhecer nem recuperar nossa força autêntica, Essencial.

Da mesma forma, cada tipo de personalidade substitui determinadas qualidades Essenciais por imitações com as quais nos identificamos e das quais buscamos extrair o máximo.

Paradoxalmente, o fato de um tipo se inserir na Tríade do Sentimento não quer dizer que as pessoas desse tipo tenham mais sentimentos que as outras. O mesmo vale para os demais tipos: o fato de pertencer à Tríade do Raciocínio não significa que uma pessoa seja mais inteligente que as de outras Tríades. Na verdade, a função primordial de cada Tríade (instinto, sentimento ou raciocínio) é aquela em torno da qual o ego se fortaleceu mais e, por isso, ela é *o componente da psique que menos livremente pode funcionar*.

> **OS PRINCIPAIS TEMAS DAS TRÍADES**
>
> *A Tríade do Instinto*
>
> Os Tipos Oito, Nove e Um preocupam-se em oferecer resistência à realidade (criar limites para o eu baseados em tensões físicas). Esses tipos tendem a ter problemas com a agressividade e a repressão. Por trás das defesas do ego, há bastante *raiva*.
>
> *A Tríade do Sentimento*
>
> Os Tipos Dois, Três e Quatro preocupam-se com a auto-imagem (prendem-se ao falso eu da personalidade). Eles crêem que as supostas qualidades da personalidade são sua verdadeira identidade. Por trás das defesas do ego, há bastante *vergonha*.
>
> *A Tríade do Raciocínio*
>
> Os Tipos Cinco, Seis e Sete preocupam-se com a ansiedade (sentem algo como uma falta de apoio ou orientação). Eles adotam comportamentos que acham que aumentarão sua própria segurança. Por trás das defesas do ego, há bastante *medo*.

A TRÍADE DO INSTINTO

A formação dos Tipos Oito, Nove e Um dá-se em torno a distorções nos instintos, a base de nossa força vital. A Tríade do Instinto preocupa-se com a inteligência do corpo, com a sobrevivência e a continuação da vida em seu sentido mais básico.

▶ PREOCUPAÇÕES: Resistência e Controle do Ambiente
▶ PROBLEMAS: Agressividade e Repressão
▶ BUSCA: Autonomia
▶ SENTIMENTO SUBJACENTE: RAIVA

O corpo tem papel crucial em todas as formas de trabalho espiritual autêntico, pois, quando se leva a percepção até ele, tem-se a base da Presença. A razão é óbvia: enquanto nossa mente e nossos sentimentos podem vagar pelo passado e pelo futuro, *o corpo só pode existir no aqui e agora, no momento presente*. Essa é uma das maiores razões para que praticamente qualquer trabalho espiritual significativo comece pela volta ao corpo e pela maior conexão com ele.

Além disso, os instintos do corpo são as energias mais potentes com que podemos trabalhar. Qualquer transformação que se pretenda verdadeira deve obrigatoriamente incluí-los e, se não o fizer, certamente haverá problemas. O corpo possui incríveis inteligência e sensibilidade, além de linguagem e conhecimento próprios. As sociedades autóctones, como as tribos aborígenes australianas, mantêm uma relação mais aberta com a inteligência do corpo. Há registro de casos em que membros dessas sociedades foram capazes de saber, por meio de seu próprio corpo, que um parente a quilômetros de distância havia sofrido um acidente. Esse conhecimento proporcionado pelo corpo lhes permite ir diretamente à pessoa ferida e ajudá-la.

> "Todos os interesses espirituais são mantidos pela vida animal."
>
> GEORGE SANTAYANA

Porém, nas sociedades modernas, a maioria das pessoas está quase que inteiramente separada da sabedoria do corpo. O termo que a psicologia dá a esse fenômeno é *dissociação*; em linguagem coloquial, o chamamos de *alienação*. Num dia tenso e movimentado, é provável que só notemos o corpo se sentirmos alguma dor. Por exemplo, normalmente nem lembramos que temos pés, a menos que os sapatos estejam apertados. Mesmo que a região das costas seja muito sensível, quase nunca nos damos conta dela, a não ser que estejamos recebendo uma massagem, exageremos na exposição ao sol ou soframos alguma lesão — e, às vezes, nem assim.

Quando de fato nos assenhoreamos do Centro do Instinto, ocupando plenamente o corpo, ele nos dá uma profunda sensação de plenitude, estabilidade e autonomia ou independência. Quando nos afastamos da Essência, a personalidade tenta preencher o vazio deixado por ela, dando-nos uma falsa sensação de autonomia.

Para conseguir isso, a personalidade cria aquilo que a psicologia chama de *limites do ego*. Com eles, somos capazes de dizer: "Isso sou eu e aquilo não é. Aquilo lá fora não é eu, mas esta sensação (ou pensamento ou sentimento) aqui sou eu". Em geral, pensamos que esses limites coincidem com a própria pele e, por isso, com as dimensões de nosso corpo físico, mas isso nem sempre se aplica.

Isso porque quase sempre estamos sentindo tensões habituais, e *não* necessariamente os verdadeiros contornos do corpo. Podemos perceber também que quase não temos sensações em certas partes do corpo: elas nos parecem ausentes ou vazias. A verdade é que arrastamos conosco uma noção de eu baseada na sensação, a qual tem pouco que ver com a forma que o corpo realmente tem, como se coloca ou o que estamos fazendo. O conjunto de *tensões interiores* que gera nossa noção inconsciente de eu é a base da personalidade, a primeira camada.

PRESENTE NO PRÓPRIO CORPO

Neste momento, enquanto lê as palavras impressas nesta página, você é capaz de sentir seu corpo? Qual a posição em que ele se encontra neste exato instante? Quanto dele você é capaz de sentir? O que contribui para que você o sinta mais profundamente?

Embora todos os tipos recorram aos limites do ego, o Oito, o Nove e o Um o fazem por uma razão específica — *eles tentam empregar sua vontade para afetar o mundo sem serem afetados por ele*. Eles procuram influir no ambiente, recriá-lo, controlá-lo, detê-lo, sem que sua noção de eu seja influenciada. Em outras palavras, todos esses três tipos *resistem à idéia de deixar-se influenciar pela realidade, cada um à sua maneira*. Eles tentam criar uma sensação de completude e autonomia criando um "muro" entre aquilo que consideram o eu e o não-eu, embora a localização de tal muro varie conforme cada tipo e conforme cada pessoa.

Os limites do ego dividem-se em duas categorias. A primeira refere-se ao que está *fora*. Ela geralmente corresponde ao corpo físico, embora nem sempre. Quando cortamos o cabelo ou as unhas ou quando extraímos um dente, não os consideramos mais parte de nós. Por outro lado, podemos subconscientemente considerar determinadas pessoas ou coisas como parte de nós — a casa, o parceiro, os filhos —, embora, evidentemente, eles não o sejam.

A segunda categoria refere-se ao que está *dentro*. Por exemplo, dizemos que "tivemos um sonho", mas não achamos que *somos* o sonho. Alguns de nossos pensamentos e sentimentos também podem ser vistos como distintos de nossa identidade, enquanto nos identificamos claramente com outros. Sem dúvida, pessoas diferentes se identificarão com diferentes sentimentos e pensamentos. Alguém pode vivenciar a raiva como parte de si mesmo, ao passo que outra pessoa a verá como estranha a si mesma. Em todo caso, vale lembrar que essas divisões são arbitrárias e resultam de hábitos mentais.

No Tipo Oito, o limite do ego está voltado basicamente para o que está fora, contrasta com o meio ambiente. A atenção também se concentra no que está fora. O resultado é uma expansão e um transbordamento da vitalidade do Tipo Oito no mundo. Seus representantes estão sempre empregando sua energia para impedir que algo se aproxime demais e os machuque. Sua forma de ver a vida é como se eles dissessem: "Nada vai me controlar. Ninguém atravessará minhas defesas para machucar-me. Manterei a guarda levantada". Quanto mais ferido na infância, mais inflexível o limite do ego e mais difícil a aproximação de alguém do Tipo Oito.

As pessoas do Tipo Um também mantêm um limite que as separa do mundo exterior, mas *elas estão muito mais preocupadas em manter seu limite interior*. Todos temos facetas que reprovamos, que nos fazem sentir ansiosos e querer defender-nos contra elas. O Tipo Um investe uma grande energia tentando deter certos impulsos inconscientes, no intuito de impedi-los de chegar à consciência. É como se seus representantes dissessem: "Não quero esse sentimento! Não quero ter essa reação ou aquele impulso!" Eles criam

"Quando você se descreve ou explica ou simplesmente sente seu 'eu', o que na verdade está fazendo — saiba você disso ou não — é traçar uma linha ou limite mental ao longo de toda a sua área de experiência, e tudo que está dentro desse limite você sente ou chama de 'eu', enquanto tudo que está fora você considera 'não-eu'. Em outras palavras, sua auto-identidade depende inteiramente de onde você traça essa linha ou limite (...)."

KEN WILBER

PONTOS DE REFERÊNCIA DOS
LIMITES DO EGO NA TRÍADE
DO INSTINTO

TIPO OITO: ENERGIA VOLTADA
PARA FORA, CONTRA O MEIO
AMBIENTE

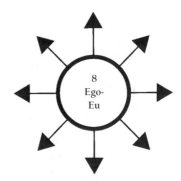

TIPO UM: ENERGIA VOLTADA
PARA DENTRO, CONTRA OS
IMPULSOS INTERNOS

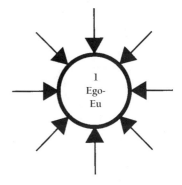

TIPO NOVE: ENERGIA VOLTADA TANTO PARA "AMEAÇAS" DE DENTRO QUANTO DE FORA

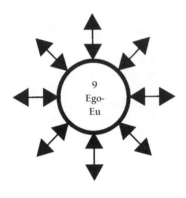

assim uma razoável tensão física para manter seus limites interiores e manter determinadas facetas de sua própria natureza interior a distância.

O Tipo Nove, o tipo central da Tríade (o tipo localizado no triângulo eqüilátero), tenta *controlar seus limites do ego em ambas as áreas, tanto a interior quanto a exterior.* No que diz respeito à interior, seus representantes não querem que certos sentimentos ou estados perturbem seu equilíbrio. Eles criam um muro contra partes de si mesmos, da mesma forma que os do Tipo Um, suprimindo fortes impulsos e emoções instintivos. Ao mesmo tempo, demarcam um rígido limite egóico contra o mundo exterior para não se machucarem, como as pessoas do Tipo Oito. Muitas vezes, adotam atitudes passivo-agressivas e fazem vista grossa para tudo que possa ameaçar-lhes a paz. Não é de admirar que muitas vezes aleguem cansaço, pois é preciso uma incrível quantidade de energia para resistir à realidade em ambas as "frentes". Se eles empregam a maior parte de sua vitalidade para manter esses limites, ela não estará disponível para um maior investimento no mundo.

Todos esses três tipos têm problemas com a *agressividade*. (Apesar de todos os nove tipos de personalidade serem agressivos de diferentes maneiras, a energia da agressividade é um componente-chave nas estruturas do ego dos tipos Instintivos.) Às vezes a agressividade é dirigida para o próprio eu; às vezes, contra os outros. No curso do trabalho psicológico ou espiritual, essa energia agressiva muitas vezes emerge como uma forte sensação de *raiva*. A raiva é a reação instintiva contra a necessidade de suprimir-nos — a necessidade de fechar e restringir nossa vitalidade. *O Tipo Oito tende a atuar a raiva; o Nove, a negá-la; e o Um, a reprimi-la.*

Podemos entender melhor a função da raiva por meio da experiência de uma criança. Todos nós, consciente ou inconscientemente, achamos que, quando crianças, não tivemos o espaço de que precisávamos para nos desenvolver plenamente. Quando começamos a explorar essa área, descobrimos que, sob o verniz do adulto, estamos suprimindo (ou até mais que isso: reprimindo) uma intensa raiva por esse abuso contra nossa integridade Essencial. (No aspecto positivo, a raiva é um meio de dizer: "Fiquem longe de mim para que eu tenha meu espaço! Eu quero e preciso ser pleno e independente".) O problema é que, se trouxermos esses problemas da infância para a vida adulta, continuaremos a pensar que precisamos proteger nosso "espaço pessoal" mesmo quando não há nenhuma ameaça real. Uma vez resolvidos esses problemas, a energia que impulsiona a raiva — bem como a que a mantém suprimida — pode ser liberada e redirecionada para outros objetivos mais gratificantes, inclusive a transformação.

A TRÍADE DO SENTIMENTO

▶ PREOCUPAÇÕES: Amor ao Falso Eu e à Auto-imagem

▶ PROBLEMAS: Identidade e Hostilidade

▶ BUSCA: Atenção

▶ SENTIMENTO SUBJACENTE: VERGONHA

Na Tríade do Instinto, vimos como na verdade pouco ocupamos o corpo e estamos realmente presentes com toda a vitalidade. Da mesma forma, raramente ousamos estar inteiramente no coração. Quando o fazemos, é quase sempre algo avassalador. Assim, trocamos a força dos verdadeiros sentimentos por todo tipo de reação. Esse é o dilema central da Tríade do Sentimento: Tipos Dois, Três e Quatro.

No nível mais profundo, *a fonte de nossa identidade está nas qualidades do coração*. Quando ele se abre, sabemos quem somos e que "quem somos" não tem nada a ver com o que as pessoas pensam de nós nem com nosso passado. Sentimos um quê, um sabor único, algo que é íntima e indiscutivelmente *nós mesmos*. É por meio do coração que reconhecemos e apreciamos nossa verdadeira natureza.

Quando estamos perto do coração, sentimo-nos amados e valorizados. Além disso, como pregam as grandes tradições religiosas, o coração revela que *somos amor e valor*. Nosso quinhão na natureza Divina significa não só que somos amados por Deus, mas que a presença do amor reside em nós — somos o conduto através do qual o amor vem ao mundo. Quando o coração se fecha e se bloqueia, não apenas nos afastamos de nossa verdadeira identidade, mas também deixamos de sentir-nos amados e valorizados. Essa perda é intolerável, e aí entra a personalidade, criando uma identidade substituta e procurando em outras coisas o senso de valor, geralmente buscando atenção e afirmação diante das pessoas.

O CENTRO DO SENTIMENTO

Agora mesmo, enquanto lê o que está impresso nesta página, concentre-se em seu coração. Respire fundo, tente relaxar e procure sentir o próprio peito. Que sensações você identifica nessa área? O que sente no coração? Suavidade? Adormecimento? Dor? Qual o exato sentimento que tem agora? Se esse sentimento tivesse uma cor, uma forma ou um sabor, qual seria? Que efeito provoca este exercício na noção que você tem de si mesmo?

Assim, os três tipos da Tríade do Sentimento preocupam-se basicamente com o desenvolvimento da auto-imagem. Eles compensam a falta de uma relação mais profunda com as qualidades Essenciais do coração construindo uma falsa identidade e identificando-se com ela. Então apresentam essa imagem ao mundo (e a si mesmos) na esperança de que ela lhes traga amor, atenção, aprovação e valorização.

Em termos psicológicos, o Dois, o Três e o Quatro são os tipos que mais se preocupam com a "ferida narcísica", isto é, com o fato de não terem sido valorizados pelo que eram quando crianças. Como não se pode deixar a infância sem algum tipo de ferida assim, quando adultos temos muita dificuldade em ser autênticos pe-

"A única coisa de que precisamos é abandonar o hábito que temos de considerar real aquilo que é irreal. Todas as práticas religiosas destinam-se unicamente a ajudar-nos a conseguir isso. Quando deixamos de considerar real o que é irreal, então só a realidade fica e é o que nós seremos."

RAMANA MAHARSHI

FOCO DA AUTO-IMAGEM
NA TRÍADE DO SENTIMENTO

TIPO DOIS: AUTO-IMAGEM
APRESENTADA PARA FORA, PARA
OS OUTROS

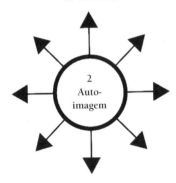

TIPO QUATRO: AUTO-
IMAGEM APRESENTADA PARA
DENTRO, PARA SI MESMOS

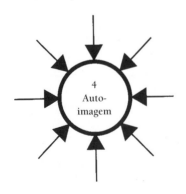

rante nossos semelhantes. Há sempre o medo de que, no fim das contas, sejamos mesmo vazios e indignos. O resultado trágico é que nós quase nunca realmente nos vemos uns aos outros ou nos deixamos ver, independentemente de qual seja nosso tipo. Em vez disso, mostramos uma imagem, como se disséssemos ao mundo: "Eis aqui quem sou — não é? Você gosta de mim, não?" As pessoas podem confirmar o que afirmamos (isto é, a nossa imagem), mas, enquanto nos identificarmos com a personalidade, algo que está num local mais profundo continuará sem confirmação.

Os tipos da Tríade do Sentimento fornecem-nos três diferentes soluções para esse dilema: dedicar-se a agradar os outros para que eles gostem de você (Tipo Dois); conquistar coisas e destacar-se de alguma maneira para que as pessoas o admirem e aprovem (Tipo Três); ou criar uma história elaborada sobre si mesmo e dar uma importância tremenda a todas as suas próprias características (Tipo Quatro).

Dois dos temas centrais nesta Tríade envolvem *problemas de identidade* ("Quem sou eu?") e *problemas com a hostilidade* ("Eu odeio você por não me amar da forma que eu quero!"). Como as pessoas dos tipos Dois, Três e Quatro inconscientemente sabem que sua identidade não é uma expressão de quem elas realmente são, reagem com hostilidade sempre que sua personalidade-identidade não é validada. A hostilidade serve não apenas para desviar aqueles que poderiam questionar ou não legitimar essa identidade como também para defendê-las contra sentimentos de vergonha e humilhação mais profundos.

O Tipo Dois busca ser valorizado perante os olhos dos outros. Ele quer ser querido; tenta obter reações favoráveis dando sua atenção e sua energia às pessoas. As pessoas deste tipo buscam reações positivas às suas tentativas de aproximação e, no intuito de aumentar sua própria auto-estima, mostram-se amigáveis, solícitas e bondosas. O foco de seus sentimentos é externo, está nos outros. Porém, em decorrência disso, elas costumam ter dificuldade em discernir seus próprios sentimentos e distingui-los dos dos demais.

Além disso, sentem-se freqüentemente pouco reconhecidas, embora tentem, na medida do possível, esconder a hostilidade que isso provoca.

O Tipo Quatro é o oposto: sua energia e sua atenção voltam-se para dentro a fim de manter uma auto-imagem baseada em sentimentos, fantasias e histórias do passado. Sua personalidade-identidade concentra-se em ser "diferente", distinto de todo mundo e, por conseguinte, esse tipo costuma sentir-se distanciado das outras pessoas. Seus representantes tendem a criar e manter "climas", em vez de deixar que os sentimentos que os motivam venham à tona. Em seu aspecto menos saudável, eles se vêem como vítimas e prisioneiros do passado, acreditando que não há esperança de mudar por causa de todas as tragédias e ofensas de que são alvo. Essa é também sua forma de chamar a atenção dos outros e despertar pena e, assim, obter uma certa validação.

O Tipo Três, o tipo central desta Tríade (aquele que está situado no triângulo eqüilátero), dirige sua atenção e sua energia tanto para dentro quanto para fora. Como o Tipo Dois, o Três também precisa da reação favorável e da confirmação dos outros. As pessoas deste tipo buscam a valorização essencialmente pela realização: elas criam idéias sobre como seria uma pessoa de valor e então tentam tornar-se essa pessoa. Mas também se entregam a muita "conversa com os próprios botões", na tentativa de criar e manter um retrato interior coerente de si mesmas, como as do Tipo Quatro. Elas estão sempre sob o risco de "acreditar em seus próprios informes" mais que na verdade.

Apesar das várias imagens apresentadas, no fundo esses tipos não acham que têm valor. Entre as prioridades de suas personalidades, está a tentativa de esconder isso deles e dos demais. O Tipo Dois extrai seu amor-próprio de afirmações como: "Sei que tenho valor porque há quem me ame e valorize. Faço o bem para os outros e eles me apreciam". O Dois é um tipo composto de *salvadores*. No extremo oposto, está o Tipo Quatro, de "*salvados*". Eles dizem a si mesmos: "Sei que tenho valor porque sou único e diferente de todos. Se alguém se preocupa em aliviar-me a aflição, é porque devo valer a pena". O Tipo Três é o exemplo, o que *não precisa de salvamento*, como se dissesse: "Sei que tenho valor porque faço tudo como manda o figurino — não há nada de errado comigo. Tenho valor por causa de minhas realizações". Apesar de seus diferentes métodos para "criar auto-estima", todos três carecem de um amor apropriado ao eu.

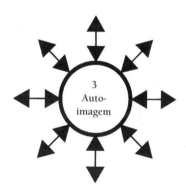

TIPO TRÊS: AUTO-IMAGEM APRESENTADA TANTO PARA SI QUANTO PARA OS OUTROS

Se os tipos da Tríade do Instinto estão tentando administrar a raiva, os da Tríade do Sentimento estão tentando administrar a *vergonha*. Quando não encontramos espelho para nossas qualidades autênticas, Essenciais, na tenra infância, chegamos à conclusão de que há algo errado conosco. O sentimento que resulta é a vergonha. Tentando usar a auto-imagem para sentir que têm valor, esses tipos esperam conseguir fugir de sentimentos de vergonha: o Dois torna-se ultrabondoso, buscando ser carinhoso e útil para todos; o Três se torna perfeito em seu desempenho e em suas realizações; o Quatro dramatiza suas perdas e mágoas e vê-se como vítima.

A TRÍADE DO RACIOCÍNIO

- PREOCUPAÇÕES: Estratégias e Convicções
- PROBLEMAS: Insegurança e Ansiedade
- BUSCA: Segurança
- SENTIMENTO SUBJACENTE: MEDO

Se a Tríade do Instinto concentra-se em *manter uma noção sentida do eu* e a do Sentimento, em *manter uma identidade pessoal*, a do Raciocínio dedica-se a *encontrar algo que lhe dê apoio e orientação interior*. Os sentimentos predominantes nos Tipos Cinco, Seis e Sete são a *ansiedade* e a *insegurança*. Dito de outra forma, os tipos da Tríade do Instinto estão preocupados em oferecer resistência contra aspectos do presente; os da Tríade do Sentimento voltam-se para o passado porque a auto-imagem se constrói de lembranças e interpretações do passado; e os da Tríade do Raciocínio estão mais preocupados com o futuro, como se perguntassem: "O que vai acontecer comigo? Como vou sobreviver? Como posso impedir os reveses? Como sigo adiante na vida? O que tenho de fazer para enfrentar os problemas?"

> "Precisamos dispor-nos não só a nos livrar da vida que planejamos, como também a levar a vida que nos espera."
>
> JOSEPH CAMPBELL

A Tríade do Raciocínio distanciou-se daquela faceta de nossa verdadeira natureza que algumas tradições espirituais chamam de *mente tranqüila*. Ela é a fonte de orientação interior que nos permite perceber a realidade exatamente como é e tornar-nos receptivos para o saber interior que pode guiar nossos atos. Mas, da mesma forma que raras vezes estamos plenamente em nosso corpo e em nosso coração, raras vezes temos acesso ao caráter tranqüilo e vasto da mente. Pelo contrário: para a maioria das pessoas, a mente é uma grande tagarela interna, razão pela qual é preciso passar anos a fio em monastérios e retiros para que consigam acalmar a mente irrequieta. Na personalidade, a mente não é tran-

---

O CENTRO DO RACIOCÍNIO

Procure relaxar e aproximar-se mais das sensações e impressões que tem neste exato momento. Tente captar realmente a sensação de estar vivo dentro de seu próprio corpo neste instante. Não visualize — apenas deixe-se vivenciar o que isso lhe proporciona. À medida que vai serenando, você provavelmente perceberá que sua mente se torna menos "barulhenta". Continue por alguns minutos com esse processo. Permaneça com suas sensações e impressões imediatas e veja qual o efeito sobre seu raciocínio. À medida que sua mente se acalma, como você classifica sua percepção: mais clara ou mais confusa? Sua mente parece-lhe mais aguçada ou obnubilada?

qüila nem naturalmente "sábia" — ela está sempre tentando descobrir alguma estratégia ou fórmula para poder fazer o que quer que seja que julgue melhor para nós.

As pessoas dos Tipos Cinco, Seis e Sete não conseguem deixar a mente acalmar-se. Isso representa um problema porque a mente tranqüila nos permite sentir um profundo apoio; a certeza e a orientação interior provêm da mente tranqüila e dão-nos confiança para atuar no mundo. Quando surge aí algum bloqueio, sentimos medo. Os tipos que pertencem à Tríade do raciocínio distinguem-se por suas reações ao medo.

O Tipo Cinco reage fugindo da vida e reduzindo suas necessidades pessoais. Seus representantes se crêem demasiado frágeis para viver sãos e salvos. Como, para eles, o único lugar seguro é a mente, acumulam tudo que acham que os ajudará a sobreviver até que estejam prontos a voltar ao mundo. Além disso, acreditam não ter recursos suficientes com que atender às demandas da vida prática. Assim, batem em retirada até conseguir aprender e dominar algo que lhes permita sentir-se seguros o bastante para sair de seu esconderijo.

O Tipo Sete, ao contrário, se joga de cabeça na vida e não parece ter medo de nada. A princípio, parece estranho que este tipo esteja na Tríade cujo sentimento predominante é o medo, já que exteriormente ele é tão intrépido. Apesar das aparências, contudo, seus representantes estão cheios de medo, só que não do mundo exterior: eles têm medo de seu mundo interior — de ver-se presos a dores e sofrimentos emocionais e, especialmente, à ansiedade. Assim, buscam uma válvula de escape na atividade e na antecipação dessa atividade. Eles inconscientemente tentam manter a mente ocupada para que suas mágoas e ansiedades não venham à tona.

No Tipo Seis, o tipo central desta Tríade (aquele que ocupa o triângulo eqüilátero), a atenção e a energia dirigem-se tanto para dentro quanto para fora. Os representantes deste tipo sentem-se ansiosos por dentro e, assim, lançam-se à ação e à antecipação do futuro como os do Tipo Sete. Porém, depois que o fazem, acabam receando cometer erros e ser punidos ou não conseguir atender às expectativas despertadas — e, assim, como os do Tipo Cinco, "pulam de novo para dentro de si mesmos". Voltam a ter medo dos próprios sentimentos e então o ciclo reativo continua, com a ansiedade levando-lhes a atenção a ir de um lado para o outro como uma bola de pingue-pongue.

SENTIDOS DA "FUGA" NA TRÍADE DO RACIOCÍNIO

TIPO CINCO: FOGE PARA DENTRO DEVIDO AO MEDO DO MUNDO EXTERIOR

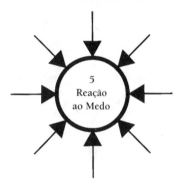

TIPO SETE: FOGE PARA FORA DEVIDO AO MEDO DO MUNDO INTERIOR

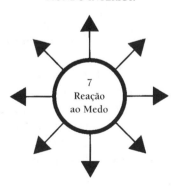

Os tipos da Tríade do Raciocínio tendem a ter problemas relacionados com o que os psicólogos denominam "fase da separação" no desenvolvimento do ego. Essa é a fase, em torno dos 2-4 anos, quando as crianças começam a se perguntar: "Como posso deixar o aconchego e a segurança de Mamãe? O que é seguro e o que é perigoso?" Em circunstâncias ideais, a figura paterna se torna o apoio e o guia, aquela pessoa que ajuda a criança a desenvolver suas capacidades e tornar-se independente.

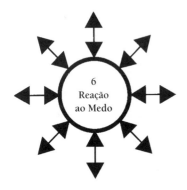

TIPO SEIS: FOGE PARA DENTRO PARA EVITAR AMEAÇAS EXTERNAS E PARA FORA PARA EVITAR MEDOS INTERIORES

Os tipos desta Tríade representam as três possibilidades a que as crianças recorrem para negociar a fase da separação e superar a dependência. O *Tipo Seis* busca alguém como a figura paterna, alguém forte, confiável e dotado de autoridade. Assim, lida com a perda de orientação interior buscando-a nos outros. Está à espera de algum apoio para tornar-se independente, embora, ironicamente, tenda a depender da pessoa ou do sistema usado para encontrar a independência. *O Tipo Cinco* está certo de que não se pode contar com esse apoio ou confiar nele, então procura compensar a perda de orientação interior calculando e resolvendo tudo sozinho, mentalmente. Mas, como faz tudo "por sua própria conta", o Tipo Cinco crê que precisa reduzir a necessidade e o apego às pessoas se quiser conquistar a independência. *O Tipo Sete* tenta libertar-se procurando substitutivos para a proteção da mãe. Ele busca tudo aquilo que acredita poder fazê-lo sentir-se mais satisfeito e seguro. Ao mesmo tempo, reage à falta de orientação interior tentando todas as opções — como se, pelo processo de eliminação, pudesse descobrir a fonte de apoio e abrigo que secretamente procura.

O ESTILO SOCIAL — OS GRUPOS HORNEVIANOS

Os Grupos Hornevianos indicam o estilo social de cada tipo, bem como a maneira como eles tentam satisfazer suas necessidades fundamentais (conforme indicado pelo Centro da Tríade). Perceber as formas com que inconscientemente buscamos satisfazer nossos desejos ajuda-nos a livrar-nos de fortes identificações e despertar.

Além das três Tríades, há outro importante agrupamento (de três em três) dos tipos: os Grupos Hornevianos, que assim chamamos em homenagem a Karen Horney, psiquiatra que desenvolveu a teoria freudiana identificando as três principais maneiras pelas quais as pessoas tentam resolver os conflitos interiores. Poderíamos dizer também que os Grupos Hornevianos indicam o "estilo social" de cada tipo: o assertivo, o retraído e o aquiescente (em relação ao superego, ou seja, "obediente"). Os nove tipos se encaixam dentro desses três estilos principais.

PERSONALIDADE E ESSÊNCIA: QUALIDADES CONTRASTANTES	
Personalidade	*Essência*
(Adormecida)	(Desperta)
CENTRO DO RACIOCÍNIO	
Tagarelice mental	Mente tranqüila
Cálculos	Orientação
Estratégias, dúvida	Certeza, lucidez
Ansiedade e medo	Apoio e estabilidade
Antecipação	Abertura para o presente
(Visa o futuro)	(Visa o aqui e agora)
CENTRO DO SENTIMENTO	
Auto-imagem	Autenticidade
Histórias	Verdade
Emocionalismo	Compaixão
"Climas"	Perdão e fluxo
Adaptação para afetar terceiros	Foco no próprio interior
(Visa o passado)	(Visa o aqui e agora)
CENTRO DO INSTINTO	
Limites	Ligação com a vida
Tensão, adormecimento	Relaxamento, abertura, sensibilidade
Defesa	Força interior
Dissociação	Centramento
Irritação	Aceitação
(Resistência ao presente)	(Aqui e agora)

Os *assertivos* (segundo Horney, aqueles que "vão contra as pessoas") são os Tipos Três, Sete e Oito. Eles são voltados para o ego e buscam expandi-lo. Reagem ao *stress* e às dificuldades aumentando, reforçando ou inflando o ego. Diante dos obstáculos, em vez de recuar, retrair-se ou buscar proteção em outras pessoas, procuram expandir o próprio ego. Todos esses três tipos têm problemas no processamento dos próprios sentimentos.

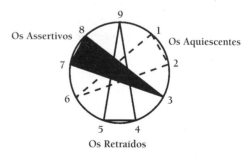

OS GRUPOS HORNEVIANOS

Cada um dos Grupos Hornevianos tem uma noção do eu própria em relação às pessoas. Reconhecer e entender que essa "noção do eu" é falsa é muito importante para a percepção das principais características do ego. Um exemplo tornará isso mais claro: se você entrar numa sala cheia de gente, sentirá a si mesmo de uma determinada maneira. Se você pertencer ao grupo assertivo, sua reação imediata será: "Eu sou o centro. Sou o que importa aqui. Agora que cheguei, algo vai acontecer". Os assertivos automaticamente sentem que tudo o que importa ocorre em função deles.

As pessoas dos Tipos Sete e Oito sentem-se assim naturalmente. Os que pertencem ao Tipo Sete entram numa sala cheia e subconscientemente pensam: "Cheguei, pessoal! Agora as coisas vão 'esquentar'!" Os que são do Tipo Oito subconscientemente pensam: "Pois bem, aqui estou. Quero ver como vocês lidarão comigo". Eles "ocupam" o espaço e esperam que os outros reajam à sua presença. Já as pessoas do Tipo Três não têm tanta facilidade ou o hábito de sentir-se o centro porque, como já vimos, secretamente dependem da atenção alheia para sentir-se valorizadas. Na medida do possível, elas tentarão sutilmente fazer com que os outros as vejam com bons olhos, de modo a sentir-se no centro, como se dissessem: "Vejam o que consegui. Digam-me se não tenho valor".

Os *aquiescentes* (segundo Horney, aqueles que "vão ao encontro das pessoas") são os Tipos Um, Dois e Seis. Os três compartilham a necessidade de ser úteis aos outros. Eles são os advogados, defensores, servidores públicos e trabalhadores dedicados. Os três reagem ao *stress* e às dificuldades consultando o superego para saber qual a atitude certa, perguntando-se: "Como posso atender às expectativas dos outros? Como posso ser uma pessoa responsável?"

É importante entender que os tipos aquiescentes não obedecem necessariamente aos outros, mas sim ao que manda seu superego. Esses três tipos procuram seguir as regras, os princípios e os ditames interiorizados, aprendidos na infância. Por isso, costumam tornar-se — principalmente os Tipos Seis e Um — figuras de autoridade. (Às vezes, o Tipo Dois também se torna figura de autoridade, mas geralmente quando tenta ser uma figura paterna/materna boa ou aquela pessoa confiável, que aconselha os outros.)

Quando entram numa sala cheia, as pessoas cujo tipo se insere no grupo dos aquiescentes pensam em si como sendo "melhores" que os outros, embora o expressem de maneira geralmente muito sutil. Quando entram na sala, os representantes do Tipo Um podem subconscientemente pensar: "Isto aqui está tão descuidado e desorganizado. Se eu fosse o encarregado, as coisas não estariam assim tão bagunçadas".

Quando entram na sala, os do Tipo Dois pensam: "Coitada dessa gente! Ah se eu pudesse dar atenção a todos! Não me parece que estejam bem — precisam de mim!" Aproximando-se dos outros a partir da posição da "pessoa carinhosa" que se preocupa em ajudá-los, os representantes do Tipo Dois colocam-se automaticamente num papel superior: são "melhores" que todo mundo.

Os do Tipo Seis já têm mais sentimentos de inferioridade que os dos Tipos Um e Dois, mas sentem-se "melhores" por suas identificações, afiliações e contatos sociais ("Nós, democratas, somos melhores que os republicanos." "Moro em Nova York, que é uma cidade melhor que Los Angeles." "Não há time melhor que o meu.")

Os *retraídos* (conforme Horney, aqueles que "vão para longe das pessoas") são os Tipos Quatro, Cinco e Nove. Esses tipos não distinguem muito o eu consciente dos pensamentos, sentimentos e impulsos inconscientes, não processados. Seu inconsciente está sempre aflorando à consciência por meio de fantasias e devaneios.

Todos esses três tipos reagem ao *stress* fugindo da relação com o mundo para um "espaço interior" dentro da imaginação. As pessoas do Tipo Nove fogem para um Santuário Interior seguro e livre de preocupações; as do Tipo Quatro, para um Eu Fantasioso romântico e idealizado; as do Tipo Cinco, para um complexo e cerebral Brinquedo Interior. Em outras palavras, todos eles conseguem facilmente "bater em retirada" e refugiar-se na imaginação. Esses tipos têm problemas em fixar-se no físico e em passar da imaginação à ação.

A noção de eu que imediatamente lhes vem quando entram numa sala é: "Não tenho nada a ver com o que está acontecendo. Não sou como essas pessoas. Não me encaixo aqui". Os Tipos Quatro e Cinco são os que mais distantes dos outros se sentem. Reforçam sua noção de eu mantendo-se a distância e sendo diferentes. Numa sala cheia de gente, os do Tipo Quatro pareceriam tipicamente distantes e inacessíveis, agindo sempre de alguma forma "misteriosa". Por outro lado, se não estivessem com a disposição propícia, poderiam simplesmente ir embora, já que seu sentido de obrigação social é tênue. ("Isso é demais para mim. Simplesmente não estou disposto a tanto.")

Os do Tipo Cinco possivelmente não se importariam de estar lá, mas estariam igualmente bem em casa lendo um livro ou cuidando de suas coisas. Se permanecessem na sala, eles provavelmente se sentariam nas laterais e ficariam observando os demais. Seria mais fácil que se socializassem nessa situação se houvesse algum pretexto — por exemplo, o de fotografar o encontro.

Os do Tipo Nove bem poderiam apreciar a reunião e até participar, mas a mente permaneceria longe. Eles talvez sorrissem e assentissem com a cabeça e, enquanto isso, estariam pensando numa pescaria. Poderiam também "dessintonizar-se" quase inteiramente e apenas acompanhar alguém que se encarregasse da interação social quase toda, enquanto eles permaneceriam benevolamente silenciosos ou bem-humoradamente passivos.

Neste mesmo capítulo, vimos que as Tríades nos dizem o que cada tipo mais queria na infância. O que os tipos da Tríade do Instinto mais desejavam era a *autonomia*: eles buscavam a independência, a capacidade de afirmar a própria vontade e dirigir a própria vida. Os tipos da Tríade do Sentimento, por sua vez, queriam *atenção*: ser vistos e validados pelos pais. Finalmente, os tipos da Tríade do Raciocínio almejavam basicamente a *segurança*: ter a certeza de que o ambiente em que viviam era estável e seguro.

Os *Grupos Hornevianos nos revelam qual a estratégia que cada tipo emprega para satisfazer suas necessidades*. Os tipos assertivos (Três, Sete e Oito) insistem em obter o que querem — ou até mesmo o *exigem*. Sua atitude é ativa e direta quando vão em busca do que crêem necessitar. Os tipos aquiescentes (Um, Dois e Seis) tentam *conquistar* algo, para isso apaziguando o superego. Eles se esforçam em ser "bonzinhos" para ver satisfeitas suas necessidades. Os tipos retraídos (Quatro, Cinco e Nove) *fogem* para obter o que querem. Eles se afastam dos outros para lidar com as próprias necessidades.

Tomando o Eneagrama, podemos arrumar esses grupos de uma forma que caracteriza sucintamente o estilo e a motivação fundamental de cada tipo. Partindo dos tipos pertencentes à Tríade do Instinto, vemos que o Tipo Oito exige autonomia, o Nove se retrai para obtê-la (ter seu próprio espaço) e o Um tenta ganhá-la (achando que, se for perfeito, ninguém irá interferir em sua vida).

Passando à Tríade do Sentimento, vemos que o Dois, um tipo aquiescente, tenta ganhar atenção (servindo aos outros e fazendo-lhes gentilezas). O Três, sendo um tipo assertivo, exige atenção (fazendo tudo que possa garantir-lhe o reconhecimento). E o Quatro, retrai-se em busca de atenção (na esperança de que alguém o descubra).

Na Tríade do Raciocínio, o Tipo Cinco se retrai para obter segurança ("Estarei a salvo se me mantiver a distância"), o Seis tenta ganhá-la ("Estarei a salvo se fizer o que esperam de mim") e o Sete a exige ("Irei em busca do que for preciso para sentir-me seguro").

OS GRUPOS HORNEVIANOS COM AS MOTIVAÇÕES E OBJETIVOS DAS TRÍADES

O ESTILO DE CONFRONTO DAS DIFICULDADES — OS GRUPOS HARMÔNICOS

Os Grupos Harmônicos são úteis ao trabalho de transformação porque indicam como cada pessoa se comporta quando não obtém o que quer (conforme indica a Tríade a que pertence). Assim, eles revelam a principal forma de defesa da personalidade contra a perda e a decepção.

Descobrimos ainda uma terceira maneira importante de agrupar os nove tipos. A esses agrupamentos denominamos *Grupos Harmônicos*. Cada um dos tipos primários (aqueles que se localizam no triângulo eqüilátero: Três, Seis e Nove) possui dois tipos secundários que se parecem bastante com ele em diversos aspectos — e as pessoas muitas vezes se identificam erradamente devido às suas similaridades. Por exemplo, as pessoas do Tipo Nove, quando erram, costumam identificar-se como pertencentes ao Tipo Dois ou Sete; as do Tipo Três, como sendo do Tipo Um ou

Cinco; e as do Tipo Seis notoriamente erram classificando-se como pertencentes ao Tipo Quatro ou Oito.

Mesmo que não haja linhas que conectem esses tipos no símbolo do Eneagrama, temas e problemas comuns os unem. Os Grupos Harmônicos nos dizem qual a atitude adotada pelo tipo quando não consegue atender à sua necessidade dominante. Em outras palavras, *os Grupos Harmônicos nos dizem como lidamos com os conflitos e as dificuldades: como reagimos quando não obtemos o que desejamos.*

O Grupo da Atitude Positiva compõe-se dos Tipos Nove, Dois e Sete. Todos eles reagem aos obstáculos adotando, na medida do possível, uma "atitude positiva", reenquadrando a decepção de alguma maneira favorável. Esses tipos querem frisar os aspectos mais animadores da vida e ver o lado bom das coisas: são pessoas que gostam de levantar o moral e ajudar os outros a sentir-se bem porque também querem continuar bem ("Não tenho nenhum problema").

Esses tipos têm dificuldade de ver seu lado mais sombrio; eles não querem ver em si nada que seja doloroso ou negativo. Além disso, a depender do tipo, há uma certa dificuldade em equilibrar as próprias necessidades em relação às dos outros. O Tipo Dois concentra-se mais nas necessidades alheias; o Sete, nas suas próprias; e o Nove procura pensar em ambas, embora muitas vezes isso o impeça de satisfazer adequadamente a qualquer das duas.

O Grupo da Competência se compõe dos Tipos Três, Um e Cinco. Todos eles aprenderam a lidar com as dificuldades colocando de lado os próprios sentimentos e lutando para ser objetivos, eficientes e competentes. Eles colocam seus sentimentos e necessidades subjetivas em segundo plano; tentam resolver *logicamente* os problemas e esperam que todo mundo aja da mesma forma.

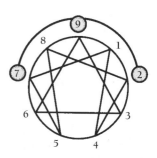

O PADRÃO HARMÔNICO 9-2-7:
O GRUPO DA ATITUDE POSITIVA

Esses três tipos também têm problemas relacionados ao funcionamento dentro dos limites de uma estrutura ou sistema. ("Como funciono dentro de um sistema? Posso usá-lo em meu benefício? Ele me impedirá de fazer o que quero?") A atitude desses tipos em relação aos sistemas provém de sua relação com a família. Eles não sabem até que ponto querem render-se aos valores do sistema nem até que ponto querem ficar fora dele. O Tipo Um age conforme as regras, cumprindo-as tão bem que ninguém ousaria questionar-lhes a integridade. O Tipo Cinco, ao contrário, tende a não considerar as regras. O Tipo Três quer fazer ambas as coisas: ter o benefício das regras e estruturas sem as correspondentes restrições.

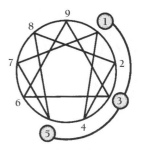

O PADRÃO HARMÔNICO 1-3-5:
O GRUPO DA COMPETÊNCIA

O Grupo Reativo compõe-se dos Tipos Seis, Quatro e Oito. Esses tipos reagem emocionalmente aos problemas e conflitos e têm dificuldade em saber o quanto confiar nas pessoas: "Preciso de você para saber como me sinto com relação a isto". Quando surgem problemas, eles buscam nos outros uma reação *emocional* que reflita sua preocupação. Em caso de conflito, os tipos reativos querem que as pessoas espelhem seu próprio estado emocional: "Se isto me perturba, deveria perturbá-lo

	PRINCIPAIS TEMAS DO GRUPO DA ATITUDE POSITIVA		
	Valoriza:	*Evita ver:*	*Problemas com as necessidades:*
2	Auto-imagem positiva: "Sou uma pessoa atenciosa, afetuosa". Concentra-se nas boas intenções.	As próprias carências, frustrações e ressentimentos.	Ênfase excessiva nas necessidades dos outros; negligência das próprias.
7	Experiências positivas, prazer, atividade, emoção e diversão.	O sofrimento e o próprio vazio; a responsabilidade pelo próprio sofrimento e o alheio.	Ênfase excessiva nas próprias necessidades; as alheias o fazem sentir-se logo sobrecarregado.
9	As qualidades positivas dos demais e do ambiente. Idealiza seu mundo.	Os problemas com as pessoas queridas e o ambiente, além de sua própria falta de desenvolvimento.	Sente-se subjugado pelas próprias necessidades e pelas dos outros. Não quer lidar com elas.

também!" Os tipos deste grupo têm fortes simpatias e antipatias. Quando há algum problema, logo se sabe. Nos conflitos, eles precisam lidar primeiro com seus sentimentos e, feito isso, geralmente as coisas se dissipam rápido e de uma vez por todas. Se não conseguirem dar vazão ao que sentem, porém, esses tipos podem tornar-se cada vez mais ressentidos e vingativos.

Os tipos do Grupo Reativo também têm dificuldade em encontrar o equilíbrio entre a determinação e a necessidade de independência e a necessidade de ser apoiados e cuidados pelos outros. Eles, ao mesmo tempo, confiam e desconfiam das pessoas: aceitar o apoio e o afeto das pessoas é um dos grandes desejos desses tipos, mas eles acham que isso seria o mesmo que perder o controle sobre si mesmos e as circunstâncias. Eles têm medo de ser traídos, mas precisam de

O PADRÃO HARMÔNICO 4-6-8:
O GRUPO REATIVO

PRINCIPAIS TEMAS DO GRUPO DA COMPETÊNCIA

	Valoriza:	*Lida com os sentimentos:*	*Relação com sistemas:*
1	O fato de ser correto, organizado e sensato. Concentra-se em padrões, em aperfeiçoar-se e conhecer as regras.	Reprimindo-os e negando-os. Os sentimentos são canalizados para a atividade, para a perfeição, e também podem traduzir-se como rigidez no corpo.	Quer trabalhar com o sistema. Ele tenta ser um "bom menino" e se irrita com os que desconsideram as regras.
3	O fato de ser eficiente, capaz e brilhante. Concentra-se em metas e tenta ser pragmático e apresentar-se muito bem.	Reprimindo-os e esforçando-se por manter-se em atividade constante. A realização compensa sentimentos dolorosos. Busca em terceiros indicações quanto ao que deve sentir.	Quer trabalhar com o sistema. Mas também gosta de estar fora dele, rompendo regras e buscando atalhos.
5	O fato de ser experiente e ter as melhores informações. Concentra-se no processo, em fatos objetivos e em manter a lucidez e o distanciamento.	Abstraindo-os e distanciando-se deles — assim, mantém-se ocupado e cerebral, como se seus próprios sentimentos fossem de outra pessoa.	Rejeita o sistema e quer trabalhar por si, fora dele. Tem pouca paciência com regras ou trâmites.

PRINCIPAIS TEMAS DO GRUPO REATIVO

	Busca:	*Tem medo:*	*Lida com os outros:*
4	Um salvador, alguém que o compreenda e dê apoio à sua vida e aos seus sonhos. Quer ser visto.	Do abandono — que ninguém se incomode com ele; de não encontrar apoio suficiente para tornar-se o que é.	Limitando-lhes o acesso para mantê-los interessados; bancando o "exigente" e aferrando-se aos que o apóiam.
6	Tanto independência quanto apoio. Quer alguém a quem recorrer, mas precisa ser "o mais forte".	De ser abandonado e não ter apoio, mas também de depender demais dos outros.	Mostrando-se comprometido e confiável e, ao mesmo tempo, mantendo a independência; entrega-se, mas também se defende.
8	Independência e auto-segurança. Quer depender o mínimo possível de alguém e contar sempre consigo mesmo.	De ser controlado e dominado pelos outros. Assim, teme a intimidade e a vulnerabilidade decorrentes do excesso de confiança e afeto.	Mantendo-se em guarda, impedindo que as pessoas se aproximem demais e protegendo-se das mágoas e da necessidade que tem dos outros.

feedback das pessoas para saber qual a posição que elas lhes dão. Assim, estão sempre à procura de aconselhamento e orientação (em busca de "pais") ou desafiando essa necessidade (mostrando-se "rebeldes"). Subconscientemente, os do Tipo Quatro querem ser tratados como filhos, ao passo que os do Tipo Oito querem o papel de pai/mãe e provedor. Os do Tipo Seis querem ambas as coisas, às vezes comportando-se como pais; às vezes, como filhos.

VISÃO RÁPIDA DOS GRUPOS HARMÔNICOS

O Grupo da Atitude Positiva: Nega ter problemas

Nove: "Que problema? Não vejo problema algum."
Dois: "Você tem um problema. Estou aqui para ajudar *você*."
Sete: "Pode ser que haja algum problema, mas *comigo* está tudo bem."

O Grupo da Competência: Dissocia-se dos sentimentos e resolve os problemas logicamente

Três: "Há uma ótima solução para isso — precisamos apenas pôr mãos à obra."
Um: "Tenho certeza de que podemos resolver isso como adultos sensatos e maduros."
Cinco: "Por trás disso há vários outros problemas — deixe-me pensar a respeito."

O Grupo Reativo: Reage com veemência e exige uma reação dos demais

Seis: "Sinto-me muito pressionado; preciso dar vazão a um pouco dessa pressão!"
Quatro: "Estou muito magoado e preciso expressar-me."
Oito: "Estou muito aborrecido com isso e agora vocês vão me ouvir!"

CAPÍTULO 6

DINÂMICA E VARIAÇÕES

O ENEAGRAMA não é vago. Ele pode ajudar-nos a situar e personalizar nossa compreensão por meio de um conjunto ainda mais detalhado de distinções do que os nove tipos básicos. Cada tipo possui duas *Asas* e três *Variantes Instintivas*. Essas duas "lentes" permitem-nos concentrar-nos em nossos traços de personalidade com maior precisão e especificidade. Mas não é só isso: o Eneagrama é único entre as tipologias de personalidade pelo fato de apontar caminhos para o desenvolvimento. Ele assinala com precisão não apenas os padrões de nosso crescimento como também aqueles que nos criam problemas. Por meio dos *Níveis de Desenvolvimento* e das Tendências rumo *à Integração e à Desintegração*, podemos compreender a dinâmica de nossa personalidade — as formas como mudamos ao longo do tempo.

As asas permitem-nos individualizar os nove tipos (mais gerais) do Eneagrama. Cada asa é um subtipo do tipo geral. Conhecendo a asa, podemos concentrar-nos nos problemas que devemos enfrentar no caminho espiritual.

Como os nove tipos arrumam-se em torno de um círculo, qualquer que seja seu tipo básico, haverá sempre dois outros tipos ao lado dele. Um desses dois tipos será a sua *asa*. Ela mistura-se ao tipo básico e modifica-

AS ASAS

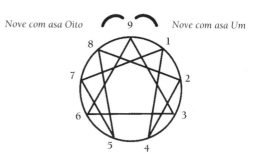

AS ASAS DO TIPO NOVE

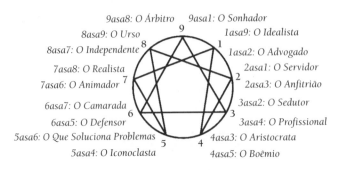

OS NOMES DOS 18 SUBTIPOS RISO-HUDSON CONFORME AS ASAS

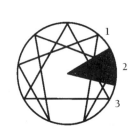

A GAMA DE CARACTERÍSTICAS DO TIPO 2

o, ressaltando certas tendências. Por exemplo, se seu tipo básico é o Nove, sua asa será Oito ou Um. Não existem tipos puros e, em alguns casos, encontramos tipos com ambas as asas. Na maioria das vezes, porém, as pessoas possuem uma asa predominante.

Quando se leva em consideração essa asa predominante, produz-se um subtipo característico, reconhecível no dia-a-dia. Por exemplo, observando as pessoas do Tipo Sete, vemos que umas têm asa Oito e outras têm asa Seis. Esses dois subtipos possuem características bem peculiares. As combinações entre tipos e asas produzem dezoito subtipos, a depender da asa de cada um. Eles são descritos nos capítulos atribuídos a cada tipo específico.

Talvez fique mais fácil pensar nas diferenças individuais se imaginarmos que a circunferência do Eneagrama é uma cartela de cores que mostra toda a escala de matizes disponíveis.

Assim, os tipos podem ser vistos como uma família de tons inter-relacionados. Dizer que alguém é do Tipo Seis, por exemplo, seria o mesmo que dizer que é da "família dos azuis". Embora isso não indique precisamente qual o tom exato de azul (azul-marinho, azul-celeste, azul real, azul-turquesa etc.), certamente já permite a distinção entre o azul e o vermelho ou entre o azul e o laranja, por exemplo.

Essa maneira de ver os tipos mostra que existe um *continuum* na expressão humana, da mesma forma que há um *continuum* no espectro das cores. Não existem reais divisões entre os vários tipos de personalidade, da mesma forma que não as há entre as cores do arco-íris. As diferenças particulares são tão singulares quanto os diferentes tons, matizes e intensidades de cor. Os nove pontos do Eneagrama são simplesmente "nomes de família", como sobrenomes que usamos para referir-nos a diferenças de personalidade; modos de falar a respeito de características importantes sem perder-nos em detalhes.

AS VARIANTES INSTINTIVAS

As Variantes Instintivas indicam quais dos três instintos básicos foram mais distorcidos na infância, acarretando preocupações e comportamentos característicos através de toda a gama de tipos de personalidade.

Além dos dois subtipos fornecidos pelas asas, cada tipo do Eneagrama possui três *Variantes Instintivas* que indicam as diferentes áreas onde se concentram os interesses particulares de cada tipo. A Variante Instintiva de uma determinada pessoa representa o campo no qual os problemas de seu tipo mais se apresentarão.

Da mesma forma que todos os nove tipos do Eneagrama, todas as três Variantes também estão contidas em nós, embora uma delas sempre predomine. Os três instintos podem ser arrumados como as camadas de um bolo, com o predominante ocupando a camada de cima, outro na intermediária e o mais fraco na de baixo. Ademais, isso pode ser feito sem que se saiba qual o tipo a que pertence a pessoa — os instintos são claramente definidos e observáveis e representam uma variável que funciona independentemente do tipo, não sendo, portanto, um "subtipo" no sentido da palavra.

As Variantes Instintivas baseiam-se nos três instintos primários que motivam o comportamento humano: *o Instinto de Autopreservação, o Instinto Social e o Instinto Sexual*. Assim, cada tipo do Eneagrama possui três variantes com base nos três possíveis instintos dominantes. Alguém do Tipo Seis, por exemplo, poderá ser um Tipo Seis Autopreservacionista, Social ou Sexual. Cada uma dessas variantes teria interesses e preocupações sensivelmente diversos.

Portanto, as pessoas podem ser descritas como sendo uma combinação entre um tipo básico, uma asa e uma Variante Instintiva — por exemplo, Tipo Um Autopreservacionista com Asa Dois ou Tipo Oito Sexual com Asa Nove. Já que as Variantes Instintivas e as asas não são diretamente relacionadas, geralmente é mais fácil examinar um tipo através da "lente" da asa ou da Variante Instintiva. Todavia, a combinação dessas duas referências diferentes produz *seis variações para cada tipo*, totalizando 54 importantes possibilidades em termos do Eneagrama como um todo.

Levar em consideração essa dimensão da personalidade representa exigir um grau de detalhe muito maior do que exigiria a maioria das pessoas, mas, para o trabalho de transformação, as Variantes Instintivas são importantes. Além disso, elas têm interesse pelo fato de desempenharem um papel crucial nos relacionamentos. As pessoas que se inserem na mesma Variante tendem a compartilhar valores e compreender-se, ao passo que os casais que apresentam Variantes diversas (por exemplo, Autopreservacionista x Sexual) tendem a ter mais conflitos por seus valores mais importantes serem tão díspares.

A VARIANTE AUTOPRESERVACIONISTA

A maioria das pessoas identifica facilmente esta Variante Instintiva. Os Autopreservacionistas *preocupam-se em obter e manter a segurança e o conforto físicos*, o que geralmente se traduz na preocupação com a alimentação, o vestuário, o dinheiro, a moradia e a saúde. Esses itens constituem sua maior prioridade e, na sua dedicação em obtê-los, outras áreas da vida podem ficar relegadas a segundo plano.

Podemos detectar essa Variante Instintiva em nós mesmos ou nos outros observando aquilo que se nota assim que se entra numa sala. Os Autopreservacionistas tendem a concentrar-se no conforto do ambiente e na capacidade que este tem de dar-lhes ou manter-lhes o bem-estar. Eles logo percebem a iluminação insuficiente, as cadeiras desconfortáveis e a temperatura desagradável e sempre reagem procurando dar um jeito nessas coisas. Podem ficar pensando quando será o próximo intervalo ou refeição e preocupar-se com a quantidade ou o tipo de comida que será servido, isto é, se será a que eles gostam ou a que atende aos requisitos de sua dieta.

Quando esse instinto funciona em harmonia com o tipo de personalidade, essas pessoas mostram-se simples e práticas. Empregam suas energias no atendimento das necessidades básicas da vida — criar um ambiente seguro, comprar provisões, manter a casa e o local de trabalho, pagar as contas e adquirir habilidades práticas que lhes permitam agir sem interromper a ordem do fluxo da vida. Porém, quando se mostra pouco saudável, a personalidade distorce o instinto, levando essas pessoas a não cuidarem bem de si mesmas e, muitas vezes, a apresentarem distúrbios de alimentação e de sono. Elas podem estocar demasiadas coisas — comprando e comendo em excesso — e sobrecarregar-se com todo tipo de "bagagem" supérflua.

Os Autopreservacionistas menos saudáveis podem descuidar da parte física ou tornar-se obsessivos com relação à saúde e à comida — ou ambas as coisas. Além disso, seu instinto prático e seu tino financeiro podem distorcer-se, resultando em problemas com dinheiro e com a organização das tarefas. Quando o instinto de Autopreservação é completamente subjugado pelos problemas inerentes à personalidade, as pessoas podem partir para comportamentos autodestrutivos, nos quais o instinto se volta contra si mesmo.

Quando os outros dois instintos predominam sobre o instinto de Autopreservação, colocando-o na posição de ser *o menos desenvolvido*, o atendimento das necessidades primárias da vida passa a não ser uma atitude natural. As pessoas esquecem-se de que precisam comer e dormir adequadamente. Os fatores ambientais tornam-se apenas relativamente significativos e as pessoas tendem a perder a motivação para acumular riqueza e propriedades, ou mesmo para importar-se com essa questão. Dentro desse quadro, é típica a negligência da administração do tempo e dos recursos, quase sempre com efeitos perniciosos para a carreira, a vida social e o bem-estar material dessas pessoas.

A VARIANTE SOCIAL

A maioria percebe que todas as pessoas possuem um componente social, mas tende a vê-lo como um desejo de ter uma vida social ativa, participar de festas e reuniões, pertencer a grupos etc. Entretanto, o instinto Social é, na verdade, algo bem mais primário: ele é um desejo muito forte, presente em todos os seres humanos, de ser apreciado, aceito e sentir-se seguro ao lado dos outros. Sozinhos, somos bem fracos e vulneráveis e estamos à mercê da hostilidade do meio ambiente. Como não temos as garras, as presas nem as carapaças que têm outros animais, se não nos agrupássemos e cooperássemos uns com os outros, dificilmente nossa espécie — ou nós mesmos, enquanto indivíduos — poderíamos sobreviver. A capacidade de conviver com os outros e de ser aceito por eles é um instinto humano fundamental, baseado na sobrevivência.

As pessoas cujo instinto predominante é o Social preocupam-se em ser aceitas e necessárias em seu mundo. Elas se empenham em alimentar a sensação de importância que obtêm pela participação em atividades com outras pessoas, sejam essas atividades familiares, grupais, comunitárias, nacionais ou globais. Os tipos Sociais gostam de envolver-se e interagir com os demais em função de objetivos comuns.

Ao entrar numa sala, os tipos Sociais imediatamente se apercebem das estruturas de poder e das sutis "políticas" existentes entre as pessoas e os grupos diversos. Eles concentram-se subconscientemente nas reações que provocam nos outros, principalmente no que se refere ao fato de serem aceitos ou não. Além disso, ajustam-se à noção de "lugar" dentro de uma hierarquia social, não só em relação a si mesmos como aos demais. Isso pode manifestar-se de diversas maneiras, tais como a busca de atenção, sucesso, fama, reconhecimento, honrarias, liderança e apreciação, bem como a segurança de fazer parte de algo que é maior que sua simples pessoa. De todas as Variantes Instintivas, a Social é que mais se sintoniza ao que se passa no mundo em torno; os tipos Sociais necessitam do contato com os outros para sentir-se seguros, vivos e cheios de energia. Esse contato pode variar desde um interesse pela política do local de trabalho ou pelas fofocas do bairro até as notícias do mundo e a diplomacia internacional. Poderíamos dizer que o instinto Social é uma espécie de inteligência contextual: ele nos proporciona a capacidade de ver nossas atitudes e seus efeitos dentro de um contexto mais amplo.

Em geral, os tipos Sociais gostam de interagir com as pessoas, embora, ironicamente, tendam a evitar a intimidade. Como ocorre com todos os instintos, quando o indivíduo não está saudável, o instinto se manifesta como seu oposto. Os tipos Sociais pouco saudáveis podem tornar-se extremamente *anti-sociais*, detestando as pessoas e ressentindo-se contra a sociedade e, por isso, apresentar habilidades sociais pouco ou maldesenvolvidas. Ao mesmo tempo que têm medo e desconfiança dos outros e não conseguem conviver com ninguém, eles não sabem viver sem manter relações sociais. Em resumo, os tipos Sociais concentram-se em interagir com as pessoas de modo que os ajude a construir seu valor pessoal, sua noção de realização e seu lugar na sociedade.

Quando os outros dois instintos predominam sobre o instinto Social, colocando-o na posição de ser *o menos desenvolvido*, o empenho e os compromissos sociais passam a não ser uma atitude natural. Tais indivíduos têm dificuldade em chegar a criar e manter relações sociais, muitas vezes desconsiderando o impacto que possui a opinião dos demais. Sua sensação de envolvimento com a comunidade, em qualquer nível, pode ser a mínima. Eles quase sempre têm pouca ligação com as outras pessoas, agindo como se não precisassem delas ou como se elas não precisassem deles. Assim, pode haver freqüentes mal-entendidos com colegas e admiradores, bem como com amigos e familiares.

A VARIANTE SEXUAL

A princípio, muita gente quer identificar-se como pertencente a esta Variante, talvez porque ache que isso significa ser *sexy* ou gostar de sexo. Mas o fato é que a definição do que é *sexy* é altamente subjetiva e, além disso, há gente "*sexy*" em qualquer das três Variantes. Se quisermos pertencer a esta Variante em vez de àquela, é bom lembrarmos que *a personalidade tende a interferir no instinto predominante e distorcê-lo*. Assim, as pessoas que pertencem à Variante Sexual costumam apresentar recorrentes problemas na área dos relacionamentos íntimos. Assim como ocorre com as demais Variantes, é preciso ver como o instinto se manifesta de uma forma mais ampla.

Nos tipos Sexuais, há uma busca constante de conexão e uma atração por experiências intensas — não apenas experiências sexuais, mas qualquer situação em que haja a promessa de uma carga semelhante. Eles são os "*junkies* da intimidade" dentre os tipos das Variantes Instintivas, buscando contato intenso em todas as coisas: um salto de esqui, uma conversa séria, um filme cheio de emoções. No lado positivo, são dotados de uma abordagem exploratória e variada da vida; no negativo, têm dificuldade em perceber quais as suas verdadeiras necessidades e prioridades.

Ao entrar numa sala, os tipos Sexuais concentram-se rapidamente em descobrir onde estão as pessoas mais interessantes e tendem a seguir os ditames da atração. (Os tipos Sociais, por sua vez, observam quem está falando com o anfitrião, quem tem poder e prestígio ou poderia ser-lhes útil. Já os Autopreservacionistas observarão qual a temperatura ambiente, onde estão os drinques e qual seria o lugar mais confortável para se sentar.) Eles gravitam em torno das pessoas que os atraem, independentemente da posição social que tenham ou de sua potencial utilidade. É como se perguntassem: "Onde está a vida nesta sala? Quem tem mais energia e intensidade?"

Os tipos Sexuais costumam ter dificuldade em levar adiante os próprios projetos e cuidar bem de si mesmos porque subconscientemente estão sempre buscando a pessoa ou situação que os completará. São como uma tomada em busca de um soquete e podem desenvolver uma obsessão quando acham que encontraram a pessoa certa para eles. Podem descurar obrigações e até suas próprias necessidades caso se deixem levar por algo ou alguém que os cative.

Quando não são saudáveis, os tipos Sexuais podem mostrar-se profundamente dispersivos e incapazes de concentrar-se. Eles poderão manifestar promiscuidade sexual ou apresentar uma atitude receosa e inadequada em relação ao sexo e à intimidade. Quando se pautam pela segunda possibilidade, demonstram igual intensidade naquilo que evitam.

Quando os outros dois instintos predominam sobre o instinto Sexual, colocando-o na posição de ser *o menos desenvolvido*, o atendimento das questões relativas à intimidade e à estimulação — mental ou emocional — passa a não ser uma atitude natural. Essas pessoas sabem do que gostam, mas geralmente têm dificuldade em emocionar-se ou entusiasmar-se muito com qualquer coisa. Tais indivíduos também têm dificuldade em partilhar a intimidade com outras pessoas, podendo inclusive chegar a evitá-la inteiramente. Além disso, eles tendem a apegar-se a rotinas, sentindo-se pouco à vontade quando as coisas não lhe são muito familiares. Às vezes, sentem-se socialmente envolvidos com as pessoas, mas, curiosamente, distantes até de seus parceiros, amigos e familiares.

Os Níveis de Desenvolvimento constituem um meio de observar e medir nosso grau de identificação com as estruturas da personalidade. Além disso, eles possibilitam distinções cruciais entre os tipos, acrescentando, dentro de cada tipo, uma dimensão "vertical" a um sistema de categorização que, de outro modo, seria "horizontal".

OS NÍVEIS DE DESENVOLVIMENTO

Evidentemente, há pessoas cujo nível de funcionamento é muito alto: elas são abertas, equilibradas, estáveis e capazes de lidar bem com o *stress*. Outras, por seu turno, são mais complicadas, reativas, emocionalmente bloqueadas e incapazes de reagir bem ao *stress*. Além disso, é provável que a maioria das pessoas — inclusive nós mesmos — tenha vivido diversos estados no decorrer da vida, desde aqueles em que há liberdade e vitalidade até aqueles em que há sofrimento, falta de visão e neurose.

Sozinhos, os nove tipos de personalidade são simplesmente um conjunto de categorias "horizontais", por mais minuciosas que elas sejam. Mas, se deve refletir com exatidão a natureza humana e os estados em constante mudança inerentes aos tipos, o sistema deve também dar conta do desenvolvimento e do movimento "vertical" dentro de cada tipo. Os Níveis de Desenvolvimento e as Tendências Rumo à Integração e à Desintegração atendem a essa necessidade.

Para Ken Wilber, pioneiro no desenvolvimento de modelos da consciência humana, todo sistema psicológico completo deve dar conta tanto da dimensão horizontal quanto da vertical. A dimensão horizontal descreve apenas as características dos tipos; porém, para ser completo, um sistema deve levar em conta o elemento vertical, o que é feito por meio dos Níveis de Desenvolvimento.

Por mais óbvio que isso pareça agora e por mais utilizada que venha sendo essa distinção, nada disso havia sido feito até que Don começasse a elaborar a dimensão vertical dos tipos do Eneagrama (pela distinção entre as faixas saudável, média e não-saudável). Quando ele propôs os ainda mais detalhados nove Níveis de Desenvolvimento, o Eneagrama tornou-se um modelo bidimensional perfeitamente acabado, muito mais capaz de representar a complexidade da natureza humana. Essas duas dimensões podem ser representadas, até certo ponto, como um bolo de nove camadas.

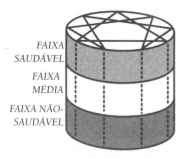

FAIXA SAUDÁVEL
FAIXA MÉDIA
FAIXA NÃO-SAUDÁVEL

AS DIMENSÕES HORIZONTAL E VERTICAL DO ENEAGRAMA

Os Níveis de Desenvolvimento possuem muitas implicações profundas, tanto práticas quanto terapêuticas, conforme veremos ao longo deste livro. Eles constituem parâmetros que tornam claros o movimento, o crescimento e a decadência dentro de cada tipo; ajudam na previsão de comportamentos e, no mínimo, fornecem um critério de avaliação da saúde mental e emocional de uma pessoa.

Dentro de cada tipo, os Níveis são distintos, apesar de inter-relacionados; eles nos permitem pensar em termos de "onde" está uma pessoa, segundo uma faixa de traços saudáveis, médios e não-saudáveis, dentro de cada tipo e qual a "direção" da tendência pela qual ela se orienta. Do ponto de vista da terapia e da auto-ajuda, os Níveis têm a virtude de permitir determinar quais os problemas fundamentais no trabalho de transformação de uma pessoa num determinado momento. Além disso, eles nos permitem compreender que traços e motivações correspondem a cada tipo e, por conseguinte, as causas dos erros de classificação tipológica e outras confusões. Por exemplo, o Tipo Oito é muitas vezes caracterizado como "agressivo" e o Dois, como "sedutor", embora todos os demais tipos possam ser agressivos e sedutores a seu próprio modo. Os Níveis nos permitem ver como e quando uma pessoa do Tipo Oito poderia ser agressiva, por exemplo, e — principalmente — *por quê*. Mas talvez o mais importante seja o fato de que os Níveis nos dêem uma medida do grau de identificação de uma pessoa com sua personalidade, isto é, o quanto ela é defendida e fechada ou liberada e aberta.

É praticamente impossível fazer generalizações acerca dos tipos sem levar em conta os Níveis de Desenvolvimento, pois, à medida que cada tipo se deteriora e cai de Nível, muitas de suas características passam a ser seu exato oposto. Por exemplo, as pessoas do Tipo Oito que estão na faixa saudável estão entre as mais generosas e construtivas de todos os tipos. Elas propiciam as circunstâncias em que os demais podem florescer e fortalecer-se. Mas o contrário se aplica às pessoas do Tipo Oito que estão na faixa não-saudável: cheias de rancor e convencidas de que o mundo está contra elas, são extremamente destrutivas e impiedosas. Assim, a pessoa que está na faixa não-saudável será tão diferente da que está na saudável que, mesmo pertencendo ao mesmo Tipo Oito, parecerá pertencer a um tipo distinto. Além disso, como as pessoas variam dentro dos Níveis de seu tipo, *não há um traço que sempre se aplique a um tipo*. Portanto, não adianta fazer classificações tipológicas com base num grupo de características, já que todos os comportamentos próprios de cada tipo mudam conforme o Nível de Desenvolvimento em que se encontra o indivíduo.

Embora aparentemente o tipo seja inato, resultante de fatores hereditários e pré-natais que incluem o padrão genético, o principal fator na determinação do Nível de Desenvolvimento em que operamos é o ambiente da primeira infância. Por meio de entrevistas com participantes dos *workshops* e cursos de treinamento profissional que ministramos, confirmamos a previsível conclusão de que a dedicação dos pais e outros fatores ambientais relacionados (tais como saúde, educação, nutrição e disponibilidade de outros recursos) exercem um tremendo impacto sobre o subseqüente nível com que o filho desempenhará suas funções.

Isso é assim porque cada Nível representa uma camada cada vez maior de medo e defesa. Porém, é importante lembrar que todos esses medos e defesas surgem na infância e são transmitidos à vida adulta por hábitos automáticos e crenças e convicções não revisadas. Podemos ver também como o grau de disfunção que tivemos de enfrentar na infância determina a quantidade de camadas de defesas que tivemos de adotar. Quanto mais tóxico o ambiente da infância, maior o medo que nos foi instilado e mais limitados e rígidos os meios que empregamos para lidar com a situação.

Os Níveis convidam-nos a pensar sobre o desenvolvimento dos tipos não como um mero interruptor que se pode ligar e desligar, mas sim como um *continuum* de crescimento. Eles nos fornecem advertências que nos permitem saber — a tempo de intervir — quando estamos começando a cruzar a linha dos comportamentos antes que os maus hábitos se instalem definitivamente. Nos capítulos dedicados aos tipos, indicaremos "Sinais de Alerta", "Papéis Sociais" e "Bandeiras Vermelhas" específicos, além de outras dicas que o ajudarão a conscientizar-se mais de seu progresso ou decadência ao longo dos Níveis de seu tipo. À medida que os vai conhecendo e vendo em operação em si mesmo e nos outros, você se dará conta de que eles representam um instrumento para a percepção que só perde em importância para o próprio Eneagrama.

A ESTRUTURA DOS NÍVEIS

Cada tipo possui três faixas principais: *saudável, média* e *não-saudável*, cada uma abarcando três Níveis. A faixa saudável (Níveis 1-3) representa os aspectos com alto grau de funcionamento do tipo. A faixa média (Níveis 4-6) representa os comportamentos "normais" do tipo. Essa é a faixa na qual estamos a maior parte do tempo e também onde está a maioria das pessoas. A faixa não-saudável (Níveis 7-9) representa as manifestações mais desestruturadas de cada tipo.

Podemos entender os Níveis também como uma medida de nosso grau de liberdade e conscientização. Na faixa saudável, estamos cada vez mais livres das restrições impostas pelas estruturas da personalidade, bem como dos hábitos e mecanismos do ego. Somos livres para estar no presente, para escolher e para agir com sabedoria, força e compaixão espontâneas, entre outras qualidades positivas.

Todavia, à medida que descrevemos uma espiral descendente pelos Níveis, nossa liberdade se restringe cada vez mais. Passamos a identificar-nos tanto com os mecanismos da personalidade que começamos a ser inteiramente dirigidos por eles, o que acarreta mais sofrimento para nós mesmos e para os outros. Perdemos cada vez mais o contato com a realidade e a capacidade de fazer avaliações equilibradas e de interromper a avalanche das compulsões do ego. E, se decairmos para a faixa não-saudável, perdemos praticamente toda a liberdade de opção. Talvez a única liberdade que reste nos Níveis inferiores seja a de escolher seguir com os mesmos padrões destrutivos ou procurar ajuda — dizer "não" ou "sim" à vida.

A Amplitude de Banda

Embora o tipo básico não mude, o Nível em que operamos muda o tempo todo. Podemos subir ou descer vários Níveis do tipo num só dia, dentro dos limites de uma determinada "amplitude de banda" ou faixa de comportamentos habituais. Podemos acordar num estado equilibrado, saudável, mas ter uma discussão feia com um colega e descer dois ou três Níveis. Embora nosso estado possa mudar radicalmente em pouco tempo, não é que o tipo de personalidade tenha mudado — estamos simplesmente demonstrando comportamentos diferentes em diferentes Níveis de nosso tipo.

Podemos visualizar os nove Níveis de cada tipo como um tabuleiro de madeira com nove furos, um para cada Nível. Temos um pino de madeira num desses nove furos. A localização de nosso pino representa o "centro de gravidade" de nossa personalidade. Ao mesmo tempo, temos um elástico preso ao pino, que sobe quando estamos mais relaxados e desce quando estamos estressados. Quando as coisas estão dentro da normalidade, nossa tendência é voltar ao Nível onde está o pino, que é o nosso centro de gravidade. O que devemos compreender é que não é o movimento do elástico que denota a verdadeira transformação, mas sim *o movimento do pino*. Quando nosso centro de gravidade se altera, pressupõe-se uma profunda mudança em todo o nosso modo de ser.

Nosso humor ou estado muda todo o tempo, ao passo que nosso centro de gravidade muda muito mais devagar, geralmente em decorrência de graves crises de vida ou de um trabalho de transformação de longo prazo. Quando o centro de gravidade sobe, mesmo que seja só um Nível, a gente olha para trás, vê os estados em que vivia e se pergunta como conseguia. Podemos ver nossos antigos comportamentos e atitudes de Níveis inferiores como realmente eram, com suas restrições e compensações, coisa que não era possível quando estávamos ainda identificados com eles.

A AMPLITUDE DE BANDA
E O CENTRO DE GRAVIDADE

A ilustração servirá para tornar essas idéias mais claras. A amplitude de banda da pessoa A varia entre os Níveis 2 e 5, ao passo que a da pessoa B está entre os Níveis 5 e 8. Embora pertençam ao mesmo tipo, essas duas pessoas teriam diferenças marcantes em suas motivações, atitudes e comportamentos, bem como na estabilidade emocional e na qualidade de seus relacionamentos. As setas indicam onde está o "pino" ou centro de gravidade de cada uma. Conforme se vê, o da pessoa A está no Nível 3, enquanto o da pessoa B está no 6, o que, mais uma vez, justifica grandes diferenças na expressão da estrutura da personalidade de cada uma.

Se quisermos que o trabalho interior dê certo, é importante reconhecer uma verdade inquietante: independentemente do Nível em que realmente operemos (ou seja, de onde esteja nosso centro de gravidade), tendemos a situar nossas motivações na faixa saudável. As defesas do ego são tamanhas que sempre nos vemos como a auto-imagem idealizada, mesmo quando estamos dentro da média ou até do patológico. Por exemplo, nosso comportamento de fato pode estar no Nível 6 ou 7, mas isso não nos impedirá de pensar que estamos num Nível muito mais saudável (geralmente, o nível 2). Portanto, talvez o primeiro passo que de fato possamos dar em nossa jornada interior é identificar com precisão não só o nosso tipo, mas a faixa de Níveis na qual normalmente transitamos e, também, onde está no momento o nosso centro de gravidade. O Eneagrama não nos ajudará em nada se nos iludirmos pensando que somos mais saudáveis do que realmente somos.

Humor × Nível

Vale ressaltar também que o movimento ascendente através dos Níveis não é o mesmo que uma simples mudança de humor. O bom humor não indica necessariamente um Nível mais alto de Desenvolvimento. O Nível é, na verdade, uma função da liberdade e da conscientização, não do humor. Assim, o fato de estarmos num Nível mais alto não implica que estaremos sempre de bom humor, da mesma forma que estando num Nível inferior não estaremos sempre de mau humor. A pessoa pode estar refestelada no Nível 6 e ser completamente identificada com sua personalidade e muito reativa. Suponhamos que ela tenha acabado de fechar um contrato que massacra um semelhante e, mesmo assim, sinta-se ótima por ter feito isso. A alegria desse tipo de reação não equivale à liberdade interior nem à verdadeira alegria. Quando alguma coisa dá errado, essa pessoa volta a ser reativa e negativa, estando mais uma vez à mercê de fatores externos.

Por outro lado, a serenidade, a vitalidade e o compromisso com o mundo real — ao contrário de nossos erros e ilusões — em meio às dificuldades são sinais de crescimento espiritual. Quando estamos centrados e ancorados, ligados em nós mesmos e em nosso Ser Essencial, vivenciamos uma alegria tranquila que é sensivelmente distinta do simples bom humor. Assim, no que têm de mais profundo, os Níveis são, na verdade, uma medida do grau de conexão que temos com nossa verdadeira natureza.

Analisaremos a seguir algumas das principais características das faixas média, não-saudável e saudável dos Níveis de Desenvolvimento e sua relevância para o trabalho interior. Adotamos essa seqüência porque os capítulos dedicados aos tipos estão assim estruturados e porque a maioria das pessoas se verá na faixa média ao começar seu trabalho de transformação.

A FAIXA MÉDIA

Nessa faixa, embora as pessoas funcionem e se comportem de maneiras que os demais considerariam normais, elas estão muito identificadas com o ego. Por conseguinte, são conscientes e capazes de atualizar apenas uma gama relativamente estreita de seu pleno potencial humano. Com efeito, à medida que as pessoas se movem em espiral descendente dentro da faixa média, os tipos manifestam graus crescentes de egocentrismo, já que a manutenção do ego se torna a prioridade da personalidade. Além disso, a vida e os relacionamentos apresentam muitas situações que não respaldam a auto-imagem, o que dá ensejo a manipulações e automanipulações e a inevitáveis conflitos interpessoais.

O Sinal de Alerta

O *Sinal de Alerta* serve para indicar que estamos prestes a deixar a faixa saudável de nosso tipo rumo à faixa média, onde o desenvolvimento é mais lento. Ele vale como indício de que estamos ficando mais identificados com o ego e de que conflitos e outros problemas certamente surgirão. Por exemplo, o Sinal de Alerta para o Tipo Nove é a tendência a evitar conflitos concordando com as pessoas. À medida que se identificam mais com a estrutura específica de seu ego, as pessoas

	OS SINAIS DE ALERTA
1	A sensação de ter a obrigação de cuidar de tudo sozinho
2	A convicção de que precisa convencer os outros de que está certo
3	O surgimento do impulso de buscar *status* e atenção
4	Apego aos sentimentos e sua intensificação pela imaginação
5	Fuga da realidade e refúgio em mundos e conceitos mentais
6	Dependência de algo exterior ao eu para orientação
7	A sensação de que existe algo melhor em algum outro lugar
8	A sensação de precisar pressionar e lutar para que as coisas aconteçam
9	Acomodação exterior aos outros

desse tipo dizem "sim" a coisas que não querem fazer, reprimindo a si mesmas e a necessidades e desejos legítimos até que os conflitos se tornam inevitáveis.

Discutiremos mais detalhadamente os Sinais de Alerta para os nove tipos nos capítulos especificamente dedicados a eles. Uma das formas mais eficazes de usar o Eneagrama é observar até que ponto o seu comportamento corresponde aos Sinais de Alerta descritos.

O Papel Social

Quando estamos na faixa média, temos a sensação cada vez mais forte de precisar ser de uma determinada forma e necessitar que as pessoas reajam ao fato de sermos assim. Dependemos muito mais dos mecanismos de que dispõe nosso tipo para enfrentar as situações e fixamo-nos também mais em satisfazer nosso Desejo Fundamental por meio desses mecanismos. Embora ainda possamos dar conta de nossas funções e ser agradáveis o suficiente, entra em cena uma certa mesmice ou repetição. Na teoria dos sistemas familiares, é aqui que a criança começa a desempenhar um determinado papel, como, por exemplo, o do Herói Familiar, o do Filho Perdido ou o do Bode Expiatório. O Papel Social de cada um dos tipos será discutido adiante, nos capítulos a eles dedicados. Uma das formas mais práticas e eficazes de transformar a vida num palco para a prática da transformação está em observar-se no momento em que você entra e sai de seu Papel Social.

O Papel Social e os Relacionamentos

Quando ficamos presos a nossos Papéis Sociais, queremos que o ambiente — basicamente, as pessoas

> "Aquele que não consegue mudar a estrutura de seu próprio pensamento jamais será capaz de mudar a realidade."
>
> ANUAR AL SADAT

	COMO CADA TIPO MANIPULA OS OUTROS
1	Corrigindo os demais e insistindo em que adotem seus padrões
2	Descobrindo as necessidades e desejos alheios e, assim, criando dependências
3	Cativando os outros e adotando qualquer imagem que "funcione"
4	Sendo temperamental e fazendo os outros "pisarem em ovos"
5	Preocupando-se e distanciando-se emocionalmente dos demais
6	Queixando-se e pondo à prova os compromissos que os outros assumiram com ele
7	Entretendo as pessoas e insistindo em que atendam a suas exigências
8	Dominando os demais e exigindo que façam o que manda
9	"Vivendo no mundo da lua" e oferecendo resistência passivo-agressiva

— respalde nosso ego e suas prioridades, o que geralmente resulta em conflitos. Quando isso ocorre, sabemos que estamos nos identificando mais com as prioridades da nossa personalidade. Exigimos que os outros interajam conosco apenas de maneira que reforce nossa auto-imagem. Os conflitos surgem porque cada tipo usa as pessoas para obter o que é preciso para subornar o ego. As pessoas que se identificam com seu Papel Social podem ficar presas a uma dança frustrante em que as recompensas e as rejeições se alternam de parte a parte, sempre o bastante para manter o parceiro na dança. Em relacionamentos desse tipo, a neurose de um se encaixa na do outro, criando um equilíbrio estático muitas vezes difícil de romper.

Podemos também manipular as pessoas para levá-las a satisfazer nosso Desejo Fundamental mediante várias estratégias impróprias que, a longo prazo, nos sairão como tiros pela culatra. Muitas de nossas relações fracassadas ou conturbadas são testemunhas do quanto essas estratégias são frustrantes. Uma vez presos ao padrão de defesa da auto-imagem e manipulação para que os outros a respaldem, um verdadeiro relacionamento torna-se, se não impossível, difícil.

A REGRA DE CHUMBO DE CADA TIPO	
1	Temendo ser, de algum modo, mau, corrupto ou falho, o Tipo Um aponta a maldade, a corrupção e a falibilidade no outro.
2	Temendo não ser querido ou amado, o Tipo Dois faz o outro sentir-se indigno de seu amor, generosidade ou atenção.
3	Temendo não valer nada, o Tipo Três faz o outro sentir-se desvalorizado tratando-o com arrogância ou desprezo.
4	Temendo não ter uma identidade ou importância como pessoa, o Tipo Quatro trata o outro com desdém, como se não fosse "ninguém" ou não valesse nada.
5	Temendo ser inútil, incapaz e incompetente, o Tipo Cinco faz o outro sentir-se inútil, incapaz, incompetente e burro.
6	Temendo não contar com apoio e orientação, o Tipo Seis solapa os sistemas em que o outro se apóia, tentando isolá-lo de alguma forma.
7	Temendo sofrer algum tipo de dor ou privação, o Tipo Sete impõe ao outro a dor e o faz sentir-se privado de várias formas.
8	Temendo ser magoado ou controlado pelo outro, o Tipo Oito o faz temer ser magoado ou controlado por meio de ameaças beligerantes e intimidadoras.
9	Temendo perder a conexão com o outro, o Tipo Nove o faz sentir que perdeu a conexão que possuía com ele "dessintonizando-o" de várias maneiras.

A Regra de Chumbo

Quando essas manipulações não conseguem garantir a satisfação de nossas necessidades, nós muitas vezes intensificamos a campanha. Sem a conscientização, em vez de parar com o comportamento contraproducente, tendemos a adotá-lo com ainda mais agressividade. Quando chegamos a esse ponto, já não estamos simplesmente buscando o apoio dos outros para as prioridades de nosso ego; estamos impondo-lhes essas prioridades. A inflação do ego atinge o máximo, levando-nos a atuar as ansiedades e buscar agressivamente o nosso Desejo Fundamental, seja aberta ou dissimuladamente.

Descobrimos uma característica dos tipos que se verifica na parte inferior da faixa média. Nós a denominamos *Regra de Chumbo*, por ser ela o oposto da famosa Regra de Ouro. Se a Regra de Ouro é: "Faça aos outros o que gostaria que lhe fizessem", a Regra de Chumbo diz: *"Faça aos outros o que mais teme que lhe façam"*.

A Regra de Chumbo afirma que cada tipo tem sua maneira particular de debilitar os outros para reforçar o próprio ego. A crença errônea é a de que, fazendo alguém descer um degrau, se sobe outro. Assim, cada tipo passa a infligir aos demais seu próprio Medo Fundamental. Por exemplo, se as pessoas do Tipo Oito temem ser magoadas ou controladas, começam a ameaçar controlar e magoar os outros. ("É melhor fazer o que estou mandando, senão você vai se arrepender. Se eu me aborrecer, você já sabe o que vai acontecer!") Elas se tornam intimidadoras, beligerantes e extremamente provocadoras. Se o Medo Fundamental dos representantes do Tipo Quatro é o de não ter nenhuma importância como pessoas, eles podem começar a descartar os outros com a maior indiferença, tratando-os como se não valessem nada. Assim, podem ser ríspidos com garçons e porteiros ou isolar os amigos completamente, tratando-os como se eles não existissem ou não tivessem nenhum sentimento.

A Bandeira Vermelha

Antes que um tipo entre na faixa não-saudável, encontra o que chamamos o *medo da Bandeira Vermelha*. Se o Sinal de Alerta era um convite a que despertássemos antes de chegar a embrenhar-nos mais nos Níveis médios, no "sono" crescente e na fixação, a Bandeira Vermelha constitui um alarme muito mais grave, que prenuncia uma crise iminente.

A Bandeira Vermelha é um medo, embora seja realista e precise ser levado em conta caso queiramos resistir às forças destrutivas que ameaçam fazer-nos descer mais e mais ao longo da escala dos Níveis. Se esse medo conseguir chocar-nos a ponto de fazer-nos perceber o que está acontecendo, seremos capazes de parar de atuar os comportamentos e atitudes que nos levaram a essa perigosa situação. Porém, se não conseguirmos ou não quisermos dar-lhe ouvidos, talvez insistamos no compor-

	OS MEDOS DA BANDEIRA VERMELHA
1	De seus ideais serem, na verdade, errados e contraproducentes
2	De estar afastando de si os amigos e entes queridos
3	De estar fracassando, de que suas pretensões sejam vazias e infundadas
4	De estar arruinando a própria vida e desperdiçando as oportunidades
5	De jamais chegar a encontrar um lugar no mundo ou entre as pessoas
6	De que seus próprios atos tenham posto sua segurança em risco
7	De que suas atividades lhes estejam trazendo sofrimento e infelicidade
8	De que os outros estejam se voltando contra ele e queiram vingar-se
9	De que a realidade o force a enfrentar seus problemas

tamento inadequado, tendo como provável resultado a queda em estados cada vez mais destrutivos.

A FAIXA NÃO-SAUDÁVEL

Por inúmeras razões, as pessoas podem entrar na faixa não-saudável, mas, felizmente, não é tão fácil ficar preso nela para sempre. Podemos adotar temporariamente atitudes não-saudáveis, mas é raro que nosso centro de gravidade se fixe na faixa não-saudável. Isso porque a zona entre as faixas média e não-saudável parece funcionar como uma espécie de freio na decadência da personalidade. Assim, muita gente pode ficar anos na faixa média sem tornar-se não-saudável. Chamamos a essa zona-limite entre os Níveis de *ponto de choque*.

Como é preciso um "choque" ou *input* de energia extra para que se entre nos Níveis não-saudáveis, a maioria das pessoas não chega a isso sem que ocorra uma de duas coisas. A primeira é uma grande crise de vida — a perda do emprego ou do cônjuge por divórcio ou morte, um problema grave de saúde ou uma catástrofe financeira. Se não estivermos psicológica e espiritualmente prontos para lidar com esse tipo de crise, podemos de repente entrar na faixa não-saudável e não conseguir mais sair. Felizmente, em tais circunstâncias, muitas pessoas percebem que estão "caindo" e precisam de terapia ou de algum tipo de programa de recuperação.

A segunda razão para se entrar na faixa não-saudável é o estabelecimento de padrões não-saudáveis na infância. As pessoas regridem a um comportamento inicial, mais primitivo, quando as condições ficam pesadas demais. Os que foram magoados e sofreram abusos (emocionais, mentais, sexuais ou físicos) quando crianças tiveram de erguer imensas defesas para proteger-se. Sendo tais as circunstâncias, eles jamais tiveram a oportunidade de aprender a lidar com as situações de forma saudável e mostram-se extremamente vulneráveis à possibilidade de descambar mais uma vez para padrões destrutivos.

Quando agimos de modo não-saudável, perdemos cada vez mais o contato com nossa verdadeira natureza e com a realidade. Vemo-nos presos num labirinto de reações e ilusões, perdemos o controle e não conseguimos ver as soluções para nossos medos e conflitos cada vez mais intensos nem para qualquer problema prático que enfrentemos. A única coisa que conseguimos fazer é reagir ainda com mais força e pressionar ainda mais os outros para que resolvam por nós os nossos problemas. Identificamo-nos tão completamente com os limitados mecanismos da personalidade que não nos ocorrem outras soluções — ou, mesmo que ocorram, percebemos que não conseguiremos implementá-las sem um esforço extraordinário. Naturalmente, não é que nós desejemos ser não-saudáveis, mas caímos nesses estados por ignorância ou porque as circunstâncias iniciais de nossa vida não nos mostraram formas mais saudáveis de lidar com os problemas.

"Volte-se para dentro de sua própria alma e aprenda a conhecer a si mesmo. Assim, entenderá por que tinha de padecer deste mal e talvez, a partir daí, você seja capaz de evitá-lo no futuro."

FREUD

Ao fim de tudo, a faixa não-saudável representa um profundo auto-abandono, embora este nos tenha sido imposto pelas circunstâncias. Apesar de não podermos mudar o que aconteceu na infância nem impedir que os revezes aconteçam, nós *podemos* fortalecer nossos recursos interiores para não deixar que os problemas nos destruam. Além disso, podemos encurtar o período de recuperação quando há dificuldades. Nosso trabalho de transformação pode trazer-nos por fim muita serenidade, aceitação, compaixão e uma perspectiva mais ampla da vida.

A FAIXA SAUDÁVEL

Nessa faixa, embora exista identificação com o ego, ela transcorre sem alarde, por assim dizer, e se manifesta de modo benéfico. Cada tipo tem sua maneira saudável de personificar as qualidades com que mais se identifica. A pessoa que age dentro da faixa saudável é vista dentro da cultura a que pertence como extremamente equilibrada, madura e eficiente, embora ainda aja com base no ego, buscando compensar seu Desejo e seu Medo Fundamentais, mesmo estando entre os Níveis 2 e 3.

Por exemplo, as pessoas do Tipo Oito definem-se como fortes, competentes, enérgicas e assertivas. Elas têm necessidade de provar que são assim para si mesmas e para os demais, então aceitam os desafios e dedicam-se a atividades construtivas que exijam força e decisão. Tornam-se então líderes magnânimos, criando condições para que os outros também cresçam.

As pessoas do Tipo Dois definem-se como afetuosas, atenciosas e desprendidas, mas as que agem na faixa saudável reforçam ainda mais essa auto-imagem por darem ao mundo incontestáveis provas de amor, interesse e generosidade. Elas se tornam amigas e benfeitoras que compartilham seus dons e recursos, pois essa atitude reforça sua autodefinição.

Se houvesse mais gente agindo dentro da faixa saudável, o mundo seria um lugar muito melhor. Embora quase todos nós já tenhamos tido a oportunidade de saber como é agir nessa faixa, o meio, a cultura e talvez a própria família a que pertencemos em geral não apóiam esse tipo de abertura. Assim, poucos conseguem manter esse grau de liberdade por muito tempo. Os medos aparecem com muita freqüência, levando-nos a permanecer na faixa média.

> "Temos de ser alguém antes de podermos ser ninguém."
>
> JACK ENGLER

Entretanto, para continuar na faixa saudável, precisamos ter a intenção de ser saudáveis, o que exige a intenção de estarmos presentes e despertos. Isso significa que precisamos fazer uso das práticas e dos instrumentos de que dispomos para cultivar a percepção. À medida que nossa percepção cresce, conscientizamo-nos da existência de outro "ponto de choque" entre as faixas média e saudável (Níveis 3 e 4). Podemos passar por esse "ponto de choque" e seguir em qualquer das direções: cair nas faixas média ou não-saudável devido a crises ou circunstâncias de vida ou subir na escala dos Níveis, trabalhando conscientemente os problemas existentes.

O NÍVEL DE LIBERAÇÃO

No momento em que tivermos resolvido nossos problemas (mais ou menos Nível a Nível) e atingido plenamente a faixa saudável, o ego terá alcançado um grau notável de equilíbrio e transparência, deixando-nos prontos para dar o passo que falta para que possamos viver da nossa natureza Essencial. Dito de maneira simples, *a liberação ocorre na medida em que já não nos identificamos com o ego*. Podem existir ainda alguns aspectos do ego, mas eles já não constituem o fulcro da identidade. Entretanto, o ego deve recuperar seu equilíbrio e funcionamento naturais para que se possa atingir a liberação verdadeira e duradoura. Nesse estágio, a pessoa já abriu mão de uma determinada auto-imagem, resolveu seu Medo Fundamental e ampliou sua percepção para agir conforme o Desejo Fundamental. Todos esses processos exigem equilíbrio, sabedoria, coragem, força e integridade psicológica suficientes para suportar a ansiedade gerada pela dissolução da identificação com o ego.

Quando chegamos ao Nível de Liberação, geralmente ficamos muito surpresos ao perceber que já temos todas as qualidades que buscávamos. Tomamos consciência de que elas já estavam presentes em nós todo o tempo, mas nós as procurávamos da forma errada. Como Dorothy no final de *O mágico de Oz*, descobrimos que estávamos mais perto de realizar nosso objetivo do que imaginávamos. Tudo que precisamos para a transformação, tudo que queremos para sermos seres humanos completos, está e sempre esteve à nossa disposição em nossa natureza Essencial. Na realidade, no Nível 1, nós de fato realizamos nosso Desejo Fundamental.

DINÂMICA E VARIAÇÕES   **97**

Quando compreendemos isso, nossa questão mais importante passa a ser como poder manter esse estado mais vibrante e aberto — ou, na verdade, como permitir que ele se mantenha em nós. Como podemos continuar nos abrindo para que a graça atue em nós?

As Tendências Rumo à Integração e à Desintegração ajudam-nos a definir se estamos progredindo ou regredindo em nosso desenvolvimento. A Integração nos fornece indicadores objetivos de crescimento. A Desintegração mostra-nos como agimos sob *stress*, quais os nossos comportamentos e motivações inconscientes e, paradoxalmente, quais as qualidades que mais precisamos integrar.

AS TENDÊNCIAS RUMO À
INTEGRAÇÃO E À
DESINTEGRAÇÃO

Se observarmos o Eneagrama, veremos que a cada um dos números em torno do círculo estão ligadas duas linhas internas. O Oito, por exemplo, está ligado ao Dois e ao Cinco. O Nove está ligado ao Três e ao Seis, e assim com todos os tipos.

Uma dessas linhas representa a *Tendência à Integração*, ou seja, é a linha do desenvolvimento natural rumo à plenitude, enquanto a outra linha representa a *Tendência à Desintegração* do tipo, a qual mostra os comportamentos que adotamos quando levamos a extremos as atitudes características de nosso tipo. O movimento em direção a qualquer dessas tendências é um processo que ocorre naturalmente, pois o Eneagrama prevê o que será cada tipo à medida que se torna mais saudável (menos restrito ou fixado) ou, ao contrário, mais identificado, tenso e desajustado. (O movimento em direção às Tendências Rumo à Integração e à Desintegração é distinto do movimento de ascensão e descenso ao longo da escala de Níveis, embora esteja a ele relacionado. Sobre isso, teremos mais a dizer posteriormente.)

Para sermos exatos, não podemos dizer que uma Tendência seja "inteiramente positiva" e que a outra seja necessariamente "inteiramente negativa". A natureza humana possui mecanismos de atuação que se inserem em ambas as Tendências, e o Eneagrama é capaz de determinar as mudanças nesses sutis mecanismos como nenhum outro sistema. Se compreendermos esses movimentos e pudermos identificá-los em nosso dia-a-dia, poderemos acelerar o nosso desenvolvimento.

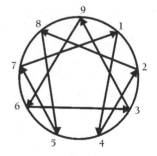

A TENDÊNCIA RUMO
À DESINTEGRAÇÃO

As setas no Eneagrama ao lado indicam as Tendências Rumo à Desintegração de cada tipo. Por exemplo, o Tipo Oito representa a Tendência Rumo à Desintegração do Tipo Dois.

Como as setas para a Tendência Rumo à Integração seguem a ordem contrária, a Tendência Rumo à Integração do Tipo Oito está no Tipo Dois e assim por diante com relação aos demais tipos.

Se a classificação tipológica tiver sido bem feita, o Eneagrama pode prever o comportamento futuro. Ele indica como o tipo se tornará se continuar a decair em seu padrão de identificações, defesas e comportamentos contraproducentes. Ele prevê também quais as qualidades saudáveis que surgirão quando a pessoa se identificar menos com os padrões, estruturas e defesas de seu tipo.

A TENDÊNCIA RUMO À DESINTEGRAÇÃO

	O Tipo Básico	Tendência Rumo à Desintegração	
Saudável	Nível 1 X → X Nível 2 X → X Nível 3 X → X		Saudável
Médio	Nível 4 X → X Nível 5 X → X Nível 6 X → X		Médio
Não-saudável	Nível 7 X → X Nível 8 X → X Nível 9 X → X		Não-saudável

A TENDÊNCIA RUMO À DESINTEGRAÇÃO

A Tendência Rumo à Desintegração em geral se manifesta quando vivemos um período de *stress* ou insegurança crescentes. Quando levamos a estratégia característica de nosso tipo o mais longe possível (sem, contudo, chegar a decair para um Nível inferior) e ela não melhora a situação nem nos dá o que queremos, nós inconscientemente começamos a agir como o tipo que representa a nossa Tendência Rumo à Desintegração. Em psicologia, isso é conhecido como *atuação* (*acting out*), pois essas atitudes e comportamentos costumam ser inconscientes e compulsivos, embora não sejam necessariamente destrutivos de imediato.

Na maioria das vezes, nós nos veremos (ou à outra pessoa) atuando *mais ou menos no mesmo Nível* em que estamos dentro de nosso tipo básico. Isso ajuda a explicar todas aquelas desconcertantes "inversões" de comportamento que notamos nas pessoas. Além disso, explica ainda por que não saltamos de repente do comportamento médio de nosso tipo para o comportamento patológico de nossa Tendência à Desintegração e por que não precisamos estar na faixa não-saudável de nosso tipo para seguir a Tendência Rumo à Desintegração.

As pessoas do Tipo Dois, por exemplo, acham que devem ser sempre gentis e amáveis e que precisam levar em conta as necessidades dos outros, em vez das suas próprias. Mas, na verdade, elas também querem que *suas necessidades* sejam levadas em conta e pensam que, sendo afetuosas o bastante, receberão dos outros generosidade à altura da sua. Se continuarem a dar sem receber nada em troca — ou sem receber o que consideram carinho —, essas pessoas tentarão satisfazer suas necessidades de modo ainda mais enérgico e rancoroso. É isso que constitui a passagem do Tipo Dois ao Tipo Oito: elas começam a atuar a raiva reprimida com ímpeto e agressividade. Em vez de continuar a suprimir a carência e a elogiar os outros, elas se tornam assertivas e diretas. Quanto mais negam a raiva e as próprias necessidades, mais explosiva e destrutiva é a sua atuação.

A TENDÊNCIA RUMO À DESINTEGRAÇÃO (COM INVERSÃO)	
1	Os metódicos representantes do Tipo Um de repente se mostram temperamentais e irracionais no Quatro.
2	Os carentes representantes do Tipo Dois de repente tornam-se agressivos e dominadores no Oito.
3	Os atirados representantes do Tipo Três de repente se mostram apáticos e desinteressados no Nove.
4	Os distantes representantes do Tipo Quatro de repente se mostram excessivamente envolvidos e apegados no Dois.
5	Os objetivos representantes do Tipo Cinco de repente se tornam hiperativos e dispersivos no Sete.
6	Os conscienciosos representantes do Tipo Seis de repente mostram-se competitivos e arrogantes no Três.
7	Os dispersivos representantes do Tipo Sete de repente se mostram perfeccionistas e críticos no Um.
8	Os autoconfiantes representantes do Tipo Oito de repente se tornam reservados e inseguros no Cinco.
9	Os condescendentes representantes do Tipo Nove de repente se mostram ansiosos e preocupados no Seis.

O princípio seguinte se aplica a todos os tipos: *aquilo que é reprimido por um determinado tipo será atuado quando houver pressão da maneira indicada pela Tendência Rumo à Desintegração própria desse tipo*. O quadro acima fornece um esboço desse processo; os capítulos dedicados aos tipos o descrevem mais detalhadamente.

Vale observar que, de uma certa perspectiva, a adoção da Tendência Rumo à Desintegração é simplesmente mais um mecanismo de sobrevivência. A natureza nos dotou a psique de várias "saídas de emergência", de modo que não é tão fácil descambarmos para o patológico. A Tendência Rumo à Desintegração é, assim, uma espécie de válvula de escape para a pressão. A atuação proporciona alívio temporário e desacelera uma descida potencialmente mais grave à faixa não-saudável de nosso tipo básico. Porém, é evidente que isso não nos resolve os problemas. A atuação nos faz despender uma grande quantidade de energia e, depois, ainda temos que enfrentar os problemas que tínhamos antes. Ela apenas nos permite adiar a resolução desses problemas. Quando a personalidade é submetida a um longo período de *stress*, nosso comportamento pode mudar a ponto de fazer-nos parecer *pertencer ao tipo para o qual aponta nossa Tendência Rumo à Desintegração*. Por isso, é comum que as pessoas que atravessam crises importantes e dificuldades emocionais errem e pensem que pertencem ao tipo para o qual aponta sua Tendência Rumo à Desintegração, e não ao seu verdadeiro tipo.

> **A ATUAÇÃO**
>
> Qual é a diferença entre sentir uma emoção e atuá-la? Quando sentimos raiva, podemos atuá-la num acesso ou resistir ao impulso e guardar o que sentimos conosco, observando as sensações que a raiva provoca em nós. Quando o fazemos, temos a oportunidade de ver mais profundamente os nossos sentimentos. Isso não quer dizer que os estejamos suprimindo. Pelo contrário, significa que os sentimos de fato, em vez de permitir-lhes conduzir-nos a comportamentos compulsivos.
>
> Como exercício de Trabalho Interior, na próxima vez que se pegar atuando conforme dita sua Tendência Rumo à Desintegração, procure parar de fazê-lo, mesmo que já tenha começado. Pare no meio de uma frase, se necessário, e procure sentir seu corpo. Verifique qual a sensação provocada por não atuar e em que lugar do corpo está a energia. Veja o que acontece com ela ao vivenciá-la diretamente, em vez de descarregá-la. Como você consegue fazer isso? Procure identificar as possíveis "histórias" que está contando a si mesmo sobre a situação. O que acontece se você continuar a atuar? Observe-se sem julgamentos, conseguindo ou não realizar bem este exercício.

Os representantes do Tipo Um, por exemplo, quando sujeitos a longos períodos de *stress*, podem achar que são do Tipo Quatro por estarem atuando sistematicamente diversas das características médias e/ou não-saudáveis desse tipo. Da mesma forma, os do Tipo Nove podem, sob extrema tensão, parecer representantes médios do Tipo Seis. Além disso, esse processo se vai acelerando à medida que descemos na escala dos Níveis, assumindo intensidade máxima na faixa entre o médio-inferior e o não-saudável.

Observamos ainda que as pessoas que apresentam distúrbio de *stress* pós-traumático ou características fronteiriças de personalidade tendem a adotar sua Tendência Rumo à Desintegração com mais facilidade e mais freqüência. Suas personalidades são mais voláteis e menos centradas no tipo básico e, por conseguinte, elas transitam mais entre o tipo básico e o tipo para o qual aponta sua Tendência Rumo à Desintegração.

A TENDÊNCIA RUMO À INTEGRAÇÃO

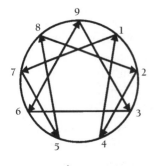

A TENDÊNCIA RUMO À INTEGRAÇÃO

A Tendência Rumo à Desintegração é inconsciente e compulsiva; é a maneira que o ego encontra de compensar automaticamente os nossos desequilíbrios psíquicos. A transformação para a Tendência Rumo à Integração é algo completamente diferente, pois requer opção consciente. Quando estamos no caminho da integração, estamos dizendo a nós mesmos: "Quero estar mais plenamente em minha vida. Quero abandonar meus antigos hábitos e histórias. Estou disposto a apoiar a verdade de tudo aquilo que aprender a meu respeito. Independentemente do que sentir e do que descobrir, quero ser livre e estar vivo de verdade".

Assim, a Tendência Rumo à Integração começa a se fazer sentir por volta do Nível 4, mas se torna mais acessível a partir do Nível 3.

Quando começamos a abandonar a bagagem da personalidade, há crescimento e desenvolvimento numa determinada "direção" — a da cura de nossas questões mais essenciais, conforme simboliza o tipo para o qual aponta a nossa Tendência Rumo à Integração. As próprias qualidades que precisamos para crescer tornam-se mais acessíveis e, quanto mais nos valemos delas, mais elas aceleram o progresso da libertação das limitações da personalidade. Por exemplo, quando as pessoas do Tipo Oito começam a libertar-se dos problemas que têm com a autoproteção (que as levam a vestir uma armadura e não baixar jamais a guarda), automaticamente entram em contato com sua vulnerabilidade e sua mágoa. Elas começam a entender por que a armadura vinha em primeiro lugar. Quanto mais se libertam dessas defesas, mais percebem o quanto é bom ter afeto e interesse pelos outros, como demonstram as pessoas do Tipo Dois quando na faixa saudável. As pessoas do tipo Oito sabem que estão no caminho certo quando começam a dar-se conta de que realmente gostam de relacionar-se com os outros e fazer-lhes o bem.

À medida que aprendemos a estar mais presentes, as qualidades positivas do tipo para o qual aponta a nossa Tendência Rumo à Integração começam a surgir naturalmente. Quando isso acontece, fica difícil não admitir as limitações da faixa média de nosso próprio tipo. Isso nos estimula ainda mais a continuar com a prática e a reconhecer quando descambamos para as compulsões automáticas de nosso tipo. Assim, poderíamos dizer que a Tendência Rumo à Integração representa o antídoto contra as fixações inerentes ao tipo.

O Ponto de Segurança

Existem determinadas — e poucas — circunstâncias em que é possível adotarmos comportamentos próprios dos Níveis *médios* do tipo que constitui nossa Tendência Rumo à Integração. Como regra geral, tendemos a atuar esses comportamentos quando estamos seguros a respeito de nossa posição numa certa situação. Quando nos sentimos seguros da força de um relacionamento, às vezes adotamos comportamentos que nos pareceriam demasiado arriscados com alguém a quem não conhecemos tão bem. Por isso, chamamos a esse fenômeno *ponto de segurança*.

Por exemplo, as pessoas do Tipo Um que estão na faixa média às vezes se comportam como se fossem pessoas do Tipo Sete (também nessa mesma faixa). Mas não tão freqüentemente quanto tendem a atuar os problemas situados entre as faixas média e não-saudável do Tipo Quatro. A menos que se sintam seguras, elas não agirão como se estivessem na faixa média do Tipo Sete. Da mesma forma, as pessoas

A TENDÊNCIA RUMO À INTEGRAÇÃO	
1	Os irritáveis e críticos representantes do Tipo Um tornam-se mais joviais e espontâneos, como os representantes saudáveis do Tipo Sete.
2	Os arrogantes e fantasistas representantes do Tipo Dois tornam-se emocionalmente mais perceptivos e mais condescendentes consigo mesmos, como os representantes saudáveis do Tipo Quatro.
3	Os esquivos e vaidosos representantes do Tipo Três tornam-se mais cooperativos e dedicados aos demais, como os representantes saudáveis do Tipo Seis.
4	Os invejosos e emocionalmente turbulentos representantes do Tipo Quatro tornam-se mais objetivos e escrupulosos, como os representantes saudáveis do Tipo Um.
5	Os avaros e inacessíveis representantes do Tipo Cinco tornam-se mais decididos e seguros de si, como os representantes saudáveis do Tipo Oito.
6	Os medrosos e pessimistas representantes do Tipo Seis tornam-se mais relaxados e otimistas, como os representantes saudáveis do Tipo Nove.
7	Os vorazes e dispersivos representantes do Tipo Sete tornam-se mais concentrados e profundos, como os representantes saudáveis do Tipo Cinco.
8	Os voluptuosos e dominadores representantes do Tipo Oito tornam-se mais afetuosos e generosos, como os representantes saudáveis do Tipo Dois.
9	Os indolentes e desleixados representantes do Tipo Nove tornam-se mais ativos e empenhados, como os representantes saudáveis do Tipo Três.

do Tipo Cinco podem muitas vezes atuar comportamentos médios do Tipo Sete, deixando a mente sobrecarregar-se e mostrando-se dispersivas. Porém, em condições de maior segurança, elas também podem agir como se estivessem na faixa média do Tipo Oito, impondo-se vigorosamente. Tudo vai depender de seu grau de segurança diante do relacionamento com o outro.

> "A conscientização tem o poder de curar."
> SURYA DAS

O ponto de segurança, portanto, não é o mesmo que a Tendência Rumo à Integração: como a Tendência Rumo à Desintegração, ele é mais uma válvula de escape; é mais uma forma de atuação, apesar de exigir condições especiais. As pessoas que estão entre os Níveis médio e não-saudável de seus respectivos tipos podem saber que precisam das qualidades próprias do tipo que representa a Tendência Rumo à Integração. Porém, quando reagem compulsiva e automaticamente, não são capazes de integrar realmente os aspectos mais saudáveis daquele tipo. A passagem ao ponto de segurança não é um autêntico processo de integração, mas um exemplo de substituição ou suplementação de uma parte da personalidade por outra. Isso não é o mesmo que ser mais livre e conscientizado. Por definição, o recurso ao ponto de segurança é próprio dos Níveis médios.

O Verdadeiro Sentido da Integração

Embora a adoção da Tendência Rumo à Integração exija *opção consciente*, ela não surtirá efeito se as atitudes e os comportamentos do tipo em questão forem simplesmente imitados, especialmente no que se refere às características médias. Se você for do Tipo Oito, por exemplo, *não* adianta começar a agir como se fosse do Tipo Dois, fazendo docinhos e abrindo portas para os outros. Na verdade, isso só tornará a personalidade ainda mais "densa", já que a verdadeira transformação requer o abandono, e não a adoção, de novos padrões e defesas do ego. Esse tipo de comportamento está fadado ao fracasso.

Devemos lembrar-nos sempre que *a personalidade não pode resolver os problemas da personalidade*. Enquanto não conseguirmos sentir profundamente nossa Essência e não deixarmos que nossas atividades sejam guiadas por ela, a personalidade pouco pode fazer além de "não usar" seus velhos truques.

O processo de integração não tem nada a ver com o que "deveríamos" fazer — ele requer o abandono consciente das características de nosso tipo que nos bloqueiam. Quando deixamos para trás os medos e as defesas, vivenciamos um equilíbrio e um desdobramento orgânico tão naturais quanto o desabrochar de uma flor. A planta não precisa fazer nada para passar de botão a flor e daí a fruto: trata-se de um processo natural, orgânico. A alma deseja desdobrar-se da mesma maneira. O Eneagrama descreve o funcionamento desse processo orgânico em cada tipo. O tipo para o qual aponta a Tendência Rumo à Integração nos fornece indicações acerca do momento em que isso ocorre e ajuda-nos a compreender e iniciar esse processo com mais facilidade.

A adoção da Tendência Rumo à Integração enriquece profundamente todas as nossas atividades porque o tipo que a representa nos orienta em relação ao que realmente nos satisfaz e ajuda-nos a concretizar plenamente o potencial de nosso tipo básico. A pessoa do Tipo Quatro, por exemplo, que quiser expressar-se por meio da música será autodisciplinada e se dedicará com regularidade à pratica como se estivesse na faixa saudável do Tipo Um, pois isso a ajudará a atualizar seu potencial. "Passar ao Tipo Um" é o meio que a pessoa do Tipo Quatro encontra de ser a representante mais eficiente possível de seu próprio tipo.

Quando vemos, compreendemos e vivenciamos plenamente todos os improdutivos bloqueios que recobrem nossas qualidades Essenciais, eles caem como folhas secas de uma planta que cresce, e a plenitude de nossa alma surge naturalmente. Essa alma, com todos os magníficos dons que encontramos na faixa saudável, está onde sempre esteve. Só precisamos parar de acreditar nas defesas da personalidade — na resistência, na auto-imagem e nas estratégias originárias do medo próprias de nosso tipo — e livrar-nos do apego que temos a elas para reclamar e assumir esse que é um direito nato.

> "Há somente dois modos de viver a vida. Um é pensar que nada é um milagre. Outro é pensar que tudo é um milagre."
>
> ALBERT EINSTEIN

PARTE II

▼

*Os Nove
Tipos de
Personalidade*

▲

CAPÍTULO 7

TIPO UM:
O REFORMISTA

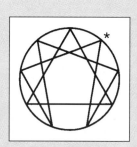

"Aprendi a duras penas uma suprema lição: conservar minha raiva e, como o calor que é conservado se transmuta em energia, assim a raiva que é controlada se transmuta numa força que pode mover o mundo."
MOHANDAS K. GANDHI

"A mente que não despertou tende a declarar guerra contra a forma como são as coisas."
JACK KORNFIELD

"Jamais teremos amigos se esperarmos que não tenham defeitos."
THOMAS FULLER

"A verdadeira vantagem que tem a verdade consiste nisto: quando uma opinião é verdadeira, ela pode ser vencida uma, duas ou muitas vezes. Mas, mesmo que decorram séculos, geralmente haverá quem a redescubra."
JOHN STUART MILL

O MESTRE

O ATIVISTA

O CRUZADO

O MORALISTA

O PERFECCIONISTA

O ORGANIZADOR

O CTA RISO-HUDSON

Classificação Tipológica Segundo a Atitude

Classifique as afirmações ao lado conforme sua aplicabilidade com base na seguinte escala:

1 ..... *Nunca é verdadeira*

2 ..... *Raramente é verdadeira*

3 ..... *Em parte é verdadeira*

4 ..... *Geralmente é verdadeira*

5 ..... *Sempre é verdadeira*

Verifique a análise da pontuação na página 134.

_____ 1. A maioria das pessoas me vê como alguém sério e sensato – e, no fim das contas, creio que sou assim mesmo.

_____ 2. Sempre procurei ser honesto e objetivo com relação a mim mesmo e estou decidido a seguir minha consciência, não importa a que preço.

_____ 3. Embora eu possa ter um lado desregrado, de modo geral ele nunca foi a tônica de meu estilo.

_____ 4. Parece que há um juiz dentro de minha mente: às vezes ele é ponderado e sábio, mas em muitas ocasiões é simplesmente rígido e severo.

_____ 5. Acho que paguei um preço muito alto por tentar ser perfeito.

_____ 6. Gosto de rir como qualquer pessoa – deveria rir mais!

_____ 7. Meus princípios e ideais inspiram-me a realizações maiores e dão sentido e valor à minha vida.

_____ 8. Não entendo como tanta gente tem padrões tão lassos.

_____ 9. As coisas dependem tanto de mim para ser feitas que tenho de ser mais organizado e metódico que todo mundo.

_____ 10. Tenho a impressão de possuir uma missão, talvez até uma vocação para algo mais sublime, e acho que posso atingir alguma coisa extraordinária na vida.

_____ 11. Detesto erros e, por isso, geralmente sou extremamente rigoroso para certificar-me de que as coisas estão sendo feitas como devem.

_____ 12. Em poucas palavras, há muito tempo venho acreditando que o certo é certo e o errado é errado.

_____ 13. Para mim é difícil contentar-me com as coisas do jeito que são; não tenho medo que piorem com minha interferência.

_____ 14. Tenho sobre os ombros muitas responsabilidades; Deus sabe o que aconteceria se eu não estivesse à altura das expectativas.

_____ 15. Manter a elegância e a nobreza mesmo sob pressão é algo que sempre me comove.

TIPO UM DE PERSONALIDADE: O REFORMISTA

O Tipo Racional e Idealista: Resoluto, Dotado de Princípios, Autocontrolado e Perfeccionista

Chamamos este tipo de personalidade de *o Reformista* porque seus representantes agem como se obedecessem a uma missão que os leva a querer melhorar o mundo de várias maneiras, usando para isso todo o seu poder de influência. Eles lutam para superar as adversidades – principalmente as morais –, de forma que o espírito humano possa brilhar e exercer seu impacto, e por valores mais sublimes, mesmo que isso implique um grande sacrifício pessoal.

▶ MEDO FUNDAMENTAL: O de ser "mau", corrupto, perverso, falível.

▶ DESEJO FUNDAMENTAL: Ser bom, virtuoso, equilibrado – ter integridade.

▶ MENSAGEM DO SUPEREGO: "Você estará num bom caminho se fizer o que é certo."

A História está cheia de registros de pessoas do Tipo Um que abriram mão do conforto para fazer coisas extraordinárias porque sentiam que deviam atender ao chamado de algo superior. Durante a Segunda Guerra Mundial, Raoul Wallenberg abandonou sua cômoda vida de classe média para ajudar a proteger milhares de judeus contra os nazistas que os perseguiam. Na Índia, Gandhi deixou para trás mulher e filhos e a bem-sucedida carreira de bacharel em direito para percorrer seu país advogando em favor da independência e de mudanças sociais não-violentas. Joana D'Arc deixou sua aldeia na França para lutar pela expulsão dos ingleses e pela devolução do trono ao delfim. O idealismo desses representantes do Tipo Um até hoje vem inspirando milhões de pessoas.

As pessoas do Tipo Um estão voltadas para a ação prática – elas querem ser *úteis* no melhor sentido da palavra. Essas pessoas sentem possuir uma "missão" a

"Tenho uma missão na vida."

cumprir na vida, mesmo que seja apenas a de fazer o máximo para reduzir a desordem que vêem em seu meio e mesmo que não estejam totalmente conscientes dela.

Embora sempre tenham em mente objetivos definidos, é comum pensarem que precisam justificar seus atos, não só para si como também para os outros. Isso as leva a passar muito tempo pensando nas conseqüências de seus atos e em como não agir contrariamente a suas convicções. Por isso, as pessoas do Tipo Um costumam convencer-se de que são apenas "cérebros", racionalistas que se baseiam apenas na lógica e na verdade objetiva. Mas o verdadeiro quadro é um tanto diferente: *elas são, na verdade, ativistas em busca de uma razão aceitável para o que* sentem *obrigação de fazer*. São gente de paixão e instinto, que usa os julgamentos e as convicções para controlar e dirigir a si mesma e aos seus atos.

No empenho de ser fiéis a seus princípios, as pessoas do Tipo Um resistem aos impulsos do instinto, procurando conscientemente não ceder a eles nem manifestá-los muito abertamente. O resultado é um tipo de personalidade que tem problemas com a repressão, a resistência e a agressividade. Normalmente essas pessoas são vistas pelos outros como muito autocontroladas, até rígidas, embora elas mesmas não se vejam assim. É como se tivessem a impressão de estar sobre um caldeirão de desejos e paixões cuja tampa tem de estar sempre fechada para que não aconteça o pior.

Cassandra, terapeuta com prática em consultório particular, relembra a dificuldade que isso lhe trouxe na juventude:

> Lembro-me de que, no curso secundário, era vista como uma pessoa insensível. Por dentro, vivia meus sentimentos intensamente e, no entanto, não podia extravasá-los com essa intensidade. Mesmo agora, se discordar de um amigo ou tiver de abordar um problema, eu ensaio antes como manifestar claramente o que quero, preciso e vejo, sem ser ríspida nem lamentar a raiva que sinto, a qual quase sempre é terrível.

As pessoas do Tipo Um acham que, sendo rigorosas consigo mesmas (até por fim atingir a "perfeição"), conseguirão justificar seu comportamento diante de si mesmas e dos demais. Porém, ao tentar pôr em prática sua própria visão da perfeição, elas costumam criar também seu inferno particular. Em vez de concordar com o Gênesis quando afirma que Deus viu o que criara "e era bom", essas pessoas estão inteiramente convencidas de que "não era – há certamente alguns erros aqui!" Esse tipo de convicção dificulta-lhes confiar em sua orientação interior – e até mesmo na vida. Assim, habituam-se a confiar muito no superego, uma voz aprendida na infância, para que as oriente no caminho do bem maior que tanto buscam. Quando se enredam completamente na própria personalidade, as pessoas do Tipo Um não distinguem muito bem entre essa voz severa e implacável e a sua própria voz. No seu caso, o crescimento consiste em separar-se dessa voz e ver quais os seus verdadeiros pontos fracos e fortes.

O PADRÃO DA INFÂNCIA

Favor observar que o padrão da infância aqui descrito não provoca o tipo de personalidade. Em vez disso, ele descreve tendências observáveis na tenra infância que têm grande impacto sobre os relacionamentos que o tipo estabelece na vida adulta.

As pessoas do Tipo Um se esforçaram muito para ser boas: relatam freqüentemente haver sentido, na infância, que precisavam justificar a própria existência. Ser criança simplesmente não bastava, e por isso muitos jovens deste tipo criam desde cedo um senso adulto de seriedade e responsabilidade. Essas pessoas agiam como se os pais esperassem muito delas e, como as do Tipo Três, muitas vezes representaram, com toda a seriedade, o papel de Herói da Família.

Jeanne, líder espiritual feminina do Quebec, ainda se lembra da pressão que sentia para respeitar e defender os valores familiares:

Eu tinha abundantes e freqüentes sangramentos nasais. Nessas ocasiões, Papai me dizia que eu certamente não estava orando o bastante. Saber o que era "o bastante" é que era difícil, mas eu suspeitava que mais seria melhor. (...) Papai esperava que eu orasse e pedisse por ele e por toda a família. Não é preciso dizer que eu sempre dava um jeito de ir à missa diariamente: tinha uma missão muito séria a cumprir; o bem-estar da família podia estar em jogo.

Por razões várias, as pessoas do Tipo Um têm a sensação de estar "desligadas" de sua figura protetora (que é geralmente, embora nem sempre, o pai biológico). A presença constante de outra figura adulta que possa tomar como modelo e com a qual possa identificar-se dá à criança a capacidade de abandonar a dependência da mãe e sentir cada vez mais a própria individualidade e autonomia. Porém, se essa figura protetora não cumprir adequadamente o seu papel, as crianças do Tipo Um intuem a falta de algo fundamental: sintonia entre seu próprio temperamento e suas necessidades e o pai verdadeiro ou simbólico. Isso não significa necessariamente que essa figura as maltrate, mas sim que, por uma razão qualquer, não se cria um determinado vínculo natural.

O resultado para essas crianças é a frustração e a sensação de ter de "adotar" a si próprias. Em alguns casos, elas reagem aos revezes sofridos no ambiente familiar tornando-se super-responsáveis, a "voz da razão" dentro da família. Desse modo, conseguem estabelecer uma certa autonomia e certos limites – as questões principais do Tipo Um.

Justine é uma consultora de mercado que teve de criar uma série de rigorosas defesas egóicas em razão da infância difícil:

> Já que havia muitos problemas na família em que cresci, senti que tinha de intervir de alguma forma para acabar com eles. Isso provavelmente acentuou meu temperamento já controlador. Como não tinha uma noção muito clara de limites, pois minha mãe era muito agressiva e dominadora, eu me identifiquei muito com o seu questionável comportamento para me proteger. Cresci muito crítica, cheia de juízos e opiniões. Tratava minhas irmãs mais novas como ela nos tratava; era muito exigente e mandona.

De fato, a criança se diz: "Vou criar minhas diretrizes. Serei minha própria figura de pai e meu próprio guia moral. Vou me policiar para que ninguém me policie; vou me punir para que ninguém me puna". As pessoas do Tipo Um tentam superar as expectativas aderindo de tal forma às regras que ninguém jamais possa pegá-las num erro, conquistando assim a independência.

Leo, um bem-sucedido consultor de mercado, relembra as difíceis exigências a que teve de adaptar-se na infância:

> Quando criança, logo aprendi que havia uma e apenas uma maneira certa de fazer as coisas – a do meu pai. Essa maneira às vezes mudava – ele era

incoerente – mas era sempre a certa. (...) Então, reagindo contra as incoerências do meu pai, criei uma consciência que me lançou na busca da "verdadeira" maneira certa, uma maneira de fazer as coisas que eu mesmo pudesse adotar.

De certa forma, as crianças do Tipo Um acham que devem superar as expectativas de sua figura protetora. Elas acham que precisam encontrar um conjunto de regras melhor para si mesmas; *elas* decidem o que é certo e o que é errado. Mas, fazendo isso, elas sentem-se culpadas por julgar (e implicitamente condenar) essa figura. Para escapar à culpa dessa situação, constroem uma identidade que lhes permite ver-se como boas e responsáveis, enquanto que os demais são preguiçosos, desleixados ou, no mínimo, menos corretos e "maduros" que elas. Essa autojustificativa se torna a base da identidade do Tipo Um e o padrão emocional que será reencenado ao longo de suas vidas.

TIPO UM COM ASA NOVE: O IDEALISTA

OS SUBTIPOS
CONFORME AS ASAS

Exemplos

Platão
Gandhi
Sandra Day O'Connor
George Harrison
Henry David Thoreau
Martha Stewart
Katharine Hepburn
Al Gore
George F. Will
Noam Chomsky

Faixa Saudável As pessoas deste subtipo são extremamente ponderadas, sábias e civilizadas. Podem ser cultas e eruditas, mantendo uma postura filosófica que se concentra em interesses de longo prazo – no "grande" quadro. Talvez tenham um quê de introversão e busquem refúgio contra a "loucura da turba" em ambientes tranqüilos e naturais. São emocionalmente reservadas, porém generosas, gentis e afáveis, em geral amantes da natureza, dos animais e da inocência onde quer que os encontrem. Elas querem melhorar as coisas, mas com disposição mais suave e imparcial que a dos demais representantes do tipo.

Faixa Média Idealistas e menos propensas a envolver-se na política e no "trabalho sujo" necessários às reformas em que acreditam, as pessoas que estão na faixa média deste subtipo preferem explicar seus ideais a persuadir pessoalmente os demais de sua justeza. A raiva inerente ao Tipo Um é mais difícil de detectar neste subtipo que nos outros e tende a traduzir-se em rigidez, impaciência e sarcasmo. Essas pessoas preferem ficar sós e buscar situações em que possam trabalhar por conta própria a fim de evitar a decepcionante confusão dos relacionamentos humanos. Elas podem ser mais distantes, etéreas e impessoais que as do outro subtipo, arriscando-se a adotar atitudes desdenhosas, elitistas e condescendentes em relação a seus semelhantes.

TIPO UM COM ASA DOIS: O ADVOGADO

Faixa Saudável As pessoas deste subtipo mesclam sua busca de ideais e princípios sublimes com empatia e compaixão pelos demais. Menos idealistas que as do outro subtipo, seu genuíno interesse em melhorar o quinhão da humanidade as torna também mais dispostas a rumar às trincheiras para desencadear as mudanças que advogam. Além disso, são mais abertamente ardorosas e interpessoais, apreciando o dar e o receber do envolvimento "político". As pessoas deste subtipo são persuasivas e capazes de deixar seus interesses de lado para fazer as pessoas se interessarem pelas causas e convicções que defendem.

Exemplos

Jerry Brown
Hillary Clinton
Celine Dion
John Bradshaw
Emma Thompson
Jane Fonda
Joan Baez
Vanessa Redgrave
Ralph Nader
João Paulo II

Faixa Média Extremamente ativas e sociáveis, as pessoas que estão na faixa média deste subtipo podem ser bastante agressivas e veementes na busca dos ideais e reformas que pregam. Apesar de estarem à vontade sozinhas e de precisarem de tempo e solidão para recarregar as baterias e pensar, elas também se energizam entrosando-se com os outros, principalmente debatendo e refinando-lhes as idéias. Isso as torna naturalmente boas na política, qualquer que seja o seu grau de envolvimento. Se sentirem que sua ação é importante, o foco de seu altruísmo estará nas necessidades dos outros. Podem tornar-se críticas e irritáveis quando frustradas, ocasião em que fazem suas queixas com todas as letras. Além disso, são mais exaltadas e ativas que as do outro subtipo, o que aumenta sua probabilidade de frustrar-se com fatos e pessoas.

O INSTINTO DE AUTOPRESERVAÇÃO NO TIPO UM

Autocontrole. Os Autopreservacionistas típicos do Tipo Um tendem a preocupar-se com o bem-estar material, tanto em termos de finanças quanto de saúde, e costumam castigar-se por não trabalhar duro o bastante (como fazem os representantes mais típicos do Tipo Seis). O instinto de Autopreservação lhes dá

AS VARIANTES
INSTINTIVAS

▲

também um forte impulso para a satisfação, porém seu superego pode reagir severamente contra ele. O conseqüente conflito interior é a fonte do *stress*, da tensão física e da postura "ou tudo ou nada" que eles adotam com relação a seus desejos e prazeres. Assim, pode haver alternância de períodos de indulgência, em que satisfazem todos os desejos, e outros de ascetismo, nos quais os suprimem ao máximo.

À medida que se identificam mais com os ditames do superego, os erros lhes parecem ainda mais catastróficos, impedimentos ao seu bem-estar, o que às vezes os torna bastante exigentes e difíceis de satisfazer. (Como o Felix Unger de *O estranho casal*.) Valorizam a limpeza, a higiene, a organização e a estética, preocupando-se muitas vezes com a saúde e a dieta, o que os leva a acreditar com fervor religioso nas propriedades das vitaminas, da macrobiótica, da homeopatia etc. Tendem a ser superprotetores em relação aos demais nas coisas que os preocupam em si mesmos: se estiverem com medo de ficar doentes, recriminarão os outros por não cuidarem da própria saúde; se preocupados com dinheiro, convencerão os outros a economizar. Nos Níveis inferiores, a rispidez do superego os leva a sentir-se indignos de qualquer tipo de conforto ou recompensa.

Na faixa não-saudável, os Autopreservacionistas do Tipo Um começam a oscilar entre períodos de restrição rigorosa de seus apetites e períodos de orgias e excessos. Costumam ficar obcecados com a saúde, principalmente no que se refere à alimentação. Tentam muitas vezes justificar ou voltar atrás na violação de seus próprios princípios de saúde e dieta. Assim, após uma farra de doces ou bebidas alcoólicas, fazem jejum. *Milkshakes* e batatas fritas são acompanhados de montes de vitaminas. Os Autopreservacionistas do Tipo Um estão propensos a extremos e a distúrbios alimentares – como ascetismo, jejuns excessivos, orgias alimentares seguidas de purgações – para refrear seus impulsos instintivos.

O INSTINTO SOCIAL NO TIPO UM

O Cruzado. Os representantes Sociais típicos do Tipo Um acreditam que, por defenderem valores e padrões sociais objetivos, têm o direito de falar em nome dos demais. Às vezes, podem agir como professores, advogados e pregadores morais, principalmente no que se refere a questões sociais e regras e procedimentos legais. Interessam-se freqüentemente por política, atualidades e jornalismo e são peritos em descobrir e denunciar "sujeiras". Por outro lado, dedicam-se pacientemente a propiciar as reformas que julgam necessárias, por meio de campanhas em favor da melhoria de escolas, reciclagem de dejetos etc.

Os representantes Sociais do Tipo Um sentem-se mais vivos quando defendem suas opiniões e convicções com unhas e dentes. Eles apreciam as pessoas que também o fazem, embora esperem que sempre concordem com o que dizem quando sua fixação é maior. Isso pode levá-los a rigidez de raciocínio e de comportamento. Sua visão pode então tornar-se um obstáculo, uma armadura contra o mundo. E, como o Tipo Um aplica as regras a si mesmo ainda mais rigorosamente, o que essas pessoas mais receiam é ser pegas em contradição diante de suas próprias opiniões.

Embora insistam em que suas críticas não devem ser levadas para o lado pessoal, *eles mesmos* sempre agem assim, muitas vezes reagindo a políticas de caráter público como se fossem afrontas ou triunfos pessoais.

Os menos saudáveis nutrem expectativas e padrões irrealistas para si próprios, para os outros e para a sociedade como um todo. Assim, podem envolver-se com visões políticas extremistas ou dogmas religiosos estritos (o livre-arbítrio é a *única* solução para os males da nação; abaixo o sexo no casamento, a menos que seja para a concepção). Nos Níveis inferiores, essas pessoas poderão recorrer a arengas e invectivas, sentindo-se constantemente ultrajadas pelas imperfeições da humanidade.

O INSTINTO SEXUAL NO TIPO UM

Padrões Compartilhados. Os representantes Sexuais típicos do Tipo Um desejam um relacionamento impecável com um parceiro idealizado. Eles querem o parceiro perfeito, uma fonte perene de estabilidade em suas vidas. Nesse aspecto, podem ser confundidos com os do Tipo Quatro. Nutrem altas expectativas em relação ao parceiro, à família e aos amigos íntimos e acreditam que estes se pautam pelos mesmos padrões. ("Partilhamos esses ideais, não é verdade?") Eles receiam que o outro não esteja à altura dessas expectativas, destruindo assim a harmonia e a perfeição do relacionamento. Isso os leva a achar que precisam pressionar os entes queridos a agir conforme seus padrões. Além disso, por ser difícil encontrar alguém que preencha seus requisitos, eles poderão entrar em sucessivos relacionamentos, sentindo-se sempre decepcionados.

Os representantes Sexuais do Tipo Um dão muita importância à fidelidade. ("O amor é para sempre.") Embora não aparentem ser carentes, eles costumam ter medo – muito bem disfarçado, aliás – de ser abandonados e padecer de uma crônica sensação de solidão. A mistura entre as grandes expectativas e o medo do abandono pode resultar numa atitude de controle extrema do parceiro. ("Não me decepcione. Não me engane.") Nos Níveis inferiores, essas pessoas poderão bisbilhotar o tempo todo as atividades e o paradeiro do parceiro. Por acharem que conquistaram um bom relacionamento, que conquistaram o direito ao prazer, elas sentem-se ameaçadas diante da possibilidade de perder uma das poucas áreas em que se sentem recompensadas. Assim, podem recorrer a críticas e outros mecanismos de controle para roubar o equilíbrio do outro, deixá-lo inseguro e adiar dessa forma um potencial abandono.

Na faixa não-saudável, a variante Sexual dota essas pessoas de fortes desejos e apetites, difíceis de justificar ao superego do Tipo Um. Por conseguinte, essas pessoas podem oscilar entre o desejo intenso e a necessidade de rejeitar esse desejo, o que pode levá-las à compulsividade ou à repressão sexual. ("Não quero sentir-me atraído por essa pessoa.") Ao mesmo tempo, podem acreditar que o outro é a fonte de suas obsessões e querer controlá-lo para restabelecer o equilíbrio do relacionamento. Na faixa menos saudável, elas estão expostas a surtos intensos de ciúme. Seu medo é tamanho que elas submetem o outro a constantes interrogatórios. Em casos extremos, poderão punir os outros ou a si próprias para purgar-se de seus desejos.

A seguir, alguns dos problemas mais freqüentes no caminho da maioria das pessoas do Tipo Um. Identificando esses padrões, "pegando-nos com a boca na botija" e simplesmente observando quais as nossas reações habituais diante da vida, estaremos dando um grande passo para libertar-nos dos aspectos negativos de nosso tipo.

DESAFIOS PARA
O CRESCIMENTO
DO TIPO UM

▲

		Termos-chave:	As pessoas do Tipo Um deixam de acreditar que têm condições de julgar algo objetivamente e conseguem viver a vida sem reagir emocionalmente contra ela. Paradoxalmente, assim atingem também seu Desejo Fundamental: ter integridade e ser boas. Em decorrência da concretização de seu potencial, tornam-se sábias, ponderadas, aceitadoras, otimistas e, muitas vezes, generosas e nobres.	
S A U D Á V E L	Nível 1	Aceitação Sabedoria		T I P O
	Nível 2	Avaliação Sensatez	As pessoas do Tipo Um recorrem aos ditames de seu superego para orientá-las na vida e proteger-se contra o seu lado "desordenado". Auto-imagem: "Sou sensato, moderado e objetivo".	
	Nível 3	Princípios Responsabilidade	As pessoas do Tipo Um reforçam sua auto-imagem tentando viver conforme sua consciência e a razão. São profundamente éticas e autodisciplinadas, possuindo forte senso de objetivo e convicção. Verdadeiras e bem-falantes, ensinam pelo exemplo, deixando de lado seus desejos pessoais em favor do bem da comunidade.	U M
M É D I A	Nível 4	Obrigação Luta	Temendo que os outros sejam indiferentes aos seus princípios, as pessoas do Tipo Um querem convencê-los da correção de seus pontos de vista. Tornam-se impulsivas e atiradas, envolvendo-se em querelas e solucionando problemas, ao tempo em que avaliam seu mundo e apontam o que está errado.	N Í V E I S D E D E
	Nível 5	Autocontrole Organização	As pessoas do Tipo Um receiam ser condenadas por qualquer desvio de seus ideais. Após expor seu ponto de vista, sentem-se obrigadas a viver eternamente de acordo com ele e, por isso, tentam organizar tudo que está em suas mãos da forma mais rigorosa possível. São pontuais e metódicas, mas também tensas e irritadiças.	
	Nível 6	Julgamento Crítica	As pessoas do Tipo Um temem que os outros perturbem a ordem e o equilíbrio que conseguiram atingir e irritam-se quando os outros não levam seus ideais tão a sério. Reagem corrigindo-os e recriminando-os por não corresponderem aos seus padrões. São perfeccionistas, dogmáticas e sarcásticas.	
N Ã O - S A U D Á V E L	Nível 7	Pretensão Inflexibilidade	As pessoas do Tipo Um temem que seus ideais estejam errados, o que, de fato, pode ser verdade. Para salvar a auto-imagem, lançam mão de justificativas e silenciam as críticas. Sua perspectiva é tacanha e não admite acordos nem negociações. São representantes amargos, misantropos e pretensiosos do tipo.	S E N V O L V I M E N T O
	Nível 8	Obsessão Contradição	As pessoas do Tipo Um estão tão desesperadas por defender-se contra seus desejos e impulsos irracionais que se tornam obsessivas justamente com as partes de si que querem controlar. Começam a realizar em segredo todos os desejos reprimidos enquanto, publicamente, continuam a condená-los. Não conseguem controlar-se.	
	Nível 9	Condenação Punição	A percepção de que perderam o controle de si mesmas e estão fazendo as mesmas coisas que não conseguem tolerar nos demais é insuportável para os representantes não-saudáveis do Tipo Um. Eles tentam livrar-se a qualquer preço da suposta causa de suas obsessões, não apenas em si mesmos, como nos outros e no ambiente em que vivem, podendo chegar à automutilação, ao assassinato ou ao suicídio.	

O SINAL DE ALERTA PARA O TIPO UM: A SENSAÇÃO DE UMA IMENSA OBRIGAÇÃO PESSOAL

As pessoas do Tipo Um podem crescer muito se apenas admitirem e se conscientizarem de seu Sinal de Alerta específico: a sensação opressiva e constante de uma *obrigação pessoal*. Elas começam a achar que lhes cabe resolver todos os problemas que encontram. ("Se eu não arregaçar as mangas, ninguém o fará!") Além disso, estão convencidas de que, mesmo que os outros estejam dispostos a enfrentar os problemas, ninguém vai conseguir um resultado tão perfeito quanto elas. Por conseguinte, ficam cada vez mais obcecadas com a correção, a organização e o controle do ambiente em que vivem. Além disso, tornam-se tensas e sérias, concentrando-se automaticamente no que há de errado nas coisas.

Quando começarem a sentir como se o peso do mundo inteiro estivesse sobre seus ombros, os representantes típicos do Tipo Um terão um bom indício de que estão entrando no transe característico de seu tipo.

Cassandra, a terapeuta que conhecemos antes, revela o quanto foi difícil renunciar a essa tendência:

> Pertencer ao Tipo Um significa estar sobrecarregado quase que o tempo inteiro – sobrecarregado com a necessidade de fazer o certo a cada momento, policiar os próprios pensamentos e sentimentos para que não venham à tona ou, quando isso é impossível, manifestá-los não só na forma adequada, mas também na quantidade "certa". Tenho de lutar contra o ressentimento quando as pessoas não querem me ouvir ou, pior, quando elas chegam às mesmas conclusões que eu após haverem cometido os piores erros, erros que prejudicam a elas mesmas e a todos. Ainda não encontrei o equilíbrio nessa área.

SOLITÁRIA RESPONSABILIDADE

Os representantes típicos do Tipo Um sentem-se obrigados não só a "fazer a coisa certa", mas também a compensar as tolices e os descuidos alheios. Você reconhece esse padrão em si próprio? Que situações específicas o induzem a agir assim? Quando isso acontece, qual a sua opinião a respeito dos outros? Como você se sente em relação a eles? E em relação a você mesmo?

Papel Social: O Educador

Os representantes típicos do Tipo Um definem-se conforme o Papel Social de Educador ou Mestre, aquela pessoa cuja função é instilar sabedoria nos ignorantes, levantar os que caem e mostrar aos outros como fazer algo de útil e produtivo com a própria vida. Sentem-se impelidos a instruí-los acerca da melhor ma-

"Eu sei como as coisas devem ser feitas."

neira possível para realizar até as coisas mais simples, como lavar pratos ou dobrar o jornal após a leitura.*

Inconscientemente, essas pessoas vêem-se como adultos maduros cercados de crianças irracionais que não fazem idéia do que é responsabilidade. Essa postura paternalista, por vezes transmitida aos demais de forma pouco sutil e indireta, geralmente os predispõe contra sua ajuda e suas opiniões, mesmo que em princípio concordem com tudo. Essa resistência costuma deixar as pessoas do Tipo Um ainda mais frustradas.

O papel de Mestre também pode levar as pessoas do Tipo Um a ficar impacientes com as reações dos outros. Embora possam reconhecer que eles estão se esforçando, perguntam-se se esses esforços são *suficientes*. Irritam-se com o fato de as pessoas perderem tempo precioso questionando-lhes a maneira de fazer as coisas. Elas acham que precisam trabalhar dobrado para compensar o desleixo e a preguiça dos outros e, assim, costumam deixar de cuidar-se bem. Porém a irritação e a impaciência dos representantes típicos deste tipo dificultam-lhes muito comunicar-se com os outros sem parecer que os estão ameaçando. Felizmente, esse é justamente um dos indícios de que estão prestes a meter-se em encrencas.

Cassandra aprendeu a ver na frustração um sinal de que está ficando mais presa à personalidade:

> A irritabilidade é, sem dúvida, um sinal de que estou começando a descer a ladeira. Percebi que quando fico irritada é porque deixei de satisfazer alguma necessidade, a qual pode ser simples, como comer, ou complexa, como abordar um problema que passou despercebido a um amigo. Estou aprendendo, em vez de me "culpar" por estar irritada, a tomar uma atitude antes que a irritação se transforme em rispidez ou depressão.

À medida que se tornam menos saudáveis, os representantes do Tipo Um aborrecem-se muito mais facilmente com os padrões diferentes – e, para eles, lassos – dos outros. ("Por que ninguém neste escritório é tão organizado quanto eu?" "Até as crianças conseguem deixar o quarto arrumado.") O que eles não conseguem entender é que, embora seus métodos e hábitos possam ser muito eficazes *para eles mesmos*, nem sempre são adequados aos outros. Essas pessoas não conseguem entender que os outros queiram dedicar o próprio tempo a coisas e projetos diferentes dos seus. (Nem todo mundo se aborrece se a prateleira de temperos não estiver arrumada por ordem alfabética.)

---

*As pessoas do Tipo Cinco também "ensinam", mas partem de sua própria perícia e experiência. As do Tipo Um, no entanto, são pessoas de ação, enquanto que as do Tipo Cinco, cerebrais, geralmente se interessam menos pela aplicação prática de suas idéias.

> **ADOTANDO ADULTOS**
>
> A *análise transacional*, um campo da psicologia, identificou quatro modos de comunicação largamente inconscientes. Podemos comunicar-nos com os outros seguindo o padrão adulto-adulto, criança-adulto, criança-criança ou adulto-criança. As pessoas do Tipo Um costumam criar problemas em seus relacionamentos por escolherem o último deles: adulto-criança. Os psicólogos descobriram que essa é a *menos* eficaz dentre as formas de comunicação. Observe quando inconscientemente adota esse padrão. Qual a reação que ele provoca nos outros? Como ele o faz sentir-se? O que você obtém comunicando-se com os outros desse modo?

Raiva, Ressentimento e Frustração

A raiva das pessoas do Tipo Um dirige-se contra si próprias, por não conseguirem corresponder a seus próprios ideais, e contra os outros, pela preguiça e irresponsabilidade que lhes atribuem. À medida que se tornam menos saudáveis, elas deslocam uma maior parte dessa raiva contra os demais, já que se arvoram a ser os únicos juízes do que é certo ou errado. Além disso, irritam-se mais com os outros pelo fato de eles parecerem esquivar-se às suas responsabilidades – elas acham que o seu quinhão é maior e mais pesado, enquanto os outros estão se divertindo. ("Por que eu tenho de fazer tudo e ser tão responsável enquanto todo mundo está brincando?")

"Todos são tão preguiçosos e irresponsáveis."

A raiva, em si, não é má. Ela surge naturalmente quando há algo que não apreciamos ou não queremos em nossa vida. A raiva é um meio de resistir a um ataque à nossa integridade, seja ela física, moral ou espiritual. A raiva, quando plenamente vivenciada (e não atuada, reprimida ou "engolida"), é uma emoção rápida, fulminante. Quando lhe damos vazão sem resistir a ela, em geral a raiva surge como uma onda e passa por nós num minuto. Quando lhe oferecemos resistência ou a remoemos (por razões estratégicas do ego), ela se perpetua sob a forma de raciocínio cada vez mais obsessivo, crescente constrição emocional e tensão física. Mesmo quando essas reações já tiverem cedido, a raiva permanece armazenada no corpo, travada em tensões musculares e tiques nervosos como roer unhas, ranger dentes etc. O Tipo Um pode crescer muito se aprender a sentir a própria raiva sem tentar suprimi-la nem justificá-la. Falar abertamente sobre ela com as pessoas mais próximas, além de muito saudável, pode ser um passo positivo no sentido de aprender a assimilar os ressentimentos.

Porém, ironicamente, os do Tipo Um nem sempre se dão conta dessa raiva. Eles raramente a vivenciam como tal porque o superego geralmente os proíbe de ser "tão emocionais". Ter raiva é perder o controle, ser menos que perfeito, então eles costumam negá-la entre dentes: "Não estou com raiva! Só quero que isto fique certo!"

A Luta Pelo Ideal

Os representantes típicos do Tipo Um lutam por seus ideais porque isso os faz sentir valorosos, além de representar uma maneira de suprimir vozes negativas do superego. Entretanto, quanto mais querem o ideal, mais frustradas essas pessoas ficam com o real, tornando-se difícil para elas ver o que as coisas têm de bom, seja um relacionamento, o desempenho de um colega de trabalho ou o comportamento de um filho. O fantasma do ideal começa a obscurecer também seu próprio desempenho e a satisfação que obtêm com o trabalho. Tudo – seja o trabalho, a ajuda aos filhos com o dever de casa ou até escrever uma carta – se torna pesado, já que tem de ser feito com toda a perfeição possível.

Como todos os tipos, o Tipo Um possui uma contradição intrínseca no centro da estrutura de sua personalidade. Ele quer encontrar a integridade e a sensação de plenitude, mas os constantes julgamentos fazem o superego dividi-lo em uma parte "boa" e uma parte "má". Assim, ele perde a integridade e a plenitude que almeja. As facções interiores entram em guerra – consigo mesmas, com os outros e com o mundo.

Quando essas pessoas chegam perto dos padrões que estabelecem, o superego os eleva. (Por definição, um ideal não pode ser atingido e, assim, o Tipo Um redefine esse ideal cada vez que se aproxima dele, empenhando-se mais e mais.) A luta constante pela perfeição significa ser duro consigo mesmo, o que inevitavelmente provoca tensão e frustração contínuas.

DECEPÇÃO

Procure ver quantas vezes por dia você se decepciona consigo mesmo ou com os outros. Faça anotações durante alguns dias em seu Diário do Trabalho Interior. Quais são os padrões que você usa para medir as coisas? Questione e analise a natureza deles e o efeito que provocam sobre você mesmo e sobre as pessoas.

Decididos a Progredir

"Há sempre uma maneira sensata de fazer as coisas."

O caráter altruísta presente na seriedade e na resolução das pessoas do Tipo Um que se encontram na faixa saudável torna-se compulsivo se elas acharem que precisam justificar eternamente a própria existência. Quando isso ocorre, a autodisciplina saudável e equilibrada degringola em inflexibilidade e até em vício pelo trabalho. Torna-se então cada vez mais difícil relaxar, pois passa a ser preciso conquistar o direito à diversão. Convencidas de que não devem perder tempo com frivolidades, até as férias ganham uma aura de responsabilidade: não se deve desperdiçar o tempo ("Menos praias e mais museus!"), não se deve ceder ao apelo do ócio ("Mente vazia, oficina do diabo!"). Assim essas pessoas acabam por achar que estão perdendo tempo se não estiverem de alguma maneira se aperfeiçoando ou melhorando o ambiente em que vivem.

Anne fala a respeito da ansiedade que sua "determinação" lhe causou:

> Eu provavelmente nunca tiraria férias de um mês se não fosse por meu marido. Só quando estou longe é que percebo o quanto preciso descansar e mudar de cenário. Mas eu nem sonharia ir aonde quer que fosse sem ter ao menos um livro sério e instrutivo.

Como para elas o progresso é tão importante, as pessoas do Tipo Um também valorizam muito a eficiência e o trabalho feito segundo métodos, sistemas e cronogramas. Estão eternamente criando e desenvolvendo procedimentos, buscando a maneira mais eficaz de fazer as coisas no menor tempo possível. Nesse aspecto, elas são como as do Tipo Seis: ambas criam protocolos – fluxogramas, fórmulas, regras – para abordar os problemas. O Tipo Seis prefere trabalhar dentro de parâmetros preestabelecidos e geralmente não gosta de surpresas nem perturbações ao que entende que seja o "sistema". O Tipo Um, por sua vez, guia-se por seu próprio julgamento e mostra-se reticente diante de linhas definidas consensualmente, achando que seu próprio método seria melhor. As pessoas do Tipo Um não se incomodam nem um pouco em saber se alguém concorda com elas nem se contam com precedentes ou convenções sociais a seu favor.

> **PADRÕES INATINGÍVEIS**
>
> Quando você perceber que está ficando louco com algum objetivo que estabeleceu, pare e pergunte a si mesmo o que é que realmente está em jogo. É o nível de frustração que está vivenciando proporcional ao problema que enfrenta? Note especialmente o seu diálogo interior. O que você está dizendo a si mesmo? A quem está tentando satisfazer?

Estar Sempre Certo e Apontar Problemas

As pessoas do Tipo Um aprenderam que, para ser amadas, precisam ser boas e que, para ser boas, precisam estar certas. Isso se manifesta como uma necessidade constante de apontar erros ou melhores formas de fazer as coisas. Geralmente, sentem-se impelidas a discutir milhares de questões com os outros, desde a visão política e religiosa, até preferências em arte e música.

Apesar de elas poderem ter razão em vários aspectos, os outros às vezes sentem que, fazendo isso, as pessoas do Tipo Um estão reforçando inconscientemente o próprio ego e, assim, justificando dissimuladamente seu comportamento. É como se estivessem sempre demonstrando ao superego seu próprio valor. ("Vê como estou trabalhando duro? Vê como acabo de perceber aque-

"Certo é certo e errado é errado e não há exceções."

le problema? Eu me saí melhor do que os outros, não?") Mas há um outro problema: apesar de poderem ter algo importante a dizer, essas pessoas geralmente se expressam de modo tão veemente (às vezes, inclusive desagradável) que os outros não conseguem assimilar sua mensagem.

Estar certo é outra tentativa de ficar do lado bom do superego – identificar-se com ele, diminuindo assim a força de seus ataques e o sofrimento que ele provoca. O preço dessa estratégia, porém, é alto: ela cria alienação, tensão e uma profunda falta de ligação tanto com o exterior quanto com o interior. A simplista visão de certo ou errado é um dualismo que raramente traz alguma solução satisfatória ou duradoura para as discordâncias.

> **AMPLIE SUA VISÃO**
>
> Pense numa postura que seja o oposto da sua habitual e descubra uma maneira de defendê-la convincentemente. Faça-o como exercício. Por exemplo, se você acha a programação da TV aberta terrível, tente elaborar uma tese convincente declarando as virtudes da TV aberta. Após consegui-lo, você pode tentar temas mais instigantes: moralidade, sexualidade, religião etc. Na pior das hipóteses, você entenderá melhor o ponto de vista do outro, tornando-se mais tolerante e compassivo. No início pode ser difícil, mas ao fim você estará gostando muito deste joguinho, que poderá contribuir bastante para libertá-lo do superego.

Organização, Coerência e Pontualidade

Alguns representantes do Tipo Um são organizados a ponto de ser compulsivos; outros programam meticulosamente seu tempo; e outros ainda acompanham cuidadosamente a própria saúde e a dieta. Há os que não se incomodam muito com a organização, mas são exigentíssimos com a postura no local de trabalho. A preocupação com a organização exterior parece aumentar na proporção em que aumenta uma preocupação com uma das grandes suspeitas do Tipo Um: a de possuir uma *desordem interior*.

Essas pessoas são particularmente suscetíveis à incoerência, seja ela percebida em si mesmas ou nos demais. Por isso, tentam agir de forma compatível, sensata e justificável. (É como se a criança do Tipo Um, ao criar um modelo de alto nível de coerência, tentasse provocar igual reação em um dos pais ou em ambos.) Isso contribui para cristalizar ainda mais seu apego aos métodos e procedimentos que demonstraram funcionar no passado – e as cega para outras possíveis soluções ou pontos de vista.

Justine conhece bem esse problema:

> Sou tão séria e tensa. Simplesmente não consigo relaxar! Tenho uma necessidade tão premente de que tudo esteja certo e em seu devido lugar, seja um evento, uma situação, uma conversa ou a arrumação de uma sala, de uma

viagem, de um *workshop*. Sou terrível com os treinadores ou palestrantes se achar que a informação que eles estão transmitindo está errada ou incompleta. É tão difícil concordar com o ditado: "Viva e deixe viver." Tudo tem de ser feito corretamente, independentemente da importância ou da prioridade. É fácil não ter ou perder a perspectiva do que é ou não importante o suficiente para merecer atenção.

É típico das pessoas do Tipo Um pensar que o dia – ou sua própria vida, na verdade – só tem 24 horas e que elas precisam de todas para cumprir suas "missões". Naturalmente, como em outras áreas, elas podem ter boas idéias acerca da gestão do tempo, mas, quando se tornam obsessivas, a pontualidade pode tornar-se uma fonte de tensão e *stress* constantes. Elas prontamente se recriminam por chegar um pouquinho atrasadas ao trabalho ou a um compromisso, mas são incapazes de pesar sua disposição de fazer horas extras para acabar uma tarefa começada.

Anne enfrentou a rigidez de sua pontualidade ao longo da terapia de grupo:

> Fico com dor de cabeça sempre que me atraso, mesmo que seja a um encontro com alguém que jamais é pontual. Anos atrás, na minha terapia de grupo, o terapeuta – que sempre queria que as pessoas chegassem no horário – passou-me a tarefa de chegar dez ou quinze minutos atrasada. Ele sabia que eu não iria conseguir. Todos os dias têm um cronograma – dentro da minha cabeça. Fico ansiosa se não consigo cumpri-lo até perceber, de repente, que posso fazer a maioria das coisas no dia seguinte ou, talvez, Deus me livre, pedir a outra pessoa que as faça. Fico muito ressentida quando penso: "Aqui quem tem de fazer tudo sempre sou eu" – e aí eu vejo que a única pessoa que está exigindo isso sou eu mesma.

ORGANIZAÇÃO COMPULSIVA

Tire 15 minutos para fazer uma lista, em seu Diário do Trabalho Interior, das áreas de sua vida em que exige e espera organização e controle e daquelas em que isso não ocorre. Seja honesto consigo mesmo, pois pode haver mais áreas em ambos os grupos do que você imaginaria. Você espera que haja organização em coisas e pessoas, nas situações do lar e do trabalho? Que tipo de desorganização mais o irrita? Como essa irritação se manifesta?

Ao fim deste exercício, faça uma lista, com duas colunas, das vantagens e desvantagens de ser organizado nas áreas que identificou. O que é mais importante para você: a organização e a previsibilidade ou as pessoas e os relacionamentos? Alguns tipos de relacionamentos? Você por acaso inconscientemente trata a si mesmo e aos demais com impessoalidade, como se fossem objetos ou máquinas?

Autocontrole e Auto-restrição

Para manter a coerência interior e não se deixar afetar pelo ambiente, as pessoas do Tipo Um acreditam que precisam controlar-se escrupulosamente. A partir

> *"Tenho que assumir o controle de mim mesmo."*

daí, têm de lutar cada vez mais contra a resistência que encontram nos outros e em si mesmas. Elas sentem que há partes de si que não têm o menor interesse em seus projetos de auto-aperfeiçoamento. Mas, apesar disso, se não conseguem viver de acordo com os padrões que professam, ficam à mercê de intensos sentimentos de culpa.

Subconscientemente, os representantes típicos do Tipo Um costumam ter problemas (culpa, vergonha, ansiedade) em relação ao corpo e suas necessidades. Desde crianças, aprenderam que não tinham modos, que o corpo e seus instintos eram algo sujo, de que deviam envergonhar-se. Assim, eles têm de ser superlimpos, supercuidadosos e super-escrupulosos. Em muitas das pessoas deste tipo, isso se manifesta como pudor exagerado ou nervosismo diante de questões como a alimentação, a dejeção ou o sexo.

Numa reação à exigência de autocontrole do superego, essas pessoas começam a permitir-se "escapatórias", ou aquilo que chamamos de *saídas de emergência*. Elas então secretamente adotam comportamentos mais indulgentes, permitindo-se fazer o que querem de uma forma que lhes parece segura e passível de racionalização. Suas saídas de emergência representam uma rebelião parcial contra o superego, uma forma de liberar um pouco de pressão sem destituir inteiramente o superego. Assim, o sóbrio gerente do escritório faz viagens secretas nos fins de semana para Las Vegas; o pastor, condenando o humanismo ímpio, a portas fechadas é entusiasta da pornografia; e o ativista dos direitos humanos em casa maltrata a namorada.

DETECTANDO SAÍDAS DE EMERGÊNCIA

Você possui alguma saída de emergência? Qual ou quais? De que ela(s) o ajuda(m) a fugir? O que ela(s) lhe diz(em) acerca das proibições do seu próprio superego?

Críticas e Julgamentos

> *"Um dia gasto em julgar o outro é um dia penoso. Um dia gasto em julgar a si próprio é um dia penoso."*
>
> BUDA

À medida que se tornam mais rigorosos consigo mesmos e implacáveis com seus próprios erros, os representantes típicos do Tipo Um conseguem deixar de concentrar-se nas próprias deficiências. Alguns de seus "defeitos" – os mais difíceis de aceitar – são rapidamente reprimidos. Assim, eles se preocupam com outras infrações, menores, e raramente têm alguma folga do crítico juiz que trazem dentro de si. O máximo que podem fazer é lutar ainda mais para ser "bons", mas também podem tornar-se mais críticos e inquisitoriais em relação aos outros.

Se examinarmos a função do julgamento na personalidade, veremos que ele serve para reforçar a noção do eu, separando-nos daquilo que estamos julgando. Ele constitui um dos meios mais poderosos de que dispõe o ser humano para traçar limites e eximir-se do contato direto com a própria experiência. Quando nos julgamos, criamos um estado de guerra interior. Como a guerra, o julgamento é muito dispendioso em termos de energia, tempo e esforço. Em vez de servir para abrir-nos ou liberar-nos, nossos julgamentos nos exaurem e limitam.

O eu Essencial exerce o discernimento, observa as diferenças e toma decisões acerca do que faremos. Já o julgamento baseado no ego sempre traz em si uma certa carga emocional negativa. Sua função primária não é discernir, mas criar distanciamento (ou limite). *A principal característica do julgamento é que, ao contrário do saber Essencial, ele é divisivo.*

O julgamento do ego contém ainda um outro elemento: ele nos torna "melhores" que o que está sendo julgado. Mesmo quando julgamos uma faceta nossa, uma parte de nós está dizendo a outra: "Sou melhor que você!" Essa posição é conflitiva e paradoxal porque, já que se trata de uma única pessoa, quem está julgando quem?

Ted é um carpinteiro que se orgulha de sua arte, mas está consciente do preço de seus rigorosos padrões:

> Sei que, quando estou envolvido com o trabalho, às vezes sou muito severo com as pessoas. O pior é que, por mais exigente que seja com os outros, sou sempre dez vezes mais exigente comigo mesmo. Quando eu paro e escuto as coisas que estou me dizendo, quase não consigo acreditar. Eu não falaria assim nem com meu pior inimigo!

RESENHA COMENTADA

Anote em seu Diário do Trabalho Interior todos os julgamentos (bons ou maus) que fez em relação a outras pessoas nas últimas três horas. Você julgou alguém que ouviu no rádio ou na TV ou viu em casa, no condomínio, na rua, a caminho do trabalho?

Agora faça o mesmo em relação a si próprio. Você se julgou nas últimas três horas? Existe algum tema comum em seus julgamentos?

O Crítico Interior e o Perfeccionismo

As pessoas do Tipo Um são extremamente sensíveis à crítica. Isso não chega a ser surpresa: dada a sua história de constantes *autocríticas*, qualquer *feedback* negativo representará mais uma ameaça. Por agirem como se precisassem de toda a força e concentração de que são capazes para poder estar à altura dos implacáveis padrões de seu próprio Crítico Interior, essas pessoas se vêem com poucos recursos para lidar até mesmo com o menor indício de crítica da parte dos outros.

> "O perfeccionismo é o mau-trato de si mesmo em grau altíssimo."
>
> ANN WILSON SCHAEF

A única forma que encontram de fugir à autocrítica é sendo *perfeitas*. Evidentemente, isso é praticamente impossível – embora elas se esforcem ao máximo, já que partem do princípio de que só a perfeição é aceitável, seja para si mesmas, para os outros (que se decepcionariam menos do que elas) ou para seus padrões. Com base nessa premissa, elas acham que não podem tirar um dia de folga, por assim dizer, para não ficar na linha de ataque de seu severo juiz interior.

Morton, um bem-sucedido arquiteto, aborda essa questão:

> Há muitos anos, ganhei um prestigioso prêmio internacional na área de arquitetura. Mas o problema é que foi apenas o segundo lugar. A questão não era que eu não tinha ganho o primeiro lugar porque queria o "primeiro prêmio", mas muito mais o fato de que eu me censurava pelos erros do projeto. Fiquei dando voltas por dias e mais dias, redesenhando tudo na minha cabeça. Fui tão crítico, negativo e duro comigo mesmo que nem pude gozar o fato de ter ganho o segundo prêmio! Nada mau para alguém que mal havia saído da faculdade – mas não bom o bastante para meu superego, acho eu.

Por mais que o Crítico Interior seja destrutivo e pernicioso para a sua autoconfiança, as pessoas do Tipo Um acham que a voz dele é a própria voz da razão, a estrela-guia que as levará à salvação. Elas fariam muito por si mesmas se reconhecessem que as vozes de seu superego estão, na verdade, destruindo sua integridade, maltratando-as e prejudicando seus relacionamentos. Porém, uma vez identificadas com esse Crítico Interior, elas ganham uma sensação de autoconfiança que, embora vulnerável, lhes parece difícil de questionar ou mudar – isto é, até que vejam o quanto ela é destrutiva.

**REAÇÃO AO STRESS:
O TIPO UM PASSA
AO QUATRO**

▲

Quando estão sob *stress*, o desejo de livrar-se de sua carga e de suas obrigações pode levar as pessoas deste tipo a fantasiar com romances e fugas para lugares exóticos, como costumam fazer as do Tipo Quatro. Além disso, elas podem ver-se invadidas por um súbito romantismo e nutrir desejos proibidos por pessoas conhecidas. Porém, como representantes do Tipo Um, geralmente são inibidas demais para informar o objeto de seus desejos quanto a seus verdadeiros sentimentos e, muito menos, agir de acordo com eles. Se resolvessem arriscar demonstrar seu interesse pelo protagonista de suas fantasias e fossem rejeitadas ou ridicularizadas, essas pessoas sentiriam uma profunda vergonha. Sua decisão de manter o máximo controle sobre os impulsos se reafirmaria e a culpa pela irresponsabilidade as faria redobrar o rigor consigo mesmas.

A passagem do Tipo Um ao Quatro pode ser vista como uma indicação de crescente desencanto e alienação. Quando isso ocorre, as pessoas do Tipo Um começam a achar que ninguém as compreende e que seu afinco no trabalho não é reconhecido e tornam-se irritáveis, melancólicas e retraídas. A disciplina e o autocontrole dão lugar a violentas sensações de inveja e ressentimento. ("Todo mundo tem uma vida melhor que a minha.") Nesse caso, os geralmente estáveis representantes do Tipo Um começam a comportar-se de forma dramática e afetada, fazendo beicinhos e muxoxos que não combinam em nada com seu comportamento habitual. Explosões emocionais, mau humor, hostilidade e retração social podem entrar na composição do quadro. Quando questionadas acerca de qualquer dessas coisas, reagem com inibição e autocontrole redobrados.

Nos Níveis inferiores, a passagem ao Tipo Quatro pode levar os representantes do Tipo Um à autocomplacência e à disposição de permitir-se exceções diante de suas próprias regras. Afinal, ninguém trabalha tanto e tão dedicadamente quanto eles. Quem os condenaria por tomar alguns drinques ou manter um tórrido romance ilícito? Em si mesmas, essas coisas poderiam não ser particularmente prejudiciais, mas porque vão contra os ditames de seu superego, tornam-se para as pessoas do Tipo Um uma fonte a mais de pressão e ansiedade. Além disso, suas opções de distração costumam ser mais autocomplacentes que verdadeiramente produtivas. Portanto, pouco contribuem para aliviar a tensão e as frustrações. À medida que se tornam menos saudáveis, seu superego se torna tão severo que essas pessoas podem acabar inconscientemente buscando válvulas de escape mais destrutivas para neutralizá-lo.

Se tiverem sofrido uma crise grave sem contar com apoio adequado ou sem outros recursos com que enfrentá-la, ou se tiverem sido vítimas constantes de violência e outros abusos na infância, as pessoas do Tipo Um poderão cruzar o ponto de choque e mergulhar nos aspectos não-saudáveis de seu tipo. Isso poderá levá-las ao aterrador reconhecimento de que seus pontos de vista, métodos e posições talvez estejam errados – ou sejam, no mínimo, limitados, falhos ou exagerados. Além disso, tendo sido sempre tão veementes na expressão de seus padrões, elas podem temer que os outros lhe cobrem satisfações pelos seus erros. E, com efeito, alguns desses receios podem ter fundamento.

A BANDEIRA VERMELHA: PROBLEMAS PARA O TIPO UM

▲

Perceber esses fatos pode ser o início de uma reviravolta na vida dessas pessoas. Se admitirem a verdade desses medos, elas podem dar o primeiro passo rumo à saúde e à libertação. Por outro lado, podem tornar-se ainda mais inflexíveis e pretensiosas. ("O certo é o certo e não há exceções." "Se não concordam comigo é porque são corruptos.") Se persistirem nessa atitude, elas se arriscam a ultrapassar a linha que as separa dos níveis não-saudáveis. Se seu comportamento ou o de alguém que conhece se enquadrarem no que descrevem as advertências a seguir por um período longo – mais de duas ou três semanas, digamos –, é mais do que recomendável buscar aconselhamento, terapia ou outro tipo de apoio.

ADVERTÊNCIAS	➤ Adoção de posturas rígidas e inflexíveis
POTENCIAL PATOLÓGICO: Distúrbio Obsessivo-compulsivo, Distúrbio Depressivo da Personalidade, distúrbios alimentares, culpa desesperadora e comportamentos autodestrutivos.	➤ Tendência acentuada à presunção e a julgamentos contundentes ➤ Racionalização e justificação dos próprios atos ➤ Forte sensação de desencanto e depressão ➤ Explosões de cólera, intolerância e condenação ➤ Raciocínio obsessivo e comportamentos compulsivos ➤ Surtos de autopunição e masoquismo

PRÁTICAS QUE CONTRIBUEM PARA O DESENVOLVIMENTO DO TIPO UM

➤ Antes de mais nada, procure conhecer bem seu superego, o seu juiz interior. Aprenda a distingui-lo de seu próprio eu, a reconhecer-lhe a voz e o efeito que provoca em você. Preste atenção à maneira como ele afeta seu bem-estar e sua relação com o ambiente. Comece a pensar em sua voz de comando como "ele", não como "eu". Lembre-se que sua voz apenas *parece* a voz de Deus.

➤ Atente para a tendência a ultrapassar seus limites. Independentemente da importância de seus projetos, você não pode ser eficiente se não conseguir descansar nem refrescar a cabeça. Seu trabalho não sairá perdendo com essas "folgas" – na verdade, elas lhe fornecerão melhores condições de abordar sua tarefa. Reserve algum tempo para a diversão. Você verá que muitas de suas maiores inspirações virão quando você estiver disposto a brincar.

➤ Você tende a crer que as coisas estão todas sobre seus ombros, e isso é muito estressante. Deixe que os outros o ajudem e procure entender que, embora a abordagem deles possa não ser tão bem pensada e elaborada quanto a sua, a contribuição que fizerem pode inclusive enriquecer sua própria perspectiva. Além disso, você pode abrir em sua vida um espaço para a serenidade acentuando aquilo que há de positivo no que eles fazem. Se você é do Tipo Um, é provável que os outros saibam que você é capaz de fazer críticas construtivas e até lhe peçam conselhos. Porém não tenha medo de manifestar seu apreço pelas pessoas e pelo que elas fazem. Elas não pensarão menos de você e, já que é bem provável que seja conhecido por sua objetividade e franqueza, um elogio seu valerá muito para elas.

➤ Às vezes você demora a perceber que precisa de alguma coisa, principalmente na área das emoções. Mas, quando identificar uma necessidade, faça o possível e o impossível para verbalizá-la. Sua integridade não sofrerá se os outros souberem que você está magoado ou preocupado. Pelo contrário, ser aberto e sincero quanto a suas vulnerabilidades é um dos elementos essenciais ao desenvolvimento de uma verdadeira integridade. Ao mesmo tempo, cuidado com a tendência a falar *às* pessoas, ao invés de falar *com* elas. Quando se sentir frustrado ou irritado, procure olhar para seus interlocutores, evitando assim que se tornem meras abstrações para você.

➤ Admita que não conseguirá livrar-se das partes de si mesmo que não o agradam. Na melhor das hipóteses, você conseguiria reprimi-las por algum tempo, mas isso apenas adiaria e aumentaria seus problemas. Enquanto estiver convencido de que você *deve* ser de uma determinada forma, não conseguirá ser aquilo que é realmente. Procure conscientizar-se mais dessas partes de si mesmo, entendê-las melhor, em vez de tentar mudá-las. *Você não pode transformar-se – ninguém pode.* Deixe de lado seus projetos de auto-aperfeiçoamento e aprenda a estar consigo mesmo. Isso é um desafio muito mais difícil do que esforçar-se para caber num modelo idealizado do que deve ser uma boa pessoa.

➤ Aprenda a reconhecer e *assimilar* sua raiva. Mesmo que não a atue nem finja que ela não existe, você a armazena no próprio corpo. Isso torna a massoterapia e o trabalho com a energia especialmente benéficos em seu caso. Da mesma forma, a *yoga* e os exercícios de alongamento também podem fazer maravilhas por seu bem-estar físico e emocional. Além disso, você poderá identificar certas posturas inconscientemente adotadas, que o fazem forçar os músculos mais do que o necessário, mesmo nos movimentos mais simples. Tudo que se faz – desde escrever uma carta a dirigir um automóvel – pode ser feito com relaxamento e atenção ou com resistência e tensão.

Independentemente de nosso tipo, todos nós temos pontos fracos e fortes, embora nem sempre saibamos reconhecê-los. É importante lembrar que nossas qualidades positivas não precisam ser nem adquiridas nem acrescentadas – elas já existem e são um recurso de que podemos lançar mão em qualquer momento.

REFORÇANDO OS PONTOS
FORTES DO TIPO UM

▲

OS DONS DO TIPO UM

Nenhuma pessoa saudável, qualquer que seja o tipo, se sente à vontade diante da falsidade. Entretanto, as pessoas do Tipo Um são especialmente motivadas a ser honestas em todas as situações. Para elas, falar com sinceridade não é o bastante. Na medida do possível, elas querem ser coerentes tanto nas palavras quanto nos atos. Iludir alguém ou alegar possuir algo que não possuem é para elas simplesmente inconcebível: dizem o que realmente querem dizer e fazem o que dizem. Esse tipo de integridade é muito tocante e inspirador. Trata-se de um apelo à excelência que atinge a todos.

Jeanne, a líder espiritual que já conhecemos, descreve o prazer que lhe dá cuidar dessa integridade:

> Como diretora de uma escola, era minha obrigação fazer tudo para que as crianças estivessem sempre em primeiro lugar. Nada poderia estar além desse dever moral. Sempre tinha muita satisfação transcendendo minhas próprias necessidades pelo bem do sistema como um todo. Fazer o melhor era o mesmo que não tomar atalhos nem procurar as saídas mais fáceis para as situações.

Os representantes saudáveis do Tipo Um reforçam sua sensação de integridade vivendo conforme um conjunto de princípios muito claros. Entre eles, tem destaque a noção de equanimidade, o desejo de que todos sejam tratados com justiça. Esses princípios constituem os parâmetros objetivos pelos quais avaliam a própria experiência e definem cursos sensatos para seus empreendimentos. Mas eles utilizam padrões *flexíveis* e estão sempre dispostos a aperfeiçoá-los.

Além disso, essas pessoas não estão interessadas em vantagens nem ganhos pessoais. Elas conseguem deixar de lado seu conforto e seus interesses por algo que represente o bem final de todos. Elas seriam capazes, por exemplo, de votar a favor de um imposto para a manutenção das escolas de sua cidade. Isso não significa que gostem de impostos, mas que se dispõem a apertar o próprio cinto em prol do bem da comunidade. Além disso, provavelmente não ficariam aí: tentariam convencer os outros dos problemas que afinal surgiriam se as escolas não melhorassem. (Ademais, sendo mais flexíveis em suas posições, as pessoas que estão na faixa saudável transmitem o que pensam de forma que os outros conseguem ouvir.) Sem esse tipo de visão e sacrifício, o mundo certamente seria um lugar mais pobre. E, de fato, em nossa atual "cultura do descartável", de consumo de massa, *bites* sonoros e perdas e lucros medidos num só dia, essas características são mais importantes que nunca.

Embora os representantes mais saudáveis do Tipo Um se incomodem muito com determinadas questões e procurem abordar racionalmente os problemas que encontram, seus princípios, métodos e padrões éticos são *para sua própria orientação*. Eles não tentam "consertar" os outros, nem recorrem a pregações ou proselitismos – em vez disso, os inspiram pelo extraordinário exemplo que lhes dão. Assim, as pessoas estão dispostas a ouvir – às vezes com avidez – o que eles têm a dizer.

Além disso, por aceitarem melhor sua própria condição humana e compreenderem as fraquezas alheias, eles podem ser bastante eloqüentes e eficazes na transmissão da verdade e da sabedoria de sua visão.

Na faixa saudável, os representantes do Tipo Um são capazes de realizar muitos dos seus objetivos porque mantêm o equilíbrio e a autodisciplina. Eles trabalham com afinco e fazem bom uso do seu tempo, mas também sabem quando "é o bastante" e é tempo de descansar ou brincar. Compreendem que uma parte importante de sua eficácia vem do cuidado e da dedicação a si mesmos, do repouso suficiente e da não exaustão no trabalho. Mesmo nos prazeres, tendem a ser seletivos, buscando férias, passatempos e diversões que sejam tão agradáveis quanto enriquecedores. (Na faixa saudável, as pessoas do Tipo Um também conseguem ser leves e, às vezes, até se permitem tolices.) Poder-se-ia dizer que sua autodisciplina baseia-se na "moderação em todas as coisas".

Cassandra acabou percebendo que o necessário é o *equilíbrio*, e não a perfeição:

> Finalmente descobri uma coisa que realmente adoro: dançar. Agora que danço sempre, descobri que posso entregar-me inteiramente a essa atividade. Quando estou dançando, surge um lado brincalhão, sensual e paquera-

dor que eu adoro! Ele me permite expressar-me mais plenamente e de maneira sadia. Acho que a dança contrabalançou maravilhosamente bem a superseriedade do meu tipo.

Em resumo, as pessoas do Tipo Um querem muito ser boas e são impelidas à ação pelo fato de querer fazer algo para resolver os problemas que vêem à sua volta. Elas gostariam de mostrar que ninguém precisa se conformar com as condições injustas e terríveis que às vezes há no mundo. Como os representantes saudáveis do Tipo Oito, elas aceitam desafios e acreditam que podem marcar sua presença. Estejam trabalhando contra a falta de moradia, a corrupção na profissão, os problemas do sistema educacional, os maus hábitos de saúde e alimentação ou as demonstrações de falta de ética no ambiente em que vivem, elas estão certas de que é possível mudar e querem ser parte da solução.

Assim, as pessoas do Tipo Um que atingiram os Níveis superiores são uma fonte de discernimento e sabedoria neste mundo ambíguo. Elas têm a extraordinária capacidade de saber fazer a coisa certa, principalmente no que se refere a valores morais. E, graças ao seu grande realismo e objetividade, conseguem deixar de lado seus próprios interesses e preferências – e até mesmo seu passado e sua formação – para ponderar qual a melhor opção numa dada situação.

As pessoas do Tipo Um se atualizam e permanecem saudáveis quando permitem o surgimento espontâneo de sua reação mais instintiva diante da vida, como no caso das pessoas saudáveis do Tipo Sete. Elas descobrem que podem deixar-se afetar pela realidade sem precisar resistir contra ela. Isso se aplica especialmente à sua realidade interior – elas gradualmente aprendem a baixar a guarda e a ficar mais à vontade com o que sentem.

O CAMINHO DA INTEGRAÇÃO: O TIPO UM PASSA AO SETE

▲

Também como as pessoas saudáveis do Tipo Sete, as do Tipo Um em processo de integração tornam-se menos dogmáticas e mais abertas. Seu leque de possibilidades aumenta: elas se tornam mais curiosas, mais otimistas, mais interessadas em aprender e, principalmente, mais interessadas em conhecer pontos de vista diferentes dos seus. Ao descobrir que, em vez de ferir sua integridade, essa forma de abordar a vida aprofunda e amplia sua própria visão, elas se tornam mais capazes de aceitar as visões dos outros.

No processo de integrar as qualidades mais saudáveis do Tipo Sete, as pessoas do Tipo Um talvez tenham de enfrentar o medo de perder o controle sobre si mesmas. Seu superego dará início a um ataque feroz, dizendo-lhes que, caso relaxem e se permitam maior liberdade, inclusive para aceitar-se, será o fim do mundo. Esse ataque geralmente se manifesta como um medo da própria raiva. As pessoas do Tipo Um têm pavor da idéia de sentir a raiva em sua plenitude, acreditando que isso as levará a atos terríveis. Mas, quando saudáveis o suficiente para estar conscientes de seus impulsos, é muito pouco provável que venham a atuá-los. Na verdade, *é a falta de conscientização e de auto-aceitação que leva à atuação desenfreada.*

Naturalmente, as pessoas do Tipo Um não atingirão a integração simplesmente imitando as qualidades típicas das do Tipo Sete. De nada adiantaria para elas tornar-se hiperativas ou hedonistas. Elas precisam reconhecer a repressão e a tristeza que fazem parte da estrutura de sua personalidade. À medida que se conscientizarem mais das rígidas regras de seu superego e não confundirem mais a "voz" dele com a do seu próprio eu, elas começarão a manifestar naturalmente as qualidades que caracterizam a faixa saudável do Tipo Sete: alegria, entusiasmo, curiosidade e abertura.

A TRANSFORMAÇÃO DA PERSONALIDADE EM ESSÊNCIA

▲

"A sabedoria não diz respeito apenas à atitude moral, mas também ao 'centro', o lugar de onde fluem a percepção e a atitude morais."

MARCUS BORG

O desafio para as pessoas do Tipo Um é estabelecer uma trégua em sua guerra interior – e isso só conseguirão se aceitarem sem julgar todas as partes de si mesmas como são. Tudo que existe na natureza humana tem uma função (presumivelmente Divina). Se os seres humanos nascem com impulsos sexuais, desejo de prazer, sentimentos, impulsos irracionais e a capacidade de perceber e julgar (acertada ou erradamente), não faz muito sentido condená-los, pois essa é a maneira como eles são feitos. Temos apenas duas opções: reclamar com o fabricante, por assim dizer, e tentar receber outro modelo ou aprender a estar no mundo com o que temos.

O que as pessoas do Tipo Um na verdade buscam não é o julgamento, mas aquela qualidade que se chama *discernimento*. O discernimento é a percepção de que as coisas possuem diferentes qualidades. Já o julgamento pressupõe uma reação emocional que, na realidade, interfere com o discernimento. Uma coisa é dizer que o tapete e a parede têm cores diferentes. Outra é dizer que o tapete é melhor, mais importante ou mais justo que a parede. Em outras palavras, uma testemunha e um juiz não são a mesma coisa. O discernimento exige que sejamos testemunhas.

Observe-se que não estamos falando de ética da situação nem de relativismo ético, mas sim da capacidade de ver que, como as situações e os fatos mudam, assim também aquilo que pode ser esperado como seu melhor desfecho. A sabedoria nos permite ver a realidade exatamente como é, não como gostaríamos que fosse. A sabedoria não ignora o certo e o errado nem nega que as opções que uma pessoa fez poderiam ser melhores ou piores. Em vez disso, a sabedoria observa as opções *que foram feitas*, a situação em que nos encontramos *agora* e contempla a melhor possibilidade. A sabedoria sempre vê o que é verdadeiramente necessário e melhor – embora ela só possa surgir no momento presente e brotar da ausência de valores, opiniões e julgamentos preconcebidos. Mesmo que tenhamos conseguido criar um inferno, a sabedoria nos pode mostrar uma saída – se estivermos dispostos a suspender os julgamentos acerca do que "deveríamos" fazer ou como "temos" de reagir. Apenas quando não obcecados com o fato de estarmos certos poderemos encontrar a verdadeira correção – que é, afinal, encontrar o verdadeiro equilíbrio.

A palavra-chave para a cura, no caso do Tipo Um, é *aceitação*. Ela não quer dizer permissividade; ela significa que, se quero realmente colocar-me a serviço do bem, devo trabalhar com aquilo que é. Para as pessoas do Tipo Um aceitarem a realidade, precisam também *aceitar-se*, aprendendo a *permitir* – permitir

"O curioso paradoxo é que, se me aceito do modo que sou, aí é que consigo mudar."

CARL ROGERS

que as pessoas, inclusive elas próprias, sejam o que são. Assim, permitirão que todos conheçam a verdade por si sós, em seu próprio ritmo e de sua própria maneira. A aceitação não reduz nossa capacidade de discernir ou fazer opções sábias, pelo contrário: ela a aumenta infinitamente.

A aceitação abre portas dentro e fora. As pessoas instintivamente reagem bem aos representantes saudáveis do Tipo Um porque estes as fazem sentir que são aceitas, que seus interesses são compreendidos. Vários programas de doze passos terminam suas reuniões com uma oração chamada *Prece da Serenidade*. As pessoas do Tipo Um que estão em busca do crescimento interior fariam bem em refletir sobre ela:

Deus me dê a serenidade de aceitar
as coisas que não posso mudar,
a coragem de mudar as coisas que posso
e a sabedoria de discernir a diferença.

A MANIFESTAÇÃO DA ESSÊNCIA

No fundo, as pessoas do Tipo Um se lembram da qualidade essencial da *perfeição*. Elas sabem que, num nível profundo, o universo está girando exatamente como deve. (Como na famosa máxima de Julian de Norwich, "Tudo estará bem. Toda sorte de coisas estará bem.") Essa idéia de perfeição está relacionada à idéia de plenitude e completude que vimos nos Tipos Oito e Nove. As pessoas do Tipo Um vivenciam essa unidade perfeita como *integridade*.

No estado de integridade, todas as partes do todo se juntam à perfeição para criar algo mais que a soma das partes. Sentimos uma profunda paz e uma aceitação da vida que nos dão a capacidade de saber exatamente o que é preciso em cada situação e em cada momento. Sabemos exatamente qual a energia necessária para realizar uma tarefa, seja ela a de limpar uma vidraça ou verbalizar um lampejo intuitivo. Agimos e vivemos sem esforço e, no entanto, conseguimos realizar muito mais do que quando temos o corpo tenso. Ganhamos força mediante o conhecimento direto de que somos parte do desdobrar perfeito de algo que vai muito além da consciência do ego.

A percepção libera uma inteligência profundamente sábia e discernente que ilumina tudo aquilo em que nos detemos. Quando as pessoas do Tipo Um, abrindo-se e aceitando-se pacientemente, conseguirem relaxar o bastante para reconhecer que isso está e sempre esteve ao seu alcance, elas se tornam os verdadeiros instrumentos da vontade Divina que sempre ansiaram ser.

Some os pontos das quinze afirmações para o Tipo Um. O resultado estará entre 15 e 75. As instruções ao lado o ajudarão a descobrir ou confirmar seu tipo de personalidade.

➤ 15 Você provavelmente não pertence a um dos tipos aquiescentes (Um, Dois e Seis).

➤ 15-30 Você provavelmente não pertence ao Tipo Um.

➤ 30-45 É muito provável que você tenha problemas comuns ao Tipo Um ou que um de seus pais seja do Tipo Um.

➤ 45-60 É muito provável que você tenha um componente do Tipo Um.

➤ 60-75 É muito provável que você pertença ao Tipo Um (mas ainda poderá pertencer a outro se tiver uma concepção demasiado limitada deste tipo).

As pessoas do Tipo Um costumam identificar-se erroneamente como pertencentes ao Tipo Cinco, Quatro ou Seis. As dos Tipos Três, Seis e Sete costumam identificar-se erroneamente como pertencentes ao Tipo Um.

CAPÍTULO 8

▼

TIPO DOIS: O AJUDANTE

▲

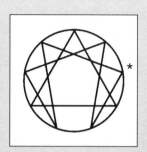

O ALTRUÍSTA

"Amar é admirar e valorizar as amáveis qualidades da pessoa amada, com a condição de que seja você o objeto de sua ação."
SAMUEL TAYLOR COLERIDGE

O AMANTE

O PROTETOR

"Não podemos amar-nos a não ser que amemos os outros e não podemos amar os outros se não nos amarmos. Mas o amor egoísta por nós mesmos nos torna incapazes de amar alguém."
THOMAS MERTON

O COMPRAZEDOR

"Que um ser humano ame a outro: essa é talvez a mais difícil de nossas tarefas, a tarefa suprema, a última prova e a evidência, a obra para a qual todas as outras não são senão a preparação."
RAINER MARIA RILKE

O FACILITADOR

O AMIGO ESPECIAL

"Amar uma coisa significa querer que ela viva."
CONFÚCIO

O CTA RISO-HUDSON

Classificação Tipológica Segundo a Atitude

Classifique as afirmações ao lado conforme sua aplicabilidade com base na seguinte escala:

1 ..... Nunca é verdadeira

2 ..... Raramente é verdadeira

3 ..... Em parte é verdadeira

4 ..... Geralmente é verdadeira

5 ..... Sempre é verdadeira

Verifique a análise da pontuação na página 160.

_____ 1. Meu interesse pelas pessoas leva-me a envolver-me profundamente com elas – com seus sonhos, esperanças e necessidades.

_____ 2. Para mim, ser amigável é natural: puxo conversa facilmente e chamo todo mundo pelo prenome.

_____ 3. Descobri que as pessoas reagem com afeto quando lhes dou atenção e incentivo.

_____ 4. Não posso ver um cachorro sem dono que já quero levar para casa.

_____ 5. O fato de ser uma pessoa atenciosa e generosa me faz sentir bem.

_____ 6. Não sou de alegar o bem que faço às pessoas, mas fico muito chateado se elas não reconhecerem ou não se importarem com isso.

_____ 7. É verdade que muitas vezes faço mais pelos outros do que deveria – dou demais e não penso muito em mim mesmo.

_____ 8. Quase sempre me vejo tentando conquistar as pessoas, especialmente se, a princípio, elas parecem indiferentes.

_____ 9. Tenho um prazer especial em receber e entreter meus amigos e toda a minha "grande família".

_____ 10. Posso ser afetuoso e ajudar as pessoas, mas sou mais forte do que pareço.

_____ 11. Consigo manifestar meus sentimentos mais abertamente que a maioria.

_____ 12. Sou capaz de sair de meu caminho para saber o que está acontecendo com as pessoas de quem eu gosto.

_____ 13. Vejo a mim mesmo como um "reparador de corações partidos".

_____ 14. Minha saúde e meu bolso já sofreram muitas vezes por eu ter colocado as necessidades e os interesses dos outros acima dos meus.

_____ 15. Adoro me desdobrar para fazer as pessoas se sentirem bem-vindas e queridas.

TIPO DOIS DE PERSONALIDADE: O AJUDANTE

O Tipo Afetuoso e Interpessoal: Generoso, Demonstrativo, Comprazedor e Possessivo

Chamamos este tipo de personalidade de *o Ajudante* porque há duas possibilidades: seus representantes ou são de fato os que mais ajudam os outros ou, quando menos saudáveis, são as pessoas que mais investem em *ver-se* como úteis. Sendo generosos e saindo de seu caminho por causa dos outros, eles sentem que possuem a forma de viver mais rica e cheia de sentido que existe. Seu amor e interesse – e o autêntico bem que fazem – aquecem-lhes o coração e os fazem sentir-se dignos. Seu maior interesse está naquilo que eles consideram as melhores coisas da vida: o amor, a intimidade, o carinho, a família e a amizade.

➤ **MEDO FUNDAMENTAL:** O de não ser amado ou querido simplesmente pelo que é.

➤ **DESEJO FUNDAMENTAL:** Sentir-se amado.

➤ **MENSAGEM DO SUPEREGO:** "Você estará num bom caminho se for amado pelos outros e estiver perto deles."

Louise, uma ministra, fala aqui da sua alegria em pertencer ao Tipo Dois:

> Não consigo imaginar-me pertencendo a outro tipo nem gostaria disso. Gosto de envolver-me com a vida das pessoas. Gosto de ser compassiva, interessada, carinhosa. Gosto de culinária e de trabalhos domésticos. Gosto de ter a certeza de que posso ouvir qualquer coisa que as pessoas me disserem sobre si próprias e continuar a amá-las. (...) Realmente, tenho orgulho de mim mesma e me amo por ser capaz de estar com os outros onde eles estiverem. Sei como amar de verdade as pessoas, as coisas e os animais. E sou uma grande cozinheira!

Quando saudáveis e equilibradas, as pessoas do Tipo Dois realmente são amorosas, solícitas, generosas e atenciosas, atraindo a si os outros como o mel atrai as abelhas. Com o calor de seu coração, a todos aquecem. Com sua estima e atenção, a todos animam, ajudando-os a ver as qualidades positivas que possuem e desconheciam. Em resumo, essas pessoas são a personificação do bom pai ou da boa mãe que todos gostariam de ter: alguém que os vê como são, compreende com imensa compaixão, ajuda e incentiva com infinita paciência e está sempre disposto a ajudar, sabendo exatamente como e quando já não são necessários. Os representantes saudáveis do Tipo Dois abrem-nos o coração porque o seu já está aberto. Eles nos mostram como podemos tornar-nos mais profundamente humanos.

Louise prossegue:

> Sempre trabalhei ajudando as pessoas. Fui uma professora que queria ser sensível às crianças e ajudá-las a ter um bom início. Fui responsável pela educação religiosa de várias paróquias. Eu achava que, se as pessoas aprendessem mais sobre a vida espiritual, seriam mais felizes. (...) A parte mais

importante de minha vida é a espiritual. Vivi por dez anos numa comunidade religiosa. Casei-me com um ex-sacerdote, com o qual tenho uma vida baseada na espiritualidade.

"Importo-me com as pessoas." Porém, o lado sombra das pessoas do Tipo Dois – soberba, auto-engano, tendência a envolver-se demasiadamente na vida alheia e a manipular os outros para satisfazer as próprias necessidades emocionais – pode cercear seu desenvolvimento interior. O trabalho de transformação pressupõe a visita aos nossos recônditos mais sombrios, e isso vai radicalmente de encontro à estrutura da personalidade do Tipo Dois, que prefere ver-se apenas nos termos mais positivos e favoráveis.

Talvez o maior obstáculo que as pessoas dos Tipos Dois, Três e Quatro tenham pela frente em relação ao trabalho interior seja enfrentar o medo correspondente à sua Tríade, que é o de *não ter nenhum mérito*. No fundo, todos os três tipos temem não ter valor e, por isso, crêem precisar ser ou fazer algo de extraordinário para conquistar o amor e a aceitação dos outros. Nos Níveis inferiores, as pessoas do Tipo Dois apresentam uma auto-imagem falsa, segundo a qual são absolutamente desinteressadas e generosas e não querem nada em troca do que dão, quando na verdade podem ter grandes expectativas e necessidades emocionais de que não se apercebem.

Os representantes menos saudáveis do Tipo Dois buscam *legitimar o próprio valor fazendo o que manda o superego: sacrificar-se pelos outros*. Eles acreditam que devem colocar as pessoas sempre em primeiro lugar e ser afetuosos e desprendidos se quiserem ser amados. O problema é que dar essa prioridade aos outros torna essas pessoas secretamente ressentidas e rancorosas. Apesar de esforçar-se por negar ou reprimir o rancor e o ressentimento, eles invariavelmente vêm à tona de maneiras as mais diversas, desestabilizando os relacionamentos e revelando a inautenticidade presente em muitas das alegações de vários dos representantes menos saudáveis do Tipo Dois, seja acerca de si mesmos ou da profundidade do seu amor.

Porém, na faixa saudável, o quadro é completamente diferente. O próprio Don tem em sua família um exemplo que representa o arquétipo do Tipo Dois: sua avó materna. Durante a Segunda Guerra Mundial, ela foi uma "mãezona" para metade do contingente da Força Aérea baseado em Biloxi, Mississipi: dava comida aos rapazes; colocava a casa à disposição deles, como se fosse seu segundo lar; dava conselhos e consolo aos que se sentiam sós ou tinham medo de ir para a guerra. Embora o marido não fosse rico e o casal tivesse dois filhos adolescentes, ela cozinhava refeições para os recrutas, dava-lhes pouso à noite e cuidava de seus uniformes, passando-os e pregando-lhes botões. Viveu até os 80, lembrando sempre daqueles anos como os mais felizes e gratificantes de sua vida – provavelmente por ter tido aí a chance de pôr em prática as qualidades saudáveis do Tipo Dois.

O PADRÃO DA INFÂNCIA

Na infância, as pessoas do Tipo Dois começam a acreditar em três coisas: primeiro, que precisam colocar as necessidades alheias acima das suas próprias; segundo, que precisam ceder para obter; e terceiro, que precisam *conquistar* a afeição dos outros porque o amor não lhes será simplesmente dado. Elas sentiam que a única forma de serem amadas era reprimindo as suas necessidades e satisfazendo as dos outros, desdobrando-se em atenções e gentilezas para serem queridas.

> *Favor observar que o padrão da infância aqui descrito não provoca o tipo de personalidade. Em lugar disso, ele descreve tendências observáveis na tenra infância que têm grande impacto sobre os relacionamentos que o tipo estabelece na vida adulta.*

A depender do grau de desestruturação do ambiente que tiveram na infância, elas poderão haver aprendido ainda que reconhecer as próprias necessidades era uma forma de egoísmo expressamente proibida pelo superego. ("As pessoas boas não têm necessidades. Devotar muito tempo a si mesmo é egoísmo.")

Assim, o Tipo Dois aprendeu a agir dentro do sistema familiar – *e em todas as relações subseqüentes* – como o ajudante, o amigo desinteressado, aquele que quer agradar e dar atenção e apoio a todos os demais. Quando jovens, os representantes do Tipo Dois podem conseguir um lugar dentro da família cuidando dos irmãos, fazendo as tarefas da casa ou ocupando-se dos pais de várias maneiras. Eles são profundamente condicionados a pensar que, sacrificando-se, serão recompensados com o que a família considera *amor*.

Lois, educadora e administradora com vasta experiência, fala-nos um pouco acerca das obrigações que as crianças do Tipo Dois sentem como suas:

> Desde que me lembro, sentia que era meu dever cuidar das pessoas da minha família. Achava que precisava ajudar meu pai e minha mãe a aliviar o *stress*. Eu sou a segunda de seis filhos e ajudei a criar minhas irmãs gêmeas, onze anos mais novas. Lembro-me de sentir muitas vezes que tudo dependia de mim. Passei a maior parte da infância cozinhando, limpando e lavando para ajudar minha mãe, que parecia estar eternamente sobrecarregada com seu próprio quinhão.

Entretanto, esse tipo de orientação cria um grave problema para as pessoas do Tipo Dois. Para identificar-se inteiramente com o papel de arrimo e manter os sentimentos positivos que ele lhes traz, essas pessoas precisam reprimir muito as próprias necessidades, mágoas e dúvidas. Quando isso acontece, elas têm cada vez mais dificuldade em reconhecer suas carências e sofrimentos e deixam-se atrair automaticamente pelos dos outros. Num nível psicológico mais profundo, elas tentam resolver para os outros os problemas e as mágoas que não são capazes de perceber inteiramente em si.

Maggie é uma talentosa terapeuta que devotou a vida a ajudar a curar as feridas da infância de seus clientes. Aqui ela fala sobre seu precoce auto-abandono:

No primeiro dia de aula da primeira série, vi várias crianças brincando no pátio da escola. Elas gritavam, corriam, empurravam-se. Eu tive a impressão de estar no inferno, já que não estava acostumada a estar com outras crianças e aquelas me pareciam "fora de si". Que fazer? Vi de repente, no lado oposto do pátio, uma garotinha. Ela chorava sem parar, estava toda desarrumada, o cabelo uma bagunça, os sapatos desamarrados – precisava de ajuda! Bingo, tracei uma reta até ela, abracei-a e lhe disse que não tivesse medo, eu cuidaria dela. Foi co-dependência instantânea. Senti-me segura e necessária. Só muitos anos depois é que vim perceber como eu também estava amedrontada e como aquela criança era meu espelho.

Em razão dessa dinâmica, as pessoas do Tipo Dois aprendem a lidar com seus sentimentos mais negativos concentrando-se nos outros, esforçando-se por agradá-los e ajudá-los. Todavia, quanto mais desestruturado for o seu ambiente familiar, mais elas esperarão a rejeição e mais ansiosas estarão por provocar reações positivas. Em última análise, acabarão fazendo qualquer coisa para obter um sinal, uma prova de que são amadas.

TIPO DOIS COM ASA UM: O SERVIDOR

OS SUBTIPOS
CONFORME AS ASAS

Exemplos
Madre Teresa de Calcutá
Eleanor Roosevelt
Desmond Tutu
Danny Thomas
Ann Landers
Barbara Bush
Lewis Carroll
Florence Nightingale
Albert Schweitzer

Faixa Saudável As pessoas deste subtipo aliam o afeto à seriedade de propósitos enquanto buscam ser boas e colocar-se a serviço dos outros. A combinação da moralidade do Tipo Um com a empatia do Tipo Dois leva a um forte desejo de aliviar o sofrimento humano. Essas pessoas são muitas vezes como o Bom Samaritano, pois se dispõem a assumir as tarefas menos reconhecidas e glamourosas, geralmente evitadas pelos outros. Mais sérias que os representantes do outro subtipo, dedicam-se mais abertamente às pessoas e são freqüentemente encontradas no ensino, no serviço público, nas profissões da área da saúde e da religião e naquelas que envolvem o trabalho com os desvalidos ou com os deficientes físicos ou mentais.

Faixa Média As pessoas deste subtipo sentem-se obrigadas a lutar contra suas atitudes e sentimentos "egoístas", pois se julgam responsáveis pelo bem-estar dos demais. Costumam ser sóbrias, severas consigo mesmas e cumpridoras de seus deveres. Apesar de emocionais, tendem a dificuldades na expressão das emoções, pois não se sentem à vontade chamando a atenção – mesmo que desejem ser importantes na vida dos outros, preferem trabalhar nos bastidores. Essas pessoas vivem um conflito entre os princípios e as necessidades emocionais que, em geral, as leva a envolver-se com algum tipo de ensinamento moral ou religioso. Elas podem tornar-se extremamente autocríticas e negligenciar a saúde, negando as próprias necessidades e muitas vezes assumindo o papel de mártires.

TIPO DOIS COM ASA TRÊS: O ANFITRIÃO

Faixa Saudável As pessoas deste subtipo são mais sociáveis: buscam o amor pelo estabelecimento de relações pessoais com os demais e de atos que os façam sentir-se bem. Sua auto-estima está associada a suas próprias qualidades e não ao serviço em prol da comunidade. Encantadoras, falantes e adaptáveis, têm muita "personalidade" e gostam de brindar os amigos e familiares com o que têm de melhor – o talento na culinária, na conversação, na música ou a capacidade de saber escutar – como forma de partilhar sua riqueza interior.

Exemplos
Luciano Pavarotti
Sammy Davis, Jr.
Sally Jesse Raphael
Arsenio Hall
Anne Meara
Jack Paar
Anne Jackson
Delta Burke
Merv Griffin
John Denver

Faixa Média Embora amigáveis e bem-humoradas, essas pessoas são ambiciosas e deliberadas. Normalmente não se dedicam muito a cuidar dos outros; é mais fácil que considerem sua amizade e sua atenção uma dádiva suficiente para eles. Elas podem ter uma faceta sedutora, bem como uma maior concentração nos relacionamentos, que as leve a ser demasiado amigáveis, exageradamente sentimentais e dadas a histrionismos, resultado da mistura entre o desejo de aceitação do Tipo Três e o impulso para a intimidade do Tipo Dois. Menos sérias e mais voltadas para o cumprimento de tarefas que as do outro subtipo, essas pessoas geralmente são também menos dadas a autoquestionamentos e autocríticas. Elas são objetivas quanto ao que querem, chamando a atenção para o que são capazes de oferecer. Podem ser presunçosas, arbitrárias e, por vezes, arrogantes

O INSTINTO DE AUTOPRESERVAÇÃO NO TIPO DOIS

Tenho "Direito". Os Autopreservacionistas do Tipo Dois reprimem o próprio instinto de Autopreservação para concentrar-se na satisfação das necessidades alheias. As pessoas que se classificam conforme esta Variante Instintiva são as que provavelmente mais

AS VARIANTES
INSTINTIVAS
▲

se dedicam aos outros em detrimento de suas próprias necessidades, tendo assim pouco descanso ou tempo para si. Geralmente gostam de receber e cozinhar, mas podem não se alimentar bem ou não conseguir divertir-se nas reuniões que promovem. Embora subconscientemente esperem que as pessoas cuidem de suas próprias necessidades de Autopreservação, raramente são capazes de pedi-lo de forma direta. Por isso, estão especialmente propensas a sentir-se como mártires, achando que os outros lhes "devem" uma paga por seus serviços, como se dissessem: "Tenho direito a qualquer coisa de que precise por ter feito tanto por todo mundo".

À medida que a ansiedade aumenta, os Autopreservacionistas do Tipo Dois começam a satisfazer suas necessidades de modo indireto. Ao mesmo tempo, seu instinto de Autopreservação se distorce pela tendência a reprimir os sentimentos e impulsos. Além disso, eles podem tornar-se presunçosos, vangloriar-se de seus sacrifícios e sentir-se cada vez mais no direito de fazer tudo aquilo que julguem compensar suficientemente o seu sofrimento. A reivindicação de privilégios especiais passa a coexistir com os excessos na alimentação e o recurso a medicamentos para suprimir a agressividade. A negação dos problemas se alterna às queixas: é "*Eu* não preciso de ajuda" ou "Ninguém liga para *minhas* necessidades". Eles passam a recorrer cada vez mais à manipulação emocional, levando os outros a sentir-se culpados para satisfazer suas necessidades.

Na faixa não-saudável, os Autopreservacionistas do Tipo Dois tornam-se presunçosos e caem no extremo de negligenciar ou abusar do próprio bem-estar físico. É comum a obsessão com a comida ou com sintomas físicos. Surgem distúrbios psicossomáticos e sinais de hipocondria. Porém a supressão de necessidades emocionais ou de sentimentos de agressividade pode criar problemas de saúde reais.

O INSTINTO SOCIAL NO TIPO DOIS

O Amigo de Todos. Na faixa média, o instinto Social se manifesta no Tipo Dois por um forte desejo de ser querido e aceito por todos de seu círculo social. Como os do Tipo Sete, geralmente têm agenda cheia e gostam de apresentar pessoas, fazer contatos e receber. Muitos se surpreendem com sua facilidade em tratar quase todo mundo pelo prenome. Eles gostam de ser o centro de seu grupo social, pois têm muita necessidade de ser notados e lembrados para afastar o medo tremendo de ser excluídos ou desconsiderados.

À medida que sua necessidade de amor e atenção aumenta, os representantes Sociais do Tipo Dois começam a buscar legitimação por meio da popularidade ou do contato mais íntimo com pessoas bem-sucedidas ou bem-vistas em seu grupo. Elas bem podem ter suas próprias ambições, mas estas são basicamente inconscientes e indiretas. Isso pode levá-las a agir visando tornar-se indispensáveis àqueles que julgam ter sucesso: "Uma mão lava a outra". Se estiverem inseguras de sua aceitação social, podem cultivar seus dotes para aumentar o próprio valor e, assim, ter mais a oferecer (por exemplo, a mediunidade). Essas pessoas tentam impressionar os outros dando conselhos – espirituais, financeiros ou médicos –, mas também citando displicentemente o nome das pessoas importantes e famosas que conhecem. Essa última característica muitas vezes lhes traz problemas, pois seu desejo de mostrar que são amigas de VIPs geralmente as faz cometer indiscrições e revelar segredos. Os representantes do Tipo Dois que estão na faixa médio-inferior arriscam-se a frustrar seus entes queridos por dispersar-se entre inúmeros contatos sociais, sem fixar-se muito em nenhum. Tamanha é sua necessidade de aprovação que eles perseguirão mesmo o menor indício de atenção.

Na faixa não-saudável, essas pessoas correm o risco de ser extremamente paternalistas, destacando constantemente suas "boas ações" e exigindo-lhes reconhecimento: "Onde você estaria sem mim?". Da mesma forma, podem mostrar-se "boazinhas", encobrindo os erros daqueles que estimam para mantê-los em seu poder e, assim, tê-los sempre por perto.

O INSTINTO SEXUAL NO TIPO DOIS

Ânsia de Intimidade. Na faixa média, os representantes Sexuais do Tipo Dois constituem os verdadeiros viciados em intimidade do Eneagrama. Eles agem conforme o impulso de aproximar-se, tanto emocional quanto fisicamente, dos outros. Isso os leva a empenhar-se em conquistar as pessoas que os atraem, principalmente quando elas parecem indiferentes e representam um desafio. Se, no caso do Tipo Dois, a Variante Social leva as pessoas a querer ser amigas de todos, a Variante Sexual as leva a querer ser as melhores amigas de alguém: concentram-se em poucos e gostam do papel de confidente e amigo especial, único. Elas apreciam as conversas a sós, em que se trocam segredos e se fala "do relacionamento", e gostam de descobrir quais as coisas que o parceiro valoriza, sendo capazes de pesquisá-las para aproximar-se ainda mais. ("Uau, eu também tenho ouvido muito os discos que Sinatra gravou nos anos 40!")

A palavra *sedução* tem sido muito associada ao Tipo Dois em geral, mas se aplica principalmente aos seus representantes Sexuais. Os nove tipos têm sua própria forma de seduzir. A desta Variante Sexual do Tipo Dois consiste principalmente em cumular o outro de atenções. Essas pessoas se dispõem a conversar sobre os problemas do outro para aproximá-lo mais. A atividade sexual propriamente dita pode também entrar em jogo, mas nem sempre é algo consciente.

À medida que a ansiedade quanto ao desejo que despertam aumenta, os representantes Sexuais do Tipo Dois começam a *perseguir* o outro, temendo que este não lhes desse seu tempo se eles não se esforçassem em consegui-lo. Nos Níveis inferiores, essas pessoas começam a fazer pressões e exigências, não aceitando um "não" como resposta. Mesmo que possuam a afeição do outro, não se sentem próximas o bastante. Enquanto os representantes da Variante Social gostam de fazer muitos contatos e apresentar as pessoas umas às outras, os da Variante Sexual querem manter os amigos distantes, temendo que se descubram e o excluam da relação.

A variante Sexual dota as pessoas menos saudáveis do Tipo Dois de excessivo ciúme, possessividade e superproteção. O medo de perder o objeto de seus desejos

		Termos-chave:	
S A U D Á V E L	Nível 1	Apoio a si mesmo Amor incondicional	As pessoas do Tipo Dois deixam de acreditar que não têm o direito de cuidar de si e, assim, assumem seus sentimentos e necessidades, tornando-se livres para amar os outros sem expectativas. Ao atingir seu Desejo Fundamental, libertam-se também para amar incondicionalmente a si mesmas e aos demais. São alegres, amáveis e humildes.
	Nível 2	Empatia Afeto	As pessoas do Tipo Dois concentram-se nos sentimentos alheios com carinhoso interesse como forma de defender-se de seu Medo Fundamental. Auto-imagem: "Sou afetuoso, solícito e desprendido".
	Nível 3	Apoio Doação	As pessoas do Tipo Dois reforçam sua auto-imagem fazendo o bem. São generosas com seu tempo e sua energia, estimando, incentivando e apoiando os outros. Além disso, são emocionalmente expressivas e gostam de partilhar seus dotes com todos.
M É D I A	Nível 4	Boas intenções Comprazimento	Temendo que o que fazem não baste, as pessoas do Tipo Dois tentam aproximar-se mais dos outros para convencer-se de que são queridas. Empenham-se em cultivar amizades e conquistar as pessoas fazendo o que podem para agradar, adular e ajudar.
	Nível 5	Possessividade Intrusão	As pessoas do Tipo Dois receiam que seus entes queridos as amem menos que aos outros e, por isso, querem tornar-se imprescindíveis. Tentam ganhar direitos sobre as pessoas colocando as necessidades alheias acima das próprias. Soberbas porém carentes, elas não querem perder os outros de vista um instante sequer.
	Nível 6	Presunção Autoritarismo	As pessoas do Tipo Dois ressentem-se porque os outros não as valorizam segundo elas acham que merecem, mas não conseguem manifestar livremente a sua mágoa. Reagem queixando-se da saúde, chamando a atenção para suas boas ações e lembrando às pessoas o quanto lhes devem. Sentimentos reprimidos começam a causar problemas físicos.
N Ã O – S A U D Á V E L	Nível 7	Autojustificação Manipulação	As pessoas do Tipo Dois temem estar afastando de si os outros, o que, de fato, pode ser verdade. Para salvar a auto-imagem, racionalizam o próprio comportamento acusando-os de "egoístas e ingratos". Tentam despertar a piedade alheia para substituir o amor e manter as pessoas em sua dependência para impedir que se afastem.
	Nível 8	Pretensão Coerção	As pessoas do Tipo Dois estão tão desesperadas por obter amor que começam a buscá-lo obsessivamente. Julgam-se no direito de ter o que quer que seja por haverem sofrido tanto, chegando a atuar a necessidade de afeto das formas mais impróprias e perigosas.
	Nível 9	Vitimização Opressão	A percepção de que foram "egoístas" ou fizeram alguém sofrer é insuportável para os representantes menos saudáveis do Tipo Dois. Eles ficam arrasados física e emocionalmente, passando a agir como vítimas e martirizando-se a ponto de obrigar as pessoas a interferir para cuidar deles.

as leva a rondá-lo, temendo que se afaste. Por conseguinte, poderão transformar o outro numa obsessão, passando a interrogá-lo compulsivamente e a não aceitar nenhuma rejeição nem qualquer reação que considerem inadequada. Além disso, poderão assediar a pessoa com quem estão romanticamente obcecadas ou agir predatoriamente com aquelas que não conseguem resistir às suas tentativas de aproximação.

A seguir, alguns dos problemas mais freqüentes no caminho da maioria das pessoas do Tipo Dois. Identificando esses padrões, "pegando-nos com a boca na botija" e simplesmente observando quais as nossas reações habituais diante da vida, estaremos dando um grande passo para libertar-nos dos aspectos negativos de nosso tipo.

DESAFIOS PARA
O CRESCIMENTO
DO TIPO DOIS

▲

O SINAL DE ALERTA PARA O TIPO DOIS: "AGRADAR" AS PESSOAS

Como vimos, as pessoas do Tipo Dois tendem a ser muito generosas, mas também a ter insegurança quanto ao afeto que despertam. Quando começam a recear que o que fazem por todos não basta, arriscam-se a tentar "agradá-los" – a procurar dizer e fazer coisas que os façam gostar delas. É muito difícil que, uma vez assumido esse comportamento, essas pessoas consigam evitar abordar os outros ou deixá-los ter seus próprios sentimentos e experiências: elas tendem a lançar-se em seu encalço e praticamente sufocá-los.

"Posso fazer qualquer um gostar de mim."

Essa atitude pode manifestar-se de diversas formas, desde a demonstração forçada de amizade até o excesso de solicitude para promover o bem-estar dos outros, passando pela generosidade exagerada e pela bajulação ostensiva. Além disso, essas pessoas sentem-se impelidas a relacionar-se indiscriminadamente, tornando-se as melhores amigas do carteiro e praticamente adotando todas as crianças da vizinhança porque sua auto-estima depende da proximidade dos outros. Elas estão tentando preencher um vazio no coração com os sentimentos positivos de outra pessoa. Como a maioria dos projetos do ego, esse também está fadado ao fracasso.

No fundo, as pessoas do Tipo Dois não sabem se os outros estariam tão perto delas se parassem de ser tão generosas e incentivadoras. Assim, por mais que suas gentilezas sejam reconhecidas, seu coração permanece intacto: a gratidão não pode curar o desvalor que no fundo sentem. Além disso, os outros percebem que há segundas intenções nessa "generosidade" do Tipo Dois, podendo com o tempo afastar-se e por fim rejeitar as tentativas de aproximação.

Rich, um escritor de 40 anos, casado, recorda uma ocorrência da infância que ilustra o sofrimento por detrás desse comportamento:

> Eu tinha uns 4 ou 5 anos de idade e queria ser amigo de uma garota que vivia na minha rua, embora ela pouco se interessasse por mim. Havia um trenzinho de corda que era um de meus brinquedos favoritos e pensei em dá-lo a ela para que gostasse de mim. Então fui com ele até sua casa e a vi brincando na varanda. Mas, justo quando ia dá-lo de presente, percebi (sem saber ainda qual a palavra) que aquilo era suborno. Mesmo assim, foi uma luta, pois tudo em mim me fazia querer dá-lo para que ela gostasse de mim e se tornasse minha amiga.

CONQUISTAR AS PESSOAS

Reserve uma página em seu Diário do Trabalho Interior para fazer anotações sobre os meios que emprega para tentar agradar as pessoas. Você tenta elogiar os outros para fazê-los gostar de você? Dá ou empresta dinheiro, faz favores especiais? Como você chama a atenção para o que faz por eles, por mais sutilmente que ache que seja? Você já se viu alguma vez negando ou justificando suas tentativas de agradar? Você tem orgulho ou vergonha disso? E como reagiria se alguém lhe perguntasse algo a respeito? Como se sente ao pensar nessas coisas? Como se sente quando a coisa é na direção oposta, ou seja, quando são os outros que tentam adulá-lo ou agradá-lo?

Papel Social: O Amigo Especial

"Não é maravilhoso o fato de sermos tão próximos?"

Os representantes típicos do Tipo Dois definem-se como o Confidente ou Amigo Especial. Eles querem que os outros os vejam como o seu melhor amigo e que os procurem para pedir conselhos e contar segredos. Ocupar um lugar especial entre os familiares e amigos para ter informações confidenciais – saber pequenas coisas que ninguém mais sabe – torna-se então uma "prova" de sua intimidade. Eles devotam boa parte de seu tempo a fazer novos amigos e manter contato com os antigos, querendo ser informados de tudo e consultados em todas as decisões importantes.

Essas pessoas querem que os que estão de fora da relação saibam o quanto são íntimas de seus amigos. Tal postura as leva muitas vezes a fazer fofocas para comprovar essa intimidade e, assim, acabam "soltando" detalhes que não deveriam sobre a vida dos amigos. Para elas, esse tipo de indiscrição demonstra o quanto se preocupam com os outros. ("Jack e Mary estão com problemas no casamento – de novo. E agora, para piorar, o coitado do Jack não está muito bem no trabalho.")

As pessoas do Tipo Dois também se empenham muito em encontrar formas de *ter mais a oferecer aos outros*. Para isso podem, por exemplo, dedicar-se a aprender coisas como leitura das cartas do tarô, massagem, cura energética, nutrição, culinária, cuidado de bebês e artesanato, no intuito de prestar serviços e fazer os outros se sentirem melhor consigo mesmos – *e com elas, as pessoas do Tipo Dois*. No fundo, acham que, se tiverem algum tipo de dom ou poder espiritual (saber ler a aura ou ministrar os Sacramentos, por exemplo), os outros sempre desejarão tê-las por perto.

ELES REALMENTE GOSTAM DE MIM?

Observe o que faz pessoalmente para garantir o contato com os outros. Você faz serviços e favores especiais? Fala muito sobre a relação? Precisa que as pessoas estejam sempre reafirmando a estima que sentem por você? Como você se sente em relação a elas? E em relação a você mesmo?

Soberba, Adulação e Satisfação Própria

Quando o ego tenta ver-se como fonte de amor e valor na vida dos outros, o resultado é a *soberba*, a Paixão ou "Pecado Capital" do Tipo Dois. ("Se não fosse por mim, onde você estaria agora?") O verdadeiro amor e o verdadeiro valor fazem parte de nossa natureza Essencial e surgem espontaneamente quando estamos realmente ligados ao nosso coração. Quando não o fazemos, sentimo-nos indignos e vazios, e a soberba é a estratégia que o ego encontra para encobrir esses penosos sentimentos.

A soberba geralmente se manifesta sob a forma de *adulação*. Sob sua influência, as pessoas do Tipo Dois sentem-se impelidas a elogiar os outros, só que com o desejo inconsciente de ter em troca esse mesmo tipo de atenção. Elas esperam que os outros percebam como estão sendo generosas e carinhosas e paguem-lhes na mesma moeda. Quanto mais inseguras estiverem, maior a tendência a elogiar e bajular, na esperança de serem também apreciadas e elogiadas e contarem com a gratidão dos outros.

> "Aquele que sabe onde está e como se chama a sua própria virtude não tem nenhuma."
>
> JOHN DONNE

Qualquer que seja o tipo, a soberba sempre é uma expressão da indisposição para reconhecer a nossa própria mágoa e pedir ajuda; ela é a incapacidade de admitir a gravidade de nosso próprio sofrimento, carência e vazio. Por causa da soberba, as pessoas do Tipo Dois se ocupam das mágoas de todo mundo, mas se esquecem das suas. ("Não preciso de nada! Estou bem! Estou aqui para cuidar de *você*.") A soberba se trai na reação defensiva que surge quando se tem a audácia de sugerir que alguém do Tipo Dois também tem mágoas e necessidades.

Como os demais tipos da Tríade do Sentimento, a auto-imagem amorosa do Tipo Dois esconde profundos sentimentos de vergonha, dor e hostilidade. Enquanto esses sentimentos não forem processados, seus representantes não conseguirão expressar tudo o que sentem. Assim, a soberba não só os impede de receber amor e apoio dos outros, como também os distancia da possibilidade de curar as próprias feridas, camufladas por sua aparente abnegação.

Em Busca de Expressões de Carinho

Quanto menos dignas de amor se sentem, mais as pessoas do Tipo Dois se concentram nas coisas que para elas significam que são amadas. Entretanto, essas "provas" vão variar de pessoa para pessoa: podem ser desde um abraço até um ato sexual, passando por um determinado tom de voz, o agradecimento por um favor prestado ou um telefonema.

Chamamos essas provas de *expressões de carinho*. As pessoas do Tipo Dois tendem a concluir que não são amadas, a menos que o outro lhe diga determinadas palavras, como, por exemplo: "Eu te amo" – e isso com o tom de voz e o olhar esperados. Se o outro quiser demonstrar seu amor de outra forma que não seja *a expressão de carinho específica, não adianta nada*. Com efeito, elas inconscientemente julgam as reações dos outros e só algumas passam pelo filtro de seu superego. ("Jeff me cumprimentou e perguntou como eu ia, mas se ele *realmente* se importasse comigo, teria parado para tomarmos um café juntos.") Naturalmente, quanto mais inseguras estiverem, mais difícil será para essas pessoas aceitar como provas até mesmo as mais evidentes demonstrações de amor.

Para satisfazer sua necessidade de expressões de carinho, as pessoas do Tipo Dois costumam dar dicas acerca do que as fará sentir-se amadas. ("Seu aniversário é em 16 de janeiro, não é? O meu também está perto.") Se para um representante do Tipo Dois o amor significa receber flores, ele irá dar flores no aniversário de um ente querido, esperando que o presenteado lhe retribua da mesma forma. Infelizmente, aí entra em cena um elemento definível como "dar para receber em troca".

A depender do quanto necessitemos de expressões de carinho, poderemos deixar de perceber boa parte do amor que nos é oferecido. E, já que suas expressões de carinho são em boa parte moldadas pelo que vivenciaram como amor na infância, o que as pessoas do Tipo Dois consideram "amor" poderá ser bastante peculiar, em função das agressões que possam ter sofrido. Além disso, quanto mais rejeitadas se sentirem em decorrência de problemas de infância, mais difícil será convencerem-se de que alguém realmente as ama. Ao final, elas podem julgar inadequadas ou negativas até as expressões mais convencionalmente aceitas como amor.

> **RECONHECENDO O AMOR**
>
> Em seu Diário do Trabalho Interior, analise a questão "Como sei que sou amado?" O que para você conta como amor? De quem é o amor que você busca? Quais são os indícios de que essa(s) pessoa(s) o ama(m)? Como você sabe ou *saberia* que está sendo amado?

Intimidade e Perda de Limites

Aprovar, elogiar, aplaudir e adular podem seduzir muito as pessoas, e os representantes típicos do Tipo Dois sabem disso. Eles conhecem o poder da atenção e não ignoram o quanto a maioria das pessoas está ávida por ela. Sua disposição de dar atenção e interessar-se pelos assuntos das pessoas pode rapidamente criar um grau de intimidade imprevisto e incomum para a maioria. Muitas vezes sem perceber, elas se vêem "numa relação" com alguém do Tipo Dois e têm de reagir às suas expectativas. Quando esse alguém está na faixa saudável, aceita a reação que o outro pode oferecer. Porém, a depender da própria carência, a pessoa do Tipo Dois vai esperar que o outro reaja de determinada maneira.

Quase sempre, as pessoas do Tipo Dois querem estar fisicamente próximas daqueles com quem desejam compartilhar sua intimidade. Abraçam e beijam com espontaneidade; para elas é fácil passar o braço pelo ombro dos outros e dar-lhes tapinhas nas costas. Assim, estão quase sempre se arriscando a mostrar-se demasiado familiares em sua linguagem corporal, sua fala e suas maneiras, o que é fácil de ser mal interpretado no trabalho e em outras situações sociais.

Quanto mais empenhadas em estabelecer um relacionamento, mais difícil para as pessoas do Tipo Dois reconhecerem limites. Por isso, são capazes de fazer perguntas altamente indiscretas, seja sobre a saúde, a situação financeira ou a vida sexual dos outros.

"Não aceitarei um 'não' como resposta."

Além disso, podem dar opiniões e conselhos não solicitados. ("Mary simplesmente não é a namorada certa para você.") Quando não encontram uma necessidade ou um problema específico, elas podem começar a criá-los, geralmente das formas mais inconvenientes e desnecessárias. ("Sábado eu venho e levo você ao mercado, depois a gente vai para a sua casa, eu o ajudo a fazer a faxina e depois vamos ao cinema.") Se os outros se esquivarem, achando que está havendo invasão, a reação mais geral do Tipo Dois é redobrar a solicitude.

A intromissão, no caso do Tipo Dois, pode ter matizes sexuais. As Variantes Instintivas Social e Sexual são capazes de levar seus representantes a demonstrar claramente – e até a impor – suas necessidades emocionais e sexuais, queira o outro ou não envolver-se com elas. Uma faceta mais inocente dessa característica – mas, ainda assim, problemática – é a tendência a estar sempre presente, seguindo as pessoas, inclusive ao sanitário. ("Por que você fechou a porta?") Naturalmente, esse tipo de coisa em geral provoca o efeito contrário ao desejado, isto é, afasta as pessoas.

O EQUILÍBRIO NA SATISFAÇÃO DAS NECESSIDADES

Lembre-se de perguntar às pessoas queridas o que precisam e *o que não precisam de você*. Disponha-se a escutá-las e aceitar-lhes os limites. Além disso, observe as vezes em que não consegue fazer algo para si mesmo porque teve de desdobrar-se para fazer um favor a alguém. Faça uma lista de coisas que precisa fazer *por si* diariamente e cumpra-a! Deixe-a num lugar bem visível.

Carência Disfarçada

"Dê cá um abraço." As pessoas do Tipo Dois aprenderam que não podem expressar suas necessidades e exigências diretamente – têm de fazê-lo de forma indireta, na esperança de que os outros captem suas dicas e lhes dêem o troco desejado. Como as pessoas do Tipo Um, elas também têm um forte superego, só que em seu caso ele está sempre julgando o que elas devem fazer para ser amadas, o que "conta como amor" nas atitudes dos outros, o tipo de sacrifício que fazem etc. Ter necessidades e tentar satisfazê-las abertamente (como fazem os tipos assertivos) parece egoísmo ao representante característico do Tipo Dois.

Maria é uma educadora que há muito vem trabalhando para resolver seus problemas do Tipo Dois:

> Para ser direta e clara com as pessoas, eu tive de treinar – o que, no meu caso, representou uma espécie de compensação. O problema surge quando tenho de estabelecer limites, verbalizar uma recusa ou pedir a uma pessoa importante para mim que me faça um favor difícil. Para mim, antes é preciso criar coragem se tiver de recusar alguma coisa ou pedir um favor sem uma justificativa – e é terrível esperar a resposta.

A maioria das pessoas do Tipo Dois receia que, tendo problemas e necessidades, os outros se afastem. Na verdade, elas podem acabar se convencendo de que não têm nenhum e que existem só para servir os outros.

Apesar de ter um cargo religioso e, por isso, várias pessoas que dependem dela, Louise ainda "precisa ser imprescindível":

> Uma das coisas de que mais tenho consciência é que acordo de manhã já pensando nas pessoas que estão em minha vida, para saber de antemão o que elas precisarão que eu faça durante o dia. Fiz isso com meus filhos até eles irem para a universidade. Sempre lhes dizia onde estava "para o caso de precisarem de mim".

"Deixe que eu faço isso para você." Quando esse comportamento se torna habitual, surge algo de compulsivo nessas pessoas: elas não conseguem *não* ajudar. Torna-se uma obrigação adiantar-se para salvar os outros. Isso os coloca no papel de "filhos carentes" e, ao mesmo tempo, consagra as pessoas do Tipo Dois como os pais ou mães fortes e capazes. Porém, salvando os outros dessa forma, elas lhes roubam a oportunidade de resolver seus próprios problemas e construir sua própria dignidade e auto-estima. É possível que assim se criem ressentimentos de ambos os lados: os que são ajudados se ressentem por serem tratados como crianças e as pessoas do Tipo Dois, por investirem tanta energia sem receber nada em troca. Freqüentemente, o que ocorre

quando o Tipo Dois ajuda alguém é que, depois de resolvido o problema, o ajudado vai cuidar da própria vida e o ajudante fica com uma nova decepção.

Na faixa menos saudável, as pessoas do Tipo Dois poderão tentar satisfazer as necessidades não admitidas forçando ou constrangendo os outros a fazerem coisas que não querem. Como costumam ter problemas com dinheiro (e pagamentos), elas podem, por exemplo, tomar $1.000 de um amigo ou parente. Na data marcada, devolvem $800, dizendo que vão zerar o débito adiante. O tempo passa, e nada de pagamento. O outro fica na posição de mencionar a dívida ou deixar para lá. Com essa atitude, fazem o outro sentir-se mesquinho se trouxer a questão à tona. Mas não mencioná-la geralmente anuvia o relacionamento ou leva-o diretamente ao fim. Trata-se de um risco muito grande, mas as pessoas do Tipo Dois estão sempre dispostas a corrê-lo por duas razões: se a outra pessoa não falar nada, 1) elas se sentirão de alguma forma recompensadas e 2) se convencerão de que isso se deve ao fato de serem imprescindíveis ao outro. Assim, podem ter certeza de que ainda são queridas.

> **RECONHECENDO NECESSIDADES**
>
> Toda vez que você perceber que está *precisando* fazer algo por alguém, pare o que estiver fazendo, acalme-se e pergunte a seu próprio coração o que é que *precisa* desta vez.

O Salvador dos Carentes

No lado positivo, a ligação emocional e empática que as pessoas do Tipo Dois estabelecem com os outros as faz querer sinceramente ajudar os aflitos, enquanto sua generosidade e dedicação lhes permite fazê-lo de formas tangíveis. Porém, no lado negativo, esse desejo de salvar os outros as impede de relacionar-se com eles de maneiras mais satisfatórias.

O papel de salvador leva o Tipo Dois a concentrar-se nos mais carentes, inclusive nos chamados casos perdidos. A estima que esperam obter se conseguirem ajudar os mais necessitados traz consigo a promessa da gratidão e da auto-estima. Além disso, quanto mais carente o beneficiário, mais abnegado parecerá o representante do Tipo Dois, ao menos para seu próprio superego.

Entretanto, há certos problemas intrínsecos a essa situação. Nos casos mais radicais, essas pessoas chegam a querer ajudar até quem está literalmente em coma. Já que não conseguem obter uma reação da pessoa afetada, elas se voltam para os familiares do doente e passam a atender também as necessidades destes, assim passando dos limites. Elas podem lidar profissionalmente com crianças pequenas, idosos, órfãos, viciados em álcool e outras drogas ou pacientes terminais, numa opção que contempla aqueles que precisam de sua ajuda, mas não têm condições de devolver todo o seu amor e atenção.

Voltar-se para os incapacitados ou os sofredores não adianta muito quando se busca deles uma reação emocional madura. No entanto, isso é o que os representantes do Tipo Dois emocionalmente mais carentes fazem. Em sua necessidade de ser necessários, eles se dão a pessoas que não têm condições de corresponder a suas secretas expectativas. Ou, como se diz em muitos dos programas de recuperação de doze passos, eles estão "procurando laranjas numa loja de ferragens".

> **LIMITES RAZOÁVEIS**
>
> Quando se envolver com alguém, explicite aquilo que espera ou deseja dele. Esteja atento a envolvimentos com pessoas que lhe parecem ter alguma carência. Aprenda a não se apaixonar por casos perdidos. ("Ele é muito legal e, sobretudo, honesto porque me contou que é viciado em drogas e que espancou a ex-namorada. Tenho certeza que, se lhe der bastante amor...") É ótimo ajudar as pessoas, mas só quando isso é feito sem expectativas acerca do que elas poderão fazer por nós no futuro.

Controle e Possessividade

"Onde você estaria sem mim?"

Quanto mais se dedicam, mais os representantes do Tipo Dois sentem que estão fazendo um investimento nas pessoas – um investimento que desejam proteger. Só que esse desejo de proteger o investimento é interpretado pelos outros como possessividade e, quando não é reconhecido, o problema pode dar margem também ao ciúme.

Quando uma pessoa do Tipo Dois se torna possessiva, é sinal inequívoco de que está começando a temer que os outros talvez percam o interesse nela ou a abandonem por causa de uma relação com uma terceira pessoa. Por causa da ansiedade que isso provoca, faz coisas que acabam sabotando o próprio relacionamento, por mais que no momento essa tática lhe pareça ser justamente a maneira de salvá-la e de demonstrar melhor sua devoção. A possessividade pode assumir diversas formas, inclusive a preocupação com o outro e atos que contêm toda sorte de segundas intenções, por mais inconscientes que sejam.

A questão do controle é outro problema: em vez de colaborar para que o outro consiga desenvolver as próprias qualidades, as pessoas do Tipo Dois podem tentar moldá-lo para satisfazer suas necessidades emocionais. Assim, correm o risco de aprovar ou incentivar no outro comportamentos que, a longo prazo, serão prejudiciais, mas que na prática garantem que ele não as abandone.

Para compensar a sensação de não serem suficientemente amados e reconhecidos, os representantes do Tipo Dois que estão nas faixas médio-inferiores podem também assumir uma postura paternalista e condescendente em relação aos outros, queixando-se do quanto fizeram ou gastaram por eles: simplesmente não conseguem entender por que não são imediata e totalmente amados, pois estão convencidos de ser indispensáveis, de que não se pode viver sem eles. É típica a sensação de que os outros não os valorizam e de que estão sendo pressionados a ajudar.

> **ESPAÇO PARA OS RELACIONAMENTOS SE DESENVOLVEREM**
>
> Analise, em seu Diário do Trabalho Interior, as atitudes possessivas que adota em relação aos amigos e familiares. Por que é difícil para você lhes dar espaço? De que maneiras você demonstra seu apego às pessoas? Você vê os efeitos do ciúme no relacionamento? Em que momento da infância você se apercebeu dessa emoção e como lidou com ela? Quando criança, foi vítima de manipulação por meio da possessividade e do ciúme? Como você se sente quando alguém se mostra possessivo?

Saúde e "Sofrimento"

Quando insistem em desdobrar-se para o bem dos outros, as pessoas do Tipo Dois exaurem-se não só física, mas também emocional e financeiramente. A saúde inevitavelmente acaba sofrendo, pois elas estão, ao mesmo tempo, "engolindo" seus sentimentos (somatizando) e podem apresentar distúrbios alimentares, ganho de peso, doenças psicossomáticas ou abuso de droga e medicamentos.

O sofrimento real (como também o imaginário) possibilita-lhes sentir-se como mártires que carregam a cruz da abnegação, embora muitas vezes superestimem os atos que praticam em nome dos outros. As pessoas mais saudáveis do Tipo Dois não falam muito de seus problemas; as que estão entre as faixas médio-inferior e não-saudável não fazem outra coisa. Cirurgias, cicatrizes, traumas e problemas de saúde de todo tipo são alardeados no intuito de provocar demonstrações de amor e interesse. Inclusive a hipocondria pode entrar em jogo, como mais uma tentativa de obter solidariedade. Tudo isso pode levá-las a erupções cutâneas, problemas intestinais, artrite e outras afecções associadas ao *stress*.

No caso dos que se encontram nas faixas médio-inferiores, os problemas de saúde ganham o estatuto de "prova" de seu próprio "desgaste pelo bem dos outros", como sempre alegam. Além disso, a doença é muitas vezes a única maneira de tirar uma folga das responsabilidades e das exigências do superego.

Harold, professor de canto lírico, reconhece em si mesmo esse padrão de comportamento:

> Fico ressentido, patético, me dissocio emocionalmente. Perco a noção das coisas e não consigo agir com sensatez. Grito quando me aborreço; não consigo falar sem que me tremam os lábios. Acho que faço tudo pelos outros e ninguém faz nada por mim. Não consigo parar de remoer as coisas; não paro de pensar nelas um só instante. Assumo responsabilidades demais e depois, quando não consigo cumpri-las, fico doente. Essa é a minha maneira de reagir quando preciso descansar ou tirar férias.

> **CUIDE DE VOCÊ, TAMBÉM**
>
> Aprenda a ouvir seu corpo — especialmente quando se trata de descanso. Preste atenção se você está comendo por motivos emocionais, em vez de por fome. Dê insistentemente um tipo de cuidado a você mesmo ou a alguém que você ama.

**REAÇÃO AO *STRESS*:
O TIPO DOIS
PASSA AO OITO**

Quando o *stress* e a ansiedade as superam, as pessoas do Tipo Dois passam ao Oito, tornando-se mais incisivas e contundentes. Apesar de geralmente projetarem uma imagem de desinteressada afabilidade, elas mostram, quando isso acontece, que debaixo da luva de veludo há um punho de ferro. Sua habitual obliqüidade se transforma numa abordagem mais direta, levando-as a confrontar os outros quando não reagem conforme esperam, tomando satisfações pela falta de gratidão ou da expressão de carinho desejada. Elas podem, surpreendentemente, tornar-se agressivas e provocadoras, alegando com veemência haverem sido injustiçadas. Não é preciso dizer que esse tipo de queixa pega a todos de surpresa.

Ao mesmo tempo, como os representantes da faixa média do Tipo Oito, os do Tipo Dois, quando estressados, preocupam-se com as necessidades básicas e passam a trabalhar com afinco cada vez maior. Eles não querem, porém, que seu empenho passe despercebido e, numa atitude também típica do Tipo Oito, deixam bem claro quem está dando as cartas. ("Espero que você tenha consciência do quanto sou importante em sua vida.") Em casos mais graves, essas pessoas nem se dão ao trabalho de dissimular o desejo de controle e domínio, passando a ameaçar e tornar inseguros aqueles que delas precisam. A passagem ao Tipo Oito pode ser vista como a atuação de sentimentos ligados à raiva e à sensação de traição que, em circunstâncias normais, elas não teriam coragem de enfrentar.

**A BANDEIRA VERMELHA:
PROBLEMAS
PARA O TIPO DOIS**

▲

Se tiverem vivido uma crise sem o devido preparo ou sem apoio externo, ou ainda se tiverem sido vítimas recorrentes de abuso na infância, as pessoas do Tipo Dois poderão ultrapassar o ponto de choque e cruzar a fronteira que as separa dos aspectos menos saudáveis deste tipo. Isso poderá fazê-las reconhecer, por menos que o queiram, que suas tentativas de aproximar-se dos outros na verdade os afastam. E que, com efeito, alguns de seus maiores receios podem ter fundamento.

Se admitirem a verdade que existe por trás desses receios, contudo, essas pessoas poderão dar uma virada na própria vida e rumar para a libertação e para o que é sadio. Por outro lado, é possível que se iludam e se tornem ainda mais manipuladoras, aferrando-se desesperadamente à idéia de não haverem feito nada de errado ou egoísta. Nesse caso, poderão tentar agarrar-se aos outros a qualquer preço, justificando-se com afirmativas como: "Faço isto para seu próprio bem" ou "Entendo seu desejo de ir em frente e dedicar-se à sua carreira, mas o que será de mim?" Se persistirem nessa atitude, elas se arriscam a ultrapassar a linha que as separa dos níveis não-saudáveis. Se seu comportamento ou o de alguém que conhece se enquadrarem no que descrevem as advertências abaixo por um período longo – mais de duas ou três semanas, digamos –, é mais do que recomendável buscar aconselhamento, terapia ou outro tipo de apoio.

ADVERTÊNCIAS

POTENCIAL PATOLÓGICO: Distúrbio Histriônico de Personalidade, hipocondria, somatização, distúrbios alimentares, comportamentos sexualmente coercivos graves, "assédio".

➤ Extrema tendência ao auto-engano
➤ Comportamento baseado na idéia falaciosa de possuir "direito" de agir como age
➤ Episódios de manipulação e coação
➤ Episódios de amor obsessivo baseados em compatibilidade de idade ou *status*
➤ Atuação imprópria da agressividade reprimida
➤ Sintomas físicos de problemas emocionais (somatização)

PRÁTICAS QUE CONTRIBUEM PARA O DESENVOLVIMENTO DO TIPO DOIS

▲

➤ Não se preocupe tanto com o que os outros pensam de você e fique particularmente atento às suas próprias tentativas de conquistá-los. Como você provavelmente sabe, independentemente do que fizer, quase sempre desagradará alguém. Portanto, não é possível que todos gostem de você ou sejam seus amigos todo o tempo. O mais importante é pensar em fazer o melhor que puder naquele momento e não se preocupar com o resto.

➤ Aprenda a reconhecer o afeto e as boas intenções das pessoas, mesmo quando não forem manifestos da forma que você conhece. Embora as pessoas possam não expressar os próprios sentimentos da maneira que você quer, podem estar tentando dizer-lhe o quanto o estimam. A maioria das pessoas não é tão efusiva quanto você nem tão pródiga com a atenção aos outros. Mas, se reconhecer o que estão lhe dando *de fato*, verá com mais facilidade o quanto é querido e não se sentirá tão frustrado.

➤ É vital para você estabelecer limites sensatos: eles lhe permitirão solidarizar-se sem enredar-se com os problemas alheios. Para isso, você deve aprender a "sentir-se em sua própria pele" quando os outros estiverem em dificuldades ou precisarem de você. Isso não significa que não deva ajudar ou demonstrar seu afeto. Porém significa, sim, que deve estar ligado em si mesmo quando estiver mais propenso a deixar seus próprios interesses para conseguir aprovação. (As práticas de meditação descritas no Capítulo 17 são especialmente úteis nesse aspecto.) Se conseguir respeitar seus limites e dizer "não" quando precisar, haverá menos probabilidade de desrespeitar os limites alheios, o que, sem dúvida, contribuirá para melhores relacionamentos.

▶ Será extremamente útil detectar quando está lisonjeando as pessoas ou tentando de alguma forma cair em suas boas graças. (Geralmente, a personalidade adota um tom de voz muito especial quando emprega essas táticas. Procure aprender a identificá-lo e silenciá-lo quando se manifestar.) A sinceridade de seus sentimentos pelas pessoas é um dos seus maiores dons, mas eles de nada valerão se você for insincero e pecar pela adulação.

▶ Sua soberba serve para compensar uma outra coisa: o medo secreto de não valer nada, de não ser querido por ninguém. Procure trabalhá-lo detectando primeiramente as várias formas em que ele sutilmente se manifesta. Não é preciso ter "pensamentos orgulhosos" nem uma cara arrogante para estar dominado pela soberba: a falsa humildade é uma expressão desse sentimento, como também o alarde das boas ações praticadas. Apenas a verdadeira humildade e a certeza de ser amado – a certeza de ser, em seu eu Essencial, a própria expressão do amor – dissolvem a soberba.

▶ As pessoas do Tipo Dois tendem a dar demais e depois arrepender-se. Procure ter a maior honestidade possível consigo mesmo em relação aos seus motivos quando fizer algo por alguém. Aprenda a duvidar de sua lógica; aprenda a ouvir o corpo e o coração: quando ambos doerem, você saberá que está magoado. Fazer ainda mais pelos outros não ajudará a curar sua mágoa. Por outro lado, fechar-se e cortar relações com as pessoas tampouco resolverá o problema. A única coisa que funciona é ter o máximo de honestidade quanto às suas intenções e necessidades.

REFORÇANDO OS PONTOS FORTES DO TIPO DOIS

▲

Quando na faixa saudável, as pessoas do Tipo Dois fazem o que podem para ajudar os outros: ficam acordadas até tarde para tomar conta de crianças e idosos, cruzam a cidade para levar uma refeição para um amigo doente ou tomam providências para que ninguém fique sem tratamento médico. Quando há algo de concreto que possam fazer pelos outros, elas estarão lá, de corpo e alma.

Para elas, o bem que representam suas boas ações fala mais alto que qualquer palavra. Assim, têm a extraordinária capacidade não só de interessar-se pelos outros como também de fazer algo de efetivo que signifique muito para eles.

Essas pessoas têm um quê de alegria e espontaneidade que lembra o prazer de viver exibido pelos representantes saudáveis do Tipo Sete. Seu riso é fácil e elas não se levam demasiadamente a sério, podendo simplesmente gozar as coisas boas da vida ao lado de quem apreciam. Além disso, possuem um entusiasmo pela vida que chega a ser como o das crianças, levando-as a querer descobrir novas coisas sobre o mundo, sobre os outros e sobre si mesmas.

"Alegra-me poder compartilhar com os outros o que tenho de melhor."

Naturalmente, essa liberdade tem muito que ver com a capacidade de manter limites claros – dizer "não" quando preciso e ter sempre presentes as suas reais motivações. Além de distinguir as próprias necessidades das alheias, essas pessoas são capazes de manter um saudável equilíbrio entre as duas.

Louise comenta:

Estou em minha melhor forma quando estou em paz comigo mesma. Sei o que preciso e digo-o com toda a clareza. Sinto-me tranqüila, sem pensar que tenho de cuidar de alguém. É uma sensação que me dá muita liberdade. Deixo que as pessoas sejam como são, sem tentar controlá-las ou manipulá-las. É aí que posso dar e ajudar sem ressentimentos.

Quando sensatos, os limites permitem às pessoas do Tipo Dois fazer o bem também para si mesmas: ajudar os outros não as desvia de seu próprio caminho; elas não precisam preocupar-se com a vida alheia porque têm sua própria vida. Conseguir fazer as coisas por si e conviver com seus sentimentos é um grande progresso para as pessoas do Tipo Dois.

Além disso, os limites sensatos e o equilíbrio emocional tornam essas pessoas menos dependentes das reações alheias. Elas conseguem identificar uma maior gama de atitudes como positivas e afetuosas – seriam incapazes, por exemplo, de interpretar a falta de um abraço ou outra expressão de carinho como motivo para uma decepção. Mesmo as reações negativas não as afetam a ponto de fazê-las perder o equilíbrio: quando alguém lhes diz: "Acordei com o pé esquerdo; me deixe em paz", as pessoas que estão na faixa saudável, além de não levar a coisa para o lado pessoal, conseguem evitar fazer pressão para obter uma reação positiva. Em resumo, elas têm recursos e auto-estima suficientes para não interpretar as reações alheias como atestados de seu próprio valor.

Além disso, os representantes mais saudáveis do Tipo Dois promovem a independência das pessoas, incentivando sua segurança, força e capacidade, para que elas possam crescer sozinhas. Eles realmente querem que os outros progridam e não que se tornem física ou psicologicamente dependentes. Seu estímulo é sincero, assim como o valor que dão às qualidades das pessoas – algo especialmente útil aos que não têm uma idéia tão boa de si mesmos.

As pessoas do Tipo Dois concretizam seu potencial e se mantêm na faixa saudável quando aprendem a reconhecer e aceitar todos os seus sentimentos sem censurá-los, como os representantes mais saudáveis do Tipo Quatro. Como naturalmente se concentram nos sentimentos dos outros, sua empatia pode tornar-se uma verdadeira antena, chegando a atingir um grau tremendo de sensibilidade. É como se seu "corpo emocional" abarcasse também os outros, permitindo-lhes captar as mudanças mais sutis em seu comportamento. Quando integram as qualidades positivas do Tipo Quatro, essa sensibilidade atinge também seus sentimentos e disposições mentais.

O CAMINHO
DA INTEGRAÇÃO:
O TIPO DOIS
PASSA AO QUATRO

▲

Isso não quer dizer que as pessoas do Tipo Dois precisem agir com base no que sentem. Elas podem estar, por exemplo, muito frustradas ou ressentidas com um ente querido e vivenciar a raiva interiormente, em vez de explodir ou tomar atitudes mais drásticas. Quando conseguem integrar-se, elas gradualmente se familiarizam e se sentem mais à vontade com uma vasta gama de sentimentos, inclusive suas necessidades secretas e seus ódios mais sombrios. Isso lhes permite saber quando e como precisam cuidar de si, além de dotá-las com a sabedoria de verbalizar suas necessidades e receios quando estes surgirem. Da mesma forma que reagem instantaneamente à aflição que vêem nos outros, essas pessoas reagem também à que percebem em si mesmas.

É muito útil para essas pessoas explorar novos meios de expressão – música, dança, pintura – ou simplesmente manter um diário. O problema é que, cada vez que vão em busca de maior autoconhecimento – seja por intermédio da arte ou do auxílio que pedem a outros –, seu superego as acusa de "egoísmo". ("Por que gasta tanto tempo consigo mesmo?") Elas poderão contrabalançar muito essas vozes se conseguirem parar, acalmar a própria mente e distinguir entre a "voz" severa do superego e a verdadeira orientação interior.

Contudo, as pessoas do Tipo Dois não ganharão muito tentando simplesmente imitar as características do Tipo Quatro. Para quem busca o verdadeiro autoconhecimento, não adianta tornar-se emocionalmente mais volúvel nem absorver-se mais em si mesmo. A tendência que tem o Tipo Quatro a fantasias românticas e a grandes expectativas em relação aos outros só servirá para piorar a necessidade de intimidade do Tipo Dois. Ao começarem a romper as restrições contra o "egoísmo" impostas pelo superego, as pessoas do Tipo Dois percebem que o alvo está nas qualidades que revelam as pessoas mais saudáveis do Tipo Quatro: sua auto-suficiência, seu autoconhecimento e sua criatividade naturais.

A TRANSFORMAÇÃO DA PERSONALIDADE EM ESSÊNCIA

▲

O verdadeiro amor não é raro, mas a personalidade não sabe disso. Fazemos toda sorte de malabarismos para "ganhar amor" ou "fazer o amor surgir". Forçamo-nos a sorrir quando estamos tristes, a ser generosos quando nos sentimos vazios e a cuidar das pessoas quando quem precisa de cuidados somos nós, como se dar-nos mais uma vez resolvesse a questão. Mas quem poderia amar-nos de maneira que fizesse todo esse esforço valer a pena?

Para as pessoas do Tipo Dois é crucial perceber que assim não conseguirão tranqüilizar seu coração, independentemente de quantos sacrifícios fizerem. O que elas podem fazer, todavia, é voltar-se para a única fonte de realização que possuímos: nossa própria natureza Essencial. A única pessoa que pode amar-nos profundamente e em qualquer circunstância somos nós. Nossa própria Essência é a fonte do amor que buscamos porque é uma expressão do amor Divino e, assim, não pode sofrer restrições nem reduções.

Quando aprendem a cuidar de si e de suas próprias necessidades, as pessoas do Tipo Dois atingem um equilíbrio no qual os relacionamentos afetivos satisfatórios são não apenas possíveis, mas certos. Elas se tornam livres para amar os outros e dar de si irrestritamente, tornando-se desprendidas, altruístas e prontas a fazer o bem, a ver seus semelhantes crescerem e o bem se fazer no mundo. Ao descobrir o privilégio que é fazer parte da vida de alguém, elas atingem a verdadeira humildade e não precisam mais chamar a atenção sobre si mesmas nem sobre suas boas ações.

Num nível mais profundo, as pessoas do Tipo Dois crescem imensamente quando percebem que o amor não é um bem que possa ser ganho, exigido, conquistado ou dado por alguém – nem dado *a* alguém, pois, em sua forma mais pura e sublime, não é uma função do ego. O amor não é uma ficha de pôquer nem um saco de guloseimas, que podem ser dados ou tomados. Se o "amor" que buscamos for assim, então não é o verdadeiro amor.

Quando duas pessoas estão naturalmente presentes uma para a outra, o amor surge naturalmente. Pouco importa que elas tenham sido amigas a vida inteira ou acabado de se conhecer. Além disso, o amor não é basicamente um sentimento, embora muitos sentimentos possam surgir na sua presença. O amor é uma coisa que não pode ser ganha nem perdida porque está sempre à nossa disposição – ainda que, para isso, precisemos estar presentes e, por conseguinte, receptivos a ele.

Não podemos determinar-nos a amar a nós mesmos nem a ninguém. Paradoxalmente, a única coisa que podemos fazer é *reconhecer a presença do amor em nós e nas pessoas*. Como já vimos, a nossa natureza Essencial é a emanação do amor – o único problema é que ela se bloqueia com os hábitos e as falácias da personalidade. O que *está* ao nosso alcance é conscientizar-nos desses bloqueios para que nossa natureza essencialmente amorosa possa voltar a se fazer sentir e promover a cura em nossa vida. O amor que vivenciamos nessas condições é real, profundo e sereno. Ele não chama a atenção sobre si. Ele não faz exigências nem cobranças. Ele é duradouro porque não depende das mutáveis condições da personalidade. Ele é cheio de júbilo porque nada pode decepcioná-lo nem frustrá-lo. O verdadeiro amor em ação não pode ser detido.

A MANIFESTAÇÃO DA ESSÊNCIA

No fundo, as pessoas do Tipo Dois se lembram da qualidade essencial do *amor incondicional* e da sua onipresença. Quando conseguem recordar sua natureza Essencial e o estado Divino que esta reflete, elas se apercebem da presença onipotente do amor, de forma que não há literalmente nada que precisem obter de ninguém – nem nada que possam dar. As pessoas do Tipo Dois ajudam-nos a ver que o amor não pertence a ninguém, muito menos à personalidade. Poderíamos dizer que nossa missão na vida não é "fazer o bem" nem "dar" amor a quem quer que seja, mas sim estar abertos à ação do amor.

Esse amor Essencial é vivido como uma doce fluidez – as pessoas do Tipo Dois sentem-se então leves, etéreas e em harmonia com o que as circunda. Além disso, não necessitam de ninguém para vivenciar esse amor. E, se houver alguém ao seu lado, elas não perdem a noção de sua própria identidade. Esse amor – que é equilibrado, puro e estimulante – traz uma grande tranqüilidade de espírito.

O reconhecimento da verdadeira natureza do amor traz consigo uma tremenda sensação de *liberdade*. Quando o amor deixa de ser visto como uma mercadoria para tornar-se parte de nossa verdadeira natureza, algo que não podemos perder nunca, ganhamos uma incrível leveza. A busca desesperada por atenção termina e reconhecemos que não só temos amor e valor, mas, no fundo d'alma, *somos amor e valor*.

Some os pontos das quinze afirmações para o Tipo Dois. O resultado estará entre 15 e 75. As instruções ao lado o ajudarão a descobrir ou confirmar seu tipo de personalidade.	➤ 15	Você provavelmente não pertence a um dos tipos aquiescentes (Um, Dois e Seis).	*As pessoas do Tipo Dois costumam identificar-se erroneamente como pertencentes ao Tipo Quatro, Sete ou Um. As dos Tipos Nove, Seis e Sete costumam identificar-se erroneamente como pertencentes ao Tipo Dois.*
	➤ 15-30	Você provavelmente não pertence ao Tipo Dois.	
	➤ 30-45	É muito provável que você tenha problemas comuns ao Tipo Dois ou que um de seus pais seja do Tipo Dois.	
	➤ 45-60	É muito provável que você tenha um componente do Tipo Dois.	
	➤ 60-75	É muito provável que você pertença ao Tipo Dois (mas ainda poderá pertencer a outro se tiver uma concepção demasiado limitada deste tipo).	

CAPÍTULO 9

▼

TIPO TRÊS: O REALIZADOR

▲

O MOTIVADOR

"O mais difícil do sucesso é mantê-lo."
IRVING BERLIN

O MODELO

"A maioria das pessoas bem-sucedidas deixa para divertir-se depois que construir seu patrimônio – só que então fica tarde demais para desfrutá-lo."
SAMUEL PEPYS

O PARADIGMA

"Todas as ambições são legítimas, exceto as que se valem da miséria e da credulidade da humanidade."
JOSEPH CONRAD

O COMUNICADOR

"O escravo tem apenas um senhor; o homem ambicioso tem tantos quantos forem aqueles que puderem ser úteis aos seus propósitos."
LA BRUYÈRE

O QUE BUSCA STATUS

"O MELHOR"

"Contente-se em parecer o que realmente é."
MARCIAL

O CTA RISO-HUDSON

Classificação Tipológica Segundo a Atitude

Classifique as afirmações ao lado conforme sua aplicabilidade com base na seguinte escala:

1 ..... *Nunca é verdadeira*

2 ..... *Raramente é verdadeira*

3 ..... *Em parte é verdadeira*

4 ..... *Geralmente é verdadeira*

5 ..... *Sempre é verdadeira*

_____ 1. Vejo-me como uma pessoa extremamente competente: fico muito aborrecido se não sou, no mínimo, eficiente.

_____ 2. Quando as coisas vão bem, eu praticamente "irradio" uma espécie de alegria interior em ser quem sou e ter a vida que tenho.

_____ 3. Tento apresentar-me da melhor maneira possível – mas não é isso o que todos fazem?

_____ 4. Meus sentimentos me parecem estranhos a mim mesmo – eu sinto as coisas com toda a força por algum tempo e depois as esqueço.

_____ 5. Para mim é importante ser bem-sucedido, mesmo que ainda não tenha todo o sucesso que desejo.

_____ 6. Seja isso bom ou mau, sei esconder minhas inseguranças muito bem – as pessoas jamais adivinhariam o que estou sentindo!

_____ 7. Quero causar sempre boa impressão; por isso geralmente sou gentil, educado e amigável.

_____ 8. Estou sempre a par de como meus colegas e amigos estão se saindo e tendo a comparar-me com eles.

_____ 9. Procuro lutar para ser o melhor no que estou fazendo – quando não posso destacar-me em alguma coisa, nem lhe dou atenção.

_____ 10. Algumas vezes tive de simplificar as coisas para atingir minhas metas.

_____ 11. Quando me sinto inseguro, fico distante e frio com as pessoas.

_____ 12. Fico muito aborrecido quando as pessoas não reconhecem a excelência do que faço.

_____ 13. Sou mais adaptável que a maioria: se as coisas não dão certo, sei mudar meu comportamento para obter os resultados que pretendo.

_____ 14. Sempre tenho algum objetivo em mente e sei como motivar-me para atingi-lo.

_____ 15. Sou um pouco viciado em trabalho – fico perdido quando não estou realizando coisas.

Verifique a análise da pontuação na página 187.

TIPO TRÊS DE PERSONALIDADE: O REALIZADOR

O Tipo Pragmático e Voltado para o Sucesso: Adaptável, Insuperável, Motivado e Consciente da Própria Imagem

Chamamos este tipo de personalidade de *o Realizador* porque, quando saudáveis, seus representantes podem atingir – e, de fato, atingem – o sucesso em várias áreas. Por serem as "estrelas" da natureza humana, as pessoas costumam admirá-las tanto por sua gentileza quanto por sua capacidade de realização. Os representantes saudáveis do Tipo Três sentem-se bem em desenvolver-se e dar ao mundo a sua contribuição. Além disso, como personificam o que há de melhor numa dada cultura, as pessoas, vendo neles um espelho de seus próprios sonhos e esperanças, sentem-se motivadas a maiores realizações.

➤ MEDO FUNDAMENTAL: O de não ser valorizado, de não ter valor a não ser pelo que realiza.

➤ DESEJO FUNDAMENTAL: Sentir-se valorizado, desejado e aceito.

➤ MENSAGEM DO SUPEREGO: "Você estará num bom caminho se for bem-sucedido e respeitado pelos outros."

As pessoas do Tipo Três são geralmente queridas e bem-sucedidas porque, dentre todos os tipos, são as que mais acreditam em si mesmas e no desenvolvimento de seus próprios talentos e capacidade. Elas funcionam como modelos vivos por personificarem de maneira tão marcante as qualidades socialmente mais valorizadas. Quando saudáveis, sabem que vale a pena o esforço de ser "o melhor naquilo que se faz", e o êxito de sua dedicação inspira os outros a investir em seu próprio desenvolvimento.

As pessoas do Tipo Três fazem tudo para que sua vida seja um sucesso, conforme o definam sua família, sua cultura ou seu círculo social. Em certas famílias, o sucesso significa ter muito dinheiro, uma mansão, carros valiosos e outros símbolos de *status*. Em outras, o sucesso significa o destaque no universo acadêmico ou científico. E em outras ainda, ele significa a fama como ator, modelo, escritor ou outro tipo de figura pública, como um político. Uma família religiosa pode incentivar um de seus membros a tornar-se pastor, padre ou rabino, já que essas profissões têm destaque em sua comunidade. Independentemente de qual a definição de sucesso, os representantes do Tipo Três tentarão sempre destacar-se na família e na comunidade. Eles jamais se conformam em ser apenas "mais um".

Por isso, essas pessoas definem seus objetivos e agem de forma a angariar atenção e elogios. Quando crianças, aprenderam a identificar as atividades valorizadas por seus pais e amigos e a dedicar-se de corpo e alma a sobressair-se nelas. Além disso, aprenderam também a interessar-se por tudo aquilo que pudesse atrair ou impressionar os outros e a desenvolver as qualidades que os capacitem a dominá-lo perfeitamente.

Eve é uma bem-sucedida mulher de negócios:

Minha mãe me treinou para a realização. Tinha uns 3 anos de idade quando apresentei meu primeiro solo na igreja. Fui muito afagada e reforçada por isso e daí em diante começaram minhas apresentações – como música ou debatedora – ao longo de todo o curso escolar. Até hoje, algo de místico acontece quando estou diante de uma platéia: é como se "me desse um clique". Sou freqüentemente convidada a fazer palestras e a falar em público. Meus colegas de profissão dizem que odeiam participar de debates comigo porque sou dura de dobrar!

"Sei que conseguirei se me esforçar."

Todo mundo precisa de atenção, incentivo e reforço para crescer, e as pessoas do Tipo Três são o melhor exemplo dessa necessidade humana e universal. Elas querem o sucesso não tanto pelo que ele pode comprar (como as pessoas do Tipo Sete) nem pelo poder e pela sensação de independência que ele traz (como as do Tipo Oito). Elas o querem porque temem perder-se num vácuo se não puderem contar com a atenção e a sensação de realização que o sucesso traz. Sem isso, temem não ser ninguém e não ter valor algum.

O problema é que, no afã de conseguir o que pensam que as fará valorosas, as pessoas do Tipo Três podem alienar-se de si mesmas a ponto de perder de vista o que realmente desejam e quais os seus verdadeiros sentimentos e interesses. Desde a infância, quando aprendem a buscar os valores que os outros aprovam, elas começam gradualmente a perder o contato consigo mesmas. Aos poucos, seu recôndito mais íntimo, aquilo que representa o "desejo de seu coração", vai sendo deixado de lado até tornar-se irreconhecível.

Assim, apesar de pertencerem ao tipo básico da Tríade do Sentimento, as pessoas do Tipo Três, curiosamente, não são vistas como "sensíveis": pelo contrário, são associadas à ação e à realização. É como se elas colocassem os sentimentos dentro de uma caixa para poder ir em frente naquilo que querem atingir. Como aprenderam a acreditar que as emoções são um obstáculo às realizações, elas substituem os sentimentos pelo raciocínio e pela ação.

Jarvis, um executivo de sucesso e excelente formação acadêmica, admite que esse padrão se desenvolveu nele desde cedo:

> Eu não estava consciente disso na época, mas não tinha direito a ter nenhum tipo de sentimento quando era criança. Os sentimentos eram o mesmo que nada dentro da concepção de sucesso de meu padrasto. Então criei o hábito de negá-los e concentrar-me nas realizações e nas boas notas na escola.

As pessoas do Tipo Três relatam que, quando percebem até que ponto adaptaram a própria vida às expectativas dos outros, surge a questão: "Bem, e então o que é que *eu* quero?" Elas geralmente não sabem; trata-se de algo em que jamais haviam pensado. Assim, o grande dilema das pessoas do Tipo Três é não ter tido permissão para ser quem realmente são e manifestar suas próprias qualidades. Desde bem cedo, recebem uma mensagem que lhes diz que não devem ter sentimentos nem ser elas mesmas: devem, com efeito, ser "outra pessoa" para ser aceitas. Até certo ponto, todos os tipos de personalidade receberam esta mensagem. Porém, devido a sua própria estrutura, as pessoas do Tipo Três não apenas a ouviram, mas também começaram a viver inteiramente de acordo com ela. A atenção recebida por agir de uma determinada maneira torna-se para elas como o próprio oxigênio. Infelizmente, o preço é muito alto.

Marie, terapeuta respeitada, descreve a contradição – e a pressão – desse tipo de orientação:

> Minha vida toda, as pessoas sempre notaram aquilo que eu fazia e geralmente buscavam minha opinião. Isso é uma faca de dois gumes porque, embora eu quisesse ser percebida e admirada, tinha de pagar com a perfeição – e foi muito difícil.

O PADRÃO DA INFÂNCIA

Na infância, as pessoas do Tipo Três não foram valorizadas por aquilo que eram – como, aliás, a maioria de nós. Em vez disso, elas foram valorizadas por conseguirem ser e fazer determinadas coisas extremamente bem. Aprenderam a legitimar seu valor por meio da realização e do êxito. Porém isso nunca as satisfez de fato porque não legitimava o que elas *são*, mas sim algo que haviam feito ou tentavam tornar-se.

Marie continua:

Favor observar que o padrão da infância aqui descrito não provoca o tipo de personalidade. Em vez disso, ele descreve tendências observáveis na tenra infância que têm grande impacto sobre os relacionamentos que o tipo estabelece na vida adulta.

> Quando criança, eu sentia que era a favorita da minha mãe. Passávamos horas e horas juntas; ela me incentivava sempre dizendo-me que não havia nada que eu não pudesse fazer se realmente quisesse. Se, por um lado, isso foi uma bênção, por outro, foi uma maldição. Lembro-me de convencer-me, quando menina, de que não queria alguma coisa porque, no fundo, sabia que seria muito difícil consegui-la. E sabia que, se fizesse alguma coisa, teria de ser muito bem. Quando estava na escola secundária, fingi estar doente no dia marcado para um concurso de oratória porque tinha medo de não me sair tão bem, e sabia que não havia outra alternativa. Até hoje sinto culpa por isso.

As pessoas do Tipo Três criam um vínculo emocional muito forte com a pessoa da família que para elas representou o provedor. Geralmente – mas nem sempre – essa pessoa é a mãe. A criança esperava que essa pessoa lhe dissesse, com efeito, coisas como: "Você é sensacional! Gosto muito de você! Seja bem-vindo ao mundo!" Como desejam continuar a ser aprovadas pela figura do provedor, desde bebês aprendem subconscientemente a adaptar-se a fazer aquilo que essa pessoa considera bom.

Muitas vezes as expectativas do provedor não são expressas diretamente, mas as pessoas do Tipo Três podem captá-las e agir de acordo, sem sequer perceber que o estão fazendo. Por exemplo, se a mãe é uma professora que, no fundo, queria ser atriz, o filho provavelmente se sentirá atraído pelo teatro – não necessariamente por gostar de teatro, mas por sentir que é algo que tem de fazer. Mesmo depois de acabada a infância, os jovens do Tipo Três podem não saber ao certo por que resolveram dedicar-se a uma determinada carreira – eles só sabem que estão fazendo o que precisam para que a família (principalmente a mãe) sinta orgulho deles.

Assim, as pessoas do Tipo Três aprendem a representar o papel de Herói da Família. A criança capta a mensagem: "Não é bom não estar bem", por mais sutil que ela seja. A razão para isso é que, num nível psicológico profundo, quando se tenta redimir as feridas e a vergonha da família, não se pode estar ferido nem envergonhado – é preciso pelo menos *parecer* ter tudo sob controle.

Hoje muito atento à sua própria necessidade de atenção, Albert, terapeuta renomado, reflete sobre a promissora infância de exibicionista:

> Como meu pai estava na Índia durante a Segunda Guerra Mundial, passei meus primeiros quatorze meses de vida, juntamente com mamãe, ao lado de meus avós, um tio e uma tia. Fui o primeiro – e único – filho, neto e sobrinho! Com um ano e meio, já possuía um vastíssimo vocabulário e, aos 3 anos, sabia de cor todos os estados e suas respectivas capitais. É incrível que, com meu detestável vocabulário e meus recitais geográficos, ninguém me tenha jogado escada abaixo!

Quando o ambiente em que crescem é muito desajustado, resta às pessoas do Tipo Três lutar contra a hostilidade e uma imensa raiva reprimidas porque quase nada do que fazem basta para agradar seu provedor doentio. Por mais que se esforcem para encontrar algo que lhes garanta aprovação e aceitação, quase nada serve. Por fim, elas se alienam (dissociam) de si mesmas, soterrando os próprios desejos e a vida interior, e adotam atitudes mais drásticas para chamar a atenção. O desfecho pode ser uma vida de profunda solidão e frustração, mesmo que tenham atingido algum sucesso material.

TIPO TRÊS COM ASA DOIS: O SEDUTOR

OS SUBTIPOS
CONFORME AS ASAS
▲

Faixa Saudável As pessoas deste subtipo são mais emotivas e espontâneas que as do outro. Sua vivaz sociabilidade às vezes lembra a do Tipo Sete. Essas pessoas são amigáveis, solícitas e generosas como as do Tipo Dois, ao mesmo tempo que mantêm o aprumo, a auto-estima e o alto nível de desempenho característicos de seu tipo. Elas querem ser amadas e sentem-se impelidas a aproximar-se dos outros, mas às vezes preferem trocar o reconhecimento que podem obter na vida pública por uma maior satisfação e estabilidade na vida particular.

Faixa Média As pessoas que estão na faixa média deste subtipo tentam suprimir quaisquer características que possam interferir com sua popularidade, pois acham que valem pelo quanto conseguem atrair e até maravilhar os demais. Em resumo, elas querem que os outros as queiram e admirem e, para tanto, sabem como impressioná-los. Porém, caso isso se torne uma preocupação constante, seu comportamento ganhará um quê de artificial que prejudicará suas tentativas de mostrar-se populares e confiáveis. As pessoas deste subtipo são muitas vezes extremamente competitivas, embora não o demonstrem abertamente. Elas podem usar várias imagens diferentes para satisfazer suas relações sociais e atuar nas situações da vida particular.

Exemplos

Bill Clinton
Elvis Presley
John Travolta
Christopher Reeve
Shania Twain
Paul McCartney
Sharon Stone
Dick Clark
Jane Pauley
Kathie Lee Gifford
Tony Robbins

TIPO TRÊS COM ASA QUATRO: O PROFISSIONAL

Faixa Saudável As pessoas deste subtipo crêem que a auto-estima é algo que decorre mais do sucesso no trabalho e na profissão que de qualidades pessoais. Elas sentem prazer na profissão ou "arte" que escolheram e dispõem-se a grandes sacrifícios pessoais para manter sua integridade profissional. Apesar de sua diplomacia e encanto, elas são geralmente mais sérias e voltadas para seu trabalho e suas obrigações, lembrando assim as do Tipo Um.

Faixa Média A explosiva mistura de ambição e insegurança inevitavelmente sujeita as pessoas deste subtipo a terríveis pressões. Seu impulso para a perfeição é semelhante ao das pessoas do Tipo Um, porém essa perfeição visa impedir que sejam rejeitadas ou acusadas de inferioridade. Essas pessoas agem como se tudo que fizessem colocasse em jogo seu próprio valor. Embora possam ser socialmente muito reservadas, elas em geral projetam uma imagem de sobriedade e competência (ao contrário das do outro subtipo, mais sociáveis e afáveis). Além disso, podem demonstrar presunção e arrogância e, ao mesmo tempo, criticar-se e menosprezar-se, o que as torna desconcertantes e às vezes contraditórias.

Exemplos

Barbra Streisand
Oprah Winfrey
Tom Cruise
Ben Kingsley
Madonna
Sting
Richard Gere
Michael Jordan
Whitney Houston
F. Scott Fitzgerald
Werner Erhard

O INSTINTO DE AUTOPRESERVAÇÃO NO TIPO TRÊS

AS VARIANTES
INSTINTIVAS

▲

Viciados no Trabalho. Os Autopreservacionistas típicos do Tipo Três crêem que devem esforçar-se constantemente para ter segurança e estabilidade (como os do Tipo Seis) e criar seu pé-de-meia (como os do Tipo Oito). Porém, ao contrário do que pensam as pessoas do Tipo Seis, para eles a segurança vem do dinheiro, dos bens, da casa própria e *não* da fidelidade a uma empresa, ideologia ou pessoa. Eles lutam pela eficiência, racionalizando sua vida ao máximo, a fim de aplicar toda a energia na realização de suas metas. Essas pessoas tentam impressionar não por seu *sex appeal*, mas por sua estabilidade e seu bem-estar material. Como os representantes do Tipo Um, elas observam muito os detalhes em tudo o que fazem. Sua disposição a assumir responsabilidades, fazer sacrifícios e trabalhar duro é motivada pela possibilidade de avançar – elas querem recompensas concretas pelo trabalho bem-feito: aumentos, promoções e relatórios favoráveis.

Os Autopreservacionistas do Tipo Três talvez se concentrem demasiado na carreira, deixando em segundo plano a saúde e os relacionamentos. Eles não conseguem relaxar com facilidade e isso às vezes os leva a tirar férias para iniciar novos projetos e "fazer o dever de casa". Nos Níveis de Desenvolvimento médio-inferiores, eles se tornam cada vez mais ansiosos quando não estão trabalhando e talvez tenham dificuldade em manter relacionamentos íntimos. Convencidos de que a base material de sua segurança pode ser perdida a qualquer momento, eles acreditam que se não nadarem o tempo todo, afundarão. Interromper a cadeia de hábitos estressantes de trabalho é algo aparentemente fadado ao fracasso. A inatividade lhes parece doença ou incapacidade. ("O que há de errado comigo? Por que não estou produzindo mais?") Por isso, eles têm muito medo da doença, seja ela física ou emocional, pois reduz sua eficiência e produtividade. Alguns dias de licença poderiam fazer o mundo vir abaixo.

Na faixa não-saudável, os Autopreservacionistas do Tipo Três fazem esforços titânicos para permanecer eficientes, sacrificando os relacionamentos e a saúde por dinheiro e segurança no emprego. Assim, ficam muito propensos a estafas e colapsos nervosos. Quando já não conseguem desincumbir-se bem de suas obrigações, eles tentam desesperadamente esconder todos os problemas de saúde, tanto os físicos quanto os emocionais. ("Está tudo bem comigo.")

O INSTINTO SOCIAL NO TIPO TRÊS

O Caçador de *Status*. No Tipo Três, o instinto Social costuma manifestar-se pela necessidade de reconhecimento e da certeza de estar progredindo, subindo na vida. Naturalmente, isso variará conforme a cultura, mas todos os representantes

Sociais do Tipo Três precisam de indícios de valorização de seus pares. (Se fosse um monge em um mosteiro na Tailândia, a pessoa pertencente a este tipo e a esta Variante Instintiva precisaria ter a certeza de estar meditando bem – ou seja, ser um monge exemplar!) Títulos acadêmicos, cargos de destaque, excelentes currículos, boas notas e prêmios são importantes para eles, já que se identificam tanto com seu papel social. ("Sou o que faço.") Eles querem pertencer à linhagem certa, ter as credenciais certas. Esse instinto manifesta-se também pelo cultivo do jargão e da indumentária profissionais, além do alarde de marcas prestigiosas de roupas, carros etc. Vale lembrar, porém, que o indicador de valor social de uma determinada pessoa deste tipo variará conforme a cultura em que vive e seus gostos pessoais.

À medida que a ansiedade aumenta, os representantes Sociais do Tipo Três começam a sentir uma necessidade cada vez maior de demonstrar o próprio valor. A ambição social poderá tornar-se seu maior combustível, levando-os a fazer contatos e distribuir cartões de visitas. Além disso, podem almejar a fama como compensação de feridas narcísicas da infância. ("Se um milhão de pessoas compram meu CD é porque sou fantástico!") O narcisismo pode ser a fonte de competição e comparação sociais compulsivas: nunca ser menos que o vizinho. À medida que se tornam mais inseguros, eles tendem a vangloriar-se, autopromover-se e exagerar a própria capacidade. Isso se aplica especialmente aos que não conseguiram atingir o que imaginam ser o sucesso.

Na faixa não-saudável, desesperadas por atenção, essas pessoas correm o risco de ser desonestas em sua busca de reconhecimento, podendo chegar a mentir sobre sua formação e suas realizações não apenas para conseguir empregos, mas também para impressionar. Não é raro que incorram em problemas cuja solução está acima de suas forças. Sua aflição e sua ânsia os tornam extremamente incapacitados, mas eles recorrem ao charme e até à exploração para impedir que os outros percebam sua real condição.

O INSTINTO SEXUAL NO TIPO TRÊS

A Presa. Os representantes Sexuais típicos do Tipo Três caracterizam-se por uma enorme vontade de ser desejados, não só do ponto de vista sexual como também do da valorização social e afetiva. Eles tentam criar uma imagem atraente e sedutora, que corresponda ao ideal de seu gênero e de seu meio cultural, comprazendo-se em induzir os outros a maximizar seu poder de atração. Eles querem ser o tipo de pessoa que seu par gostaria de exibir diante dos amigos. Sejam homens ou mulheres, tendem a cultivar as qualidades que acreditam que fariam os outros interessar-se por eles: querem deslumbrá-los. Ao contrário das pessoas do Tipo Dois, que seduzem o outro cumulando-o de atenções, sua sedução consiste em chamar a atenção para suas próprias e extraordinárias qualidades. Em certos casos, isso pode dar ensejo à ambição de tornar-se artista de cinema, ídolo da juventude ou modelo. Na cultura norte-americana contemporânea, este tipo geralmente se dedica bastante a cuidar do corpo e da aparência.

Os representantes Sexuais do Tipo Três em geral sabem como atrair parceiros, mas costumam não saber manter os relacionamentos, receando não conseguir estar à altura da imagem que projetam. Como seus colegas de Variante Instintiva dos demais tipos, essas pessoas desejam muito a intimidade. Mas, como pertencem ao Tipo Três, temem as ligações emocionalmente mais profundas. Assim, poderão tentar atingir a intimidade por meio da relação sexual, porém, nos Níveis inferiores, as dúvidas quanto ao próprio poder de atração os fará rejeitar até as pessoas que mais lhes interessam. Em alguns casos, eles usam as conquistas sexuais como arma contra o medo de não ser desejáveis. Os representantes menos saudáveis deste tipo tendem também ao exibicionismo – exibem-se para seduzir o outro ou para certificar-se de seu valor e de seu poder de atração.

Na faixa não-saudável, a variante Sexual pode levar essas pessoas à promiscuidade. No fundo, elas são extremamente vulneráveis, mas tendem a atacar os que de alguma maneira põem seu valor sob questão. Qualquer golpe em seu narcisismo, seja real ou imaginário, provoca revanches, ira sexual e ciúme, em geral desproporcionais em relação à decepção em si.

DESAFIOS PARA O CRESCIMENTO DO TIPO TRÊS

▲

A seguir, alguns dos problemas mais freqüentes no caminho da maioria das pessoas do Tipo Três. Identificando esses padrões, "pegando-nos com a boca na botija" e simplesmente observando quais as nossas reações habituais diante da vida, estaremos dando um grande passo para libertar-nos dos aspectos negativos de nosso tipo.

O SINAL DE ALERTA PARA O TIPO TRÊS: MEU VALOR DEPENDE DE MEU SUCESSO

"A descoberta do que realmente é bom vem da alegria provocada por experiências muito simples. Não estamos nos referindo à alegria de ganhar um milhão de dólares nem à de conseguir um diploma ou uma casa nova, mas sim à alegria elementar de estarmos vivos."

CHOGYAM TRUNGPA

De vez em quando, pensamos: "Se eu conseguisse isto – se eu tivesse tais ou quais credenciais, se eu me casasse com fulano, se eu pudesse fazer medicina – então eu teria certeza de meu valor e me sentiria bem comigo mesmo". No caso das pessoas do Tipo Três, quando esse tipo de raciocínio se torna a força motriz de sua vida, quando começam a medir o que valem de acordo com seu grau de sucesso, elas estão diante de seu Sinal de Alerta.

O sucesso pode significar várias coisas – em termos monetários, pode ser ganhar um milhão de dólares num ano ou economizar o suficiente para comprar uma nova lavadora. Os representantes típicos do Tipo Três interessam-se muito pelo sucesso e estão decididos a sobressair pelo desempenho profissional ou pela posse de símbolos de *status* (que podem ser morar numa área privilegiada, obter um diploma de uma universidade prestigiosa, ganhar um troféu numa competição de atletismo, possuir um relógio ou um carro muito caros ou ter filhos bonitos e bem-dotados – enfim, qualquer coisa que sirva para ilustrar a afirmação: "Sou uma pessoa que se destaca").

Jarvis, a quem já conhecemos, fala de sua obsessão pelo sucesso – e de sua conscientização quanto ao que ela lhe tem custado:

> Meu ponto de vista baseia-se em buscar o sucesso e evitar o fracasso em qualquer que seja a situação – no trabalho, nas relações sociais, nos *hobbies*, na diversão, no descanso, na ginástica, na leitura, na música que escuto (...). Minha preocupação com o sucesso significa que tenho de empenhar-me conscientemente na fruição do belo e no lazer. Não considero natural simplesmente "seguir o fluxo das coisas". Qual a garantia de sucesso que pode haver nisso?

É como se as pessoas do Tipo Três estivessem sempre sob o risco de tornar-se "feitos humanos", em vez de "seres humanos". A causa de seu comportamento obsessivo é a necessidade de reprimir qualquer possível traço de vergonha. Perder – de qualquer maneira ou em qualquer grau – poderia deflagrar a sensação de não valer nada, que para elas é intolerável. Assim, quanto maior a vergonha, mais elas se sentirão compelidas a atingir as metas que julgam capazes de torná-las valorosas e bem-sucedidas.

DE QUEM SÃO OS OBJETIVOS? DE QUEM É O SUCESSO?

O que o sucesso significa para você? E para seus pares? O que ele significava para seus pais? Você percebe alguma relação?

Papel Social: "O Melhor"

Por acreditar que o que valem depende do seu destaque, as pessoas do Tipo Três convencem-se de que devem brilhar *sempre*, sobressair *sempre*. Por conseguinte, imbuem-se de tal forma do Papel Social do Melhor (ou Garoto/Garota Prodígio) que por fim só conseguem relacionar-se com os outros dessa maneira. Vendo-se como os melhores, compensam a insegurança oculta acerca do próprio valor. Tipicamente, essas pessoas não apenas defendem a auto-imagem mas também, como os representantes de outros tipos, tentam de vá-

"Posso fazer isso melhor que qualquer um."

		Termos-chave:	As pessoas do Tipo Três deixam de acreditar que seu próprio valor depende da opinião dos outros, podendo assim descobrir qual a sua verdadeira identidade e qual o desejo de seu coração. Ao atingir seu Desejo Fundamental, percebem que têm valor em si mesmas, aceitando-se e tornando-se benevolentes e autênticas.	
S	Nível 1	Concentração em si mesmo Autenticidade		T I P O T R Ê S N Í V E L S D E D E S E N V O L V I M E N T O
A U D Á V E L	Nível 2	Adaptação Admirabilidade	As pessoas do Tipo Três concentram-se no que os outros prezam, adaptando-se a eles para sentir-se mais valorosas. Auto-imagem: "Sou uma pessoa extraordinária, capaz e bem-ajustada (potencial ilimitado)".	
	Nível 3	Concentração em objetivos Auto-aperfeiçoamento	As pessoas do Tipo Três reforçam sua auto-imagem aperfeiçoando-se e cultivando os próprios dons. São competentes, seguras e persistentes, tornando-se um exemplo em tudo aquilo que fazem. Além disso, como são dotadas de grande poder de comunicação, tornam-se muitas vezes um modelo e uma fonte de inspiração para os demais.	
M É D I A	Nível 4	Concentração no sucesso Desempenho	Temendo que as realizações alheias possam eclipsar as suas – ou seja, que seu esforço não lhes traga toda a atenção que desejam –, as pessoas do Tipo Três tentam superar-se no que fazem para distinguir-se dos outros. Assim, esforçam-se continuamente para atingir mais e mais realizações.	
	Nível 5	Consciência da imagem Expediência	Preocupadas em não estar sendo bem-vistas, as pessoas do Tipo Três desejam impressionar os demais, esforçando-se por cultivar aquela que julgam a melhor imagem possível. Ambiciosas porém inseguras, elas querem ser admiradas e desejadas. Não raro, têm problemas nos relacionamentos mais íntimos.	
	Nível 6	Autopromoção Presunção	As pessoas do Tipo Três receiam não ser percebidas se não forem extremamente bem-sucedidas e não atingirem grande destaque. Por conseguinte, tentam convencer a si mesmas e aos outros da realidade de suas fátuas alegações, recorrendo à autopromoção e mostrando-se arrogantes e competitivas como defesa contra suas carências secretas.	
N Ã O – S A U D Á V E L	Nível 7	Falta de princípios Ilusão	As pessoas do Tipo Três, temendo não estar à altura de suas próprias expectativas, suspeitam que as alegações que fazem a respeito de si mesmas sejam falsas e infundadas – o que, de fato, pode ser verdade. Para salvar a própria auto-imagem, começam a iludir a si e aos demais, dizendo qualquer coisa que possa impressionar ou salvá-las de algum apuro. Interiormente, porém, sentem-se vazias e deprimidas.	
	Nível 8	Dubiedade Oportunismo	As pessoas menos saudáveis do Tipo Três tornam-se tão desesperadas por atenção que são capazes de inventar qualquer coisa que disfarce sua deterioração interior. Não querendo que ninguém saiba a que ponto chegaram, dispõem-se a fazer de tudo para esconder suas malfeitorias e seus males emocionais.	
	Nível 9	Monomania Obstinação	Convencidas de que não há nada que possam fazer para obter a admiração daqueles cuja aprovação necessitam, as pessoas menos saudáveis do Tipo Três poderão perder o controle sobre a raiva e a agressividade que reprimem. Assim, podem querer vingar-se de seus algozes reais ou imaginários, tentando pisar em todos aqueles que elas acreditam que as rejeitaram.	

rias maneiras fazer com que os demais a respaldem e apóiem. Naturalmente, a necessidade de ser os melhores não lhes permite o luxo de jamais estar dentro da média – ver-se (ou deixar que alguém os veja) como um fracasso está simplesmente fora de cogitação.

Tawney é uma mulher inteligente e talentosa, que tem filhos e um casamento feliz. Apesar de haver conseguido aceitar muitas de suas verdadeiras características, ela ainda se lembra da opressão que lhe impunha a obediência ao Papel Social:

> Mal consigo lembrar de alguma vez na minha vida em que não tivesse a necessidade de ser "a melhor". Ser a mais bonita, ter as melhores roupas, viver na casa mais espetacular – a lista é infinita. O problema que eu enfrentava diariamente na minha busca do "melhor" era sua variabilidade conforme a pessoa com quem eu estivesse. Não importava quem fosse. Eu queria ser vista da melhor forma possível, a qual consistia em minha interpretação de como seria a pessoa que eles mais desejassem – um processo exaustivo. Eu sempre buscava uma comprovação externa de que estava tudo "certo" comigo.

O Papel Social do Melhor está relacionado ao papel que o Tipo Três desempenha como Herói da Família. As pessoas deste tipo condicionam a auto-estima à satisfação das expectativas e exigências alheias, mesmo quando estas não são expressamente formuladas. Porém esse é um jogo em que, no fim, sempre se perde, pois exigências e expectativas podem mudar com muita facilidade: padrões de beleza e de sucesso saem de moda, e qualquer coisa pode reverter o placar final. Visto assim, um derrame ou um enfarto podem transformar um "vencedor" em "perdedor" da noite para o dia.

QUANDO VOCÊ SE DÁ UMA FOLGA?

Especifique cinco áreas de sua vida nas quais não se sente obrigado a ser o melhor e cinco em que acha que precisa ser o melhor. Leia as duas listas e atente para como elas o fazem sentir. Que diferença de sensação você é capaz de identificar? Você se sente tenso ou relaxado? Calmo ou ansioso? Pense em mais cinco áreas nas quais poderia aprender a relaxar e ser simplesmente você.

Ilusão, Vaidade e Legitimação

A Paixão do Tipo Três é a *ilusão*. Uma de suas características é a tendência que têm os representantes deste tipo a apresentar-se de uma forma que não condiz com seu verdadeiro eu. E outra, ainda mais importante, é a auto-ilusão: para continuar agindo da forma a que estão habituados, eles precisam convencer-se de que realmente são como a imagem idealizada que projetam. Ao mesmo tempo, pre-

"Não preciso de ninguém."

cisam também reprimir a sensação de inadequação para manter o auto-engano: temem que, abandonando a imagem, as pessoas percebam seu déficit e os rejeitem – o que confirmaria sua falta de valor.

Assim, a ilusão leva as pessoas do Tipo Três a buscar nos outros a legitimação de sua excelência e é a razão pela qual elas precisam animar a si mesmas constantemente. De certa forma, precisam mentir para si próprias para manter a auto-estima e motivar-se para maiores realizações. ("Você é mesmo fantástico! Um gênio! Ninguém jamais fez um relatório melhor que este!")

Uma forma útil de ver a ilusão é pensar nela como o resultado da "preguiça para o verdadeiro autodesenvolvimento". Os representantes típicos do Tipo Três esforçam-se por aperfeiçoar o ego, a auto-imagem, em vez de procurar descobrir seu verdadeiro eu, pois crêem que o ego *é* o verdadeiro eu. É muito mais difícil cultivar as qualidades inerentes à Essência quando somos sempre incentivados e recompensados se nos adaptarmos e nos tornarmos o que os outros esperam de nós.

O Desempenho e a Perda de Contato com os Sentimentos

Já que não querem ser mais um na multidão, as pessoas do Tipo Três preocupam-se muito com seu "desempenho" em todos os sentidos da palavra – profissional, físico, acadêmico, social. Elas se apresentam como pessoas capazes de realizar o que se propõem com domínio perfeito e fácil. O problema é que, quanto mais identificadas com a imagem, mais precisam reprimir os sentimentos, uma vez que estes interferem com o desempenho. E, como são recompensadas pelo que realizam, precisam resistir aos sentimentos, principalmente os mais penosos.

Tawney recorda um dos momentos mais importantes de sua infância, aquele em que ela percebeu que precisava suprimir a si mesma e agradar à mãe para sobreviver:

> A experiência mais significativa de minha infância foi uma briga que testemunhei entre meu irmão mais velho – que devia ter uns 10 anos na época – e minha mãe. Na lembrança que guardei desse momento, ela está irada, gritando e jogando as coisas dele no chão. Não lembro se bateu nele ou não. Pouco importa. Fiquei aterrorizada e, por medo, resolvi ser e fazer tudo que ela quisesse. Passei os trinta anos seguintes vivendo os resultados desse momento.

"Os sentimentos são como quebra-molas: só servem para fazer-nos perder tempo."

O resultado mais comum disso é que as pessoas do Tipo Três tornam-se "máquinas de realização". Mas, como seus atos não provêm do coração, seu desempenho se torna cada vez menos prazeroso e autêntico. Apesar de geralmente fazerem tudo muito bem-feito, elas não têm muita satisfação pessoal com o trabalho. Seja como for, não o abandonam porque é sua principal fonte de atenção e valorização. A partir daí, pode surgir um vício no trabalho que devorará qualquer alegria e liberdade emocional que ainda lhes restarem.

O único desejo que os representantes menos saudáveis do Tipo Três ainda conseguem identificar em si mesmos é o de tornar-se uma "estrela" seja em que for. Como estão em busca de um grande retorno em termos de popularidade, podem desperdiçar os talentos que realmente possuem, jogando fora uma oportunidade atrás da outra. A carência narcísica que está na base de seus atos é geralmente vista pelos outros como constrangedora ou triste (se não questionável ou detestável, a depender do grau de autopromoção). De qualquer forma, a alienação de si mesmos e de seus sentimentos começa a funcionar contra eles de várias maneiras.

> **REDESPERTANDO O CORAÇÃO**
>
> Coloque a mão sobre o peito, bem em cima do coração, e respire fundo algumas vezes. Concentre-se nessa área de seu corpo. O que você sente? Lembre-se de que não há uma resposta correta – não *se espera* que você sinta nada de específico. Cabe a *você* descobrir o que sente ou deixa de sentir. Observe como as sensações localizadas nessa área mudam com o tempo. Pratique este exercício pelo menos uma vez por dia.

Competitividade e Deliberação

Os representantes típicos do Tipo Três correm o risco de entrar em competições veladas as mais várias: quem se sai melhor no trabalho, quem tem a namorada mais bonita ou os filhos mais inteligentes, quem é melhor no tênis, no computador, no xadrez e assim por diante. A principal maneira de reforçar a auto-estima é *ganhar* na comparação (ou na competição, quando de fato se trata de uma). Infelizmente, sua busca de superioridade pode deixá-los exaustos e afastá-los das coisas que mais desejam atingir.

Essas pessoas entram em competição não porque realmente queiram, mas porque temem ser eclipsadas por alguém melhor que elas. Elas receiam ficar para trás e, assim, ser menos admiradas e solicitadas que os demais. Isso as leva a reunir todas as suas forças para realizar ainda mais – o que é um grande desperdício de tempo e energia. ("Estou ensaiando meu recital de piano horas e horas diariamente, mas Mary Lou realmente está ótima naquela peça de Chopin. Acho melhor trocar a minha peça; escolher outra ainda mais difícil.")

Assim, as pessoas do Tipo Três não só competem com seus iguais, como também acabam por introduzir competitividade em relacionamentos nos quais ela não cabe e pode ser muito destrutiva: é o caso dos pais que competem com os filhos e dos parceiros que competem entre si. A ironia está em que, apesar dessa disposição competitiva, elas querem reconhecimento e afirmação das mesmas pessoas a quem tentam superar.

Lynn, uma bem-sucedida consultora de mercado, entende isso muito bem:

> Se você conhecer a historinha infantil chamada "The Little Engine That Could" (O trenzinho que podia tudo), conseguirá entender o que é pertencer a este tipo de personalidade que é como um dínamo. Tudo que já me propus fazer, foi com uma atitude competitiva, com muito esforço e deliberação. Meu combustível é a maior perfeição possível em tudo, desde que fui treinada a usar o penico com onze meses de idade. A motivação que subjaz ao meu ímpeto é o medo de não me destacar, de fracassar. O fracasso é a morte, é cair em um buraco negro. Deve ser evitado a qualquer custo.

IMPULSIONANDO-SE

Em seu Diário do Trabalho Interior, analise as seguintes questões: De que maneiras você se vê como competitivo e movido pelo sucesso? Por que traçou as metas que está tentando atingir? Você já se envolveu em algum projeto que, no fundo, não lhe interessava por causa da necessidade de brilhar ou competir? O que acha que aconteceria se "tirasse o pé do acelerador" ao menos um pouco? Como você lida com o medo ou ansiedade que surge quando se compara a outra pessoa? Como se sente em relação aos seus competidores? Como você lidou com seus próprios fracassos?

Imagem e Auto-apresentação

"Sem termos consciência de estar usando máscaras, temos uma cara específica para cada amigo."
OLIVER WENDELL HOLMES, SR.

Desde o início da infância, as pessoas do Tipo Três são capazes de adaptar-se aos outros para apresentar uma imagem atraente. Na faixa média, isso pode manifestar-se tanto como um entusiasmo forçado quanto como uma frieza que parece transmitir a mensagem: "Tenho tudo que é preciso". O mundo da publicidade e da moda freqüentemente promove essas imagens – e trata-se de um mundo povoado na maior parte por pessoas deste tipo. Muitos políticos, treinadores, empresários e gurus do potencial humano entraram em sintonia com esse aspecto do estilo da personalidade do Tipo Três, especialmente com seu talento inato para decodificar uma situação e fornecer instintivamente aquilo que é esperado. As pessoas deste tipo são capazes de entrar numa sala e, captando as forças em ação entre seus ocupantes, descobrir imediatamente o que devem fazer.

Como são seguidamente recompensadas por essa capacidade, as pessoas do Tipo Três se acostumam a ela de tal forma que perdem de vista o seu verdadeiro eu. Assim, este permanece atrofiado e fora de seu alcance a ponto de os representantes que estão entre as faixas média e não-saudável muitas vezes não saberem quem são nem o que sentem fora de sua imagem. Em lugar de exprimir o que realmente sentem ou pensam, eles dizem e fazem aquilo que pressentem ser aceitável.

Se essa imagem tiver êxito e aplauso, surge um risco novo e muito maior. O fato de ter uma imagem de sucesso reafirma o desempenho das pessoas do Tipo Três, e não sua real identidade. Quanto mais sucesso tiver, mais tentadas elas serão a manter e cultivar essa *imagem*, em vez de desenvolver seu verdadeiro eu. O resultado é que seu coração é posto de lado e esquecido. Quem elas na verdade são passa a ser um território cada vez menos conhecido, algo que não querem enxergar porque, quando olham para dentro de si, sentem um grande vazio, um imenso buraco negro.

> **CUMPRINDO AS EXPECTATIVAS**
>
> Que imagem você está projetando neste momento para si mesmo? E para seus colegas de trabalho, amigos, pais, filhos, animais de estimação? Essa imagem é a mesma em todos esses casos? Como você se vê e como acha que os outros o vêem? De que forma você acha que sua auto-imagem difere da imagem que projeta para as pessoas? Como você sabe? A discrepância entre ambas já lhe trouxe alguma espécie de problema ou conflito?

Tratando o Próprio Eu Como Mercadoria

Quando se sentem inseguras, as pessoas do Tipo Três protegem-se administrando ainda mais cuidadosamente a própria imagem. Muitas de suas atitudes se reduzem então a uma espécie de jogo de relações públicas. Por sentirem que a maneira como são percebidas é tudo, elas se dedicam a administrar a impressão que causam nos outros, em vez de cultivar seus próprios dons. Para descobrir uma fórmula de vencer sempre, elas fazem, dizem e se tornam qualquer coisa que lhes permita aproximar-se de suas metas ou evitar potenciais humilhações – seja demonstrando (falsa) modéstia, concordância e conciliação ou o contrário.

"Posso ser qualquer coisa que queira."

A sensação de ter a obrigação de superar-se o tempo todo é extremamente desgastante: é como estar numa eterna entrevista de emprego. Mal é possível imaginar-se a ansiedade e a insegurança que pessoas do Tipo Três têm de suprimir para continuar agindo. Por isso, estão constantemente temendo dizer ou fazer a coisa errada. Como não podem baixar a guarda um só instante, elas jamais podem ser realmente espontâneas: têm medo demais de ser ridicularizadas, questionadas ou vistas sob uma luz não muito favorável.

O problema é que pessoas do Tipo Três tratam a si mesmas como uma mercadoria. ("Tenho que saber como 'vender-me'.") Como já vimos, as crianças deste tipo são freqüentemente uma extensão das necessidades narcísicas de outra pessoa. Elas aprenderam que seus reais sentimentos e necessidades não contam; existem apenas como objeto a ser admirado e desejado. Isso provoca tamanho sofrimento que essas pessoas precisam desligar-se do próprio coração. Porém só o coração nos permite discernir a verdade. Assim, quando nos distanciamos dele, distanciamo-nos também de nossa relação com a verdade. A verdade torna-se então também uma mercadoria que muda – passa a ser aquilo que funciona num determinado momento.

A auto-adaptação e o distanciamento causam às pessoas do Tipo Três e a seus entes queridos muito sofrimento, conforme afirma Arthur, um dedicado pastor:

> Sempre fui tão competitivo no trabalho que já me achei melhor que os outros e transmiti a imagem do arrogante e inacessível. Em casa, tornei-me emocionalmente distante a ponto de ficar irritado com minha mulher por não estar à minha disposição sempre que eu queria – na verdade, eu não a via mesmo quando ela estava diante de mim. Sempre me preocupei demais com o que "eles" pensavam de mim sem saber quem eram "eles" – descobri, faz muitos anos, que me vestia para ir ao trabalho visando impressionar um grupo nebuloso de pessoas que eu nem sequer conhecia!

> **ADAPTAÇÃO**
>
> Observe como se adapta ao que está à sua volta. Quantas vezes por dia você o faz? Atente para as diferenças entre as imagens que você projeta diante de seus amigos, colegas de trabalho, familiares e assim por diante. Identifique quando certas entoações ou ritmos se incorporam à sua maneira habitual de falar. Quando você faz esses ajustes, qual o efeito sobre sua estabilidade, seu eixo? E sobre a sua ligação com o coração? Quando você se adapta, sente-se mais ou menos valoroso?

O Medo da Intimidade

Enquanto as pessoas do Tipo Três tentarem convencer a todos (inclusive a si próprias) de que não precisam de ninguém, não deixarão que ninguém se aproxime um pouco mais: a intimidade permitiria que os outros vissem que, na verdade, elas não são tão auto-suficientes, não são quem aparentam ser. No fundo, essas pessoas percebem a disparidade existente entre o que são e o que aparentam ser e morrem de medo que alguém mais a perceba. Elas temem demonstrar o quanto se sentem sós, vazias e desprezíveis, e assim aumentar a insegurança que já têm em relação a si mesmas. Quanto mais os outros tentam se aproximar, mais elas receiam que, por meio da fachada, descubram seus pontos fracos e as rejeitem. Em vez de correr esse risco, o que normalmente fazem é redobrar o ímpeto de realização – para que os outros fiquem satisfeitos com elas (isto é, com a imagem delas) e não ponham o relacionamento em questão.

Para manter os outros a uma distância segura – e, ao mesmo tempo, reter-lhes a atenção e as boas graças –, os representantes típicos do Tipo Três cultivam um certo ar de amizade, uma espécie de jovialidade profissional, como substitutivo da verdadeira intimidade. O medo da intimidade pode inclusive levá-los a manter uma certa distância até do parceiro. De fora, o casamento pode parecer perfeito, mas para o parceiro faltam uma verdadeira proximidade e uma maior relação emocional. Essas pessoas normalmente preferem a imagem de um relacionamento bem-sucedido a um verdadeiro relacionamento, principalmente quando a intimidade pressupuser o reconhecimento da própria carência e vulnerabilidade ou a possibilidade de rejeição pelo fato de elas não satisfazerem as necessidades do outro.

DEIXE QUE AS PESSOAS O VEJAM

Comente alguma vulnerabilidade sua com uma pessoa de sua confiança. Quando fizer isso, concentre-se na própria sensação de vulnerabilidade. Ela lhe é desagradável? Como você a vê? Como é que ela o faz sentir-se em relação a essa pessoa? O que você temia que ela soubesse?

Narcisismo e Exibição

Quanto menos saudável o ambiente em que cresceram, mais ferido terá sido o amor-próprio das pessoas do Tipo Três e mais difícil será para elas encontrar a verdadeira auto-estima. Assim, serão obrigadas a buscá-la mediante a aceitação e a aprovação dos outros – apesar de que, por mais que as obtenham, jamais se sintam dignas e valorizadas. A ferida narcísica costuma manifestar-se pela supercompensação – ou, em outras palavras, exibição.

"O que preciso fazer para impressioná-lo?"

A depender da gravidade dessa ferida, as pessoas do Tipo Três podem criar expectativas fátuas a seu próprio respeito. Ser simplesmente bem-sucedidas não basta: elas precisam ser famosas ou importantes de alguma forma, "estrelas" reconhecidas e consagradas por alguma razão. Naturalmente, isso serve apenas para predispô-las a freqüentes decepções e sentimentos de humilhação.

Além disso, essas pessoas podem recorrer à sedução e às conquistas sexuais para reforçar a auto-estima. Embora muitas vezes se vistam para chamar a atenção, costumam reagir com hostilidade ou indiferença fingida quando alguém as elogia. ("Quero que você olhe para mim, mas não vou lhe dar a mínima.") Preocupadas com a própria reputação e com o impacto que exercem sobre ela as pessoas com quem convivem, elas fazem questão não só de estar sempre atraentes e bem-arrumadas, mas também que assim estejam o parceiro, filhos, amigos e até seus animais de estimação – não esquecendo que, idealmente, não querem ter rivais.

Tawney relembra:

Nas vezes em que me senti mais isolada foi quando mais me esforcei para estar "fantástica". Lembro-me de estar magérrima, com unhas maravilhosas (postiças, claro), maquiagem impecável, roupas caríssimas, na última moda, cheia de peles e diamantes (verdadeiros, claro). Lembro-me dos olhares estupefatos que provocava, e não sentia nada. Percebi que, quando não estou ligada em mim mesma, raramente consigo lembrar do que acontece. Acho que o que me ajudou a sair desse estado foi o fato de não me lembrar dele. Quase não lembro do dia em que me casei, por exemplo. A tentativa de juntar os pedaços de meu passado foi o que me ajudou a restabelecer o contato comigo mesma.

DEIXE QUE AS PESSOAS O DESCUBRAM

Quando estiver em situações sociais, concentre-se primeiro na vida e nas realizações *das pessoas*. Descubra o que elas têm de interessante. Observe como isso lhes dá a oportunidade de mostrar-se curiosas em relação a você sem que você precise impressioná-las ostensivamente. Considere a possibilidade de que os outros gostem de você sem que precise impressioná-los. Como se sente diante disso?

REAÇÃO AO STRESS:
O TIPO TRÊS PASSA
AO NOVE

▲

Quando o *stress* aumenta, os mecanismos de defesa das pessoas do Tipo Três podem pifar, levando-as a atuar algumas das qualidades características das faixas inferiores do Tipo Nove. Como são concentradas, movidas a realizações e identificadas com o que fazem, a passagem ao Tipo Nove serve como uma trégua em sua implacável busca do sucesso.

Por terem tanta ânsia de deixar sua marca e provar a que vêm, inevitavelmente acabam criando problemas em seus relacionamentos. Em tais momentos, elas podem reduzir um pouco o próprio ímpeto, tornando-se mais diplomáticas e condescendentes, como os representantes típicos do Tipo Nove. Quando isso ocorre, elas ainda desejarão destacar-se na multidão, mas não tanto quanto de hábito: chamarão menos a atenção e tentarão entrosar-se mais com os outros.

Como já vimos, a busca do sucesso muitas vezes leva as pessoas do Tipo Três a situações em que se vêem forçadas a coisas em que não têm nenhum interesse especial. Embora possam continuar assim por algum tempo, se ficarem alienadas de seus reais desejos por um período mais longo – que pode ser o de toda uma carreira ou um relacionamento de uma vida inteira –, elas se distanciarão e dissociarão como as pessoas do Tipo Nove. Em vez de demonstrar sua proverbial eficiência, começam a preencher o tempo com toda sorte de afazeres insignificantes, na esperança de superar as dificuldades sem se deixar abater. Embora sejam normalmente rápidas e eficientes em cumprir tarefas e reagir aos outros, o *stress* as torna estranhamente apáticas e complacentes.

Os reveses e fracassos na carreira têm impacto especialmente grave sobre as pessoas do Tipo Três, fazendo-as desiludir-se da vida e de si mesmas. O vazio que procuram esconder vem à tona, tornando-as esgotadas e apáticas. Em vez de se valer de sua habitual diligência para melhorar a situação, elas tendem a evitar a realidade e os problemas e a devanear inutilmente com o próximo êxito que as aguarda.

Se tiverem sofrido uma crise grave sem contar com apoio adequado ou sem outros recursos com que enfrentá-la, ou se tiverem sido vítimas constantes de violência e outros abusos na infância, as pessoas do Tipo Três poderão cruzar o ponto de choque e mergulhar nos aspectos não-saudáveis de seu tipo.

A BANDEIRA VERMELHA: PROBLEMAS PARA O TIPO TRÊS

▲

Se sofrerem um revés que arranhe muito sua autoconfiança, as pessoas do Tipo Três poderão ver-se obrigadas a admitir que a base sobre a qual sua vida foi construída é fraca ou mesmo falsa. Além disso, poderão suspeitar ser de fato um fracasso, que seus êxitos não tenham sentido ou que o que pensavam a respeito de si mesmas não é verdade. E, com efeito, alguns desses receios podem ter fundamento. Perceber o que há de verdade neles pode representar o início de uma reviravolta na vida dessas pessoas; o primeiro passo rumo à saúde e à libertação. Por outro lado, elas poderão aferrar-se ainda mais às próprias ilusões de grandeza e tentar negar o quanto estão sofrendo. ("Não estou com problema algum! Está tudo bem." "Farei *qualquer coisa* que precise para ir em frente.") Se persistirem nessa atitude, elas se arriscam a ultrapassar a linha divisória que as separa dos Níveis não-saudáveis. Se seu comportamento ou o de alguém que conhece se enquadrarem no que descrevem as advertências abaixo por um período longo – acima de duas ou três semanas, digamos –, é mais do que recomendável buscar aconselhamento, terapia ou outro tipo de apoio.

ADVERTÊNCIAS

POTENCIAL PATOLÓGICO: Distúrbio Narcisista de Personalidade, hipertensão, depressão (geralmente não-hedônica), raiva narcísica e afã de vingança, comportamento psicopático.

➤ Estafa e esgotamento físico decorrentes da obsessão com o trabalho

➤ Auto-imagem cada vez mais falsa, desonestidade, logro

➤ Falta de sentimentos e vazio interior

➤ Ocultação do grau de aflição emocional

➤ Ciúme e expectativas irrealistas de sucesso

➤ Exploração e oportunismo

➤ Episódios graves de raiva e hostilidade

PRÁTICAS QUE CONTRIBUEM PARA O DESENVOLVIMENTO DO TIPO TRÊS

▲

➤ Antes de mais nada, aprenda a detectar quando você "aciona" sua imagem, em vez de agir e falar com autenticidade. Você verá que talvez se comporta conforme a imagem mesmo quando não há ninguém por perto! Embora possa não haver nada de errado com a *persona* que você criou e você queira empregá-la de vez em quando, só a percepção o tornará capaz de *escolher* quando fazer isso. Sem ela, você fica a serviço da imagem.

➤ Como as pessoas dos Tipos Oito e Um, você é um dos que mais se beneficiariam relaxando um pouquinho de vez em quando. Sendo um representante do Tipo Três, você não é o primeiro a perceber que está se estressando demais – às vezes, é preciso que haja um problema mais sério de saúde ou de relacionamento para que você conclua que foi longe demais. Procure parar e respirar fundo algumas vezes por dia. Passe alguns minutos longe das tarefas e projetos e perto de si mesmo. Tente descobrir o que está sentindo: ansiedade? Solidão? Raiva? Pressão? Inicialmente, essas interrupções talvez o façam pensar que está se atrasando, mas, a longo prazo, elas contribuirão muito para manter seu bem-estar físico e emocional – é provável mesmo que o ajudem a realizar suas tarefas com mais facilidade.

➤ Converse sobre seus receios e ansiedades com pessoas de sua confiança. As pessoas do Tipo Três normalmente não têm problemas para fazer amizades e podem estar sempre vendo os amigos, mas isso não é o mesmo que termos pessoas com quem falar sobre o que nos magoa, amedronta ou torna vulneráveis. Procure encontrar quem também consiga fazer isso e veja que não é preciso falar sobre tudo de uma só vez. Começar falando um pouco sobre o que sente o ajudará a abrir-se de uma forma segura. (Um bom psicoterapeuta também é uma excelente sugestão.) Além disso, ao contrário do que imagina, revelando um pouco sua vulnerabilidade a um bom amigo você não o decepcionará.

➤ A criatividade realmente faz muito bem às pessoas do Tipo Três, principalmente quando não têm platéia. Tanto a pintura quanto a cerâmica, a música, a literatura ou o desenho – ou simplesmente a manutenção de um diário – podem ajudá-lo a entrar em contato com seus próprios sentimentos e em maior sintonia consigo mesmo. Se quiser, crie um espaço em casa só para a criatividade e a autodescoberta – nada de tarefas nem trabalho aqui! Esse espaço deve ser sagrado, um refúgio contra as exigências do cotidiano, principalmente as que você mesmo se impõe.

➤ Embora pertença a um dos tipos menos propensos a meditar, você lucraria muito com a meditação. Ficar "de braços cruzados" sem fazer nada não faz sentido para seu ego voltado para a ação, mas faz muito para a sua alma. E meditar está longe de ser não fazer nada. Na verdade, à exceção da criação de seus filhos, a meditação seja talvez o maior desafio que você pode enfrentar. A capacidade de simplesmente *ser* é uma das maiores realizações do ser humano – mas é um feito ainda maior no caso do Tipo Três. Mesmo que no início lhe pareça difícil, recorra à sua disciplina e persista: os representantes do Tipo Três costumam fazer avanços repentinos e consideráveis.

➤ Descubra como pode ser útil participando de um grupo, mas *não* como líder! Aprender a cooperar e trabalhar com os outros sem ser o centro das atenções não é fácil para as pessoas do Tipo Três, mas lhes dará uma satisfação imensa e imprevista. Você pode tentar o trabalho como voluntário em hospitais, escolas ou asilos. É provável que se surpreenda com o que sente trabalhando com os outros, não só em termos da afinidade que isso revela, mas também do que provoca no que você sente em relação a si mesmo. Talvez encontre aí um grau de auto-estima que jamais sonhou ser possível.

Quando saudáveis, as pessoas do Tipo Três gozam da bênção da verdadeira auto-estima, que é muito diferente da inflação narcísica. Elas sabem apreciar a própria vida com justeza e realismo, e isso lhes dá segurança, além de uma noção sadia de suas possibilidades. Poderíamos dizer que essas pessoas possuem equilíbrio no *amor do próprio eu*, o que lhes permite amar os outros livremente e sem segundas intenções. Esse amor ao próprio eu não corre riscos porque se baseia não só na avaliação sincera de suas reais capacidades, mas também no respeito às próprias limitações. Não é preciso dizer que qualquer pessoa desfruta e se beneficia da companhia de alguém que tenha qualidades tão admiráveis.

REFORÇANDO OS PONTOS FORTES DO TIPO TRÊS

▲

Devido à sua autêntica auto-estima, elas compreendem o quanto vale investir em si mesmas e em seu desenvolvimento: são ambiciosas, confiantes e persistentes, cuidam do físico e interessam-se em conhecer-se mais e resolver seus problemas da melhor maneira. Estão sempre procurando novas formas de melhorar a própria vida e de ensinar aos outros como podem desenvolver-se.

"Gosto de ser eu mesmo."

"Investir em si mesmo" pode ser gastar dinheiro, tempo e energia em si próprio sem ser egocêntrico nem narcisista. Se quisermos atingir alguma coisa que valha a pena na vida, precisamos investir em nós – procurar a melhor formação, estabelecer nossas próprias prioridades e não nos desviar de nossas metas. As pessoas do Tipo Três realmente sabem como dedicar-se a cultivar suas qualidades.

Além de investir em seus próprios talentos, elas contribuem para que os outros dêem de si o que têm de melhor; usam seu dom de incitar e motivar para que eles atinjam ainda mais do que imaginavam. Como enfermeiros, médicos, professores e terapeutas, as pessoas do Tipo Três provocam um efeito realmente eletrizante sobre seus alunos e pacientes pela força de seu exemplo. Assim, quando outros fisioterapeutas desenganarem a criança deficiente, o do Tipo Três conseguirá motivá-la a caminhar; o professor de música inspirará os alunos a se superarem e o treinador dará ao time o prazer de saber que fez o melhor que podia.

Os representantes saudáveis do Tipo Três também colocam sua capacidade de impressionar a serviço de causas nobres. Por isso, muitas vezes se destacam como exemplos em suas áreas. Muitas empresas e organizações recorrem a eles para representá-las. Como são bons promotores e comunicadores e sabem apresentar as coisas de uma forma que atraia e inspire, são muito competentes quando se trata de criar espírito de equipe e manter o moral alto.

Eve é uma simpática e agradável profissional de treinamento empresarial:

> Quase sempre adoro ser do Tipo Três: consigo fazer tanta coisa! Há pouco tempo agi assim com uma nova meta. Motivei meu pessoal para que pensasse que faz parte de uma equipe invencível. No fim, cinco das pessoas envolvidas tiveram aumento de salário. Hoje elas são tão leais a mim que fariam qualquer coisa; acham que eu sou o máximo, o que me faz sentir ótima! Adoro motivar as pessoas a darem o melhor de si.

Nos Níveis mais altos, as pessoas do Tipo Três sabem voltar-se para dentro de si mesmas e aceitar-se – são tudo aquilo que aparentam ser e representam uma honestidade, simplicidade e autenticidade que são extremamente inspiradoras. Elas se vêem com realismo, aceitando seus pontos fracos e valorizando os fortes sem se levar demasiado a sério. São meigas, afetivas e dotadas de uma autenticidade tocante – pessoas realmente admiráveis, que apreciam a admiração de que são alvo, mas não *precisam* dela.

Ao superar a ferida narcísica que sofreu na infância, Lynn passou a ver a si mesma e aos outros de uma forma completamente diferente:

> Sinto-me imbuída de uma presença ou força interior que se irradia até as pessoas. É uma espécie de magnetismo, que atrai sem que eu tenha de realizar nem atingir nada. Alguém me perguntou faz pouco: "Você sempre brilha assim?" Sinto-me transcendente e, ao mesmo tempo, muito humana e centrada.

O CAMINHO DA INTEGRAÇÃO: O TIPO TRÊS PASSA AO SEIS

▲

As pessoas do Tipo Três concretizam seu potencial e se mantêm saudáveis quando aprendem a comprometer-se com as pessoas e com as metas que transcendam seus próprios interesses, como as que estão na faixa saudável do Tipo Seis. Isso desloca seu foco da necessidade de manter uma auto-imagem para o real desejo de sustentar o desenvolvimento de algo que está além delas. Com isso, atingem a verdadeira auto-estima de uma forma que jamais poderiam sonhar. Quando se inicia o seu processo de integração, a cooperação com os demais – não só na carreira como nos relacionamentos – as faz descobrir a coragem e a orientação interior inerentes à faixa saudável do Tipo Seis, o que lhes permite revelar mais as suas verdadeiras qualidades. A comunicação se torna simples, direta e sincera – não há necessidade de deslumbrar ninguém.

Por mais que se esforcem, a busca de legitimação pela realização de metas que não são ditadas por seu próprio coração não compensa jamais. Para sua surpresa, porém, as pessoas do Tipo Três encontram a satisfação e a razão para a auto-estima no desprendimento e nas responsabilidades compartilhadas que advêm do compromisso com a sinceridade. Assim, elas se deixam tocar por aquilo que criam conjuntamente com os outros, vendo o que existe de belo e de bom no que criaram, independente do aplauso que possam ter recebido ou não por isso. É nesses momentos que, sem muita reflexão, as pessoas do Tipo Três começam a vivenciar o seu verdadeiro valor e identidade.

Os representantes típicos do Tipo Três tendem a sentir-se como solistas – capazes de motivar os outros e criar espírito de equipe, mas vendo-se como essencialmente solitários. A carga de ser o Herói da Família não lhes permitiu buscar apoio nem consolo – o herói não tem direito a precisar de ajuda. Porém, à medida que integram as qualidades do Tipo Seis, eles passam a reconhecer e aceitar o apoio com que podem contar, além de ter a coragem de pedi-lo quando precisam. Apesar disso, essa atitude desperta um grande medo de estar sendo inadequado e de decepcionar os outros. ("Se soubessem como eu *realmente* me sinto, todos me abandonariam.") Entretanto, ao aprender como construir com parceiros seletos relacionamentos sólidos, baseados na confiança e no respeito mútuo, como fazem os que estão na faixa saudável do Tipo Seis, eles iniciam uma jornada mais importante: a de buscar seu próprio apoio e sua orientação interior.

Naturalmente, as pessoas do Tipo Três não ganharão muito tentando simplesmente imitar as características típicas das do Tipo Seis. Comprometer-se demasiadamente e tentar criar a própria segurança e identidade a partir de afiliações diversas só serviria para reforçar sua preocupação com a auto-imagem e o desempenho. Porém, ao abrir mão da identificação com o desempenho, as pessoas do Tipo Três verão que a resistência, o compromisso sincero e a coragem que revelam as pessoas mais saudáveis do Tipo Seis desabrocharão naturalmente.

A TRANSFORMAÇÃO DA PERSONALIDADE EM ESSÊNCIA

▲

Para libertar-se, as pessoas do Tipo Três precisam deixar de acreditar que seu valor depende da aprovação dos outros, pois só assim poderão voltar-se para dentro de si e ser realmente autênticas. Por mais difícil que isso seja para elas, é o caminho mais direto que podem tomar. No início, só encontrarão o vazio no coração, mas aos poucos, com paciência e compaixão, elas conseguirão abrir-se para a mágoa e a vergonha existentes por trás dele. Quando essa dor for vista, curada e liberada, elas perceberão uma mudança que se processou sem avisar quando ou como, uma mudança que lhes permite ver que são pessoas bem diferentes do que pensavam. Livres da obrigação de dançar conforme a música que os outros tocam, elas encontram a liberdade e a leveza de fazer o que lhes manda o coração.

As pessoas do Tipo Três precisam entender claramente que devem deixar cair a máscara e admitir a sensação de vazio interior se quiserem a cura. A dádiva da salvação, naturalmente, é que não há vazio interior para o eu Essencial. Quando a máscara cai, o vazio se preenche a partir do interior. É como se a própria máscara exercesse uma pressão que reprimia o verdadeiro eu: uma vez removida a primeira, o segundo não pode deixar de revelar-se. Assim, elas descobrem que, em vez de serem vazias e desprezíveis, simplesmente têm algumas áreas por desenvolver (o que não significa que as muitas áreas que já desenvolveram sejam perdidas). É preciso coragem e, idealmente, o apoio de um parceiro, amigo, terapeuta ou conselheiro religioso para que uma pessoa do Tipo Três embarque nessa jornada de auto-revelação.

Tawney explica a diferença que isso faz:

> A diferença é que agora faço opções baseadas no que realmente necessito, e não no que me tornará mais "desejável". Parei de precisar ser "a melhor", a não ser para mim mesma. Sou capaz de expressar livremente as minhas emoções sem me preocupar com o que podem pensar de mim e me permito parecer o que eu quiser sem julgar a mim mesma. Sinto-me mais tranqüila. A vida inteira fui um reflexo do meu tipo de personalidade: era uma típica representante do Tipo Três. Agora, sou simplesmente eu mesma.

Quando se dispõem a correr o risco de perder a aprovação alheia para seguir o próprio coração, as pessoas do Tipo Três podem ganhar o destaque com que sempre sonharam. O amor e a admiração que recebem penetra até o fundo d'alma, permitindo que ali cresça um novo jardim.

Marie, que se tornou terapeuta depois de empreender sua jornada, aprendeu esse importante segredo:

> Minha identidade estava atrelada à ação e, logicamente, ao sucesso. Antes de aprender a simplesmente ser, havia pouca chance de sinceridade e autenticidade (...). Sempre fui ágil, competente e capaz. Ainda sou, mas agora não acho tão importante sair-me sempre bem. É mais importante ser fiel às coisas que realmente têm valor para mim.

Uma vez deslocado o centro de gravidade de fora para dentro, as pessoas do Tipo Três podem permitir-se a experiência inédita de deixar-se guiar por seu próprio coração. E, uma vez saboreada a sensação, não é provável que elas a troquem por nada.

A MANIFESTAÇÃO DA ESSÊNCIA

Quando conseguem reconectar-se com o próprio coração, as pessoas do Tipo Três que estão na faixa saudável personificam mais que as de qualquer outro tipo o dom Essencial da *autenticidade*. Seu comportamento torna-se fiel ao que elas realmente são, permitindo-lhes revelar seu verdadeiro eu com simplicidade, humildade e sinceridade.

A autenticidade não implica uma honestidade brutal: ela simplesmente manifesta aquilo que se é num determinado momento. Além disso, essas pessoas não necessitam de ninguém para vivenciar esse amor. Quando estão presentes, elas são simples, solícitas e capazes de dizer a verdade que emana de seu coração. À primeira vista, isso pode não parecer uma grande realização, mas se pensarmos melhor, veremos como é raro apresentar-nos aos outros dessa forma.

À medida que aprendem a dar lugar à própria autenticidade, sua qualidade Essencial começa a se manifestar. Não é fácil falar a respeito dela, não porque seja abstrata, mas sim porque se trata de algo tão fundamental em nossa existência que nos tornamos cegos a ela. Talvez a melhor palavra para defini-la seja *valor* – o fato de *termos valor por existirmos*.

Essa idéia é totalmente contrária ao que diz a cultura popular, para a qual nosso valor está em termos determinada renda, determinadas características físicas, determinada idade ou formação. Porém todos esses superficiais substitutivos do valor são criações da personalidade, a qual não está em contato com a base de seu Ser, a fonte de todo verdadeiro valor.

Se pararmos para pensar, somos nós mesmos que conferimos valor às coisas que valorizamos. Talvez a carreira de ator ou atriz nos dê auto-estima. No entanto, essa carreira pode ser trivial ou gratuita para outra pessoa. A auto-estima dela pode depender de uma gorda conta bancária. Os valores não apenas variam de pessoa para pessoa, mas também no curso de nossa própria vida. Obviamente, o fio que liga tudo isso está em *nós*. Com efeito, projetamos nosso valor Essencial sobre um emprego, uma pessoa ou uma coisa e depois tentamos reavê-lo possuindo aquilo que carrega essa projeção. Porém isso quase nunca dá certo.

Quando estamos em contato com nosso valor Essencial, sabemos que ele é inerente à nossa verdadeira natureza. Não é possível que não tenhamos valor; o que é possível é que nos esqueçamos de sua existência. Não há sofrimento, humilhação nem problema que possa diminuir o valor Essencial de uma pessoa: no máximo, eles conseguem modificá-la por meio da oportunidade de crescer, compreender e aceitar. Assim, quando as pessoas do Tipo Três conseguem perceber diretamente o seu valor Essencial, elas se libertam da implacável busca egóica de auto-estima pelo sucesso. Isso lhes permite o tempo e o espaço necessários para viver com grandeza de espírito, amor à vida, riqueza e gratidão.

Some os pontos das quinze afirmações para o Tipo Três. O resultado estará entre 15 e 75. As instruções ao lado o ajudarão a descobrir ou confirmar seu tipo de personalidade.	➤ 15 Você provavelmente não pertence a um dos tipos assertivos (Três, Sete e Oito). ➤ 15-30 Você provavelmente não pertence ao Tipo Três. ➤ 30-45 É muito provável que você tenha problemas comuns ao Tipo Três ou que um de seus pais seja do Tipo Três. ➤ 45-60 É muito provável que você tenha um componente do Tipo Três. ➤ 60-75 É muito provável que você pertença ao Tipo Três (mas ainda poderá pertencer a outro se tiver uma concepção demasiado limitada deste tipo).	*As pessoas do Tipo Três costumam identificar-se erroneamente como pertencentes ao Tipo Cinco, Um ou Oito. As dos Tipos Oito, Sete e Nove costumam identificar-se erroneamente como pertencentes ao Tipo Três.*

CAPÍTULO 10

TIPO QUATRO: O INDIVIDUALISTA

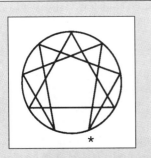

O ARTISTA

O ROMÂNTICO

O MELANCÓLICO

O ESTETA

A POBRE VÍTIMA

O ESPECIAL

"Toda arte é uma espécie de confissão mais ou menos indireta. Todos os artistas, se quiserem sobreviver, são obrigados, por fim, a contar toda a história, a vomitar a angústia."

JAMES BALDWIN

"No fim das contas, talvez a grandeza da arte esteja na eterna tensão entre a beleza e a dor, o amor dos homens e a loucura da criação, a solidão insuportável e a multidão extenuante, a rejeição e o consentimento."

ALBERT CAMUS

"A felicidade faz bem ao corpo, mas é a tristeza que desenvolve os poderes da mente."

MARCEL PROUST

"Antes beber do cálice dos pesares profundos que provar dos prazeres superficiais."

WILLIAM HAZLITT

"É preciso ser gênio para se lamentar com encanto."

F. SCOTT FITZGERALD

TIPO QUATRO: O INDIVIDUALISTA 189

O CTA RISO-HUDSON

Classificação Tipológica Conforme a Atitude

_____ 1. Muita gente me acha enigmático, difícil e contraditório – e eu gosto de ser assim!

_____ 2. Geralmente remôo os sentimentos negativos muito tempo antes de conseguir livrar-me deles.

_____ 3. Costumo sentir-me solitário e sozinho mesmo quando estou com as pessoas mais próximas.

_____ 4. Quando sou criticado ou mal interpretado, costumo retrair-me e ficar amuado.

_____ 5. Para mim é difícil envolver-me com as coisas quando não tenho controle criativo sobre elas.

_____ 6. Geralmente não sigo regras nem correspondo a expectativas porque quero dar meu toque pessoal a tudo aquilo que faço.

_____ 7. Segundo a maioria dos padrões, sou bastante dramático e temperamental.

_____ 8. Gosto de passar muito tempo imaginando cenas e conversas que nem sempre ocorreram de fato.

_____ 9. Desejo que alguém me salve de toda essa cansativa confusão.

_____ 10. Quando as coisas ficam difíceis, geralmente eu desabo e desisto – talvez desista das coisas fácil demais.

_____ 11. Posso perdoar quase tudo, menos o mau gosto.

_____ 12. Em geral, não gosto de trabalhar muito ligado a ninguém.

_____ 13. Encontrar a mim mesmo e ser fiel às minhas necessidades emocionais sempre foram motivações extremamente importantes para mim.

_____ 14. Não gosto de ser nem líder nem seguidor.

_____ 15. Sempre tenho uma noção muito clara de minhas intuições, mesmo que não tenha coragem de agir de acordo com elas.

Classifique as afirmações ao lado conforme sua aplicabilidade com base na seguinte escala:

1 ..... *Nunca é verdadeira*

2 ..... *Raramente é verdadeira*

3 ..... *Em parte é verdadeira*

4 ..... *Geralmente é verdadeira*

5 ..... *Sempre é verdadeira*

Verifique a análise da pontuação na página 215.

TIPO QUATRO DE PERSONALIDADE: O INDIVIDUALISTA

➤ **MEDO FUNDAMENTAL:** O de não ter nenhuma identidade, nenhuma importância pessoal.

➤ **DESEJO FUNDAMENTAL:** Ser capaz de encontrar a si mesmo e a sua importância como pessoa; criar uma identidade a partir de sua experiência interior.

➤ **MENSAGEM DO SUPEREGO:** "Você estará num bom caminho se for fiel a si mesmo."

O Tipo Sensível e Retraído: Expressivo, Dramático, Ensimesmado e Temperamental

Chamamos este tipo de personalidade de *o Individualista* porque seus representantes mantêm a própria identidade vendo-se como diferentes dos outros. Eles acham que são distintos dos demais seres humanos e que, por isso, ninguém pode entendê-los ou amá-los adequadamente. Muitas vezes, vêem-se como pessoas de raro talento, dotadas de qualidades ímpares, mas também de defeitos ou desvantagens igualmente únicos. Mais que qualquer outro, o Tipo Quatro percebe e concentra-se nas próprias diferenças e deficiências.

Seus representantes mais saudáveis são honestos consigo mesmos: reconhecem seus sentimentos e assumem suas próprias motivações, contradições e problemas emocionais sem negá-los nem dourá-los. Nem sempre eles gostam do que descobrem em si mesmos, mas não tentam racionalizar o que sentem nem escondê-lo de si ou dos outros. São pessoas que não têm medo de ver-se como realmente são: as mais saudáveis estão dispostas, inclusive, a revelar coisas as mais particulares e até vergonhosas, pois querem conhecer a verdade de suas experiências para descobrir quem são e aceitar sua história emocional. Essa capacidade lhes permite resistir ao sofrimento com uma força serena. A familiaridade que têm com seu próprio lado sombrio torna-lhes mais fácil que para os representantes de outros tipos a assimilação de experiências penosas.

Entretanto, as pessoas do Tipo Quatro freqüentemente afirmam que sentem faltar-lhes alguma coisa, embora não saibam exatamente o que é. Seria força de vontade? Facilidade no trato social? Autoconfiança? Tranqüilidade emocional? Tudo isso elas vêem nos outros, aparentemente até de sobra. Quando pensam mais a respeito disso, essas pessoas geralmente reconhecem uma certa insegurança quanto a *aspectos de sua auto-imagem* – sua personalidade ou eu egóico. Elas crêem que lhes falta uma identidade clara e estável, principalmente uma *persona* social com a qual se sintam à vontade.

Se, por um lado, é verdade que as pessoas do Tipo Quatro se sentem diferentes dos outros, por outro, elas não querem ficar sós: embora possam ficar acanhadas e sentir-se socialmente inadequadas, desejam ardentemente relacionar-se com gente que as compreenda e entenda seus sentimentos. Os "românticos" do Eneagrama anseiam por encontrar alguém que saiba apreciar o eu secreto que eles cultivaram e esconderam do mundo. Se, com o passar do tempo, essa validação não acontece, eles começam então a construir sua identidade em torno de *sua dessemelhança em relação às outras pessoas*. Assim, o "estranho" se consola tornando-se um individualista inveterado: tudo deve ser feito sozinho, à sua maneira, em seus próprios termos. O mantra das pessoas do Tipo Quatro torna-se então: "Eu sou eu. Ninguém me entende. Sou diferente e especial". Apesar disso, no fundo essas pessoas desejam desfrutar da mesma facilidade e segurança que os outros parecem ter.

As pessoas do Tipo Quatro geralmente têm uma auto-imagem negativa e sofrem de falta crônica de auto-estima. Sua tentativa de compensar isso consiste em cultivar um Eu Fantasioso – uma auto-imagem idealizada, construída basicamente na imaginação. Conhecemos um representante do Tipo Quatro que nos revelou passar a maior parte de seu tempo livre ouvindo música clássica e fantasiando que era um pianista tão grande como Vladimir Horowitz. Infelizmente, sua dedicação à prática era muito menor que a auto-imagem fantasiada, o que o fazia reagir com constrangimento quando as pessoas lhe pediam que tocasse. Apesar de não ser pouco, seu real talento tornou-se um motivo de vergonha.

Ao longo da vida, as pessoas do Tipo Quatro podem experimentar diversas identidades, todas baseadas nas características, estilos e preferências que consideram atraentes nos outros. Porém, no fundo, continuam inseguras quanto ao que realmente são. O problema é que sua identidade se baseia muito nos sentimentos. Quando olham para dentro, elas vêem um caleidoscópio de reações emocionais em contínua sucessão. Com efeito, essas pessoas captam com precisão uma grande verdade sobre a natureza humana: ela é dinâmica e mutável. Entretanto, como querem criar uma identidade estável a partir de suas emoções, tentam cultivar apenas certos sentimentos: alguns são vistos como "eu", enquanto os demais são rotulados como "não-eu". Tentando manter e refletir determinados estados de espírito, crêem estar sendo fiéis a si próprias.

Um dos maiores desafios que essas pessoas enfrentam é o de libertar-se de sentimentos do passado. Elas tendem a lamber as próprias feridas e a cultivar sentimentos negativos em relação aos que as magoaram. Com efeito, podem prender-se tanto às carências e decepções que deixam de reconhecer o quanto há de bom na própria vida.

Leigh, uma mãe que trabalha, luta há muitos anos com esse problema:

> Não consigo viver como todo mundo. Tive uma série de problemas de relacionamento. Odeio a bondade de minha irmã – e a bondade em geral. Passei anos sem ter alegria na vida, só fingindo sorrir. Sempre desejei coisas que não posso ter. Meus desejos nunca podem se realizar porque agora eu vejo que estou presa ao desejar em si, e não a alguma coisa em concreto.

Há um conto sufista que fala sobre isso: é a história de um velho cão maltratado e quase morto de fome. Um dia ele encontrou um osso, levou-o para um lugar seguro e começou a roê-lo. Estava tão faminto que roeu o osso até tirar dele tudo que havia. Então um velhinho bondoso o viu em sua luta com o que restava do osso e, com pena, deu-lhe um pouco de comida. Mas o pobre cão estava tão agarrado ao osso que não conseguiu abandoná-lo e morreu de fome.

As pessoas do Tipo Quatro padecem do mesmo mal. Enquanto acreditarem que há algo de errado com elas, não conseguirão reconhecer nem desfrutar suas muitas boas qualidades. Reconhecê-las implicaria perder a própria identidade (de vítima sofredora), e não ter uma identidade relativamente consistente é seu Medo Fundamental. Essas pessoas só poderão crescer se aprenderem a ver que boa parte de sua "história" não é verdade – ou, pelo menos, já não é verdade. Os antigos sentimentos começam a esvair-se quando elas param de contá-la a si mesmas: sua velha história então deixa de ser importante para seu novo eu.

O PADRÃO DA INFÂNCIA

Favor observar que o padrão da infância aqui descrito não provoca o tipo de personalidade. Em vez disso, ele descreve tendências observáveis na tenra infância que têm grande impacto sobre os relacionamentos que o tipo estabelece na vida adulta.

As pessoas do Tipo Quatro acham que não são como seus pais. Muitas delas relatam haver fantasiado que haviam sido trocadas no hospital ou adotadas. Isso geralmente se manifesta numa sensação de não haver sido "vistas" pelos pais, de não haver tido com eles uma relação suficientemente próxima. Do ponto de vista psicológico, essas pessoas crêem não haver podido contar com espelhamento, pelo menos não o espelhamento de características e qualidades reais que pudessem utilizar na formação de sua identidade. (Conforme a teoria dos sistemas familiares, elas se identificariam com o papel do Filho Perdido.)

Por causa disso, acreditam que há algo profundamente errado com elas, o que as lança a uma eterna "busca do próprio eu". Elas pensam: "Se não sou como meus pais e não consigo ver-me neles, então quem sou eu?" Assim, acabam predispondo-se a concentrar-se naquilo que lhes falta – o que falta em si mesmas, em sua vida e em seus relacionamentos. Sentem-se abandonadas e incompreendidas pelos pais e, posteriormente, por outras pessoas importantes.

Hannah trabalha no setor administrativo de uma universidade. É muito querida pelo marido e pelos filhos, mas ainda sofre crises de alienação periódicas, próprias de seu tipo:

> Desde cedo aprendi a não depender de minha mãe, a fazer as coisas sozinha e resolver meus próprios problemas. Meu pai, um homem que, antes de mais nada, tinha dúvidas quanto a querer ter filhos, começou a viajar muito quando eu estava na escola primária, o que me fez sentir ainda mais abandonada.

Em decorrência desse tipo de padrão, as pessoas do Tipo Quatro reagem intensamente àqueles que deflagram seu desejo de espelhamento, seu desejo de ser vistas e apreciadas pelo que são. No nível mais profundo, estão sempre buscando a mãe e o pai que acham que não tiveram. Assim, poderão ver em tais pessoas os "salvadores" que as redimirão de seus infortúnios. Porém podem também decepcionar-se e encolerizar-se com a falta de apoio e compreensão dessas pessoas com a mesma facilidade. O outro é visto como uma fonte de amor, bondade e beleza – qualidades que elas geralmente crêem não possuir –, o que cria o cenário tanto para a expectativa de ser completadas pelo outro quanto para terríveis medos de abandono. As pessoas que fogem à possibilidade de enquadramento num desses papéis normalmente têm pouco interesse para os representantes típicos do Tipo Quatro: é como se aqueles que não lhes provocam fortes reações emocionais de certa forma não existissem.

Como têm dúvidas acerca da própria identidade, elas tendem a brincar de "esconde-esconde": escondem-se dos outros, mas esperam que sua ausência seja notada. As pessoas do Tipo Quatro tentam ser misteriosas e intrigantes para atrair alguém que as perceba e redima com seu amor. Mas, alternando a ocultação e a revelação de si mesmas com tanta intensidade e carência, acabam por afastar inadvertidamente o salvador tão ansiado. Enquanto não reconhecerem esse padrão e não virem o irrealismo das expectativas que nutrem em relação aos mais íntimos, correm o risco de deixar que suas exigências afetivas alienem os outros.

TIPO QUATRO COM ASA TRÊS: O ARISTOCRATA

Faixa Saudável As pessoas deste subtipo aliam criatividade e ambição, desejo de auto-aperfeiçoamento e tino para atingir suas metas, as quais geralmente têm relação com o crescimento pessoal. Seus representantes – mais sociáveis que os do outro subtipo – almejam tanto o sucesso quanto a distinção. Não sendo dotados de espírito propriamente científico, eles são muitas vezes criadores solitários que mesclam paixão e indiferença. Como têm necessidade de comunicar-se e dar vazão à própria criatividade, empenham-se em encontrar o modo correto de expressão e em evitar qualquer coisa que pareça desagradável ou de mau gosto. Criam com uma platéia em mente.

Faixa Média Essas pessoas são mais inibidas e preocupadas com seu próprio valor e com o modo como se expressam que as do outro subtipo. Elas querem ser reconhecidas pelo que são e por seu trabalho e costumam esmerar-se em tudo aquilo que se relacione a sua auto-apresentação. São mais práticas, mas também mais extravagantes – amam o refinamento, a cultura, a sofisticação, e, preocupadas com a aceitação social, adoram ver-se como pessoas elegantes e de classe. Podem ser competitivas e mostrar-se desdenhosas em relação aos demais; o narcisismo e a pretensão aqui se revelam mais direta e abertamente.

OS SUBTIPOS
CONFORME AS ASAS

▲

Exemplos

Jeremy Irons
Jackie Onassis
Tennessee Williams
Judy Garland
Vivien Leigh
Sarah McLachlan
O Artista (antes conhecido como "Prince")
Martha Graham
"Blanche Dubois"

TIPO QUATRO COM ASA CINCO: O BOÊMIO

Exemplos

Bob Dylan
Anne Rice
Allen Ginsberg
Alanis Morrisette
Edgar Allan Poe
Johnny Depp
Sylvia Plath
James Dean
Ingmar Bergman

Faixa Saudável As pessoas deste subtipo tendem a ser extremamente criativas, aliando emotividade e introspecção a perspicácia e originalidade. Menos preocupadas com a aceitação e o *status* que as do outro subtipo, elas são altamente personalistas e idiossincráticas na auto-expressão, criando mais para si que para uma platéia. Essas pessoas gostam mais do processo de criatividade e descoberta que do da apresentação e são dotadas de muito espírito de investigação. Para o bem ou para o mal, adotam em geral uma atitude de desafio diante das convenções e da autoridade, rompendo com as regras sempre que o assunto seja a auto-expressão.

Faixa Média Mais introvertidas e socialmente retraídas que as do outro subtipo, essas pessoas tendem a viver mais na própria imaginação. O mundo real é para elas menos interessante que suas paisagens mentais. Atraídas pelo exótico, pelo misterioso e pelo simbólico, têm geralmente um comportamento incomum e excêntrico. Essas pessoas preferem coisas e ambientes menos rebuscados e um estilo de vida minimalista. Às vezes são extremamente reservadas, vendo a si mesmas como rebeldes "forasteiras". São capazes de brilhantes lampejos intuitivos, mas têm dificuldade de manter a constância na vida prática.

O INSTINTO DE AUTOPRESERVAÇÃO NO TIPO QUATRO

AS VARIANTES
INSTINTIVAS

O Sensualista. Na faixa média, os Autopreservacionistas do Tipo Quatro tendem a ser os mais práticos e materialistas dentre os representantes de seu tipo. Sendo pessoas que amam as coisas boas da vida, gostam de cercar-se de objetos belos. São muito sensíveis à sensualidade do mundo concreto e, por isso, podem criar um "ninho" cheio de coisas de grande apelo estético e emocional. Como são muito suscetíveis à apresentação e ao simbolismo dos presentes, gostam de presentear (uma rosa para o ser amado, por exemplo). Além disso, tendem a ser os mais introvertidos dentre os representantes de seu tipo: possuir um lar confortável e bonito ajuda-os a atravessar os períodos de isolamento social. Seu grau de exigência em relação ao ambiente pode chegar à obsessão: gostam de texturas agradáveis ao tato, iluminação difusa e temperatura confortável.

Por fim, seu desejo de intensidade emocional acaba por interferir com a vida normal. Essas pessoas muitas vezes jogam a cautela para o alto quando estão sob efeito da euforia de uma emoção qualquer. No outro extremo, tendem a ser autocomplacentes, numa tentativa de aliviar as rebordosas emocionais. Em ambos os casos, é seu costume deixar que os caprichos emocionais lhes ditem o comportamento. As pessoas desta Variante Instintiva por vezes tentam manter um estilo de vida rarefeito em detrimento de sua segurança e bem-estar físico (comprando coisas caras quando ainda não pagaram o aluguel, por exemplo). Como os representantes do Tipo Sete, elas podem tornar-se como divas frustradas, que só querem luxo e banquetes. Muitas vezes, adquirem maus hábitos alimentares e descuidam da saúde, assistindo filmes até tarde da noite, ouvindo música, comendo e bebendo demais, como se pensassem: "Que diferença isso faz?" Esse tipo de coisa se torna uma compensação pela vida não vivida.

Na faixa não-saudável, os Autopreservacionistas do Tipo Quatro tornam-se muito suscetíveis ao alcoolismo e ao uso de drogas, sentindo-se atraídos por situações que põem em risco a estabilidade de sua vida. Essa atração pelo perigo pode levá-los a romances ilícitos ou a outros relacionamentos destrutivos. Além disso, podem tornar-se extremamente irresponsáveis, não se incomodando em manter ou sequer em obter seu próprio sustento. Quando se sentem emocionalmente sobrecarregados, podem faltar ao trabalho ou deixar de pagar as contas. É comum recorrerem a drogas e se desleixarem de si mesmos por longos períodos, numa atitude extremamente autodestrutiva.

O INSTINTO SOCIAL NO TIPO QUATRO

O Estranho. Os representantes Sociais típicos do Tipo Quatro são, em relação aos das demais Variantes Instintivas, os que mais se vêem como diferentes dos outros, como únicos no mundo. Eles vivem a sua singularidade tanto como o que de melhor podem oferecer aos outros como quanto à cruz que têm de carregar. Não é de surpreender que sejam os representantes mais socialmente ativos do seu tipo: desejam envolver-se com as pessoas e ser parte do mundo social, mas muitas vezes não sabem como. Da mesma forma que os do Tipo Três, eles comparam-se constantemente aos demais, embora sempre achem que estão em desvantagem. Apesar de desejarem estar entre os belos, os glamourosos, a elite, duvidam ter recursos para tal.

A sensação de acanhamento em situações sociais acaba por levar os representantes Sociais do Tipo Quatro a acreditar que não sabem agir como pessoas normais. Eles invejam a felicidade dos outros, ao mesmo tempo que os rejeitam pelo que consideram grosseria e insensibilidade. Muitas vezes, adotam uma imagem exótica e glamourosa para encobrir suas inseguranças no terreno social e, numa tentativa de compensação, começam a fazer parte de grupos com estilo alternativo de vida. ("Buscarei consolo com outros estranhos." Os *beatniks* dos anos 50 e os adeptos da subcultura gótica do *rock* nos anos 80 e 90 são exemplos disso.)

Certos representantes desta Variante podem lançar-se agressivamente à busca do sucesso para compensar a constante sensação de inadequação. ("Não vão rir de mim agora!") Costumam ter violentas reações a tudo que se diz a seu respeito e ruminar conversas passadas em busca de indícios de desprezo nas palavras alheias. Ironicamente, podem tanto defender os próprios defeitos quanto lamentá-los. ("Claro que me sinto distante diante de tanta grossura e egoísmo – mas bem que eu queria que alguém me amasse!")

Na faixa não-saudável, o medo da rejeição pode levar essas pessoas a esquivar-se quase completamente ao envolvimento com os outros. A vergonha e as expectativas de humilhação podem crescer a ponto de fazê-las querer até evitar ser vistas. Ao mesmo tempo, as inseguranças as tornam incapazes de trabalhar bem. Por conseguinte, freqüentemente tornam-se muito dependentes da família, dos amigos ou do parceiro. O isolamento, juntamente com as fantasias de realização, pode levá-las a desperdiçar sua vida.

O INSTINTO SEXUAL NO TIPO QUATRO

Paixão. Os representantes Sexuais típicos do Tipo Quatro são o melhor exemplo do romantismo, da intensidade e do anseio por um salvador que caracteriza seu tipo. Essas pessoas podem ser docemente vulneráveis e impressionáveis, mas também são dinâmicas e agressivas, principalmente na auto-expressão. Há nelas algo de assertivo e extrovertido que as faz mais capazes de realizar suas fantasias que os representantes das outras duas variantes. Em geral turbulentas e temperamentais, sua vida emocional costuma girar em torno daquele que as atrai. Seu objeto de desejo pode provocar-lhes simultaneamente intensos sentimentos de admiração, falta e ódio. Sedutoras e sensuais, essas pessoas podem ser também ciumentas e possessivas como os representantes do Tipo Dois, pois querem ser a única coisa importante na vida do outro. Como têm grandes dúvidas a respeito de seu poder de atração, lutam por realizações que as tornem aceitáveis aos olhos do outro – querem ser uma estrela – e, ao mesmo tempo, têm rancor daqueles que atingem iguais objetivos.

A inveja se torna mais visível nesta variante. Surgem problemas de relacionamento porque os representantes Sexuais do Tipo Quatro costumam envolver-se romanticamente com pessoas cujas qualidades admiram e querem possuir. Mas depois eles terminam invejando o ser amado e ressentindo-se contra ele justamente por possuir essas qualidades. A idealização é então rapidamente substituída pela rejeição pelos mínimos defeitos. Além disso, muitas vezes sentem-se atraídos por pessoas que, por uma razão ou outra, não estão disponíveis. Assim, podem passar muito tempo desejando ter para si o objeto de desejo e detestando todos aqueles que recebem a atenção deste.

Na faixa não-saudável, a intensidade da inveja que sentem pode levar essas pessoas a desejar sabotar os outros para vingar-se. Inconscientemente, elas vivem conforme o provérbio: "Desgraça pouca é bobagem". ("Se eu tenho de sofrer, você também sofrerá.") Os representantes Sexuais do Tipo Quatro criam rivalidades e depois se sentem no direito de desfazer de seus oponentes e magoar os que os decepcionaram. (É impossível não lembrar da inveja que Salieri tinha de Mozart, por exemplo.) Eles estão propensos a rápidas mudanças de sentimentos em relação aos outros, inclusive seus protetores e entes queridos. Seu caos emocional pode levá-los a atos de violência contra si mesmos ou contra aqueles que acreditam haverem frustrado suas necessidades emocionais.

A seguir, alguns dos problemas mais freqüentes no caminho da maioria das pessoas do Tipo Quatro. Identificando esses padrões, "pegando-nos com a boca na botija" e simplesmente observando quais as nossas reações habituais diante da vida, estaremos dando um grande passo para libertar-nos dos aspectos negativos de nosso tipo.

DESAFIOS PARA O CRESCIMENTO DO TIPO QUATRO

▲

O SINAL DE ALERTA PARA O TIPO QUATRO: O USO DA IMAGINAÇÃO PARA INTENSIFICAR OS SENTIMENTOS

A identidade das pessoas do Tipo Quatro baseia-se em seus sentimentos e disposição interior ("Sou o que sinto"). Portanto, elas tendem a consultá-los mais que as dos demais tipos. (Geralmente, estão mais sintonizadas às reações emocionais provocadas pelas experiências que às próprias experiências em si.)

> "É curioso ver quantas diferentes atmosferas os sentimentos podem criar num só dia."
>
> ANNE MORROW LINDBERGH

Mas a única coisa que é certa em relação aos sentimentos é que eles sempre mudam. *Se a identidade dessas pessoas baseia-se nos sentimentos e eles estão sempre mudando, então sua identidade também está sempre mudando.* A solução que encontram para isso é cultivar os sentimentos com os quais se identificam e rejeitar aqueles que não lhes são tão familiares ou "verdadeiros".

Em vez de deixar que os sentimentos surjam espontaneamente em cada momento, essas pessoas fantasiam sobre os indivíduos, fatos e situações que lhes despertam emoções que possam refletir sua identidade, mesmo que tais sentimentos sejam negativos ou penosos. Quaisquer que sejam eles, as pessoas do Tipo Quatro procuram intensificá-los para reforçar sua noção de eu. Elas podem, por exemplo, escolher as músicas que mais lhes despertam associações – como as canções que as fazem lembrar um amor perdido – e tocá-las sem parar, a fim de manter os antigos sentimentos ou, pelo menos, um clima emocionalmente forte.

Quando começam a criar e manter esses estados de espírito – o que, num certo sentido, é uma tentativa de manipular os próprios sentimentos –, elas tomam o caminho errado: assim, acabam por criar o hábito desanimador de viver na imaginação, mais do que no mundo real.

Quando mais jovem, Beverly foi uma bela comissária de bordo. Conheceu muitos homens nas viagens que fez, mas nunca se envolveu com ninguém.

Como eu fazia a rota para Paris, teria sido bem fácil conhecer muitos homens. Depois que as bandejas com as refeições eram recolhidas, dava para conversar e um pouco de flerte ajudava a passar o tempo. Mas eu preferia sentar-me só no fundo do avião e ficar pensando em alguém que vira a bordo ou no aeroporto a falar com uma pessoa que provavelmente só iria me decepcionar. Durante o vôo, eu podia apaixonar-me, transar, casar, imaginar a casa e os filhos que teríamos. Assim, não precisaria enfrentar as decepções nem terminar o relacionamento.

> **RECONHECENDO O "CANTO DE SEREIA" DA FANTASIA**
>
> As pessoas do Tipo Quatro temem que, se as emoções não forem suficientemente intensas, sua criatividade e até sua identidade desapareçam. Procure observar-se ao longo do dia para detectar o funcionamento desse processo de uso da imaginação para provocar sensações. Preste atenção às suas fantasias e aos seus comentários interiores: o que eles estão reforçando? Para que servem? Você acha que certos sentimentos são mais "você" que os outros? Em geral, qual a "linha básica" de seu estado de espírito? Qual a sua reação se *não* estiver naturalmente nesse estado de espírito? Esteja atento à tendência de comentar seus sentimentos e experiências, como se estivesse se perguntando: "O que essa experiência diz a meu respeito?"
>
> Toda vez que você fantasiar, principalmente com potenciais casos amorosos e aventuras sexuais ou com um eu "idealizado", estará chegando mais perto do transe característico do Tipo Quatro.

Papel Social: A Pessoa Especial

Os representantes típicos do Tipo Quatro insistem em ser eles mesmos e imprimir sua marca pessoal em tudo aquilo que fazem. Sua auto-imagem começa a basear-se cada vez mais na *dessemelhança que observam entre si e os outros*. (A mensagem de seu superego – "seja fiel a si mesmo" – se intensifica à medida que adentram esse transe.) Da mesma forma, seus estados de espírito geralmente contrastam muito com a atmosfera do ambiente. ("Se os outros estão felizes, eu estou triste. Se estão tristes, tenho vontade de rir.") Manter sentimentos distintos dos sentimentos dos outros reforça a identidade das pessoas do Tipo Quatro. Assim, seu Papel Social característico é o da Pessoa Especial, o do Estranho Misterioso, e elas não se sentem à vontade na interação com os demais a não ser a partir desse papel.

Ironicamente, quanto mais insistem em ser diferentes e únicas, mais entram numa camisa-de-força que as isola de muitas possibilidades de encontrar satisfação. As pessoas do Tipo Quatro precisam entender que essa insistência provavelmente as levará a negar ou passar por cima de muitas de suas qualidades positivas só porque se parecem às qualidades que vêem nos outros, principalmente nos membros

TIPO QUATRO: O INDIVIDUALISTA 199

S A U D Á V E L	Nível 1	Termos-chave: Amor à Vida Revitalização	As pessoas do Tipo Quatro deixam de acreditar que têm mais defeitos que os outros e, assim, conseguem libertar-se da absorção em si mesmas. Seu Desejo Fundamental – encontrar-se e definir sua própria importância – também é cumprido e, desse modo, se resolvem os problemas de identidade e estabilidade. Essas pessoas então se renovam, se redimem e se revelam.	T I P O Q U A T R O N Í V E I S D E D E S E N V O L V I M E N T O
	Nível 2	Introspecção Sensibilidade	As pessoas do Tipo Quatro concentram-se em seus próprios sentimentos e preferências para estabelecer uma noção clara de identidade pessoal. Auto-imagem: "Sou sensível, diferente e atento a mim mesmo".	
	Nível 3	Auto-revelação Criatividade	As pessoas do Tipo Quatro reforçam sua auto-imagem expressando a própria individualidade pela criatividade. São eloqüentes e sutis, exploram suas impressões e sentimentos e sabem compartilhá-los com os demais. Sua criatividade, apesar de extremamente pessoal, muitas vezes tem implicações universais.	
M É D I A	Nível 4	Romantismo Individualismo	Temendo não poder confiar em seus mutáveis sentimentos, as pessoas do Tipo Quatro recorrem à imaginação para prolongar e intensificar seus estados de espírito. Usam então a fantasia e o estilo para reforçar a individualidade e começam a sonhar com alguém que as salve.	
	Nível 5	Auto-Absorção Temperamentalismo	As pessoas do Tipo Quatro receiam não ser reconhecidas ou apreciadas em sua singularidade. Por conseguinte, fazem-se de difíceis para testar os outros e saber se estão realmente interessados nelas. Distantes, acanhadas e melancólicas, mantêm os demais a distância, acreditando que sua fragilidade finalmente atrairá um salvador.	
	Nível 6	Autocomplacência Sibaritismo	As pessoas do Tipo Quatro temem ser forçadas pelas exigências da vida a abrir mão de seus sonhos e jamais desesperam de ser salvas. Têm a sensação de estar deixando a vida passar e invejam a estabilidade alheia. Assim, eximem-se das "regras" e tornam-se sensualistas, pretensiosas e improdutivas.	
N Ã O – S A U D Á V E L	Nível 7	Ódio Alienação	As pessoas do Tipo Quatro temem estar desperdiçando a própria vida, o que pode ser verdade. Para salvar a auto-imagem, repudiam todos aqueles que discordam da visão que têm de si mesmas ou de suas exigências afetivas. A raiva reprimida resulta em depressão, apatia e fadiga constante.	
	Nível 8	Auto-rejeição Depressão Clínica	As pessoas do Tipo Quatro, desesperadas por tornar-se aquilo que vêem em suas fantasias, odeiam tudo em si que não corresponda ao que é fantasiado. Detestando a si mesmas e aos outros por não salvá-las, podem sabotar o que ainda lhes resta de bom na vida.	
	Nível 9	Desespero Negação da Vida	Convencidas de haver desperdiçado a vida buscando fantasias fúteis, as pessoas não-saudáveis do Tipo Quatro podem recorrer a comportamentos autodestrutivos para atrair salvadores ou tentar pôr fim à própria vida para escapar ao negativismo de sua consciência da própria identidade. Em certos casos, podem cometer crimes passionais.	

da família. Desse modo, *sem querer criam uma identidade negativa:* "Não sou assim". "Jamais conseguiria trabalhar num escritório." "Nunca vestiria nada de poliéster." "Prefiro morrer a ter de comprar no Kmart." Elas não entendem que "ser o que se é" não requer nenhum esforço: mesmo que se tente, não se consegue ser outra coisa. Quando deixam de empenhar-se tanto em "ser elas mesmas", as pessoas do Tipo Quatro se libertam e encontram a beleza daquilo que realmente têm a oferecer.

Riva, uma talentosa artista gráfica, situa na infância as origens desse problema:

"Ninguém me compreende."   Quando criança, meu mundo era bastante fechado. Eu não me revelava facilmente nem procurava tomar a iniciativa no contato com os outros. Sentia-me estranha e rejeitada – talvez pelo modo como era, ou falava, ou pelo fato de ser judia e inteligente. Não sei. Embora uma parte de mim quisesse ser "normal" e simplesmente divertir-se, comecei a ter orgulho de ser "especial" e mais sensível, madura e perspicaz, capaz de compreender mais profundamente as coisas. Comecei a sentir-me uma pequena adulta entre meus colegas de infância. Assim, a divisão inferioridade-superioridade começou bem cedo.

Quando vai longe demais, o desejo de ser "elas mesmas" pode levar as pessoas do Tipo Quatro a acreditar que as regras e exigências da vida cotidiana não se aplicam a elas. ("Faço o que quero como e quando quero.") Sentindo-se eximidas das leis da sociedade e descartando regras e convenções, podem tornar-se secretamente muito presunçosas, imaginando que, graças ao seu imenso – e ainda não descoberto – talento, merecem ser mais bem tratadas que os outros.

Por conseguinte, as pessoas do Tipo Quatro passam a ver em muitos dos aspectos normais da vida – como ganhar o próprio sustento e ter assiduidade no trabalho – impedimentos à sua busca do próprio eu. Elas querem liberdade para deixar-se levar por sua imaginação e seus estados de espírito, embora possam passar meses (ou anos) esperando que chegue a inspiração. A verdade é que talvez estejam desperdiçando seu tempo numa vida improdutiva. Riva continua:

> Pensar em mim mesma como superior e excepcionalmente sensível me faz acreditar que tenho direito a não fazer o que os simples mortais têm de fazer, principalmente quando se trata de algo de mau gosto. Mas esse direito também tem relação com o oposto – ou seja, pensar que sou inferior e incapaz em algum sentido, que não tenho como dar conta das exigências comuns do dia-a-dia, como ter um emprego regular ou manter um relacionamento estável e satisfatório.

A Inveja e as Comparações Negativas

Como todas as Paixões (ou "Pecados Capitais"), a *inveja* surge como uma certa reação à falta de contato com o eu Essencial. Porém, ao contrário da maioria dos

SER DIFERENTE × TER CONTATO

Apesar de sermos todos indivíduos – e dignos de mérito justamente por causa de nossa individualidade – temos muito em comum com os demais seres humanos. Observe sua tendência a concentrar-se automaticamente nas *diferenças* que vê entre si mesmo e os outros. Quanto isso lhe custa em termos de seu contato, sua relação com as pessoas? Essa tendência o impede de realizar atividades que lhe seriam benéficas?

outros, o Tipo Quatro ainda mantém um determinado grau de consciência em relação a essa perda de contato com sua Essência. Além disso, seus representantes acreditam serem as únicas pessoas que perderam esse contato. Quando crianças, seus familiares e amigos pareciam-lhes mais completos e adequadamente valorizados, ao passo que eles se sentiam ignorados. O resultado é a tendência à solidão crônica, fortes desejos de aceitação e inclusão e inveja daqueles que as conseguem.

> "Que vida maravilhosa eu tive! A única coisa que eu queria era haver percebido isso antes."
>
> COLETTE

Cass, uma atriz reconhecida, revela-nos alguns dos sentimentos que caracterizaram sua infância:

> Eu tinha 2 anos de idade quando minha irmã nasceu e tornou-se o centro das atenções. Eu me senti abandonada e passei a ver-me como uma estranha, uma criança solitária que olhava pela janela de uma casa cheia de riso e alegria. Na escola, sentia-me intimidada e isolada. Tornei-me então estudiosa, mas isso só contribuiu para fazer-me sentir ainda mais diferente. Sempre tive inveja das garotas que tinham cabelos louros e olhos azuis e odiava meus olhos e cabelos castanhos. Meu pai era frio e distante e costumava dizer-me: "Você não sabe o que quer e não será feliz enquanto não descobrir!"

Quando se tornam adultas, a inveja leva as pessoas do Tipo Quatro a ver todos como normais e equilibrados e a si mesmas como cheias de defeitos ou, na melhor das hipóteses, incompletas. Com efeito, sua maior queixa é não conseguir camuflar as próprias falhas tão bem quanto os outros, deixando transparecer inteiramente a própria vulnerabilidade – e, por isso sentem vergonha de si mesmas. Os outros lhes parecem gostar de si mesmos, ter auto-estima, saber apresentar-se e buscar o que querem da vida. São espontâneos, felizes, desinibidos e cheios de desenvoltura – ou seja, são e possuem tudo aquilo que elas crêem não ser nem possuir. Assim, essas pessoas começam a ressentir-se de sua condição e a cobiçar a facilidade no trato social de que os outros parecem desfrutar.

Leigh, a quem já conhecemos, relembra:

> Sentia-me tão isolada. Via todas as outras garotas se divertindo e fazendo amizade umas com as outras, e eu não tinha a menor idéia de como conseguir isso. Por isso, sempre me sentia distante e diferente – alguém à parte.

Não me sentia superior; simplesmente me sentia absoluta e irremediavelmente diferente, sem a menor chance de entrar no grupo e compartilhar da diversão, da amizade, da intimidade, de nada.

Embora às vezes se deixem consumir pela inveja, as pessoas do Tipo Quatro geralmente têm vergonha dela e tentam escondê-la de todas as maneiras. Quase sempre o fazem adotando uma atitude fria e distante. Elas oscilam entre o desejo de manifestar sua aflição – para que os outros vejam o quanto estão decepcionadas – e o de escondê-la. ("Não lhes darei essa satisfação!") Muitas das pessoas deste tipo resolvem a questão expressando *indiretamente* seus sentimentos mais sombrios, por meio da arte ou de alusões. Conhecemos um representante do Tipo Quatro que costuma comunicar à namorada o que sente por meio de fitas com canções que contêm mensagens secretas para ela.

Essas pessoas costumam estabelecer comparações que dão ensejo a sentimentos negativos devido à sua tendência a imaginar as reações alheias, em vez de indagar diretamente e descobrir o que os demais de fato estão pensando. A inveja as predispõe a decepcionar-se consigo mesmas e a projetar essa decepção nos outros. Com isso, já esperam ser vistas com maus olhos mesmo por aqueles que gostam delas. Dessa forma, a inveja é capaz de fazê-las perder horas em fantasias melancólicas que as envolvem num véu de tristeza e as fazem sentir-se vulneráveis, feridas e incompreendidas pelo mundo – na maioria das vezes, desnecessariamente.

O Reforço dos Estados de Espírito Por Meio da Estética e da Sensualidade

"Faço o que quero quando e como quero."

As pessoas do Tipo Quatro mantêm seus estados de espírito cultivando um ambiente que fomente os sentimentos com que se identificam. Por conseguinte, costumam sentir-se atraídas pelo belo e pelo exótico, procurando cercar-se de beleza nos objetos, na música, na luz, nas texturas e odores que reflitam sua individualidade e, ao mesmo tempo, intensifiquem seus sentimentos. A atmosfera, o estilo e o "bom gosto" assumem importância capital e as tornam muito meticulosas com tudo aquilo que as cerca. Assim, precisam ter a caneta certa, só aceitam o tom exato na parede do quarto e o caimento das cortinas tem de ser o previsto, do contrário não se sentem bem.

Quando não controlam esse desejo de prolongar assim seus estados de espírito, mesmo que sejam negativos, as pessoas do Tipo Quatro podem criar hábitos destrutivos de difícil rompimento. Se, por exemplo, perderem a esperança de chegar a ter um relacionamento mais profundo e prazeroso, podem buscar alívio em prazeres substitutos: sexo casual, pornografia, alcoolismo e drogas ou noites inteiras vendo filmes antigos na TV. As muitas indulgências e isenções que se permitem as fragilizam ainda mais. Nicholas é um escritor que por muitos anos viveu em depressão:

Quando não sou indulgente demais comigo mesmo, sou demasiado severo. Quando surge algum problema ou dificuldade, eu desisto logo e procuro uma saída dormindo ou bebendo demais. Mas isso só me traz culpa e nojo de mim mesmo. Tinha de escrever uns capítulos para um livro há alguns anos, mas, em vez de simplesmente começar, não conseguia nem olhar para a máquina. Então, bebia, assistia TV e alugava filmes até não agüentar mais. Aí, quando "cheguei ao fim do poço", me recobrei e voltei a trabalhar. Parecia até que tinha necessidade de criar uma crise.

"DECORAÇÃO DE INTERIORES"

Observe com atenção o ambiente do lar e de seu trabalho e seu guarda-roupa. Quais são seus "adereços" favoritos? O que você usa para criar atmosferas? Qual o seu grau de dependência delas? Você faz alguma coisa para "criar coragem" para trabalhar? Para conversar com as pessoas? Para relaxar? Para meditar ou exercitar-se?

A Fuga para um Eu Fantasioso

Todos os representantes da Tríade do Sentimento criam uma auto-imagem que acreditam ser preferível ao seu verdadeiro eu. Enquanto a auto-imagem dos Tipos Dois e Três está mais em evidência, a do Tipo Quatro é mais interiorizada, uma auto-imagem que chamamos de *Eu Fantasioso*.

Conforme dito anteriormente, os representantes típicos do Tipo Quatro passam o tempo a devanear com o próprio talento e as obras-primas que criarão, em vez de aperfeiçoar suas reais habilidades. Naturalmente, essa auto-imagem não é toda ela apenas um produto de sua imaginação – parte dela será posta à prova junto àqueles em quem confiam. Porém, mesmo quando revelam alguns aspectos de sua identidade interior, eles guardam para si a maior parte de seu Eu Fantasioso.

Embora possa emprestar às pessoas do Tipo Quatro uma *persona* ocasional, o Eu Fantasioso geralmente não tem relação com seus reais talentos e, por isso, tende a provocar a rejeição e o ridículo. O grau de presunção nele investido tende a ser proporcional à profundidade da mágoa emocional sofrida: essas pessoas podem ver-se como criaturas quase mágicas, ao passo que os outros são banais ou inferiores. O Eu Fantasioso em geral se baseia em qualidades idealizadas e praticamente impossíveis de obter, mesmo com esforço e disciplina. Assim, ele é por natureza inatingível e está indissociavelmente ligado à rejeição que essas pessoas dedicam às suas reais qualidades e capacidades.

Quando se encontram muito identificadas com o Eu Fantasioso, as pessoas do Tipo Quatro tendem a repelir todo tipo de interferência com seu estilo de vida, interpretando as sugestões dos outros como uma malvinda intromissão ou pura pressão. Quando é pre-

"Tenho um eu secreto que ninguém conhece."

ciso agir, sentem-se desanimadas e tendem a adiar ou evitar ao máximo os contatos sociais e os prazos profissionais. Reagem a qualquer questionamento acerca de seu comportamento com desdém, raiva e "ressentimentos". Anseiam por mais atenção e apoio, mas quase nunca conseguem aceitar os que lhe são ofertados.

Riva comenta:

> Para mim sempre foi muito difícil contar com algo além de mim mesma, tomar a iniciativa de pedir o que preciso. Por um lado, espero que as pessoas leiam meus pensamentos (como esperei de minha mãe). Por outro, não espero encontrar quem se preocupe em querer ajudar-me, em satisfazer minhas necessidades – já que elas não foram atendidas na infância. Então aprendi a usar minha fragilidade, minha hipersensibilidade, para manipular meus pais e induzi-los a fazer as coisas por mim. Assim, não tinha de assumir a responsabilidade por mim mesma, por meus próprios erros.

ATUALIZANDO SEUS VERDADEIROS TALENTOS

Que qualidades você fantasia possuir? Observe quais delas você realmente poderia cultivar. Por exemplo, é certo que a música exige talento, mas esse talento não se tornará realidade se você não o cultivar por meio da prática e da disciplina. Da mesma maneira, para estar em forma é preciso exercício e dieta equilibrada. Que qualidades são inatingíveis, independente do que você fizer – ser mais alto ou possuir origens diferentes das que tem, por exemplo? O que nelas o atrai? Você é capaz de identificar a auto-rejeição quando deseja coisas assim? E de reconhecer e valorizar as qualidades que de fato possui?

Hipersensibilidade

O constante fantasiar, a absorção em si mesmas e as comparações negativas tiram as pessoas do Tipo Quatro da realidade e lançam-nas num crescendo de emotividade e instabilidade de humor. Em função disso, a sensibilidade aumenta a ponto de torná-las suscetíveis a qualquer ato ou comentário sem importância, causando tremendas reações emocionais.

Cass revela o turbilhão interior que seus sentimentos já criaram às vezes:

> Considero-me imprevisível e, por pensar que não havia nada entre a euforia e o desespero, achava que minha capacidade de raciocínio era falha. Estou eternamente à mercê de influências externas que me afetam o humor e luto para manter a serenidade. (...) Infelizmente, apesar de querer divertir-me como todo mundo, acho que não fui feita para isso.

À medida que se tornam mais absortas em si mesmas, as pessoas do Tipo Quatro buscam significados ocultos em todas as suas reações emocionais e em cada comentário que os outros façam. Repassam mentalmente conversas do dia ou do ano anterior, tentando chegar ao que o outro *realmente* estava querendo dizer, e podem considerar comentários inocentes como ofensas veladas. Palavras como: "Você perdeu peso!" podem ser interpretadas como "Deve pensar que eu era uma baleia". Um simples comentário como: "Seu irmão é um jovem tão talentoso" pode ser tomado como uma acusação de incompetência e inadequação por tabela.

"*As pessoas são tão duras e cruéis comigo.*"

Com essa disposição de espírito, os representantes típicos do Tipo Quatro mostram-se muito ressentidos e pouco colaboradores – características que pouco provavelmente atrairão amizades ou facilitarão os relacionamentos. E no entanto, como essas características são compatíveis com sua auto-imagem de "sensíveis" e "diferentes", eles raramente consideram sua hipersensibilidade um problema.

VERIFICANDO A REALIDADE

Peça às pessoas que confirmem sua impressão quando sentir que o estão julgando, criticando ou rejeitando. Peça-lhes que esclareçam o que querem dizer e aceite a possibilidade de elas estarem dizendo exatamente o que sentem. Evite "ler" ou "interpretar" demais cada gesto ou comentário alheio. É bem provável que as pessoas não estejam fazendo o mesmo em relação a você. Observe também qual o seu grau de interesse pelos outros e qual a natureza de seus próprios pensamentos e comentários a respeito deles: você os acharia aceitáveis se partissem deles para você?

Narcisismo e Auto-absorção

O acanhamento, a inadequação social e algumas formas sutis de chamar a atenção estão relacionados ao narcisismo que se verifica em todos os tipos da Tríade do Sentimento. Nos Tipos Dois e Três, ele se manifesta diretamente no impulso de obter dos outros atenção e legitimação. Já no Tipo Quatro, o narcisismo se expressa indiretamente, pela absorção em si mesmo e pela enorme importância atribuída a cada sentimento. Essa disposição mental pode levar a uma inibição atroz.

Carol, uma pessoa que leva a sério a própria busca espiritual, vem lutando com essas sensações há muitos anos:

> Já sofri muito na vida por me inibir tanto e evitar ir até as pessoas que não conheço ou com quem não me sinto à vontade. Não consigo relaxar e ser eu mesma se não sentir antes que tenho sua aceitação. Isso é uma coisa que eu tento superar, agora que estou mais conscientizada, mas ainda assim é uma luta. De repente, me afasto do grupo em que estou e depois me sinto excluída.

As pessoas do Tipo Quatro concentram-se tanto na fragilidade de seus sentimentos que se sentem inteiramente justificadas em exigir que todas as suas necessidades emocionais sejam atendidas. Ao mesmo tempo, podem esquecer-se completamente dos sentimentos alheios: falam horas sobre cada detalhe de seus sentimentos, sonhos e problemas, mas quase nunca se interessam em saber dos sentimentos e problemas dos outros. De fato, a absorção em si mesmas dificulta-lhes concentrar-se em qualquer coisa que não tenha relação direta com seus interesses afetivos mais imediatos. Elas acham que seus próprios sofrimentos já são o bastante.

> "Nenhum homem se crê plenamente compreendido e apreciado."
>
> RALPH WALDO EMERSON

Um sinal inequívoco de que se estão deixando absorver por si mesmas é a tendência a deter-se demasiado em sensações desagradáveis. Além de exibir suas mágoas (mostrando-se amuadas ou deprimidas de inúmeras formas) para obter solidariedade, essas pessoas costumam sentir-se profundamente injustiçadas pela vida, principalmente pelos pais ou por aqueles com quem lidam no momento. Parece-lhes que ninguém lhes dá o que merecem nem reconhece suas preferências, necessidades ou sofrimentos especiais; ninguém compreende sua profunda sensibilidade. Por conseguinte, tendem a afogar-se em autocomiseração, o que aumenta seu medo de ser incapazes de fazer a própria vida decolar.

Quando afundam em suas próprias reações e estados de espírito, os representantes típicos do Tipo Quatro em geral se esquivam dos outros para evitar expor-se mais e correr o risco da humilhação, da rejeição e do abandono. Porém, retraindo-se, têm menos chances de verificar a realidade e, assim, torna-se cada vez mais difícil perguntar aos outros o que pensam a respeito de suas reações emocionais. Além disso, as poucas pessoas com quem se dispõem a conversar quase nunca são as mesmas com quem tiveram desavenças ou problemas afetivos.

PARA QUE RETRAIR-SE?

Observe quando e como se esquiva de pessoas ou situações, transformando-se num estranho quando não precisa sê-lo, deixando de participar de eventos sociais e interpessoais quando poderia.

Você consegue distinguir quando isso é uma opção legítima que está exercendo com imparcialidade e quando é uma reação emocionalmente carregada que provavelmente resulta de um antigo problema de infância?

Você é capaz de analisar sua reação o bastante (sem atuá-la) para descobrir o que a está provocando?

Investindo em "Ter Problemas" e Ser Temperamental

Por mais estranho que possa parecer, na verdade as pessoas do Tipo Quatro acabam inconscientemente precisando de ter problemas. Entre as faixas média e não-saudável, elas normalmente resistem a renunciar aos sentimentos que mais as fazem sofrer e à autocomiseração, mesmo que lhes causem torturas intermináveis.

Todavia, não é difícil compreender as origens desse comportamento. Quando crianças, as pessoas do Tipo Quatro aprenderam a chamar a atenção na família por meio dos problemas emocionais, mostrando-se temperamentais ou amuadas. Muitas dessas pessoas descobrem que podem obter confirmação de que são amadas fazendo-se de difíceis e esperando que o outro tome alguma iniciativa. Porém, em vez de demonstrar um acesso de raiva, elas preferem fazer beicinho e parar de falar por vários dias, recusar-se a viajar nas férias com a família ou vestir só preto a semana inteira. O mau humor mostra a todos que elas estão infelizes com alguma coisa sem exigir-lhes que digam o quê. Com efeito, talvez nem elas saibam, já que estão quase sempre às voltas com sombrias e complicadas disposições de ânimo que surgem do nada. Geralmente, essas pessoas estão tão identificadas com essas disposições que acham que precisam, antes de mais nada, ocupar-se delas. Infelizmente, esperam que todos façam o mesmo.

William, músico talentoso e criador de *sites* da Internet, comenta a turbulência emocional que lhe criou dificuldades na carreira e nos relacionamentos:

> Raramente minha noção de eu se mantém inalterável. Passo um tempo enorme tentando permanecer emocionalmente equilibrado, pois qualquer desequilíbrio nessa área me traz grandes sofrimentos. Seja qual for a necessidade emocional que sinta no momento – contato com as pessoas ou depressão –, preciso lidar com ela imediatamente; não posso deixá-la de lado. Gosto de ser do Tipo Quatro, mas acho que se trata de uma situação típica de manutenção muito cara.

Entretanto, apresentando-se como carentes, essas pessoas têm a oportunidade de atrair a atenção de alguém que se disponha a ser seu salvador – alguém que cuide das tarefas práticas para que elas tenham tempo e espaço para descobrir-se. Infelizmente, isso só serve para afastá-las da chance de adquirir uma noção mais consistente de responsabilidade pessoal e de viver as experiências que poderiam dar-lhes uma verdadeira noção de seu próprio valor e identidade. Não é difícil perceber que esse padrão também tem suas origens na infância.

William continua:

> Lembro-me que, quando criança, ficava deitado num cobertor em meu quarto fingindo estar adormecido, na esperança de que meus pais abrissem a porta e me vissem. Minha fantasia era a de que eles me achariam tão adorável que me dariam seu amor. Eu ansiava por contato emocional; é o meu alimento. Sempre soube que meus pais me amavam, mas raramente senti que poderiam espelhar as minhas facetas mais profundas e vulneráveis.

"Todos me põem para baixo."

Com sua esquivez e sua intempestiva emotividade, os representantes do Tipo Quatro afastam as pessoas. No entanto, procuram obter por intermédio dessas mesmas coisas. De várias maneiras, eles insistem em impor certas regras, obrigando todos à sua volta a pisar em ovos. ("É melhor não falar nesse assunto, senão Melissa vai ficar nervosa de novo.") Sua dramática exigência de solidão é, em si, um pedido de atenção e um convite a que os busquem: no fundo, esperam que alguém os siga até seu solitário covil.

> **O PREÇO DO DRAMA**
>
> Muitas pessoas do Tipo Quatro acabam adotando um padrão que consiste em conflitos tempestuosos com as pessoas seguidos de reatamento. Observe sua tendência a criar drama nos principais relacionamentos. O que realmente o está frustrando? Que comportamento você está tentando provocar no outro? Com esse padrão de comportamento, você acaso já chegou perto de conseguir afastar de fato alguém a quem ama?

REAÇÃO AO *STRESS*:
O TIPO QUATRO
PASSA AO DOIS

▲

Conforme visto, as pessoas do Tipo Quatro tendem a perder-se em meio a fantasias românticas e a evitar os outros tanto para chamar a atenção quanto para proteger os próprios sentimentos. A passagem ao Tipo Dois representa sua tentativa de compensar os problemas que esses comportamentos acabam inevitavelmente criando. Assim, após um período de retração e auto-absorção, elas podem passar ao Tipo Dois e inconscientemente tentar resolver seus problemas interpessoais com uma amizade um tanto quanto forçada – acabam exagerando um pouco. Como os representantes do Tipo Dois, começam a preocupar-se com os relacionamentos e a buscar formas de aproximar-se mais daqueles de quem gostam, precisando de muita certeza de que as bases da relação são sólidas. Para tanto, manifestam seu afeto com muita freqüência e estão sempre lembrando ao outro o quanto aquele relacionamento é importante.

Em casos extremos, as pessoas do Tipo Quatro podem criar cenas emocionais para saber se os outros realmente se importam com elas. Esse tipo de comportamento geralmente desgasta os demais, fazendo-os perder o interesse ou até abandoná-las. Essas pessoas podem então passar ao Tipo Dois e tentar prender os outros agarrando-se a eles. Além disso, como os representantes típicos do Tipo Dois, podem também começar a dissimular a extensão da própria carência e a esconder seus próprios problemas concentrando-se nos problemas dos outros. ("Estou aqui para ajudar *você*.")

Por fim, essas pessoas precisarão de cada vez mais apoio emocional e financeiro para manter seu modo irrealista de viver. Elas temem que, sem esse apoio, perderão a possibilidade de concretizar seus sonhos. Estressadas, tentando evitar isso, começam a exagerar sua importância na vida dos outros: lembram-nos dos vários benefícios que a relação com elas lhes trouxe, assumem a responsabilidade pela felicidade deles e descobrem formas de aumentar a dependência que têm delas. Além

TIPO QUATRO: O INDIVIDUALISTA 209

disso, inventam necessidades e tornam-se cada vez mais ciumentas e possessivas com aqueles de quem gostam. Sob a ação do *stress*, essas pessoas agem como as do Tipo Dois e reivindicam crédito por tudo aquilo que fizeram, enquanto reclamam de falta de gratidão.

Se tiverem sofrido uma crise grave sem contar com apoio adequado ou sem outros recursos com que enfrentá-la, ou se tiverem sido vítimas constantes de violência e outros abusos na infância, as pessoas do Tipo Quatro poderão cruzar o ponto de choque e mergulhar nos aspectos não-saudáveis de seu tipo. Por menos que queiram, isso poderá forçá-las a admitir que suas fantasias e indulgências emocionais as estão fazendo arruinar a própria vida e desperdiçar as oportunidades.

A BANDEIRA VERMELHA: PROBLEMAS PARA O TIPO QUATRO
▲

Por mais difícil que seja, admitir isso pode representar o início de uma reviravolta na vida dessas pessoas. Se reconhecerem a verdade desses fatos, elas poderão, por um lado, mudar sua vida e dar o primeiro passo rumo à saúde e à libertação. Mas também poderão, aferrando-se ainda mais às fantasias e ilusões a respeito de si mesmas, rejeitar todos aqueles que não lhes derem apoio em suas exigências emocionais. ("São todos tão egoístas e grosseiros – ninguém me entende." "Sei que preciso encontrar um emprego, mas agora simplesmente não tenho forças para isso.") Se persistirem nessa atitude, elas se arriscam a ultrapassar a linha divisória que as separa dos Níveis não-saudáveis. Se seu comportamento ou o de alguém que você conhece se enquadrar no que descrevem as advertências abaixo por um período longo – acima de duas ou três semanas, digamos –, é mais do que recomendável buscar aconselhamento, terapia ou algum outro tipo de apoio.

ADVERTÊNCIAS

POTENCIAL PATOLÓGICO: Grave depressão, Distúrbios de Personalidade Narcisista e Fugidia, crimes passionais – assassinato e suicídio.

➤ Sensação opressiva de alienação de si e dos demais

➤ Extrema suscetibilidade e instabilidade emocional (não é uma reação maníaca)

➤ Dependência de uma ou duas pessoas, com relacionamentos instáveis

➤ Explosões de raiva, hostilidade e ódio

➤ Desesperança e depressão crônica persistente

➤ Episódios de auto-sabotagem e rejeição de influências positivas

➤ Obsessão com a morte, morbidez e ódio de si mesmo

PRÁTICAS QUE CONTRIBUEM PARA O DESENVOLVIMENTO DO TIPO QUATRO

▲

➤ Lembre-se do dito que afirma que os sentimentos não são fatos. Seus sentimentos podem ser muito fortes e dar-lhe, às vezes, a chave para compreender melhor seu próprio caráter. Porém eles nem sempre fornecem informações precisas acerca das motivações e dos sentimentos alheios. Muitas de nossas reações emocionais do presente são bastante influenciadas por relacionamentos da infância, independente do tipo a que pertencemos. Fique especialmente atento à "leitura" de intenções aparentemente negativas nos comentários que as pessoas fazem a seu respeito.

➤ Instabilidade no humor e nas emoções não é o mesmo que sensibilidade. Além de tudo, a instabilidade é uma boa indicação de que nosso coração está fechado. As qualidades inerentes ao coração são mais sutis e profundas; não são reações a ações externas. As reações emocionais geralmente impedem que nossas experiências nos afetem mais profundamente. Ironicamente, elas indicam um medo ou falta de vontade de explorar os sentimentos mais verdadeiros, mais profundos, que as contingências presentes podem despertar.

➤ Esforce-se por detectar os aspectos de seu Eu Fantasioso que não se coadunam com a realidade de sua vida. Ter metas criativas é maravilhoso. Procrastinar porque sente que seu "gênio" é pouco reconhecido ou porque não tem as ferramentas de que precisa ou porque é mais fácil devanear com o talento é contraproducente. Aprenda a aceitar seus verdadeiros dons, ao invés de rejeitá-los porque são menos glamourosos ou desejáveis do que queria. Esse tipo de inveja é o mais autodestrutivo que pode haver.

➤ Procure encontrar amigos sinceros, que possam servir-lhe de espelho. Procure pessoas que reconheçam suas verdadeiras qualidades e o ajudem a cultivá-las – e que também possam falar sobre seus pontos cegos com compaixão e objetividade. Como quase todo mundo, as pessoas do Tipo Quatro só têm a ganhar quando os sentimentos que nutrem a seu próprio respeito e os interesses românticos se expõem à prova da realidade.

➤ Cuidado com a expectativa inconsciente de que as pessoas mais íntimas sirvam de amortecedor para seus tormentos emocionais. Os que gostam de você naturalmente desejarão ajudá-lo sempre, mas você não pode *exigir* que eles assumam sua paternidade nem que arquem com o ônus de seus traumas de infância. Lembre-se que essas pessoas também têm seus problemas e podem não ser capazes de lidar com suas intensas reações.

➤ Estabeleça rotinas construtivas para si mesmo. As pessoas do Tipo Quatro tendem a esperar que surja a inspiração, mas a inspiração tem mais chance de "baixar" se sua rotina diária e seu espaço estiverem organizados de forma a maximizar sua criatividade, sua saúde física e emocional e, acima de tudo, seu entrosamento com o mundo. No seu caso, um pouco de ordem e estrutura pode fazer milagres no sentido de liberar sua criatividade.

As pessoas do Tipo Quatro são mergulhadoras da psique: elas vão até o âmago da alma humana e voltam à superfície para relatar o que encontraram. São pessoas capazes de transmitir sutis verdades acerca da condição humana de uma forma profunda, bela e tocante. Elas nos fazem recordar o que temos de mais humano – o que há de mais pessoal, recôndito e precioso a nosso respeito e que, paradoxalmente, é também o mais universal.

REFORÇANDO OS PONTOS FORTES DO TIPO QUATRO

▲

Graças a sua sintonia com seus próprios estados de espírito – aos sentimentos e impulsos subconscientes –, as pessoas do Tipo Quatro são geralmente muito intuitivas, algo que alimenta sua criatividade e sua autodescoberta. Embora possam ter muitos dotes intelectuais, elas tendem a basear-se primeiramente no que sua intuição lhes diz a seu respeito e sobre o ambiente a cada momento. Muitas vezes, elas não sabem direito como conseguem chegar a um determinado *insight*, pois os trâmites de seu consciente são misteriosos e surpreendentes.

Carol, que antes falou a respeito das limitações impostas pela sua inibição, aqui aborda o dom da intuição:

> Eu sinto as coisas, mas nem sempre sou capaz de percebê-lo. Por exemplo, posso ter uma sensação incômoda em certas situações e não saber de onde provém. Com os anos, aprendi a prestar atenção a isso (...). Sou muito intuitiva. Sei certas coisas sem saber como. De repente me vejo sentada na cama no meio da noite e sei a solução de um determinado problema. Nessas ocasiões, não me resta a menor dúvida, mesmo que eu preferisse uma alternativa diferente.

Ao mesmo tempo, as pessoas saudáveis do Tipo Quatro não se levam demasiado a sério. Elas têm um sutil senso de humor, normalmente expresso por meio da ironia, que lhes permite ver suas próprias falhas com graça e leveza. Tanto o senso de humor quanto a eloqüência que possuem podem transformar-se em grandes trunfos, na cura e no trabalho, para si e para os outros.

As pessoas do Tipo Quatro não são as únicas a ter criatividade, já que as pessoas de qualquer tipo podem ser criativas. Entretanto, elas possuem um tipo especial de criatividade, uma criatividade pessoal que é fundamentalmente autobiográfica. Ela consiste basicamente na exploração de sua história e do seu mundo de sentimentos e, em particular, do efeito que lhes provocaram a família, os amores e os incidentes do passado. É por essa razão que tantos poetas, romancistas e dramaturgos são do Tipo Quatro.

"Tenho de ser eu mesmo."

Riva comenta a emoção que lhe dá a compreensão intuitiva da condição humana e a alegria de encontrar formas de expressá-la:

> Em meus melhores momentos, sou capaz de levantar vôo. Vejo as coisas panoramicamente, sintetizo diferentes planos e posso comunicar o que vejo

em linguagem poética e precisa, que comove as pessoas e lhes permite ver o mesmo também. Tenho a capacidade de extrair das experiências princípios subjacentes profundos, verdades universais e nuanças sutis e transmiti-los com força e clareza. Em meus melhores momentos, a percepção espiritual é minha âncora e posso transformá-la numa fonte de cura e sabedoria também para as pessoas. Em meus melhores momentos, consigo expressar o inefável.

As pessoas saudáveis do Tipo Quatro encontram o espelho que buscam compartilhando as profundezas de sua própria alma. Fazendo isso, descobrem com alívio que sua natureza, no fundo, não difere da de ninguém. Sua relação com a vida interior não é uma forma de alienação, mas sim um meio de ir até as pessoas e unir-se a elas de maneira construtiva.

O CAMINHO
DA INTEGRAÇÃO:
O TIPO QUATRO
PASSA AO UM

▲

As pessoas saudáveis do Tipo Quatro entrosam-se com a realidade pela ação bem orientada. Submetendo-se a princípios e atividades que estejam além do domínio das suas reações subjetivas, essas pessoas descobrem não apenas quem são, mas também que o que elas são é bom. Elas entram em maior contato com a urgência de seus instintos e saem do transe provocado pelos roteiros emocionalmente carregados que são encenados em sua mente.

Quando passam ao Tipo Um, elas percebem também que a auto-expressão não implica complacência diante da instabilidade de humor. Assim, tornam-se autodisciplinadas, esforçando-se por contribuir com algo de significativo para o mundo. Não mais meros transeuntes inacessíveis que esperam ser reconhecidos, essas pessoas participam plenamente da vida e cultivam uma noção mais nítida do próprio eu por meio do trabalho e dos relacionamentos.

Todavia, isso não deve ser confundido com a adoção da crítica e do perfeccionismo típicos do Tipo Um. O superego das pessoas do Tipo Quatro já é punitivo o bastante; portanto, intimidar-se com projetos de auto-aperfeiçoamento pode levar a mais auto-recriminações. Assim, é importante cultivar uma outra característica saudável do Tipo Um: a capacidade de discriminação. Com ela, saberão o que já sabem as pessoas saudáveis desse tipo: que a realidade de uma situação e nossas reações emocionais são duas coisas diferentes.

As pessoas saudáveis do Tipo Um ilustram também a aceitação da realidade – elas trabalham com os elementos que realmente compõem uma situação, em vez de rejeitá-los. Quando tomam o caminho da integração, as pessoas do Tipo Quatro também entendem que a aceitação é a chave para abandonar o passado e abraçar criativamente a vida no presente. Com a auto-aceitação vem o perdão a antigos erros e dificuldades. Com a aceitação dos outros, vem a capacidade de estabelecer relacionamentos mutuamente satisfatórios. Essas pessoas não precisam mais ver nos outros os salvadores idealizados nem derrubá-los de seus pedestais por não conseguirem colocar-se à altura de suas exageradas expectativas – elas vêem o outro como outro e podem perceber melhor suas próprias qualidades sem recorrer a um Eu Fantasioso.

Finalmente, as pessoas do Tipo Quatro que se encontram em processo de integração são capazes de construir uma noção realmente autêntica e estável de identidade e auto-estima porque sua base são os fatos e relacionamentos da vida real, e não sua imaginação nem seus transitórios estados emocionais. Elas conseguem ver em si qualidades antes invisíveis: força, determinação e lucidez. Além disso, havendo-se centrado no momento, elas vêem em todos os aspectos da vida oportunidades de criação. Em vez de deixar-se levar pela introspecção ou pelo turbulento fluxo de reações emocionais, essas pessoas se mantêm presentes diante de si mesmas e do mundo que as cerca e, assim, começam a despertar para as verdades mais profundas do coração humano. Ao permitir que esse processo se desenvolva, sua verdadeira identidade se revela em cada momento de sua existência.

A TRANSFORMAÇÃO DA PERSONALIDADE EM ESSÊNCIA
▲

No processo de transformação, as pessoas do Tipo Quatro abandonam a auto-imagem segundo a qual têm mais defeitos que os outros e lhes falta algo que eles possuem. Além disso, percebem que não há nada de errado com elas: são iguais aos demais. E, se não há nada de errado com elas, ninguém precisa salvá-las; elas são perfeitamente capazes de responder por si e cuidar de sua vida. Essas pessoas descobrem que é quando nada fazem para criá-lo ou mantê-lo que seu verdadeiro eu mais se evidencia. Em outras palavras, "ser quem são" não lhes exige nenhum esforço específico.

Nesse ponto, as pessoas do Tipo Quatro já não *precisam* sentir-se diferentes nem especiais, pois vêem que, de fato, o universo não criou duas de cada uma delas – e que fazem parte de tudo; não estão sós nem isoladas. A vida deixa de ser uma carga, algo a ser suportado. Além disso, elas se sentem, talvez pela primeira vez, gratas pelas dores e sofrimentos passados porque, à sua maneira, essas coisas lhes permitiram tornar-se as pessoas livres que hoje são. "Quem são" continua sendo mistério, talvez mais do que nunca. Mas, em vez de aferrar-se a idéias preconcebidas acerca de sua identidade, elas permitem-se uma abertura para o momento e para a experiência de renovação do eu que ele traz.

King é um terapeuta que, após anos de trabalho interior, aprendeu a reconhecer a riqueza de sua própria natureza interior:

> Em meus melhores momentos, estou cheio de alegria e energia e me relaciono com as pessoas e com a vida: estou vivo! Eu manifesto o que sinto, em vez de ruminar sozinho. Meu combustível é a disciplina da realização daquilo que sei que precisa ser feito e não a busca de "razões" para não ter de produzir como todo mundo. Sou dotado de imaginação e criatividade, sou

capaz de encontrar estruturas, padrões e sentidos ocultos em todos os desafios da vida. Sou livre!

> "É verdade que todos nós, não importa o tipo de trabalho, somos artistas contanto que estejamos vivos no momento concreto e não o usemos para algum outro propósito."
>
> M. C. RICHARDS

Uma vez libertadas de seu Medo Fundamental, as pessoas do Tipo Quatro deixam de precisar da arte para substituir a beleza, pois a encontram em abundância dentro de si. Como estão conscientes de seu eu Essencial e livres da turbulência das reações emocionais, podem entrar em contato mais profundo com a natureza mutável da realidade e deixar-se inspirar e comprazer por ela.

Diane, uma engenheira, descreve muito bem essa sensação de conexão com as coisas:

> Em meus melhores momentos, sou desinibida e espontânea. Em vez de deixar-me desviar pelas minúcias de meus estados de espírito, sou livre para prestar atenção ao mundo e às pessoas à minha volta. Deixar de lado o habitual e obsessivo processo de automonitoração, auto-análise e auto-inibição é algo maravilhoso e libertador. Aí é como se o tempo se desacelerasse e o mundo saltasse à minha frente em toda a sua riqueza e sutileza. As coisas mudam – ficam mais tridimensionais, mais detalhadas, mais vivas. Consigo concentrar-me sem esforço nas pessoas, vibrar em ressonância com seus estados emocionais e escutar suas histórias sem me perder nas minhas.

A MANIFESTAÇÃO DA ESSÊNCIA

O Tipo Quatro nos revela a verdade fundamental de que *nosso verdadeiro eu não é algo com atributos fixos; é um processo em constante transformação e renovação.* As manifestações de nossa verdadeira natureza estão sempre surgindo e transformando-nos em algo tão maravilhoso e inesperado quanto um caleidoscópio mágico. O trabalho espiritual do Tipo Quatro está em não transformar esse caleidoscópio num instantâneo emoldurado e pendurado na parede. Assim, seus representantes descobrem que realmente são um fluxo de experiência muito mais belo, rico e satisfatório do que tudo que pudessem ver na imaginação.

A experiência do contato íntimo com esse fluxo abre-nos para um contato mais profundo com os outros e com os aspectos mais sutis da realidade espiritual. Esse contato sempre é pessoal – é precioso e momentâneo. De certa forma, as pessoas do Tipo Quatro ajudam-nos a reconhecer a unidade do eu pessoal e outros aspectos mais universais de nossa verdadeira natureza.

Assim, a qualidade Essencial específica do Tipo Quatro é a personificação do elemento *pessoal* do Divino. Aquilo que é eterno em nós vivencia o mundo mediante nossa experiência pessoal. Um aspecto fundamental da alma é a *impressionabilidade*

– a capacidade de deixar-se tocar pela experiência e crescer a partir dela. Quando estamos abertos e presentes, nosso coração é afetado e se transforma com as nossas experiências. Com efeito, cada vez que nos deixamos tocar de verdade pela vida, modificamo-nos de modo profundo. E, em última análise, não é esse o objetivo de toda forma de auto-expressão criativa – tocar e transformar o coração humano?

Quando permanecem fiéis à sua verdadeira natureza, as pessoas do Tipo Quatro entram em harmonia com a incessante criatividade e transformação que são parte da dinâmica da Essência. No íntimo, elas representam a criação, o constante transbordar do manifesto, transformando o universo em eterno agora. Simbolizar isso e lembrar aos demais tipos que também eles participam da criatividade Divina é o que de mais profundo nos poderiam ofertar as pessoas do Tipo Quatro.

| Some os pontos das quinze afirmações para o Tipo Quatro. O resultado estará entre 15 e 75. As instruções ao lado o ajudarão a descobrir ou confirmar seu tipo de personalidade. | ➤ 15 Você provavelmente não pertence a um dos tipos retraídos (Quatro, Cinco e Nove).
 ➤ 15-30 Você provavelmente não pertence ao Tipo Quatro.
 ➤ 30-45 É muito provável que você tenha problemas comuns ao Tipo Quatro ou que um de seus pais seja do Tipo Quatro.
 ➤ 45-60 É muito provável que você tenha algum componente do Tipo Quatro.
 ➤ 60-75 É muito provável que você pertença ao Tipo Quatro (mas ainda poderá pertencer a outro se tiver uma concepção demasiado limitada deste tipo). | *As pessoas do Tipo Quatro costumam identificar-se erroneamente como pertencentes ao Tipo Dois, Um ou Nove. As dos Tipos Um, Seis e Cinco costumam identificar-se erroneamente como pertencentes ao Tipo Quatro.* |

CAPÍTULO 11

TIPO CINCO: O INVESTIGADOR

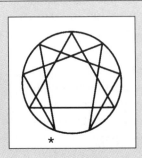

O PENSADOR

O INOVADOR

"O primeiro ato de compreensão intuitiva consiste em jogar fora os rótulos."
EUDORA WELTY

O OBSERVADOR

"Os conceitos da física são criações livres da mente humana e, por menos que pareça, não são determinados exclusivamente pelo mundo exterior."
ALBERT EINSTEIN

O ESPECIALISTA

"Para dominar uma área do conhecimento, você precisa dominar aquelas que lhe são adjacentes e, assim, para saber uma coisa, precisa saber todas."
OLIVER WENDELL HOLMES

O RADICAL

O EXPERTO

"Já que não podemos ser enciclopédicos e saber tudo que há para saber de todas as coisas, devemos saber um pouco de cada coisa."
PASCAL

TIPO CINCO: O INVESTIGADOR

O CTA RISO-HUDSON

Classificação Tipológica Conforme a Atitude

Classifique as afirmações ao lado conforme sua aplicabilidade com base na seguinte escala:

1 ..... *Nunca é verdadeira*

2 ..... *Raramente é verdadeira*

3 ..... *Em parte é verdadeira*

4 ..... *Geralmente é verdadeira*

5 ..... *Sempre é verdadeira*

Verifique a análise da pontuação na página 242.

_____ 1. Gosto de analisar as coisas em profundidade, estudando minuciosamente cada detalhe, até compreendê-las o mais inteiramente possível.

_____ 2. Sou uma pessoa extremamente reservada que não franqueia a muita gente a entrada em seu mundo.

_____ 3. Não me sinto particularmente grande ou poderoso, mas pequeno e invisível: acho que daria um bom espião!

_____ 4. As pessoas pensariam que sou louco se soubessem as coisas que eu penso.

_____ 5. Só se pode tomar uma decisão racional quando se tem informações precisas – mas, aí, a maioria das pessoas, na verdade, não é exatamente racional.

_____ 6. Minha família me considera meio estranho ou excêntrico – já ouvi muitas vezes que preciso sair mais.

_____ 7. Quando quero, sou capaz de falar pelos cotovelos. Porém, na maioria das vezes, prefiro assistir de camarote a toda essa loucura à minha volta.

_____ 8. Se você precisa resolver um problema, deixe-me trabalhar nele sozinho e depois eu lhe dou uma resposta.

_____ 9. Quando a gente pára para pensar, vê que não há nada mais estranho que o assim chamado comportamento normal.

_____ 10. Geralmente passo um bom tempo polindo os projetos em que me envolvo.

_____ 11. Há tanta gente tão ignorante que é incrível que alguma coisa ainda consiga dar certo!

_____ 12. Sei muito sobre uma série de coisas e, em algumas áreas, considero-me um *expert*.

_____ 13. Sou muito curioso e gosto de investigar o porquê das coisas – mesmo as mais óbvias deixam de sê-lo quando você realmente pára para analisá-las.

_____ 14. Minha mente trabalha tanto que às vezes acho que está pegando fogo.

_____ 15. Muitas vezes perco a noção do tempo, pois estou sempre muito concentrado no que faço.

TIPO CINCO DE PERSONALIDADE: O INVESTIGADOR

➤ **MEDO FUNDAMENTAL:** O de ser indefeso, inútil, incapaz (desvalido).

➤ **DESEJO FUNDAMENTAL:** Ser capaz e competente.

➤ **MENSAGEM DO SUPEREGO:** "Você estará num bom caminho se conseguir dominar algo."

O Tipo Intenso e Cerebral: Perceptivo, Inovador, Reservado e Isolado

Chamamos este tipo de personalidade de *o Investigador* porque, mais que qualquer outro, é ele o que quer saber por que as coisas são como são. Seus representantes querem compreender como o mundo funciona. Esse mundo tanto pode ser o cosmo quanto o universo microscópico ou o reino animal, vegetal ou mineral – ou o mundo interior da imaginação. Eles estão sempre pesquisando, fazendo perguntas e escrutinando as coisas. Não aceitam doutrinas e opiniões preestabelecidas, tendo grande necessidade de verificar por si a verdade de quase todas as coisas.

John, artista gráfico, descreve essa forma de ver a vida:

> Ser do Tipo Cinco significa precisar estar sempre aprendendo, sempre absorvendo mais informações. Um dia sem aprender nada é como um dia sem sol. Como representante do meu tipo, quero entender a vida. Gosto de ter uma explicação teórica para o porquê de as coisas acontecerem como acontecem. Isso aumenta minha sensação de segurança e de domínio. Eu geralmente aprendo a uma certa distância, como observador, e não como participante. Às vezes, acho que entender a vida é tão bom quanto vivê-la. Não é fácil aceitar que a vida também deve ser vivida e não apenas estudada.

Por trás da incansável busca de conhecimento, as pessoas do Tipo Cinco escondem grandes dúvidas acerca de sua capacidade de agir com adequação e sucesso. *Elas acham que não têm capacidade de fazer as coisas tão bem quanto os outros.* Porém, em vez de dedicar-se a atividades que pudessem fortalecer sua autoconfiança, elas buscam "refúgio" na mente, a área em que se sentem mais capazes, convencidas de que lá conseguirão afinal descobrir como devem agir – e um dia reintegrar-se ao mundo.

"O que está acontecendo aqui?"

As pessoas do Tipo Cinco passam bom tempo observando e contemplando – ouvindo os sons de um sintetizador ou do vento ou tomando nota das atividades que se desenvolvem no formigueiro do quintal. Quando se deixam absorver pela observação, essas pessoas começam a interiorizar o conhecimento e a sentir-se mais seguras. Além disso, assim podem descobrir por acaso informações inéditas ou novas e criativas combinações (uma música baseada no rumor do vento ou da água, por exemplo). Quando comprovam suas hipóteses ou vêem que os outros entendem seu trabalho, obtêm confirmação da própria competência, o que torna realidade o seu Desejo Fundamental. ("Eu sei do que estou falando.")

Por conseguinte, o conhecimento, a compreensão e a percepção intuitiva são por elas altamente valorizados, já que sua identidade se constrói em torno da capacidade de gerar idéias e de ser alguém com algo inusitado e procedente a dizer. Por isso, as pessoas do Tipo Cinco não se interessam em explorar o que já é conhecido e estabelecido, mas sim o incomum, o desconsiderado, o secreto, o oculto, o insólito, o fantástico, o impensável. A familiaridade com territórios não-mapeados – saber o que os outros não sabem ou criar o que os outros nem imaginam – permite-lhes criar para si um lugar que não pode ser ocupado por mais ninguém. Elas acreditam que cultivá-lo é a melhor maneira de obter segurança e independência.

Assim, para sua própria segurança e auto-estima, as pessoas do Tipo Cinco necessitam ter pelo menos uma área na qual seu grau de perícia lhes permita sentir-se capazes e ligadas ao mundo. Sua lógica é: "Encontrando alguma coisa que possa fazer muito bem, estarei pronto para enfrentar os desafios da vida. Mas não posso deixar que outras coisas me distraiam e atrapalhem". Por isso, concentram-se com tanto fervor naquilo em que podem atingir a excelência: pode ser, por exemplo, o mundo da matemática, do *rock'n'roll*, da música clássica, da ficção científica, da literatura de terror ou um mundo criado inteiramente em sua imaginação. Nem todas as pessoas do Tipo Cinco são eruditas ou têm Ph.D. Todavia, dependendo de sua inteligência e dos recursos de que dispõem, todas se empenham arduamente em sobressair naquilo que lhes interessa.

Para o bem ou para o mal, essas pessoas escolhem as áreas a que se dedicam independentemente de sua validação social. Na verdade, quando suas idéias encontram aprovação muito fácil ou rápida, elas desconfiam de ter sido demasiado convencionais. A história está repleta de representantes famosos do Tipo Cinco, gente que lançou por terra os modos convencionais de compreender e fazer as coisas (Darwin, Einstein, Nietzsche). Entretanto, muitos mais se perderam em meio às bizantinas complexidades de seu próprio raciocínio, tornando-se afinal meros esquisitões socialmente isolados.

"E se tentarmos fazer isso de outra forma?"

Sua profunda capacidade de concentração pode, portanto, levá-los a notáveis inovações e descobertas, mas também pode causar problemas verdadeiramente desanimadores quando a personalidade está mais fixada. Isso porque a concentração serve para distraí-los, sem que o percebam, dos problemas de ordem prática. Qualquer que seja a fonte de suas ansiedades – os relacionamentos, a falta de boa disposição física, a incapacidade de arrumar um emprego –, os representantes típicos do Tipo Cinco tendem a evitar abordá-la. Em vez disso, buscam outra coisa que lhes permita sentir-se mais competentes para fazer. A ironia é que, por maior que seja o grau de excelência que tenham em sua área, isso não resolve suas dúvidas e inseguranças quanto ao seu funcionamento no mundo. Por exemplo, se for uma bióloga marinha, a representante do Tipo Cinco poderá chegar a saber tudo que é possível sobre um determinado molusco. Mas se seu medo for o de jamais conseguir administrar satisfatoriamente o lar, ela não terá com isso solucionada a sua ansiedade.

Lidar objetivamente com o elemento físico pode tornar-se uma tarefa de proporções gigantescas para as pessoas do Tipo Cinco. Lloyd é um cientista que trabalha num importante laboratório de pesquisa médica:

> Desde criança eu fujo dos esportes e de qualquer atividade física mais pesada sempre que possível. Jamais conseguia pular corda nas aulas de ginástica, parei de fazer aulas de esporte assim que pude e até hoje não me sinto à vontade nem com o cheiro de um ginásio. Ao mesmo tempo, sempre tive uma vida mental muito ativa. Aprendi a ler com 3 anos de idade e, na escola, sempre fui um dos alunos que mais se destacavam nas disciplinas teóricas.

Assim, essas pessoas devotam boa parte de seu tempo a coletar e desenvolver as idéias e habilidades que julgam capazes de fazê-las sentir-se seguras e preparadas. É como se quisessem reter tudo que aprenderam e transportá-lo na cabeça. O problema é que, enquanto estão mergulhadas nesse processo, deixam de interagir com os outros e de cultivar muitas outras habilidades, principalmente as práticas e sociais. Dedicando cada vez mais tempo a acumular informações e destrinchá-las, evitam tocar em qualquer coisa relacionada às suas reais necessidades.

O desafio do Tipo Cinco é, portanto, entender que é possível dedicar-se a tudo aquilo que incendeia a imaginação *e* manter relacionamentos, cuidar bem de si e fazer todas as coisas características de uma vida sadia.

O PADRÃO DA INFÂNCIA

Favor observar que o padrão da infância aqui descrito não provoca o tipo de personalidade. Em vez disso, ele descreve tendências observáveis na tenra infância que têm grande impacto sobre os relacionamentos que o tipo estabelece na vida adulta.

Muitas das pessoas do Tipo Cinco relatam não haver sentido segurança no ambiente familiar da infância; elas sentiam-se muito indefesas diante dos pais e, por isso, começaram a buscar uma maneira de sentir-se mais seguras e confiantes. Em primeiro lugar, fugiram da família e refugiaram-se — mental, física e emocionalmente — em seu próprio espaço. Em segundo, deixaram de lado suas necessidades pessoais e emocionais e concentraram-se em algo "objetivo".

Na infância, as pessoas do Tipo Cinco costumam passar a maior parte do tempo sozinhas; são crianças tímidas que não brincam muito com as outras. Elas preferem ocupar a mente e a imaginação lendo um livro, tocando um instrumento, usando o computador, coletando plantas e insetos ou brincando com jogos tipo tabuleiro ou "O Pequeno Químico". Não é raro que essas crianças sejam excepcionalmente dotadas em algumas áreas (ortografia e matemática, por exemplo), mas não queiram nem tentar outras atividades típicas da infância (como andar de bicicleta ou pescar). Não raro os familiares — principalmente os pais mais ansiosos, que querem que o filho seja mais "normal" – tentam pressioná-las a engajar-se em atividades sociais. Tais tentativas geralmente encontram forte resistência.

Embora brilhante, Michael era uma criança muito isolada que foi, de certa forma, penalizada – inclusive pelos próprios pais – por seus dotes intelectuais:

> Até os 8 anos, eu tinha alergias e muitas infecções respiratórias, o que freqüentemente me impedia de ir à escola. Por causa disso, tinha muito tempo para ficar em casa lendo e pouco brincava com outras crianças. Minha coordenação não era muito boa e eu não queria fazer o que a maioria dos meus colegas faziam, de qualquer forma. Então fiquei conhecido como o cê-dê-efe bobalhão que vivia com o nariz escorrendo.

Embora a imaginação possa ser para as pessoas do Tipo Cinco uma fonte de criatividade e auto-estima, sua dedicação quase que integral a ela alimenta as ansiedades que nutrem a seu próprio respeito e sobre o mundo. Não se trata simplesmente da capacidade que essas crianças têm de ver o mundo ao seu redor com uma clareza espantosa; elas têm também a de explicá-lo a si mesmas – faculdade essa que terá posteriormente profundas repercussões, para o bem ou para o mal.

Mason, arquiteto e urbanista, relembra os infelizes eventos que acabaram por levá-lo a refugiar-se na própria mente:

> Eu era o caçula de cinco filhos de um pai cego e uma mãe carinhosa que estava sempre ocupada demais com marido e filhos para dar-me um pouco de seu tempo. Minha irmã mais velha, enciumada, não parava de dizer-me que eu era um equívoco, que ninguém gostava de mim e que eu devia simplesmente morrer ou ir embora. Eu vivia como se aquilo fosse verdade e tinha relações ambivalentes com meus pais e meus irmãos. Simplesmente me encolhi e criei meu próprio mundo, um mundo fantasioso no qual eu era o líder.

Assim, as crianças do Tipo Cinco começam a não esperar nada de ninguém, a não ser que as deixem em paz para dedicar-se aos seus próprios interesses, sem ter de preocupar-se com as exigências e necessidades alheias, principalmente as emocionais. É como se dissessem: "Não lhe pedirei muito se você tampouco me pedir muito". A independência – ou, talvez mais exatamente, a *não-intrusão* – é o que elas procuram como forma de obter segurança e controle sobre sua própria vida.

Quando não há intromissões, elas ganham tempo para cultivar algo que "pôr na mesa" quando por fim se sentirem prontas para estabelecer contato com as pessoas. Por exemplo, podem aprender piano principalmente porque gostam e porque assim ficam muito tempo a sós, e isso também serve para reforçar sua auto-estima e garantir um lugar na família. A música é potencialmente uma ponte até os outros, mas também é um meio de desaparecer: em vez de conversar, elas podem tocar piano para as pessoas.

As pessoas do Tipo Cinco estão psicologicamente presas à fase infantil da separação – o período entre os dois e os três anos e meio –, quando a criança aprende a agir independentemente da mãe. Por alguma razão, as crianças deste tipo concluem que a única maneira de tornar-se independentes é *obrigar-se a não querer o afeto e a ligação emocional proporcionados pela mãe*. Assim, desde cedo aprendem a desligar-se das sensações penosas de carência e desejo refugiando-se na mente.

Lloyd especula sobre a causa dessa sensação de distanciamento:

> Não consigo lembrar de me haver sentido ligado à minha mãe. Por duas vezes ela ficou arrasada antes de meu nascimento: primeiro, casou-se com um homem que não conseguiu consumar a união e colocou a culpa na aparência e na falta de atrativos dela; posteriormente se soube que ele era um homossexual reprimido. Depois disso, casou-se com meu pai (que afinal era um homem no sentido convencional, muito confiável e pouco dado a novidades) e o primeiro filho morreu com três dias de nascido. Dois anos e dois abortos espontâneos depois, eu nasci. Acho que minha mãe não tinha condições de entregar-se a mim de coração depois de tudo isso.

Desligar-se do afeto – e até deixar de desejá-lo – torna-se sua defesa contra novas mágoas e frustrações. Isso é muito importante na vida adulta das pessoas do Tipo Cinco, pois explica a sua relutância em envolver-se mais afetivamente com os outros. Deixar a segurança da mente e reocupar o corpo e os sentimentos implicam experimentar de novo a frustração e a angústia primais da infância. Tais sentimentos destroem completamente a sua capacidade da concentração – a base de sua autoconfiança – e são, por conseguinte, algo contra o qual se defendem com todas as forças. Mesmo o desejar demais algo corriqueiro pode perturbar sua segurança interior; por isso, os adultos deste tipo passam a vida evitando o que mais querem, reprimindo seus desejos e buscando prazeres substitutos em seus interesses, seus *hobbies* e sua criatividade.

TIPO CINCO COM ASA QUATRO: O ICONOCLASTA

OS SUBTIPOS
CONFORME AS ASAS

▲

Faixa Saudável Neste subtipo, a curiosidade se alia à perspicácia para a expressão de uma visão muito pessoal e singular. Seus representantes – mais emocionais, introspectivos e criativos que os da Asa Seis – buscam um nicho ainda não explorado, algo que possam realmente chamar de seu. Não sendo dotados de espírito propriamente científico, eles são muitas vezes criadores solitários que mesclam paixão e indiferença. Caprichosos e inventivos, brincando com formas familiares são capazes de chegar a inovações verdadeiramente surpreendentes. Geralmente atraídos pelas artes, usam mais a imaginação que o raciocínio analítico e sistemático.

Faixa Média Embora identificadas em primeiro lugar com a mente, as pessoas deste subtipo lutam com sentimentos intensos que podem criar-lhes problemas quando trabalham em equipe. Elas são mais independentes que as do outro subtipo e resistem a aceitar imposições. Como podem facilmente perder-se em meio a suas paisagens mentais, seus interesses tendem mais ao surrealismo e ao fantástico que ao racional e ao romântico. A dispersão e a dificuldade de centramento podem roubar-lhes o senso prático na hora de concretizar seus interesses. É possível que essas pessoas se sintam atraídas por temas grotescos, proibidos ou lúgubres.

Exemplos

David Lynch
Stephen King
Glenn Gould
Georgia O'Keeffe
Joyce Carol Oates
Sinead O'Connor
Merce Cunningham
Lily Tomlin
Tim Burton
Kurt Cobain
Vincent Van Gogh

TIPO CINCO COM ASA SEIS: O QUE SOLUCIONA PROBLEMAS

Faixa Saudável Observadoras, organizadas e detalhistas, as pessoas deste subtipo são capazes de tirar conclusões procedentes de fatos diversos e, a partir delas, fazer previsões acertadas. Elas buscam para si um nicho que lhes dê segurança e que se encaixe num contexto mais amplo, geralmente sentindo-se atraídas pela técnica: engenharia, ciências e filosofia, além de invenções e reparos. A capacidade de cooperação, a disciplina e a persistência as tornam mais práticas que as do outro subtipo. Essas pessoas podem aliar o talento para a inovação ao tino comercial, às vezes com resultados muito lucrativos.

Exemplos

Stephen Hawking
Bill Gates
Doris Lessing
Bobby Fischer
Laurie Anderson
Brian Eno
Jane Goodall
Isaac Asimov
Amelia Earhart
Charles Darwin

Faixa Média Talvez as mais genuinamente intelectuais entre as de todos os subtipos, essas pessoas interessam-se pelas teorias, pela tecnologia e pela aquisição de informações. Analistas e catalogadoras do meio em que vivem, elas gostam de dissecar os elementos de um problema para descobrir o seu funcionamento. Extremamente reservadas quanto aos próprios sentimentos, concentram-se mais nas coisas que nas pessoas, apesar da grande identificação que os representantes deste subtipo têm com as pessoas mais importantes de sua vida. Não sendo particularmente introspectivos, preferem observar e compreender o mundo que os cerca. Eles podem gostar mais de discussões e defender seus pontos de vista com mais veemência que as pessoas do outro subtipo, tendendo a ser agressivos e antagonizar fortemente os que deles discordam.

O INSTINTO DE AUTOPRESERVAÇÃO NO TIPO CINCO

AS VARIANTES
INSTINTIVAS

▲

Isolamento e Armazenagem. Na faixa média, os Autopreservacionistas do Tipo Cinco tentam atingir a separação e a independência reduzindo as próprias necessidades. Sendo pessoas extremamente conscientes de seu próprio dispêndio de energia, elas ponderam quais as atividades a adotar, perguntando-se se possuirão os recursos interiores necessários. Em caso negativo, rejeitarão a possibilidade. Seja como for, elas também preservam sua energia e seus recursos para evitar depender demasiado dos outros, tentando tirar do meio o mínimo possível. Por isso, podem ser muito reservadas, além de zelosas do local onde vivem ou trabalham.

Os Autopreservacionistas do Tipo Cinco são os verdadeiros solitários do Eneagrama: amam a solidão e em geral evitam o contato social com as pessoas – principalmente quando se trata de grupos. Apesar de poderem mostrar-se amigáveis e falantes, eles demoram a entrosar-se com os outros e muitas vezes sentem-se esgotados pelas interações sociais. Quando isso ocorre, precisam passar algum tempo em casa para recarregar as baterias. Além disso, ressentem-se muito das expectativas que possam ser criadas a seu respeito. Na maioria das vezes, procuram minimizar as próprias necessidades para conseguir viver com menos dinheiro e evitar que interfiram com sua independência e privacidade. Embora possam ser afetuosos para com os mais íntimos, sendo os representantes da Variante emocionalmente mais fria do Tipo Cinco, eles em geral se mostram mais distantes e têm maior dificuldade de manifestar o que sentem pelos outros.

Na faixa não-saudável, os Autopreservacionistas do Tipo Cinco podem transformar-se em reclusos excêntricos, capazes de qualquer coisa para evitar o contato social. O isolamento pode levá-los a distorções de raciocínio e a idéias ilusórias. Não está descartado o surgimento de traços paranóides, principalmente no caso dos representantes do Tipo Cinco com Asa Seis.

O INSTINTO SOCIAL NO TIPO CINCO

O Especialista. Os representantes Sociais típicos do Tipo Cinco sabem entrosar-se e conquistar um lugar para si pelo seu saber e por sua qualificação. Eles gostam de ver-se como os Mestres da Sabedoria e de valer-se de sua área de domínio para tornar-se indispensáveis (ser os únicos no escritório que sabem consertar um computador, por exemplo). Sendo os mais intelectuais dentre os representantes de seu tipo, eles são muitas vezes atraídos pelas ciências. Além disso, representam o papel social do xamã, o sábio que vive na margem de sua tribo, o senhor de conhecimentos secretos. Eles gostam de conversar sobre questões sérias e teorias complexas, tendo pouco interesse por brincadeiras. Sua interação social se pauta pelo debate de idéias, pela crítica da sociedade e pela análise de tendências.

Os representantes Sociais menos saudáveis do Tipo Cinco mostram-se incapazes de relacionar-se com as pessoas senão mediante sua área de domínio. Eles fazem do cabedal de informação que recolheram seu trunfo, seu meio de acesso ao poder. Assim, são socialmente ambiciosos no sentido de querer fazer parte da elite intelectual ou artística – preferem não "perder seu tempo" com os que não conseguem entender seu trabalho.

Na faixa não-saudável, essas pessoas costumam manifestar pontos de vista polêmicos e radicais. Muitas vezes, são anarquistas e anti-sociais: escarnecendo da raça humana, vêem o mundo como uma nau de insensatos. Além disso, podem criar bizarras teorias sobre a sociedade e a realidade. Mas, ao contrário dos Autopreservacionistas deste tipo, estarão dispostas a apresentá-las aos outros de qualquer maneira.

O INSTINTO SEXUAL NO TIPO CINCO

"**Este é o Meu Mundo.**" Aqui existe um choque entre o distanciamento e a esquivança típicos do Tipo Cinco e o desejo de intensa proximidade que confere a Variante Sexual. Essas pessoas gostam de compartilhar segredos com os mais íntimos ("Nunca contei isso a ninguém"), porém estão sempre um pouco divididas entre lutar pelos que as atraem e ceder à falta de confiança nos próprios dotes sociais. Por isso, sentem-se impelidas a entrosar-se com os outros, embora sempre com alguma ansiedade e uma certa tendência a retroceder de uma hora para a outra. Elas são mais afáveis e extrovertidas que as pessoas das outras duas Variantes, mas surpreendem e deixam a todos perplexos quando inopinadamente desaparecem por tempos. Por um lado, são como os representantes do Tipo Nove: quando se interessam por alguém, mostram-se extremamente abertas e acessíveis. Por outro, quando não se sentem estimadas ou compreendidas, logo se distanciam emocionalmente. Assim, alternam fases de muita freqüência e intensidade e longos períodos de isolamento nos relacionamentos.

Mesclado ao intelecto, o instinto sexual produz uma fértil imaginação. Os representantes Sexuais do Tipo Cinco criam realidades alternativas – "mundos" particulares de vários tipos – que só apresentam aos mais íntimos. Essas pessoas buscam o parceiro ideal, o parceiro para a vida inteira, aquele que não se deixará desanimar por sua estranheza. ("Você tem medo da minha intensidade?") A forte sexualidade lhes dá o ímpeto de arriscar-se ao contato emocional, além de aliviar um pouco a sua constante atividade mental, tornando-se um meio de centramento. Porém, nos menos saudáveis, a mistura entre sexualidade e imaginação pode ganhar matizes sombrios e fetichistas, fazendo-os perder-se em meio a sonhos e fantasias inquietantes.

Na faixa menos saudável, a saudade de um amor perdido e o sentimento de rejeição podem levar essas pessoas a isolar-se e agir de modo autodestrutivo. Muitas vezes o voyeurismo as induz a viver de forma perigosa e a aproximar-se do submundo.

| DESAFIOS PARA
O CRESCIMENTO
DO TIPO CINCO |

A seguir, alguns dos problemas mais freqüentes no caminho da maioria das pessoas do Tipo Cinco. Identificando esses padrões, "pegando-nos com a boca na botija" e simplesmente observando quais as nossas reações habituais diante da vida, estaremos dando um grande passo para libertar-nos dos aspectos negativos de nosso tipo.

O SINAL DE ALERTA PARA O TIPO CINCO: A FUGA PARA A PRÓPRIA MENTE

Sempre que se sentem esgotadas pelas circunstâncias ou pelo contato com os demais, as pessoas do Tipo Cinco imediata e instintivamente se desligam de seus sentidos e emoções e buscam refúgio na mente. No fundo, o que estão buscando com isso é um ponto seguro de onde possam avaliar mais objetivamente a situação.

Quando isso ocorre, essas pessoas *interrompem a relação direta com o que estão vivendo e enfronham-se em seu próprio comentário mental dessa experiência*. Assim, transformam as experiências em conceitos e procuram então ver como eles se encaixam na sua compreensão anterior da realidade. Por exemplo, um psicólogo do Tipo Cinco está conversando animadamente com um amigo e, de repente, em vez de escutá-lo, começa a analisar as idéias e os sentimentos desse amigo à luz de uma determinada teoria psicológica. Uma escritora do Tipo Cinco faz uma viagem e, em vez de relaxar e simplesmente fazer turismo, passa o tempo quase todo fazendo anotações sobre o lugar para o romance que está escrevendo.

Com o tempo, as idéias, os comentários mentais e as associações livres dessas pessoas começam a juntar-se para formar aquilo que chamamos de *Brinquedo Interior*. Esse brinquedo pode vir a tornar-se para elas a própria realidade – o filtro através do qual elas vivem o mundo. Assim, acrescentar novas idéias, reconstruir as an-

---

RECONECTANDO-SE COM O MUNDO

Observe o local em que se encontra agora e faça, em seu Diário do Trabalho Interior, uma lista de todas as coisas que não havia observado até este momento. Verifique o que havia deixado de notar. Quantas coisas, cores, defeitos ou características novas você é capaz de encontrar agora? Quando estamos presentes, somos capazes de observar tudo. Mas, quando estamos dentro de nossa cabeça, não podemos observar muita coisa.

Você pode praticar este exercício sempre que entrar num lugar desconhecido. Primeiro, porém, você tem de estar presente – procure respirar e sentir a si mesmo. Em seguida, olhe em torno de si como se jamais estivesse estado ali. Se você for do Tipo Cinco, poderá usar este exercício para retomar seu contato com o mundo e "ativar" seu Sinal de Alerta; se não o for, terá conseguido uma idéia melhor do que é ser um representante desse tipo.

TIPO CINCO: O INVESTIGADOR

		Termos-chave:		
S A U D Á V E L	Nível 1	Caráter Visionário	As pessoas do Tipo Cinco deixam de acreditar na possibilidade de existir à parte do meio – de observar do exterior – e, assim, conseguem confiar na vida. Dessa forma, paradoxalmente realizam seu Desejo Fundamental: ter capacidade e competência para estar no mundo. Então, tornam-se lúcidas, sábias, profundas e compassivas.	T I P O C I N C O
	Nível 2	Observação Perspicácia	As pessoas do Tipo Cinco concentram-se no meio em que vivem com o intuito de ganhar segurança e desenvolver recursos com que defender-se de seu Medo Fundamental. Auto-imagem: "Sou inteligente, curioso e independente".	
	Nível 3	Concentração Inovação	As pessoas do Tipo Cinco reforçam sua auto-imagem dominando um conjunto de conhecimentos ou habilidades que possa torná-las fortes e competentes. Não querendo competir com ninguém, preferem dedicar-se a novas idéias e meios. "Brincando" podem chegar a idéias, invenções e obras de arte profundamente originais.	
M É D I A	Nível 4	Conceituação Preparação	Temendo não dispor de qualidades suficientes e precisar preparar-se mais para conquistar seu lugar ao sol, as pessoas do Tipo Cinco sentem-se pouco seguras de si em muitas áreas. Preferem então a segurança de sua própria mente: estudam, praticam e acumulam mais conhecimentos, recursos e qualificações.	N Í V E I S D E D E S E N V O L V I M E N T O
	Nível 5	Distanciamento Preocupação	As pessoas do Tipo Cinco receiam que as necessidades alheias possam desviá-las de seus próprios projetos. Por conseguinte, tentam manter os "intrusos" a distância intensificando a atividade mental. A tentativa de minimizar as próprias necessidades as torna irritadiças, cerebrinas e herméticas. Além disso, tendem a passar mais tempo a sós, especulando e elaborando realidades alternativas.	
	Nível 6	Radicalismo Provocação	As pessoas do Tipo Cinco temem perder o lugar que conquistaram e, assim, começam a rechaçar qualquer aproximação. Têm rancor da calma e da segurança que os outros possam demonstrar e comprazem-se em atacar suas crenças e convicções. Embora suas próprias idéias possam ser extravagantes e perturbadoras, elas desprezam os que não conseguem compreendê-las.	
N Ã O - S A U D Á V E L	Nível 7	Niilismo Excentricidade	As pessoas não-saudáveis do Tipo Cinco temem não conseguir encontrar no mundo um lugar para si, o que pode ser verdade. Para obter alguma segurança, cortam toda a ligação com a realidade, refugiando-se num mundo isolado e cada vez mais vazio. Rejeitam todas as necessidades à exceção das mais básicas e, ainda assim, continuam devastadas pelo medo.	
	Nível 8	Horripilação Delírio	As pessoas do Tipo Cinco sentem-se tão pequenas e impotentes que começam a ver maus presságios em quase tudo. Cheias de estranhas e lúgubres fantasias, resistem a qualquer tentativa de ajuda, fugindo das pessoas e mergulhando na insônia. Já não conseguem controlar a mente febril.	
	Nível 9	Busca de Esquecimento Auto-aniquilação	Convencidas de já não poder defender-se do sofrimento e do terror, as pessoas menos saudáveis do Tipo Cinco partem para a fuga da realidade. Em certos casos, tentam consegui-lo por meio de surtos psicóticos ou retraimento esquizóide. Além disso, podem tentar fugir também pelo suicídio.	

tigas e tentar descobrir como as diferentes partes dessa estrutura mental poderiam encaixar-se passam a ser o principal passatempo das pessoas do Tipo Cinco. Como sempre conseguem inventar novas idéias o tempo todo, isso se torna um meio muito eficaz de aumentar sua auto-estima e defender o eu. Mas, concentrando-se tanto nesse brinquedo, elas abstraem e conceituam o mundo, em vez de vivenciá-lo diretamente, o que por fim provoca a perda de contato com a orientação Essencial. Em outras palavras, brincar com as idéias pode dar-lhes uma sensação temporária de segurança, mas não traz a solução para os problemas reais do mundo real.

Papel Social: O Expert

À medida que a insegurança aumenta, é cada vez mais difícil para as pessoas do Tipo Cinco relacionar-se com os outros, a não ser por intermédio do papel de *Expert*. Graças ao seu Medo Fundamental (não ter recursos e ser impotentes e incapazes), elas condicionam a autoconfiança à conquista de um lugar só seu. Isso elas conseguem pelo domínio de conhecimentos e informações aos quais ninguém mais tem acesso (como, por exemplo, os gambitos do xadrez e os aspectos mais arcanos da astrologia ou mesmo do Eneagrama). Além disso, procuram dedicar-se também a alguma atividade criativa com o objetivo de torná-la sua marca registrada.

Entretanto, conhecer o jogo de xadrez a fundo não adianta se as pessoas de seu círculo também souberem jogar muito bem. Os representantes típicos do Tipo Cinco precisam superar a todos na compreensão do xadrez ou encontrar outro jogo: talvez um obscuro jogo dos antigos Incas ou um *game* diabolicamente complicado.

Embora dediquem a maior parte do tempo ao tema que escolheram, as pessoas do Tipo Cinco estão conscientes das várias outras áreas de sua vida que não dominam. O fato de ser um físico brilhante ou um bem-sucedido escritor de terror não compensa inteiramente a falta de jeito na cozinha, a incapacidade de dirigir um automóvel ou de manter um relacionamento. As atividades físicas costumam ser para elas motivo de muita vergonha: funcionam como provas de algo que não conseguiram dominar. As atividades sociais e outros aspectos dos relacionamentos também podem ser descartados. Se uma pessoa do Tipo Cinco tiver más recordações de um namoro, talvez leve anos até arriscar-se a namorar novamente. Se esse padrão persistir, seu mundo se reduzirá às poucas atividades que a deixam à vontade.

> **O QUE REALMENTE TRARÁ SEGURANÇA?**
>
> Observe sua própria dependência de certas áreas de interesse. Qual a sensação que elas lhe dão? Como você se sente relacionando-se com as pessoas sem tocar na sua área de domínio? Existem outras áreas em sua vida que você negligencia porque lhe provocam vergonha ou ansiedade? Você está se concentrando no nicho que conquistou em detrimento dessas outras áreas?

A Avareza e a Sensação de Pequenez

A Paixão do Tipo Cinco (seu "Pecado Capital") é a *avareza*, uma certa distorção emocional resultante de sua sensação de pequenez e incapacidade de defender-se no mundo. O medo faz seus representantes recolher-se a si mesmos, e a avareza os faz procurar armazenar os mínimos recursos. Como as necessidades alheias podem esgotá-los com muita facilidade, eles sentem-se como se não dispusessem do suficiente para a demanda.

Na verdade, as pessoas do Tipo Cinco pertencem a um dos tipos menos materialistas do Eneagrama e se satisfazem com poucos confortos. Porém são avaras em relação ao seu tempo, sua energia e seus recursos. Têm voracidade para adquirir conhecimentos e meios de aperfeiçoar sua perícia e suas habilidades. Além disso, por acharem que precisam dedicar a maior parte do tempo ao cultivo de suas idéias e interesses, não querem que ninguém lhes exija muito tempo ou atenção. Como se sentem impotentes e incapazes, crêem que devem acumular e manter tudo aquilo que possa torná-las fortes e capazes. Assim, podem fazer coleção de números atrasados de jornais ou revistas, compilar exaustivamente recortes e livros das áreas que lhes interessam ou acumular discos e CDs até não terem mais onde guardá-los.

"É preciso encher totalmente o disco rígido."

Essas pessoas geralmente se sentem sobrecarregadas e oprimidas pelas expectativas alheias. Além disso, como é fácil sentir-se invadidas, elas aprendem a proteger-se retraindo-se emocionalmente.

Mark, especialista em computadores, é dotado de um simpático senso de humor e de uma sinceridade tocante. É casado e feliz há muitos anos, mas ainda luta com esses problemas:

> Minha mãe teve dois filhos antes de mim; um com problemas congênitos de pele e o outro morto num acidente antes de chegar à adolescência. Quando eu nasci, nasceu também a idéia de que eu precisava ser superprotegido. Infelizmente, nada podia ser só meu: meus pais tinham de saber onde eu estava, o que fazia, o que queria fazer, o que havia em meu quarto etc. Então aprendi desde cedo a fugir para minha mente. Lá eu me libertava das intrusões que faziam parte de meu cotidiano. Ninguém podia ir até lá, a menos que eu deixasse – e isso jamais acontecia. No início da adolescência, comecei a dar mostras evidentes de resistência tornando-me mais indiferente, inacessível e frio. Até hoje, continuo distante emocionalmente de meus pais e dos outros.

A Incapacidade de Chegar ao Fim: a Fase de Preparação

Os representantes típicos do Tipo Cinco geralmente ficam presos àquilo que chamamos de *fase de preparação*: recolhem cada vez mais informações e praticam sem parar, mas jamais se sentem preparados o bastante para partir para a ação. Ficam tão enredados nos detalhes da análise e dos ajustes finais que não conseguem ver a floresta por causa das árvores. Assim, nunca se sentem prontos para arriscar-se, como o pintor que reluta em fazer uma exposição ou o aluno que faz mil cursos mas não quer formar-se em nenhum.

As pessoas do Tipo Cinco não estão necessariamente conscientes de sua ansiedade. Geralmente, acham apenas que não terminaram o que haviam planejado e precisam de mais tempo para o aprimoramento. Já que sua auto-estima está tão condicionada aos seus projetos, essas pessoas preocupam-se muito com a possibilidade de seu trabalho ser criticado ou rejeitado. Porém a eterna sensação de precisar preparar-se mais pode deixá-las paralisadas por muitos anos. Assim, podem acordar um belo dia e perceber que não viveram a vida – estiveram simplesmente preparando-se para vivê-la.

"Preciso de mais tempo."

Basicamente, o que paralisa as pessoas do Tipo Cinco é a recorrente mensagem do superego, que diz: "Para ser bom, você precisa atingir a excelência em alguma coisa". Mas, afinal, de quanto conhecimento elas precisam? O que – ou quem – lhes dirá que atingiram domínio perfeito daquilo a que se propunham e estão prontas para a ação? Como esse domínio pode ser mantido?

Morgan reconhece o quanto lhe custou esse tipo de comportamento:

> Batalhei anos e anos para tornar-me compositor e, em retrospecto, vejo que muita gente achava que minhas canções eram muito boas. Mas eu nunca me convencia disso. Mexia nelas sem parar: esta melodia não é muito interessante; o mote é cafona demais; este verso parece mais coisa de fulano. O pior é que eu não compunha nada e passava o tempo todo "fazendo pesquisa", escutando outras músicas para ganhar experiência e inspiração. Mesmo quando estava em contato com outros músicos que poderiam ajudar-me na criação, eu hesitava em apresentar-lhes o que havia feito ou pedir-lhes que o tocassem. Tentava consolar-me dizendo que assim estaria me tornando um músico melhor, que aquilo fazia parte do processo e que um dia eu seria bom de verdade. Com isso perdi muitos anos.

CONCRETIZANDO SUAS IDÉIAS

Sua maior demonstração de eficiência está em parar de refinar conceitos e partir para pô-los em prática. Procure encontrar pessoas com as quais possa compartilhar suas idéias: um grupo de amigos criativos ou intelectuais que se interesse por seu trabalho pode ajudá-lo a manter-se em atividade. Além disso, embora você não seja muito afeito ao trabalho em equipe, isso contribuirá para impedir que você fique preso à fase de preparação.

Retraimento e Indiferença

Os representantes do Tipo Cinco são os mais independentes e idiossincráticos dentre todos os tipos de personalidade; são aqueles que mais podem ser classificados como solitários e até desajustados. Isso não quer dizer que eles queiram sempre estar a sós ou que não sejam excelente companhia. Quando encontram alguém cuja inteligência e interesses respeitem, invariavelmente se mostram extrovertidos e sociáveis porque gostam de compartilhar suas descobertas e percepções com aqueles que sabem apreciar o que eles têm a dizer. Sua disposição para compartilhar seu conhecimento, porém, não quer dizer compartilhar informações a seu próprio respeito.

Ao contrário das pessoas do Tipo Quatro, que desejam ser aceitas apesar de sentir-se como estranhas, as do Tipo Cinco não têm nenhuma angústia consciente por não relacionar-se com os outros. Estão resignadas com isso e procuram concentrar-se em outras coisas, sentindo que seu isolamento é inevitável – coisas da vida. (O filme *Edward Mãos de Tesoura*, de Tim Burton, descreve perfeitamente a vida interior de uma pessoa deste tipo.) Seus desejos e necessidades emocionais estão profundamente reprimidos. Por trás dessas defesas, elas naturalmente sofrem, mas conseguem desligar-se dos sentimentos que a solidão provoca para continuar agindo normalmente.

"Não será perigoso expor-me?"

Richard, bem-sucedido empresário, situa as origens de sua reserva emocional na infância:

> Creio que boa parte da minha personalidade distante pode ser atribuída à falta de relacionamento tanto com meu pai – que, como militar, passou quase toda a minha infância fora de casa – quanto com minha mãe – que estava mais interessada na própria vida social que nas necessidades do quarto filho. A lenda na família é que eu tinha sido "um acidente" e que minha mãe já tinha gasto a sua cota de dedicação com meus irmãos mais velhos. Assim, aprendi desde cedo a "me virar" sozinho e tornei-me craque em passar despercebido.

Como as pessoas do Tipo Nove, as do Tipo Cinco têm dificuldade de perceber o próprio eu e as próprias necessidades quando se relacionam. Porém, ao contrário das pessoas do Tipo Nove, as do Tipo Cinco tentam recobrá-los evitando os outros. A companhia alheia obscurece sua lucidez e implica um esforço – mesmo quando elas estão se divertindo. Por isso, os representantes típicos do Tipo Cinco consideram a maioria das interações pessoais extenuantes, sentindo que as pessoas desejam deles uma resposta que não têm condição de dar.

Mark fala abertamente sobre essa questão:

> Às vezes é difícil lidar com as pessoas e sempre é difícil lidar com as pessoas que têm expectativas. Para desespero de minha mulher, falar, agir, vestir-

me e comportar-me em público de forma adequada (isto é, de forma que atenda às expectativas sociais) nunca foram meus pontos fortes. É preciso esforço para conseguir aceitação social, e aí eu penso: "Para que tentar?"

As pessoas do Tipo Cinco podem, na verdade, ter um imenso reservatório de sentimentos. Mas eles foram soterrados e são mantidos assim de propósito. Com efeito, elas evitam muitos relacionamentos para impedir que esses sentimentos as tomem de assalto. *A maioria dessas pessoas também costuma rechaçar os que procuram ajudá-las.* (Qualquer auxílio aí significaria frisar sua incompetência e impotência, reforçando assim seu Medo Fundamental.) Isso vale especialmente quando a pessoa que quer ajudá-las demonstra possuir segundas intenções ou alguma tendência à manipulação: se não se sentem capazes de cuidar das próprias necessidades, que dirá das necessidades ocultas dos outros.

> **AS ORIGENS DO ISOLAMENTO**
>
> Registre suas observações acerca do isolamento em seu Diário do Trabalho Interior. Que tipos de situações o fazem distanciar-se emocionalmente? Qual a sua atitude diante das pessoas e da vida social nessas ocasiões? Você é capaz de recordar algum incidente da infância que tenha servido para reforçar essa tendência? Sentiu-se invadido pelas necessidades ou pela interferência de outras pessoas? Da próxima vez que estiver com alguém, procure observar se não está se distanciando emocionalmente. O que seria necessário para relacionar-se com as pessoas sem abrir mão de suas próprias metas?

Minimizando as Necessidades: a Mente "Perde o Corpo"

"Não preciso de muito, mas preciso de meu espaço."

Os representantes da Tríade do Raciocínio tentam compensar a falta de orientação interior desenvolvendo *estratégias*. A estratégia das pessoas do Tipo Cinco é não pedir muito de ninguém, esperando, ao mesmo tempo, que ninguém lhes peça muito. (Inconscientemente, elas pensam muitas vezes que não têm muito a oferecer.) Essas pessoas tentam manter sua independência *minimizando as próprias necessidades*. Sua idéia de conforto pessoal é tão elementar que pode chegar a ponto de ser primitiva. Preocupadas com suas teorias e visões, elas vivem como "mentes incorpóreas".

Morgan, o compositor, fala com franqueza a respeito do minimalismo característico de seu tipo:

> Quando me mudei para meu apartamento, passei meses dormindo num colchonete inflável – ou mesmo no chão – até comprar um sofá-cama. Levei anos sem quase nenhuma mobília que não as estantes onde guardava meus livros e LPs. Acho que as pessoas tinham pena de mim e me davam os

móveis que não queriam mais, os quais eu aceitava satisfeito. Nada combinava com nada, mas eu não me importava. Eu vivia na minha cabeça – meu apartamento era só o lugar em que eu comia e dormia.

Os representantes típicos do Tipo Cinco podem mostrar-se então cada vez mais distraídos e distantes, não só das pessoas como também de seu próprio corpo. Tornam-se nervosos e começam a ignorar as próprias necessidades, inclusive as físicas: trabalham a noite inteira no computador comendo apenas chocolates e bebendo refrigerantes; quando saem, não sabem onde deixaram as chaves ou os óculos. Sua distração, ao contrário do "viver no mundo da lua" característico do Tipo Nove, é produto de uma inquietude mental extrema, do fluir contínuo de energia nervosa.

Quando estão nesse estágio, as pessoas do Tipo Cinco também guardam muito segredo de suas atividades. Embora possam mostrar-se amigáveis e conversadoras com os mais íntimos, mantêm-nos na ignorância de muitas coisas de sua própria vida. Compartimentando os relacionamentos, minimizando as próprias necessidades e mantendo em segredo algumas de suas atividades, elas esperam preservar a independência e manter seus projetos a salvo de interferências.

PERMANECENDO CENTRADO

As pessoas do Tipo Cinco precisam assumir mais o próprio corpo. A *yoga*, as artes marciais, a ginástica, a corrida, os esportes ou uma boa caminhada pode ajudá-las a retomar o contato com seu lado físico e emocional. Escolha uma atividade que possa praticar regularmente e anote-a em seu Diário do Trabalho Interior. Escreva também quantas vezes por semana você se compromete a exercitar-se e depois assine embaixo. Não se esqueça disso! Reserve espaço para comentar esse termo de compromisso e as modificações que nota à medida que se torna mais centrado. O que você sente quando não o cumpre? O que acontece com a sua noção de eu ao realizar a atividade? Como esta afeta seu raciocínio?

Perdendo-se em Especulações e Realidades Alternativas

Após criar o mundo interior no qual se refugiam contra as inseguranças do dia-a-dia, os representantes típicos do Tipo Cinco tendem a preocupar-se com ele. Especulam sobre diversas idéias, preenchendo os detalhes de complexos mundos de fantasia ou desenvolvendo teorias brilhantes e convincentes, porque esse tipo de raciocínio – camuflado de análise ou criação – é o que mais se presta a afastar os problemas práticos e emocionais.

Na medida em que tiverem sido feridas em sua capacidade de sentir-se fortes e capazes, as pessoas do Tipo Cinco poderão recorrer a fantasias de poder e controle. Assim, talvez se sintam atraídas por jogos baseados em temas de conquis-

"E se...?"

ta, embates de monstros, dominação do mundo e elementos tecno-eróticos de sadismo e poder.

Jeff é um criador de *software* que conhece bem esse terreno:

> Eu costumava jogar aqueles complicados jogos de tabuleiro. Há uma infinidade de temas, mas a maioria é de guerra ou outro tipo de batalha. Eu passava dias para aprender as regras e depois não achava ninguém interessado em jogá-los. Às vezes eu jogava sozinho! E quando surgiram as versões computadorizadas - rapaz! Eu não precisava depender de ninguém. Uma partida desses *games* leva horas para ser jogada, mas o legal neles é o detalhe e a sensação que a gente tem de realmente vencer uma batalha, construir uma cidade ou o que seja. Você termina fantasiando que suas tropas estão marchando e derrotando o inimigo. Fiquei viciado neles até que percebi o tempo que exigiam e o quanto seria melhor eu aplicar toda aquela energia e estratégia à minha vida real.

O EQUILÍBRIO ENTRE O MUNDO INTERIOR E O EXTERIOR

Fantasiar, teorizar e especular podem ser agradáveis passatempos, mas aprenda a avaliar honestamente quando os está usando para evitar problemas mais graves na vida real. Quantas horas por dia você dedica a essas atividades cerebrais? O que você poderia fazer de seu tempo se reduzisse seu investimento nelas?

Os representantes menos saudáveis deste tipo podem encerrar-se em bizarras "realidades" criadas inteiramente por eles, como sonhadores presos num pesadelo do qual não conseguem despertar.

Ansiedades Inconscientes e Pensamentos Aterrorizantes

Por mais estranho que pareça, as pessoas do Tipo Cinco pensam muito sobre as coisas que mais as atemorizam. Elas são capazes, inclusive, de tornar-se profissionais estudando ou criando obras de arte sobre aquilo que lhes provoca medo: as que têm medo de doenças, por exemplo, podem tornar-se patologistas; as que tinham medo de "monstros sob a cama" podem tornar-se, quando adultas, autoras de livros ou diretoras de filmes de terror ou ficção científica.

Rich, hoje autor de psicologia, relembra como superou alguns de seus primeiros medos:

> Certa vez - eu ainda não estava nem no jardim-de-infância - uns amigos mais velhos me levaram ao cinema um sábado à tarde. O filme era sobre *vikings* e bem sangrento, pelo menos para uma criança da minha idade. Che-

guei em casa bastante abalado. A visão de sangue me apavorava e eu tive muitos pesadelos por causa disso. Mas, depois disso, queria ir a todo filme de terror que passasse. Monstros, dinossauros, extraterrestres e destruição em massa eram os meus temas favoritos. Não me cansava nunca de assistir a esses filmes.

As pessoas do Tipo Cinco tentam controlar o medo concentrando-se na coisa atemorizante em si e não nos sentimentos que ela lhes provoca. Porém, como não conseguem evitar completamente o impacto emocional dessas idéias, acabam consciente e inconscientemente enchendo a cabeça de imagens inquietantes. Com o tempo, os sentimentos alienados podem ameaçar voltar até elas em sonhos e fantasias ou de algum outro modo inesperado.

Isso é particularmente perturbador para essas pessoas porque os representantes típicos deste tipo acreditam que seus pensamentos são o único aspecto da realidade no qual podem confiar inteiramente. Quando seus pensamentos lhes parecem fora de controle ou atemorizantes, eles passam a evitar as atividades que possam deflagrar associações temíveis. Se por exemplo já gostaram de astronomia, podem começar a ter medo de sair à noite: o vazio da abóbada celeste os desestabiliza completamente.

Jane, diretora de arte e também escultora, conta-nos uma experiência desse tipo:

> Quando tinha cerca de 7 anos, fiquei muito interessada em estudar o corpo humano. Adorava ler sobre os órgãos internos e ver as transparências correspondentes a eles na enciclopédia da família. Comecei a ler também livros e artigos sobre saúde e doença. Lembro-me de um dia estar lendo um artigo sobre o câncer causado pelo fumo na revista *Seleções do Reader's Digest*. O artigo descrevia pessoas com traqueotomias, pulmões de aço e outras cirurgias radicais. Fiquei aturdida. De repente, aos 7 anos, eu entendi o que era a morte, e não era do jeito que meus pais haviam explicado. Não conseguia mais parar de pensar nisso. Fiquei taciturna, não queria comer. Todos iriam morrer. Ficava acordada à noite, pensando como seria a morte e se Deus existia. Quanto mais pensava, mais cética ficava. Comecei até a observar animais mortos. Isso durou muitos anos. Acho que, depois de algum tempo, acabei me acostumando.

CONTEMPLANDO O ABISMO

Observe sua atração pelo lado "sombrio" da vida. Embora ela possa ajudar na compreensão desse aspecto da natureza humana, cuidado com a tendência à obsessão com essas questões. Atente para a influência de tais interesses sobre seu sono. Muitas das pessoas do Tipo Cinco afirmam ser útil investigar possíveis traumas de infância. Esses traumas muitas vezes levam ao interesse compulsivo por temas inquietantes. Seu interesse por esses temas prejudica sua atuação normal?

Gosto pela Discussão, Niilismo e Extremismo

"É incrível o quanto essas pessoas são idiotas."

Todos os tipos têm agressividade. Como as idéias são praticamente sua única fonte de segurança, as pessoas do Tipo Cinco as postulam e defendem com ardor – mesmo que, na verdade, nem acreditem na posição que estão tomando quando o fazem.

Nos Níveis médio-inferiores, elas antagonizam tudo e todos que possam interferir com seu mundo interior e sua visão pessoal, sentem-se ofendidas pela calma e segurança que os outros demonstram e comprazem-se em atacar e debilitar as crenças e convicções alheias. Elas podem afrontar, provocar ou chocar os demais com opiniões intencionalmente radicais. Esse tipo de pessoa quer afugentar os outros não só para poder dedicar-se aos seus próprios interesses como também para sentir-se intelectualmente superior à "burrice" e à "cegueira" deles. Deixando de lado o cuidado no pensar, elas tiram conclusões apressadas, impõem sua radical interpretação dos fatos e, quando encontram discordância, tornam-se grosseiras e cáusticas. Quando insistem em comportar-se assim, de fato acabam por afastar a todos.

Quando não conseguem conquistar seu próprio lugar, essas pessoas caem rapidamente numa cética apatia, perdendo a fé em si e na humanidade. Dentre todos os tipos do Eneagrama, o Tipo Cinco é o mais propenso à sensação de insignificância, o que leva muitos de seus representantes a duvidar da existência de forças benevolentes no universo.

DESCONCERTANDO AS PESSOAS

Quando se pegar discutindo ou exaltando-se por qualquer razão, atente para o que seu corpo sente. Quanto realmente lhe importa fazer sua opinião prevalecer? Que efeito você está tentando provocar no outro? Que intenções ou convicções está atribuindo a ele? Do que você tem medo?

REAÇÃO AO *STRESS*:
O TIPO CINCO
PASSA AO SETE
▲

As pessoas do Tipo Cinco tentam lidar com o *stress* estreitando cada vez mais o seu foco e refugiando-se no santuário de seus próprios pensamentos. Quando esse método não consegue aliviar a ansiedade, elas podem passar ao Tipo Sete: reagem ao isolamento lançando-se impulsivamente a toda espécie de atividades. Assim, tornam-se inquietas e agitadas – a mente se acelera e elas evitam pensar nos medos crescentes. Além disso, a ansiedade por encontrar um lugar para si pode torná-las dispersivas em seu empenho. Como os representantes típicos do Tipo Sete, saltam de atividade para atividade, de idéia para idéia, mas não conseguem encontrar ou levar adiante nada que as satisfaça.

Após o desligamento das necessidades, principalmente as sensoriais e afetivas, a passagem ao Tipo Sete culmina na atuação da busca indiscriminada de estímulos e experiências. Geralmente, essas diversões pouco têm que ver com seus projetos profissionais – elas podem deixar-se absorver por filmes, bebidas, drogas ou aventuras sexuais. Podem também começar a freqüentar bares secretos, clubes de troca de casais ou "cenários" ainda mais estranhos e pouco habituais, o que surpreenderia todos aqueles que acreditam conhecê-las – se é que conseguiriam descobrir isso algum dia.

Nas situações mais estressantes, as pessoas do Tipo Cinco defendem-se contra suas ansiedades tornando-se insensíveis e agressivas na busca daquilo que julgam desejar, como os representantes menos saudáveis do Tipo Sete. Além disso, podem buscar consolo no abuso de drogas.

A BANDEIRA VERMELHA: PROBLEMAS PARA O TIPO CINCO
▲

Se estiverem sob *stress* por períodos prolongados, tiverem sofrido uma crise grave sem contar com apoio adequado ou sem outros recursos com que enfrentá-la, ou se tiverem sido vítimas constantes de violência e outros abusos na infância, as pessoas do Tipo Cinco poderão cruzar o ponto de choque e mergulhar nos aspectos não-saudáveis de seu tipo. Por menos que queiram, isso poderá forçá-las a admitir que os projetos a que se vinham dedicando e o estilo de vida que adotaram na verdade eliminam suas chances de encontrar um lugar que seja só seu.

Por mais difícil que seja, admitir isso pode representar o início de uma reviravolta na vida dessas pessoas. Se reconhecerem a verdade desses fatos, elas poderão, por um lado, mudar sua vida e dar o primeiro passo rumo à saúde e à libertação. Mas também poderão cortar relações com os demais, num ato que equivale a dar as costas ao mundo para resguardar-se ainda mais das "intromissões" e poder, assim, seguir seu raciocínio até a "conclusão lógica" – geralmente uma conclusão sombria e autodestrutiva. ("Que vão todos para o inferno! Ninguém vai me maltratar de novo!") Naturalmente, essa fuga só pode contribuir para apagar qualquer resquício de segurança que ainda possam ter. Se persistirem nessa atitude, elas se arriscam a ultrapassar a linha divisória que as separa dos Níveis não-saudáveis. Se seu comportamento ou o de alguém que você conhece se enquadrar no que descrevem as advertências a seguir por um período longo – acima de duas ou três semanas, digamos –, é mais do que recomendável buscar aconselhamento, terapia ou algum outro tipo de apoio.

ADVERTÊNCIAS	➤ Tendência crescente ao isolamento
	➤ Negligência física crônica, auto-abandono
	➤ Insônia crônica grave, pesadelos e distúrbios do sono
POTENCIAL PATOLÓGICO: Distúrbios de Personalidade Esquizóide, Esquizotípica e Fugidia, surtos psicóticos, dissociação, depressão e suicídio.	➤ Excentricidade crescente – perda de interesse nos dons sociais
	➤ Rechaço ou hostilidade diante das ofertas de ajuda
	➤ Percepção distorcida, alucinações
	➤ Menção ao suicídio

PRÁTICAS QUE CONTRIBUEM PARA O DESENVOLVIMENTO DO TIPO CINCO

▲

➤ Lembre-se de que sua mente é mais lúcida e potente quando está tranqüila. Procure cultivar em si essa tranqüilidade e não a confunda com o silenciar de seu mundo exterior. Aprenda a observar os comentários ininterruptos que sua mente faz sobre tudo aquilo que você vivencia. O que acontece quando você simplesmente vive o momento sem relacioná-lo ao que acha que já sabe? Estando mais atento às sensações físicas, você terá mais facilidade de acalmar a mente.

➤ Use seu corpo! O Tipo Cinco é provavelmente o que mais acha que pode prescindir do próprio corpo – para seus representantes, é fácil ficar horas diante do computador, lendo ou ouvindo música. Embora não haja nada de errado com essas atividades, seu equilíbrio requer mais exercício físico. Experimente a corrida, a *yoga*, a dança, as artes marciais, a ginástica ou mesmo a caminhada. Quando o corpo está desperto e o sangue flui, a mente se apura e os seus recursos interiores aumentam.

➤ Esforce-se por procurar as pessoas, principalmente quando se sentir temeroso ou vulnerável. Como representante de seu tipo, você foi condicionado a não esperar apoio de ninguém e até a suspeitar da ajuda que lhe oferecem. Mas essa crença provavelmente não se aplica à sua atual situação. Use sua inteligência para descobrir quem é suficientemente constante para dar-lhe apoio quando você precisar. Fale – manifeste suas necessidades e talvez se surpreenda. Sua tendência ao isolamento só serve para prendê-lo ainda mais em sua própria armadilha.

➤ Procure refletir sobre as áreas que mais debilitam sua autoconfiança. Estudar geografia mundial não adianta se você se sente fisicamente fraco, mas ginástica e musculação, sim. Compor outra música não adianta se o que realmente quer é conhecer pessoas. Você pode continuar trabalhando em tudo aquilo que lhe interessa, mas também será muito bom explorar mais diretamente algumas das áreas que excluiu de sua vida.

➤ Arrisque-se a sentir sua própria dor. A maioria das pessoas do Tipo Cinco dissocia-se da percepção de suas mágoas e sofrimentos, principalmente os que envolvem a sensação de rejeição. Você sabe quando esses sentimentos estão prestes a vir à tona. Não os engula simplesmente. Num local apropriado, permita-se sentir o seu coração e os sentimentos nele encerrados. Isso surtirá ainda mais efeito se vivido ao lado de uma testemunha: um amigo, o terapeuta ou qualquer pessoa em quem você confie. Peça a essa pessoa que não faça nada: apenas presencie sua luta e seu sofrimento.

➤ À medida que se torna mais equilibrado e centrado em seu corpo, deixe que a impressão que tem dos outros e do mundo ao seu redor o afetem – deixe que o mundo entre em você. Você não vai se perder; vai encontrar o mundo. Isso lhe dará a sensação de segurança e bem-estar que tanto vem buscando – além de muitos novos *insights* no processo. Lembre-se apenas de não se perder em sua análise e de voltar à terra. Lembre-se: *esta é sua vida*. Você não é uma abstração e sua presença aqui pode fazer – e faz – diferença.

REFORÇANDO OS PONTOS FORTES DO TIPO CINCO

▲

Sem esquecer a especialidade da qual têm pleno domínio, o que as pessoas do Tipo Cinco têm a oferecer ao mundo é principalmente sua tremenda *percepção e compreensão*. Com esse dom, elas são capazes de entender vários pontos de vista ao mesmo tempo, abarcando o todo e as partes. As mais saudáveis dentre elas podem considerar várias perspectivas diferentes sem se prender a nenhuma delas. São capazes de determinar qual o melhor ângulo para analisar um problema, tendo em vista um determinado conjunto de circunstâncias.

As pessoas do Tipo Cinco são extraordinariamente observadoras e perspicazes. Sensíveis ao ambiente, captam mudanças e incongruências sutis que poderiam passar despercebidas a muita gente. Muitas delas têm um ou dois dos cinco sentidos mais desenvolvidos que a média, podendo apresentar, por exemplo, extrema acuidade visual em relação às cores ou grande facilidade em reconhecer tons e ritmos.

Essas pessoas não perdem a curiosidade típica da infância – continuam fazendo perguntas como: "Por que o céu é azul?" ou "Por que as coisas caem para baixo e não para cima?" Elas não tomam nada por garantido – se querem saber o que está debaixo de um rochedo, pegam uma pá, cavam o chão e olham. Além disso, são dotadas de uma extraordinária capacidade de concentração e atenção, e podem aplicá-la por longos períodos. Para completar, são extremamente pacientes na exploração de tudo aquilo que lhes interessa. A paciência e a concentração lhes permitem seguir com seus projetos até conseguir extrair deles o ouro.

Graças a sua abertura e curiosidade, as pessoas saudáveis deste tipo são muito inventivas e inovadoras. Sua capacidade de explorar e brincar com as idéias pode render descobertas e trabalhos valiosos, práticos e originais – desde paradigmas na medicina e na ciência e surpreendentes avanços no terreno das artes a

"Quando você ama o bastante, qualquer coisa lhe fala de perto."
GEORGE WASHINGTON CARVER

novas formas de empilhar caixas velhas na garagem. Não satisfeito com o som de um violoncelo, um representante do Tipo Cinco será capaz de gravá-lo e tocar a fita de trás para a frente, além de alterar o tom da gravação. Os que têm vocação científica fazem descobertas precisamente porque se interessam pelas *exceções à regra*. Eles se concentram nas áreas em que as regras não se aplicam ou nas pequenas incoerências que aos outros parecem pouco importantes.

As pessoas do Tipo Cinco gostam de compartilhar suas descobertas e costumam apresentar suas observações das contradições da vida com um senso de humor muito peculiar. A eterna estranheza da vida não cessa de diverti-las – e horrorizá-las, e elas conseguem transmitir isso aos outros com leves alterações na disposição do quadro, expondo absurdos antes invisíveis. Elas gostam de brincar com as coisas, o que pode manifestar-se pelo humor negro, por trocadilhos e por jogos de palavras. Há nessas pessoas algo de travesso, vivaz e, ao mesmo tempo, delicado. Elas gostam de incitar as pessoas a pensar mais profundamente a respeito da vida, e o humor muitas vezes é um excelente meio de comunicar idéias que, de outro modo, seriam demasiado perigosas.

O CAMINHO DA INTEGRAÇÃO: O TIPO CINCO PASSA AO OITO

▲

As pessoas do Tipo Cinco concretizam seu potencial e se mantêm na faixa saudável quando, como as que estão na faixa saudável do Tipo Oito, aprendem a reclamar e ocupar sua presença física e sua energia instintiva. Isso porque a base da segurança – a sensação de plenitude, força e capacidade – surge da energia instintiva do corpo, não de estruturas mentais. Assim, aquelas que estão no caminho da integração crescem quando "descem" da cabeça e entram em maior contato com o corpo e sua vitalidade.

A perspectiva de um maior contato com a vida do corpo costuma gerar grande ansiedade nessas pessoas. Elas temem perder sua única defesa: o santuário da mente. A mente parece-lhes segura, confiável e inexpugnável; o corpo, fraco, suspeito e vulnerável. Além disso, o contato mais profundo com o corpo dá ensejo à conscientização de fortes sentimentos de dor e pesar pelo longo isolamento que se impuseram. No entanto, só o centramento no corpo lhes dará o apoio interior necessário à assimilação desses sentimentos longamente suprimidos.

À medida que se sentem mais à vontade diante de suas energias instintivas, as pessoas do Tipo Cinco começam a participar mais plenamente do mundo em que vivem e a aplicar seu conhecimento e habilidade aos problemas práticos imediatos. Em vez de evadir-se das responsabilidades fugindo das pessoas, elas sentem-se capacitadas a assumir grandes desafios e, muitas vezes, papéis de liderança. Os demais intuitivamente percebem que elas estão buscando soluções positivas e não agindo por interesse próprio; portanto, unem-se para apoiá-las em seus projetos. Entrando no mundo real, as pessoas do Tipo Cinco não perdem seus dotes mentais nem a especialidade cujo domínio cultivaram em isolamento; em vez disso, utilizam-nos estratégica e construtivamente como os representantes mais saudáveis do Tipo Oito.

Porém, as pessoas do Tipo Cinco não conseguirão muito tentando imitar as características dos representantes típicos do Tipo Oito. Concentrando-se na autoproteção, dissociando-se da própria vulnerabilidade e vendo os relacionamentos como confrontos, pouco conseguirão no sentido de superar a sensação de distanciamento e o isolamento social. Entretanto, à medida que começam a perceber e trabalhar sua identificação com a mente, a força, a determinação e a confiança que constituem os trunfos característicos dos representantes saudáveis do Tipo Oito naturalmente entram em jogo.

A TRANSFORMAÇÃO DA PERSONALIDADE EM ESSÊNCIA

▲

Quando realmente estamos presentes para a vida, quando relaxamos e nos entrosamos com o corpo, começamos a vivenciar um saber ou orientação interior. Somos conduzidos exatamente ao que precisamos saber e nossas opções se baseiam nessa sabedoria interior. Mas, quando perdemos a base da Presença – da qual surge essa orientação Essencial –, a personalidade se levanta e tenta tomar a dianteira.

O "passo em falso" das pessoas do Tipo Cinco é *identificar-se com a observação das experiências, não com as próprias experiências*. Elas são o tipo de gente que procura aprender a dançar observando os outros dançarem. ("Vejamos, ela deu dois passos à esquerda, um à frente e uma voltinha. Depois balança os braços...") No fim, podem até aprender a tal dança – mas, quando o fazem, o baile já terminou.

Naturalmente, as pessoas deste tipo enfrentam o mesmo dilema a vida inteira: tentam descobrir como viver a vida sem realmente vivê-la. Quando estão presentes e centradas, porém, as pessoas do Tipo Cinco sabem exatamente o que precisam saber e quando precisam saber. A resposta a uma questão não vem da mente tagarela, mas da mente lúcida, sintonizada com a realidade. A percepção surge espontaneamente conforme o requeiram as circunstâncias específicas. O verdadeiro apoio e orientação interior podem, assim, ser recuperados se elas deixarem de lado uma determinada auto-imagem – a de que têm existência à parte do meio em que vivem, como meras moscas na parede – e começarem a engajar-se à realidade. Uma vez libertadas, as pessoas do Tipo Cinco sabem que não devem temer a realidade porque são parte dela.

Além disso, há um novo imediatismo em suas percepções que as torna capazes de compreender a própria experiência sem o habitual comentário mental. Cheias de lucidez e confiança no universo, elas se deixam maravilhar diante da grandeza da realidade. Einstein disse certa vez: "A única pergunta que vale a pena fazer é: 'O universo é amigo?'" As mais evoluídas dentre as pessoas do Tipo Cinco têm uma resposta. Em vez de mortas de medo, elas sentem-se cativadas pelo que vêem, podendo tornar-se verdadeiramente visionárias,

> "No fundo da mente, há, por assim dizer, um esplendor ou eclosão de maravilhamento diante da própria existência e que foi esquecido. O objetivo da vida artística e espiritual é buscar a irrupção desse maravilhamento que ficou submerso."
>
> G.K. CHESTERTON

capazes de introduzir mudanças revolucionárias no campo a que se dedicarem.

A MANIFESTAÇÃO DA ESSÊNCIA

O impulso do Tipo Cinco para o conhecimento e a excelência é a tentativa da personalidade de recriar uma qualidade da Essência que poderíamos chamar de *lucidez* ou *saber interior*. Com ela vem a qualidade Essencial do desprendimento, que não é distanciamento nem repressão emocional, mas a falta de identificação com um determinado ponto de vista. As pessoas do Tipo Cinco sabem que uma posição, uma idéia, são úteis apenas num conjunto limitado de circunstâncias, talvez apenas no conjunto específico em que surgiram. A orientação interior lhes permite fluir de um modo de ver as coisas a outro sem fixar-se em nenhum deles.

Quando se libertam, as pessoas do Tipo Cinco relembram a vastidão e a lucidez da Mente Divina, aquilo que os budistas chamam de "Vazio brilhante" ou *Sunyata*: a amplidão imperturbável e tranqüila da qual tudo provém, inclusive o saber e a criatividade. Elas querem voltar a vivenciar o Vácuo porque ele um dia foi seu lar, já que é (da perspectiva budista) a origem de todas as coisas sobre a terra. Porém esse anseio de retorno ao Vácuo requer uma compreensão adequada, já que não é o vazio do esquecimento, mas o "vazio" de um copo d'água pura ou do céu de um azul perfeito: tudo que existe é possível graças a ele. Quando atingem esse estado, elas se libertam da crença de ser isoladas de tudo e de todos e vivenciam diretamente a sua conexão com todas as coisas que as cercam.

Além disso, esse desprendimento e esse vazio não implicam que as pessoas do Tipo Cinco estejam distantes de seus sentimentos. Pelo contrário, elas se deixam tocar profundamente por um pôr-do-sol, pelo frescor de uma brisa ou pela beleza de um rosto; estão livres para sentir e viver tudo, enquanto reconhecem que o que presenciam é temporário – dádiva fugaz de um universo cuja prodigalidade é infinita. Ao ver mais a fundo a verdade da condição humana, essas pessoas se tornam capazes de uma grande compaixão pelo sofrimento de seus semelhantes e se dispõem a compartilhar as riquezas não só de sua mente, mas também de seu coração.

Some os pontos das quinze afirmações para o Tipo Cinco. O resultado estará entre 15 e 75. As instruções ao lado o ajudarão a descobrir ou confirmar seu tipo de personalidade.

▶ 15   Você provavelmente não pertence a um dos tipos retraídos (Quatro, Cinco e Nove).

▶ 15-30   Você provavelmente não pertence ao Tipo Cinco.

▶ 30-45   É muito provável que você tenha problemas comuns ao Tipo Cinco ou que um de seus pais seja do Tipo Cinco.

▶ 45-60   É muito provável que você tenha algum componente do Tipo Cinco.

▶ 60-75   É muito provável que você pertença ao Tipo Cinco (mas ainda poderá pertencer a outro se tiver uma concepção demasiado limitada deste tipo).

As pessoas do Tipo Cinco costumam identificar-se erroneamente como pertencentes ao Tipo Quatro, Seis ou Um. As dos Tipos Nove, Três e Um costumam identificar-se erroneamente como pertencentes ao Tipo Cinco.

CAPÍTULO 12

TIPO SEIS: O PARTIDÁRIO

O GUARDIÃO

"Nossa imaginação e nosso poder de raciocínio facilitam a ansiedade. A sensação de ansiedade é precipitada não por uma poderosa ameaça iminente – como a preocupação com um exame, um pronunciamento, uma viagem – mas sim pelas representações simbólicas e muitas vezes inconscientes."
WILLARD GAYLIN

O CORRELIGIONÁRIO

O CÉTICO

"Nenhum homem crê de fato em outro. Pode-se acreditar de forma absoluta numa idéia, mas não num homem."
H. L. MENCKEN

O MEDIADOR

"Aquele que não confia em si não pode confiar de verdade em ninguém."
CARDEAL DE RETZ

O TRADICIONALISTA

O QUE DÁ APOIO INCONDICIONAL

"Paradoxalmente, só no crescimento, na reforma e na mudança é que se pode encontrar a verdadeira segurança."
ANNE MORROW LINDBERGH

O CTA RISO-HUDSON

Classificação Tipológica Segundo a Atitude

Classifique as afirmações ao lado conforme sua aplicabilidade com base na seguinte escala:

1 ..... *Nunca é verdadeira*

2 ..... *Raramente é verdadeira*

3 ..... *Em parte é verdadeira*

4 ..... *Geralmente é verdadeira*

5 ..... *Sempre é verdadeira*

Verifique a análise da pontuação na página 269.

_____ 1. Sinto-me atraído pela autoridade e, ao mesmo tempo, descrente dela.

_____ 2. Sou muito afetivo, apesar de quase nunca demonstrar o que sinto – a não ser para os mais íntimos e, mesmo assim, nem sempre.

_____ 3. Se cometo um erro, tenho medo que todos pulem na minha garganta.

_____ 4. Sinto-me mais seguro fazendo o que se espera de mim que trabalhando por conta própria.

_____ 5. Posso não concordar sempre com as regras – e nem sempre segui-las – mas quero saber em que consistem!

_____ 6. A primeira impressão que as pessoas me causam geralmente é muito forte e difícil de mudar.

_____ 7. As poucas pessoas a quem admiro são para mim meus heróis.

_____ 8. Não gosto de tomar decisões importantes, mas tampouco quero que alguém as tome por mim!

_____ 9. Algumas pessoas consideram-me nervoso e irrequieto – mas não sabem da missa a metade!

_____ 10. Sei o quanto *eu* posso estragar as coisas; portanto, suspeitar do que os outros estão "aprontando" tem muito sentido para mim.

_____ 11. Quero confiar nas pessoas, mas muitas vezes vejo-me questionando suas intenções.

_____ 12. Sou de trabalhar duro: vou batalhando até fazer o que tem de ser feito.

_____ 13. Sondo a opinião daqueles em quem confio antes de tomar uma grande decisão.

_____ 14. É realmente curioso: sou muitas vezes cético, até cínico, em relação a muitas coisas e, de repente, mudo e começo a acreditar completamente em tudo.

_____ 15. Meu sobrenome deveria ser *Ansiedade*.

TIPO SEIS DE PERSONALIDADE: O PARTIDÁRIO

O Tipo Dedicado, Que Busca a Segurança: Encantador, Responsável, Ansioso e Desconfiado

Chamamos este tipo de personalidade de *o Partidário* porque, dentre todos os tipos, ele é o mais leal aos seus amigos e às suas convicções. Seus representantes não abandonam o navio prestes a afundar e mantêm-se fiéis aos seus relacionamentos muito mais que os demais tipos. Além disso, são fiéis a idéias, sistemas e convicções – inclusive à de que todas as idéias e autoridades deveriam ser questionadas. Com efeito, nem todos eles concordam com o *status quo*: suas convicções podem ser rebeldes e antiautoritárias, até revolucionárias. De qualquer modo, essas pessoas sempre lutam mais por suas convicções que por si mesmas e defendem a família ou a comunidade antes de tudo.

➤ **MEDO FUNDAMENTAL:** O de não contar com apoio e orientação, o de ser incapaz de sobreviver sozinho.

➤ **DESEJO FUNDAMENTAL:** Encontrar apoio e segurança.

➤ **MENSAGEM DO SUPEREGO:** "Você estará num bom caminho se fizer o que se espera que faça."

A razão de serem tão leais aos outros é que essas pessoas não querem ser abandonadas nem perder o apoio de que dispõem – seu Medo Fundamental. Assim, o problema crucial das pessoas do Tipo Seis consiste numa falha de autoconfiança: não acreditando possuir os recursos interiores para enfrentar sozinhas os desafios e caprichos da vida, elas passam a recorrer cada vez mais a estruturas, aliados, convicções e arrimos exteriores, no intuito de obter orientação. Quando não existem estruturas adequadas, elas procuram criá-las e mantê-las.

O Tipo Seis é o tipo primário da Tríade do Raciocínio, o que significa que ele é o que tem mais dificuldade para entrar em contato com sua própria orientação interior. Por conseguinte, *seus representantes não confiam em seu próprio raciocínio nem em seus julgamentos*. Isso não significa que não pensem. Pelo contrário, pensam – e preocupam-se – muito! Além disso, tendem a recear tomar decisões importantes, embora, ao mesmo tempo, resistam à idéia de deixar que alguém as tome em seu lugar. Eles querem evitar ser controlados, mas têm medo de assumir responsabilidade de modo a colocar-se na frente da linha de fogo. (O antigo provérbio japonês "Grama que cresce demais acaba sendo cortada" tem relação com essa idéia.)

As pessoas do Tipo Seis estão sempre conscientes de suas ansiedades e sempre buscando formas de construir baluartes de "segurança social" contra elas. Quando acham que têm respaldo suficiente, elas seguem em frente sentindo-se mais seguras. Mas quando isso falha, elas tornam-se ansiosas e duvidam de si mesmas, o que redesperta seu Medo Fundamental. ("Estou só! O que vou fazer agora?") Assim, uma boa pergunta para elas é: "Como posso saber que disponho de segurança suficiente?" Ou, para ir direto ao ponto, "O que é segurança?" Sem a orientação interior Essencial e sem a profunda sensação de apoio que ela traz, as pessoas do Tipo Seis estão sempre lutando por encontrar terreno firme para pisar.

Elas tentam construir uma rede de confiança sobre um fundo de instabilidade e medo. Vêem-se presas muitas vezes de uma ansiedade difusa e então querem descobrir ou criar motivos para ela. Na tentativa de sentir algo de firme e concreto em sua vida, elas podem aferrar-se a explicações e atitudes que visam explicar sua situação. Como a "crença" (confiança, fé, convicção, posições) é para elas algo difícil de atingir – e como é também tão importante para sua noção de estabilidade –, essas pessoas não costumam questioná-la nem deixar que os outros o façam. O mesmo se aplica àqueles em quem adquiriram confiança: quando isso acontece, elas são capazes de muita coisa para manter relações com eles, pois funcionam como conselheiros, mentores, ou reguladores de seu próprio comportamento e de suas reações emocionais. Portanto, fazem tudo que estiver ao seu alcance para manter essa afiliação. ("Se não confio em mim mesmo, preciso encontrar alguém no mundo em quem *possa* confiar.")

Apesar de inteligente e realizada, Connie ainda luta contra as dúvidas a seu próprio respeito, características de seu tipo:

> Agora que minha ansiedade está sob controle, o mesmo acontece com minha necessidade de verificar tudo com meus amigos. Eu precisava sempre da aprovação de milhares (brincadeira!) de "autoridades". Quase todas as minhas decisões passavam por um comitê de amigos. Eu geralmente ia perguntando de um a um: "O que acha, Mary? Se eu fizer isso, então pode acontecer aquilo. Por favor, decida por mim!" (...) Ultimamente, restringi minhas autoridades a um ou dois amigos em quem tenho mais confiança e, às vezes, eu mesma tomo minhas decisões!

Enquanto não têm acesso à sua própria orientação interior, as pessoas do Tipo Seis ficam como bolas de pingue-pongue: vão de um lado para o outro, conforme a influência que bate mais forte num determinado momento. Por causa disso, não importa o que dissermos a respeito do Tipo Seis, *o oposto geralmente também é verdade*: seus representantes são, ao mesmo tempo, fortes e fracos, temerosos e corajosos, confiantes e desconfiados, defensores e provocadores, doces e amargos, agressivos e passivos, intimidadores e frágeis, defensivos e ofensivos, pensadores e empreendedores, gregários e solitários, crentes e céticos, cooperadores e obstrutores, meigos e hostis, generosos e mesquinhos – e assim sucessivamente. É a contradição – o fato de serem um feixe de opostos – a sua "marca registrada".

O maior problema das pessoas do Tipo Seis é que elas tentam criar segurança no meio em que vivem sem resolver suas inseguranças emocionais. Porém, ao aprender a enfrentar suas ansiedades, elas entendem que, apesar de o mundo estar sempre mudando e ser por natureza incerto, podem ter serenidade e coragem em todas as circunstâncias. E podem atingir a maior dádiva de todas, que é a sensação de paz interior a despeito das incertezas da vida.

O PADRÃO DA INFÂNCIA

O Medo Fundamental das pessoas do Tipo Seis (o de não contar com apoio e orientação e não conseguir sobreviver sozinhas) é um temor muito real e universal para todas as crianças. Um bebê não sobrevive sem o pai e a mãe; é absolutamente dependente deles. As lembranças do terror que infunde essa dependência estão reprimidas na maioria das pessoas. Mas, às vezes, intensificam-se o bastante para vir à tona, como no caso de Ralph, um consultor que está na faixa dos 50:

> *Favor observar que o padrão da infância aqui descrito não provoca o tipo de personalidade. Em vez disso, ele descreve tendências observáveis na tenra infância que têm grande impacto sobre os relacionamentos que o tipo estabelece na vida adulta.*

> **Lembro-me de acordar e ficar de pé no berço, segurando nas grades. Ouvia meus pais rirem e conversarem com os vizinhos enquanto jogavam cartas na sala. Ouvia até o barulho das cartas sendo distribuídas na mesa. Chamei minha mãe várias vezes, para que ela viesse até o meu quarto em penumbra. A cada vez, meu medo aumentava. Desesperado, chamei várias vezes por meu pai. Ninguém veio ver o que eu queria e, finalmente, acabei dormindo de novo. Até os 11 anos, eu não perdia meus pais de vista cada vez que saíamos de casa. Tinha medo que eles me abandonassem.**

Em determinado ponto de seu desenvolvimento, todavia, os bebês fazem algo notável. Apesar de sua tremenda dependência, eles começam a afastar-se da mãe, impondo sua independência e autonomia. Em psicologia infantil, essa é a chamada *fase da separação*.

Um dos elementos mais importantes que possibilitam à criança ter coragem de separar-se da mãe é a presença da figura do pai. (Este nem sempre é o pai biológico, embora na maioria das vezes o seja. Trata-se da pessoa que responde pela disciplina, estruturação e autoridade no seio da família.) Estando presente de modo forte e consistente, essa figura proporciona à criança orientação e apoio em sua demanda de independência, ensinando-lhe como é o mundo – o que é seguro e o que não é – e espelhando o apoio e a orientação Essencial da própria criança. Naturalmente, no caso da maioria das pessoas, esse processo não transcorre nunca da forma ideal, o que resulta em inseguranças levadas à vida adulta. Entretanto, embora todos nós até certo ponto estejamos sujeitos a problemas decorrentes dessa fase, as pessoas do Tipo Seis estão particularmente fixadas nela.

Além disso, quando a criança do Tipo Seis percebe que o apoio do pai para a independência é insuficiente, pode sentir o risco de ser sobrepujado pela mãe e tudo aquilo que ela representa. Isso aumenta a sua necessidade de levantar a guarda e leva à profunda ambivalência e ansiedade do Tipo Seis em relação à confiança, ao apoio e à intimidade. Assim, as pessoas desse tipo desejam a aprovação e a intimidade, mas, ao mesmo tempo, têm necessidade de defender-se delas. Elas querem ser apoiadas, mas não sentir-se pressionadas por esse apoio.

Joseph, jornalista na faixa dos 40, explorou algumas dessas questões na terapia:

> Tive uma mãe muito forte, controladora e impressionante. Ela era capaz de retirar-me seu amor de uma hora para a outra, com muita zanga e, em geral, sem explicações. Esse amor era extremamente condicional e dependia, acima de tudo, de uma lealdade absoluta – aos seus valores, convicções e julgamentos. Eu achava que me cabia confrontá-la, lutar por minha própria sobrevivência. O problema é que minha abordagem foi negativa: eu resisti a ela e sobrevivi, mas nunca tive certeza de que havia ganho. Jamais seria possível conquistar a aprovação das pessoas (principalmente de minha mãe) e, ao mesmo tempo, manter minha independência e criar uma noção de identidade própria.

Para resolver esse dilema, as pessoas do Tipo Seis tentam criar uma aliança com a figura do pai. Mas isso geralmente leva à ambivalência – a autoridade/figura do pai parece ou demasiado severa e controladora ou demasiado desinteressada e pouco disposta a apoiar. Muitas dessas pessoas acabam chegando então a um incômodo acordo: prestam-se exteriormente a obedecer, mas, no entanto, mantêm interiormente a sensação de independência pela rebeldia e pelo ceticismo, além de atos diversos de agressividade passiva.

TIPO SEIS COM ASA CINCO: O DEFENSOR

OS SUBTIPOS CONFORME
AS ASAS

Exemplos

Robert Kennedy
Malcolm X
Tom Clancy
Bruce Springsteen
Michelle Pfeiffer
Diane Keaton
Gloria Steinem
Candice Bergen
Mel Gibson
Janet Reno
Richard Nixon

Faixa Saudável Os representantes deste subtipo geralmente se sobressaem em diversos tipos de áreas técnicas, o que as torna excelentes analistas sociais, professores e formadores de opinião. Além disso, como se sentem atraídos por sistemas de conhecimento cujas regras e parâmetros sejam bem claros e definidos, como a matemática, a lei e as ciências, costumam sair-se muito bem na solução de problemas práticos. Embora seus interesses possam ser mais limitados, eles têm normalmente maior poder de concentração que as pessoas do outro subtipo. As causas políticas e o serviço comunitário costumam interessá-los, levando-os muitas vezes a servir de porta-vozes e defensores de pessoas e grupos em situação de desvantagem social.

Faixa Média Essas pessoas são mais independentes e sérias que as do outro subtipo, além de menos propensas a buscar conselho ou consolo nos outros. Geralmente solitárias, elas buscam a segurança por meio de sistemas de crença, ao mesmo tempo que permanecem céticas. Como costumam julgar o mundo perigoso, essas pessoas podem acabar adotando posturas partidárias e reacionárias. A reserva pode dar margem a suspeitas, e elas muitas vezes vêem-se como rebeldes e antiautoritárias, enquanto ironicamente são atraídas por sistemas, alianças e convicções que contêm elementos fortemente autoritaristas. As pessoas que pertencem a este subtipo são reativas e agressivas, sendo típico de seu comportamento atribuir a culpa disso ao que julgam ameaças a sua segurança.

TIPO SEIS COM ASA SETE: O CAMARADA

Faixa Saudável Divertidas e amigáveis, as pessoas deste subtipo são menos sérias que as do outro: tendem a evitar temas "pesados" e concentram-se em suas necessidades de segurança (impostos, contas, política no trabalho e coisas assim). Entretanto, elas levam os compromissos a sério e, se preciso, fazem sacrifícios para garantir o bem-estar dos amigos e familiares. Além disso, gostam de companhia, brincam e valorizam os relacionamentos. As pessoas deste subtipo possuem energia, humor e uma alegre disponibilidade para as experiências, além de qualidades interpessoais. Podem também ser autocríticas, transformando os próprios receios em pretextos para fazer brincadeiras e aproximar-se dos outros.

Exemplos

Princesa Diana
Tom Hanks
Meg Ryan
Julia Roberts
Jay Leno
Ellen DeGeneres
Gilda Radner
Katie Couric
Jack Lemmon
Rush Limbaugh
"George Costanza"

Faixa Média Apesar de ávidas por serem queridas e aceitas, essas pessoas hesitam mais em falar de si e de seus problemas. São sociáveis, mas visivelmente inseguras, dependendo dos entes queridos para tomar decisões importantes. Elas costumam ter dificuldade para tomar iniciativas, pois procrastinam. Tendem a distrair-se e procurar diversões – como praticar esportes, fazer compras e "andar" com os outros – para acalmar a ansiedade. É possível que por vezes recorram ao excesso de comida e bebida e ao uso de drogas. Embora não sejam particularmente politizadas, podem ser dogmáticas e incisivas em relação às suas preferências e antipatias. A ansiedade quanto ao sucesso pessoal e nos relacionamentos pode provocar depressão.

O INSTINTO DE AUTOPRESERVAÇÃO NO TIPO SEIS

Responsabilidade. Na faixa média, os Autopreservacionistas do Tipo Seis tentam dissipar a ansiedade pela sobrevivência esforçando-se para estabelecer a segurança mediante responsabilidade mútua: oferecem compromisso e solicitude, na esperança de receber o mesmo em troca. Embora busquem relacionamentos seguros, tendem a fazer amizades devagar: observam as pessoas longamente para saber se são confiáveis e se de fato estão "do seu lado". São mais domésticos que os representantes das outras variantes e costumam preocupar-se com a estabilidade da vida no lar, sendo quase sempre os responsáveis pelos impostos, contas, seguros etc. da casa.

Essas pessoas não disfarçam facilmente sua carência e ansiedade. Na verdade, podem inclusive usá-las para angariar respaldo e alianças – a vulnerabilidade pode fomentar iniciativas de auxílio. A tendência a inquietar-se com pequenas coisas pode levá-las a raciocínios catastróficos e pessimistas. ("O aluguel está cinco dias atrasado? Então com certeza vamos ser despejados!") São pessoas em geral frugais, que se preocupam muito com as questões financeiras. É comum discutirem por causa dos recursos.

Na faixa não-saudável, os Autopreservacionistas do Tipo Seis tornam-se extremamente pegajosos, dependentes e nervosos. Permanecem em situações punitivas – maus casamentos ou empregos demasiado estressantes – porque têm pavor de ficar sem apoio. Podem agarrar-se com tal ansiedade aos relacionamentos que acabam alienando as pessoas com quem mais queriam estar. A paranóia pode torná-los mais agressivas: exageram os perigos e atacam os "inimigos" para impedir que possam ameaçá-los. Ironicamente, isso geralmente termina por destruir seus sistemas de segurança.

O INSTINTO SOCIAL NO TIPO SEIS

AS VARIANTES
INSTINTIVAS

Angariando Apoio. Os representantes Sociais típicos do Tipo Seis lidam com a ansiedade recorrendo aos amigos e aliados para obter apoio e segurança. São muito amigáveis e procuram criar vínculos com as pessoas, desarmando-as com o afeto e o humor. Como muitas vezes riem de si mesmos e oferecem com desenvoltura seu apoio e afeição, podem ser confundidos com os representantes do Tipo Dois. São os representantes desta variante os que mais se preocupam em adaptar-se. São relativamente idealistas e, como gostam da sensação de fazer parte de algo maior – uma causa, uma empresa, um movimento ou um grupo –, dispõem-se a grandes sacrifícios em nome de suas afiliações.

A adesão a protocolos e procedimentos às vezes os faz parecer com os representantes do Tipo Um. Eles buscam segurança por meio de acordos, obrigações e contratos, para garantir que não se aproveitem de seu esforço. Quando se sentem inseguros, procuram locais onde possam encontrar pessoas que pensam igual e se ajudam mutuamente (como Vigilantes do Peso, Alcoólicos Anônimos etc.)

Embora capazes de grandes sacrifícios pelas pessoas e pelo grupo a que pertencem, eles costumam ter dificuldade em trabalhar por seu próprio sucesso ou desenvolvimento. A ansiedade pode levá-los a buscar consenso antes de agir e tomar decisões e a imaginar as prováveis reações das pessoas. A própria indecisão os aborrece e provoca ambivalência diante da dependência de aliados ou autoridades. Eles temem perder o apoio de que dispõem, mas irritam-se com as restrições que isso implica. A frustração pode levá-los a atitudes passivo-agressivas diante de amigos e autoridades. Quando estressados, sentem-se facilmente pressionados, explorados e subestimados. Nessas ocasiões, mostram-se pessimistas e negativos.

Na faixa não-saudável, essas pessoas podem tornar-se fanáticas por crenças, causas e grupos. Nesse caso, desenvolvem uma mentalidade do tipo "nós contra o mundo", sentindo-se acossadas por um ambiente hostil (um pouco à maneira dos representantes menos saudáveis do Tipo Oito). Podem julgar as próprias convicções inquestionáveis (mesmo que os outros lhes mostrem o contrário) e escravizar-se a uma determinada autoridade, enquanto se mostram paranóides em relação às autoridades que não se enquadrem em seus próprios sistemas de crenças.

O INSTINTO SEXUAL NO TIPO SEIS

Símbolos de Poder e Associação. Os representantes Sexuais típicos do Tipo Seis cultivam a força física, o poder e/ou a atração física para sentir-se seguros. Os mais agressivos recorrem à força e a demonstrações de valentia parecidas às do Tipo Oito ("Não se meta comigo"), ao passo que os mais fóbicos usam o coquetismo e a sexualidade para desarmar as pessoas e angariar apoio, à maneira do Tipo Quatro. Eles mascaram as inseguranças recorrendo à auto-afirmação ostensiva e ao desafio da autoridade ou ao flerte e à sedução.

Muito conscientes de seus atributos, essas pessoas cuidam do físico, não por uma questão de saúde, mas sim para aumentar sua força e atração sexual. Como querem ter um parceiro forte e capaz, testam-no freqüentemente a fim de verificar se continuarão com elas e ganhar tempo para avaliar-lhes o caráter e a força.

Os representantes Sexuais do Tipo Seis desafiam mais abertamente a autoridade que os das demais Variantes Instintivas, principalmente quando se sentem ansiosos. Além disso, são os que mais duvidam dos outros e de si mesmos. Eles são capazes de violentas explosões emocionais quando suas inseguranças são expostas ou seus relacionamentos correm perigo. Quando ansiosos, podem voltar-se contra terceiros e até contra seus próprios defensores, em vez de atacar a verdadeira razão de suas ansiedades. São típicas as tentativas de desqualificar as pessoas ou manchar-lhes a reputação, especialmente pela difusão de boatos.

Na faixa não-saudável, essas pessoas se tornam depressivas e imprevisíveis, principalmente se suas reações tiverem afetado negativamente os relacionamentos mais íntimos. O comportamento impulsivo e autodestrutivo alterna-se com ataques irracionais. A paranóia pode fazer parte do quadro, em geral caracterizada pela obsessão e pela concentração em determinados inimigos pessoais.

DESAFIOS PARA O CRESCIMENTO DO TIPO SEIS

▲

A seguir, alguns dos problemas mais freqüentes no caminho da maioria das pessoas do Tipo Seis. Identificando esses padrões, "pegando-nos com a boca na botija" e simplesmente observando quais as nossas reações habituais diante da vida, estaremos dando um grande passo para libertar-nos dos aspectos negativos de nosso tipo.

O SINAL DE ALERTA PARA O TIPO SEIS: A BUSCA DA CERTEZA (ORIENTAÇÃO E APOIO) NO EXTERIOR

Os representantes típicos do Tipo Seis costumam preocupar-se com o futuro. Como têm sérias dúvidas a respeito de si e do mundo, começam a buscar "certezas" que lhes garantam segurança – por meio do casamento, do emprego, de um sistema de crenças, de um grupo de amigos, de um livro de auto-ajuda. A maioria dessas pessoas tem mais de uma dessas certezas, pois acredita que se deve poupar para os maus dias *e* investir no futuro *e* ser fiéis à empresa para garantir a aposentadoria.

"Em que posso acreditar?"

Em termos simples, as pessoas do Tipo Seis *buscam segurança e um seguro*: tentam cobrir-se de todas as formas. Elas acham que a vida é repleta de perigos e incertezas; portanto, deve ser abordada com cautela e poucas expectativas. Essas pessoas naturalmente têm sonhos e desejos, mas temem agir de forma a colocar sua segurança em risco. ("Adoraria ser ator, mas é preciso ter algo a que recorrer.") Assim, elas se preocupam mais em criar e manter suas redes de segurança que perseguir suas verdadeiras metas e aspirações.

Por conseguinte, recorrem cada vez mais a apostas seguras e a rotinas e métodos testados e aprovados. Fazer as coisas como sempre foram feitas dá-lhes a sensação de estar no caminho certo: com o respaldo de outras pessoas ou da tradição, sentem-se seguras para ir em frente. Elas podem, por exemplo, hesitar em trabalhar

---

OUSE FAZER O QUE MANDA SEU CORAÇÃO

As pessoas do Tipo Seis tendem a pecar por excesso de cautela, perdendo assim várias oportunidades de crescer e realizar-se. Em seu Diário do Trabalho Interior, registre as ocasiões em que deixou de aproveitar boas oportunidades. Por que resolveu deixá-las passar? Se acreditasse em sua própria capacidade, o resultado teria sido diferente?

Recorde quando resolveu desafiar o bom senso e arriscar. Não nos referimos à atuação impulsiva, mas às vezes em que você conscientemente decidiu tentar superar-se. Qual foi o desfecho? Como você se sentiu? Existem áreas de sua vida em que você resiste aos seus verdadeiros desejos por medo ou dúvidas em relação a si mesmo? O que você poderia fazer para agir de outra forma?

TIPO SEIS: O PARTIDÁRIO

		Termos-chave:	
S A U D Á V E L	Nível 1	Independência Coragem	As pessoas do Tipo Seis deixam de acreditar que precisam depender de algo ou alguém que não elas mesmas para ter apoio e, assim, descobrem sua própria orientação interior. Paradoxalmente, realizam também seu Desejo Fundamental – encontrar segurança e apoio, principalmente mediante sua própria orientação interior. Essas pessoas então se tornam realmente seguras de si, centradas, serenas e valorosas.
	Nível 2	Encanto Confiabilidade	As pessoas do Tipo Seis concentram-se no meio em que vivem para conseguir apoio e prevenir-se contra possíveis riscos. São amigáveis, confiáveis e encantadoras, desejando estabilidade e relacionamentos em seu mundo. Auto-imagem: "Sou persistente, atencioso e digno de confiança".
	Nível 3	Compromisso Cooperação	As pessoas do Tipo Seis reforçam sua auto-imagem esforçando-se diligentemente para criar e manter sistemas que beneficiem a todos. Nas alianças que estabelecem, elas contribuem com muito trabalho, parcimônia e atenção aos detalhes. Práticas e disciplinadas, freqüentemente são capazes de antever os problemas muito antes de seu surgimento.
M É D I A	Nível 4	Consciência dos Deveres Lealdade	Temendo perder a própria independência, mas, ao mesmo tempo, julgando necessitar de mais apoio, as pessoas do Tipo Seis investem nas pessoas e organizações que julgam capazes de ajudá-las, embora não se sintam à vontade com isso. Elas buscam orientação e segurança nas rotinas, regras, autoridades e filosofias.
	Nível 5	Ambivalência Defensividade	As pessoas do Tipo Seis receiam não poder atender às exigências contraditórias de seus diversos compromissos. Por conseguinte, tentam evitar sofrer mais pressões, sem contudo alienar seus defensores. Sua ansiedade, seu pessimismo e suas suspeitas as tornam mais cautelosas, impulsivas e indecisas.
	Nível 6	Autoritarismo Inculpação	As pessoas do Tipo Seis temem perder o apoio de seus aliados e, extremamente inseguras de si, buscam as causas da sua ansiedade. São amargas, céticas e reativas, pois acham que sua boa fé foi lograda. Acusam os demais e entram em lutas pelo poder.
N Ã O – S A U D Á V E L	Nível 7	Nervosismo Instabilidade	As pessoas do Tipo Seis temem que seus atos coloquem em risco sua própria segurança, o que pode ser verdade. Seu comportamento reativo pode haver provocado crises, levando-as a confiar ainda menos em si mesmas. Sentem-se nervosas, deprimidas e impotentes e, assim, buscam algo que as livre dos apuros em que se encontram.
	Nível 8	Paranóia Ataque	As pessoas do Tipo Seis, inseguras e desesperadas, começam a pensar que os outros vão destruir os farrapos de segurança que ainda lhes restam. Nutrindo medos paranóicos e idéias ilusórias a respeito do mundo, elas arengam a propósito de seus temores obsessivos e atacam inimigos reais ou imaginários.
	Nível 9	Autodegradação Autodestruição	Convencidas de haver cometido atos pelos quais certamente serão punidas, as pessoas não-saudáveis do Tipo Seis, sentindo-se culpadas e cheias de ódio por si mesmas, partem para a autopunição. Fomentando a desgraça e arrasando tudo aquilo que atingiram, não raro recorrem a tentativas de suicídio para provocar reações de salvamento.

numa empresa jovem ou pouco convencional – preferem as que já se consagraram. Porém, ironicamente, quando não estão seguras da situação, essas pessoas podem agir impulsivamente só para pôr fim às ansiedades. Isso às vezes funciona – mas, às vezes, debilita sua segurança.

Papel Social: O Que Presta Apoio Incondicional

"Pode confiar em mim."

Os representantes típicos do Tipo Seis querem reforçar seu sistema de apoio, suas alianças e/ou sua posição em relação à autoridade. Para tanto, investem a maior parte de seu tempo e de sua energia nos compromissos que firmam, esperando que o sacrifício seja recompensado com o aumento da segurança e do apoio mútuo. De igual modo, como defesa contra a ansiedade e a incerteza, eles investem em suas convicções pessoais, sejam elas políticas, filosóficas ou espirituais.

Essas pessoas prontificam-se incansavelmente a ser as "responsáveis". Trabalham horas a fio para garantir que o relacionamento ou o emprego ou a convicção nos quais investem continuem a prosperar e servir-lhes de apoio. Isso inevitavelmente levanta dúvidas em sua mente predisposta: "Estarão se aproveitando de mim?" "Querem-me por perto só por causa de meu empenho e confiabilidade?" "Continuaria sendo querido se não trabalhasse tanto?" Assim, o desempenho de seu Papel Social ironicamente começa a criar *inseguranças* sociais.

As pessoas do Tipo Seis gostariam de uma garantia de que, se fizessem tudo que se espera, Deus (ou a empresa ou a família) cuidaria delas. Acreditam que, se elas e seus aliados dessem conta de suas tarefas, todos os riscos seriam evitados ou controlados. Mas até impérios têm ascensão e queda; mesmo as maiores empresas abrem falência ou passam por ciclos de crescimento e recessão. Não há nada que possam fazer exteriormente que as torne seguras se não se sentirem seguras interiormente.

> **O QUE LHE PROPORCIONA APOIO?**
>
> Analise os sistemas de "segurança social" que você criou. Eles realmente o tornaram mais seguro? Quanto lhe custaram? O que faria se não contasse com um deles? Além desses investimentos de tempo e energia, considere também todas as demais fontes de apoio que encontra na vida. (Dica: você plantou, processou e embalou o alimento que ingeriu hoje?)

O Medo, a Ansiedade e a Dúvida

Embora não seja um dos sete "Pecados Capitais" clássicos, o *medo* é considerado a "Paixão" (ou distorção emocional subjacente) do Tipo Seis, já que a origem de boa parte de seu comportamento se baseia na insegurança e em reações ao medo. O medo do Tipo Seis pode ser visto não só na preocupação com a segurança e com futuros problemas, mas também nas dúvidas e ansiedades crônicas que seus representantes nutrem a respeito dos outros e de si mesmos. Embora na superfície sejam extremamente amigáveis e interessados pelas pessoas, eles costumam temer que elas os abandonem, rejeitem ou magoem. Eles temem que um erro venha a arruinar seus relacionamentos e que os outros de repente se voltem contra eles. Assim, muito de sua atitude amigável vem do desejo de "certificar-se" de que tudo continua bem.

Ao contrário das pessoas de outros tipos, que reprimem seus medos e ansiedades ou, ao menos, evitam pensar neles, as do Tipo Seis estão sempre conscientes dos seus. Às vezes, eles lhes dão energia, mas geralmente as afligem e confundem. Entretanto, por fora podem não parecer tão nervosos, pois a maior parte dessa ansiedade é interior.

"Fico ansioso e então procuro razões para estar ansioso."

Quem vê Laura, uma preparada e bem-sucedida advogada, não imagina os terrores que lhe passam pela cabeça:

> Preocupo-me com tudo – com a possibilidade de surgirem goteiras no telhado, de os pneus de meu carro furarem de repente – e sei que a maioria dessas coisas dificilmente aconteceria, se é que não é impossível. O medo é algo com que convivo diariamente, a cada hora, a cada minuto. Ele se revela no nervosismo, na ansiedade e na preocupação, e raramente como pavor ou medo simplesmente. Eu diria que a excitação, a ansiedade e a antecipação acabam tornando-se uma só coisa. Considero-me uma pessoa em geral positiva – mas o terror e o pessimismo volta e meia surgem e me derrubam.

As pessoas do Tipo Seis aprendem a lidar com o medo reagindo a favor ou contra ele. Algumas delas se expressam com mais agressividade, ao passo que outras são visivelmente mais tímidas. Isso não quer dizer que aí haja dois tipos: em vez disso, vemos que algumas dessas pessoas costumam se expressar contrafobicamente e que isso provavelmente decorre de mensagens do superego aprendidas na infância. Algumas delas foram instruídas a demonstrar resistência e descobriram que poderiam proteger-se mostrando uma certa agressividade; outras aprenderam a evitar problemas e dar a outra face.

Naturalmente, na maioria dos representantes do Tipo Seis, essas duas tendências coexistem e se alternam, conforme sabe muito bem Connie:

> Sinto-me como um coelhinho assustado que não sabe para onde ir. Preciso criar coragem para agir. Por outro lado, quando há uma crise, eu me comporto muito bem. Não tenho medo nenhum. Cuidado comigo se as pessoas de quem eu gosto forem atacadas! Eu ligo o piloto automático e vou em frente para defender e salvar quem precisa de mim. Mas assumir a

liderança e a responsabilidade por outras pessoas me dá pânico quando tenho de pensar e decidir sozinha.

> **ANALISANDO A ANSIEDADE**
>
> Você é capaz de listar em seu Diário do Trabalho Interior dez ou mais exemplos de situações ou áreas em que o medo, a ansiedade ou a dúvida normalmente surgem?
>
> Você pode identificar as épocas, pessoas, locais ou outros tipos de deflagradores que costumam provocar-lhe tensões e ansiedades? Apesar do elemento claramente negativo, há neles alguma recompensa positiva que você possa estar buscando sem perceber – digamos, a solidariedade ou a proteção das pessoas? Como você costuma reclamar ou mostrar desagrado? Como seria se você não agisse assim? O que acha que ganharia? E o que perderia?

A Busca de Apoio para a Independência

Embora queiram sentir-se apoiadas, as pessoas do Tipo Seis não querem sentir-se invadidas: elas não se sentem à vontade diante do excesso de atenção ou intimidade; querem um pouco de distância, mas sabendo que podem contar com os outros.

"Uma mão lava a outra."

Paradoxalmente, *para encontrar a independência, elas correm o risco de tornar-se dependentes de alguém.* É o caso da jovem que, desesperada para sair da casa dos pais que a vigiam, se casa com um homem controlador e possessivo. A ansiedade muitas vezes faz essas pessoas precipitarem-se no que parece uma solução, como o homem que larga o emprego para tornar-se empresário e acaba se sentindo mais pressionado que antes, tendo de cumprir normas governamentais e enfrentar investidores exigentes.

A ironia é que, quanto mais inseguras, mais precisam de apoio externo e menos independentes se tornam. Se a autoconfiança estiver muito arranhada, a dependência de uma pessoa ou de um sistema de crenças torna-se tão forte e profunda que elas podem não conseguir nem imaginar viver sem ela. Em determinados casos, quando acham que os outros querem explorá-las ou magoá-las, as pessoas do Tipo Seis podem desenvolver uma mentalidade baseada num "estado de sítio" eterno. Esse tipo de suspeita pode levar ao isolamento social.

> **DESFAZENDO A "AMNÉSIA DO SUCESSO"**
>
> Você é muito mais capaz do que imagina. Todos precisam de apoio e ajuda de vez em quando, mas você às vezes subestima o apoio que proporciona aos outros. Pare um instante para anotar de que modos você já ajudou as pessoas importantes de sua vida dando-lhes seu apoio. Depois faça uma lista dos meios que já usou para apoiar a si mesmo. Inclua nessa segunda lista as coisas realizadas que o fizeram sentir-se bem consigo mesmo. Qual é a mais longa? Como se sente em relação a cada uma delas?

A Busca de Respostas

Como não confiam em sua própria orientação interior, as pessoas do Tipo Seis costumam buscar respostas nas idéias e percepções alheias. Mas elas não as adotam simplesmente: primeiro as analisam e testam e, por fim, podem até substituí-las por outras. As mais inseguras tendem a aceitá-las diretamente, mas, mesmo neste caso, não sem resistência e grandes questionamentos. Seja como for, sua reação natural consiste em primeiro buscar fora de si mesmas algo em que acreditar e, se isso não der certo, rejeitá-lo e procurar outra coisa. A dúvida, o questionamento, a fé, a busca, o ceticismo e a resistência sempre fazem parte dessa reação.

Em geral, essas pessoas tendem a desconfiar da autoridade até certificar-se de que ela é benevolente e "sabe do que está falando". Porém, uma vez certas de haver encontrado uma "boa" autoridade, identificam-se muito com ela, interiorizando seus valores e ensinamentos. (Se o chefe as aprecia, sentem-se o máximo. Se encontram um mentor sábio e solícito, ficam radiantes. Se descobrem um líder ou um sistema político digno de confiança, podem envolver-se completamente.) Mas nunca se convencem inteiramente: sempre nutrem certas dúvidas e, na tentativa de suprimi-las, manifestam os pontos de vista adotados com ainda mais veemência.

> "Não é nada fácil tornar-se consciente. Minha vida era muito mais fácil antes de eu conhecer o verdadeiro significado da opção, o poder de opção que acompanha a responsabilidade. Abrir mão da responsabilidade em favor de uma fonte externa parece, ao menos de imediato, tão mais fácil. Porém, quando você sabe um pouco mais, não pode continuar se enganando por muito tempo."
>
> CAROLINE MYSS

As pessoas do Tipo Seis geralmente procuram resolver a questão de encontrar as respostas "certas" alinhando-se a diversas autoridades e sistemas. Assim, podem crer num sistema religioso, ter convicções políticas bem-definidas, levar em conta a opinião do parceiro, seguir o programa do instrutor de ginástica e ler livros de auto-ajuda para aconselhar-se melhor. Quando as mensagens de cada um deles se contradizem, elas voltam ao ponto de partida – à incômoda necessidade de decidir por si mesmas.

Assim, as pessoas do Tipo Seis são cautelosas e céticas quando se trata de adotar novas crenças ou relacionamentos. Isso se deve ao fato de estarem conscientes da intensidade dos compromissos que assumem e do fato de não quererem cometer erros. Se têm alguma razão para suspeitar de que sua autoridade é injusta ou pouco sábia, suas dúvidas podem rapidamente derivar em rebeldia ou rejeição. Naturalmente, não há relacionamento nem sistema de crença que possam sempre propiciar o apoio e a orientação perfeitas. Enquanto não se conscientizam desse padrão, essas pessoas vão oscilar eternamente entre a confiança e a dúvida.

> **QUESTIONANDO AS BASES DAS CONVICÇÕES**
>
> Quais os fundamentos de seu sistema de crença? Eles provêm de sua própria experiência ou da autoridade de amigos, mentores, livros ou ensinamentos? Como você avalia a verdade ou a falsidade de uma convicção?

A Busca de Estrutura e Diretrizes

As pessoas do Tipo Seis não gostam de ter demasiadas opções; sentem-se mais seguras nas situações em que há regras, rotinas e diretrizes preestabelecidas, como no caso do direito, da contabilidade e da vida acadêmica. Porém, quando as exigências que têm de cumprir são claras, elas são muito eficientes na *criação* de organização e estrutura, em geral como chefes de um grupo ou empresa que governa por consenso. Entretanto, nem todas elas se sentem à vontade diante de organizações, dada a ambivalência que costumam nutrir diante da autoridade.

Muitas das pessoas do Tipo Seis são capazes de flexibilidade e criatividade dentro da segurança proporcionada pelos limites estabelecidos. Para elas, agir conforme as regras de uma organização não implica mais restrições que jogar tênis com rede ou ler um livro a partir do início. Essas pessoas acham que as coisas seguem uma ordem natural e se sentem bem dentro dela – contanto que tenham a alternativa de ignorá-la, se quiserem. (Mesmo que jamais a utilizem, querem saber que existe.) Os artistas, escritores e terapeutas do Tipo Seis gostam de trabalhar com formas estabelecidas (*blues*, *country*, sonatas, *haiku*), nelas encontrando liberdade para dar expressão à sua criatividade.

Como se sentem mais seguras quando têm uma idéia do que esperar, essas pessoas não gostam de mudanças repentinas: um pouco de previsibilidade é fundamental para acalmar sua mente ansiosa.

A terapeuta Annabelle observa:

> Sou uma criatura de hábitos e rotinas. Cada vez que crio um hábito, é como se tivesse uma coisa a menos para pensar, sabe? Quando não faço isso, minha energia vai embora: fico pensando demais. Detesto mudanças. Tenho uma reação instintivamente negativa diante da mudança: ela significa que o futuro será diferente. A vantagem é que eu consigo me adaptar assim que o futuro volta a ser previsível ou assim que consigo re-situar meus sistemas e minhas explicações. Por exemplo, sempre abasteço meu carro no mesmo posto. Se não tivesse esse hábito, ficaria dando voltas na cabeça até definir quando e onde parar para colocar gasolina.

> **CONFIANDO NA CERTEZA INTERIOR**
>
> Observe as ocasiões em que você ou outra pessoa duvida do que fazer numa determinada situação. Essa dúvida pode ser, por exemplo, como abordar um problema no trabalho. Ou pode ser um amigo que o procura para pedir-lhe conselhos sobre seu casamento. Observe como chega a uma decisão: você se baseia nos precedentes ("A política da companhia nesse caso é..." ou "O ensinamento espiritual que aprendi diz...") ou recorre à sua própria inteligência – e, principalmente, à inteligência do coração e dos instintos?

Excesso de Compromissos e "Cobertura de Todas as Bases"

As pessoas do Tipo Seis sempre tentam honrar seus compromissos em todas as circunstâncias, mas é impossível satisfazer a todo mundo. Elas então começam a agir como o garotinho da lenda holandesa – que teve de colocar os dedos nas rachaduras do dique para impedi-lo de estourar e inundar o país – e acabam sentindo-se exploradas.

Imagine-se a seguinte situação: a mulher do representante do Tipo Seis liga para ele no trabalho e diz que reservou uma mesa para aquela noite – "só para nós dois" – num restaurante chique. Querendo reforçar a segurança que obtém no casamento, ele concorda e pensa no quanto aquela noite de sexta-feira será agradável. Nesse momento, o chefe entra na sala e, sabendo que aquele funcionário é perseverante e digno de confiança, pergunta-lhe se pode ficar até tarde aquela noite para terminar um serviço com prazo para segunda-feira. Sem querer decepcionar o chefe – nem meter-se em

"Se correr, o bicho pega; se ficar, o bicho come."

encrencas –, ele concorda em ficar e já começa a pensar, apavorado, no que vai dizer à mulher. Logo depois, seu melhor amigo liga para lembrar-lhe o encontro que haviam marcado, na semana anterior, para jogar cartas aquela mesma noite. Pronto: o pobre representante do Tipo Seis agora está num dilema atroz. Por haver assumido excesso de compromissos – tentando cobrir todas as bases –, ele não tem outra alternativa senão decepcionar alguém.

A pessoa desse exemplo ficará morta de medo de que os outros se zanguem, embora possa não verificar se esse de fato é o caso. Para ela não importa; sua ansiedade se encarregará de preencher as lacunas com projeções terríveis e queixas e reprovações imaginárias. Ele se sente pressionado – "se correr, o bicho pega; se ficar, o bicho come" – e irritado com o fato de as pessoas esperarem demasiado dele; não pode fazer tudo que elas querem!

> **ATENDENDO A TODAS AS SOLICITAÇÕES**
>
> Determine quais as áreas de sua vida em que tende a assumir demasiados compromissos. Qual a razão para fazer isso? O que o impediu de dizer "não" quando estava assoberbado? Qual o resultado disso para você? E para os outros?

O Comitê Interior

Se as pessoas do Tipo Um têm na cabeça um poderoso crítico interior, as do Tipo Seis têm um *comitê interior*, o qual costumam consultar, imaginando qual será sua resposta a uma dada situação. ("Ih, não sei se devo aceitar esse emprego. O que será que Julie acha? Ela certamente será a favor, mas meu pai realmente não concordará. Por outro lado, aquele livro de auto-ajuda diz que...") Assim, quando têm de tomar uma decisão, elas ficam indecisas em meio a várias vozes interiores que defendem diferentes atitudes e responsabilidades. Às vezes a que ganha é a que fala mais alto; às vezes há um impasse e procrastinação. Essas pessoas podem tornar-se incapazes de chegar a uma decisão definitiva porque não conseguem parar de consultar-se a si mesmas.

Por essa razão, as pessoas do Tipo Seis costumam sentir-se indecisas. Embora possam ter opiniões firmes sobre as coisas, não têm certeza de qual o melhor rumo a tomar. Cada opção pressupõe prévia deliberação do comitê interior, o que pode fazê-las girar em círculos. Por outro lado, nas questões mais importantes (onde morar ou que religião professar), elas geralmente têm pontos de vista definidos e bem inflexíveis porque já resolveram as próprias dúvidas e chegaram a uma conclusão à qual podem aferrar-se obstinadamente. Surpreendentemente, é nas pequenas decisões da vida que elas tendem a oscilar e perder tempo. ("Peço o hambúrguer ou o cachorro-quente?") Sua interminável conversa interior impede a tranqüilidade mental e bloqueia a orientação interior da Essência. Elas precisam destituir o comitê interior.

> **DEMITINDO O COMITÊ INTERIOR**
>
> Você está consciente de seu comitê interior? Quem faz parte dele? Qual o seu próprio índice de acerto nas vezes em que tentou prever as reações de seus aliados e de autoridades?

Estado de Alerta, Suspeitas e Pensamento Catastrófico

Devido à sensação de não contar com apoio, as pessoas do Tipo Seis desenvolvem uma extraordinária sensibilidade aos sinais de perigo. Isso é ainda mais aplicável quando elas provêm de um ambiente inseguro ou instável ou sofreram algum tipo de trauma. Embora esse tipo de sensibilidade possa ser um trunfo e inclusive salvar a vida de uma pessoa, no caso do Tipo Seis ela é um tanto problemática, pois seus representantes permanecem sobressaltados, em constante estado de alerta, mesmo quando não há riscos presentes. Eles não conseguem relaxar nunca, nunca se sentem seguros. Seus olhos relampejam nervosamente em todas as direções, em busca de potenciais problemas e ameaças. (Muitos deles relatam estar sempre conscientes de certificar-se das saídas existentes no ambiente em que se encontram, bem como dos obstáculos existentes para que possam ter acesso a elas.) Esse tipo de relação com o mundo é extremamente estressante e pode, com o tempo, até provocar alterações na química do cérebro. Além disso, ela pode ainda moldar a imaginação, provocando a *constante expectativa de percalço ou perigo*.

Joseph conhece bem esse estado:

> Ser do Tipo Seis é como sentir que o céu está sempre prestes a desabar. Minha visão do mundo é matizada pela constante sensação de que algo vai dar errado. Começo a esmiuçar o ambiente em que me encontro – por dentro e por fora – desde a hora em que acordo, à espreita de problemas (...). É como se a vida fosse um acidente que espera a hora de acontecer. Mesmo nos melhores momentos, a única coisa em que penso é quando vão acabar.

"O que eles estão tramando?"

Os representantes típicos do Tipo Seis podem, assim, tornar-se muito pessimistas e amargos, com pouca auto-estima e "amnésia" em relação aos próprios êxitos e realizações. É como se nada em seu passado pudesse convencê-los de que serão capazes de lidar satisfatoriamente com os problemas atuais – e eles vêem problemas em tudo.

Annabelle descreve precisamente a tensão que isso provoca:

> Quando pego uma carona, olho em frente para ver o que os outros carros estão fazendo. Considero sempre a possibilidade de algo de mau acontecer e imagino logo um desastre. O coração se acelera, a pulsação também, a respiração fica entrecortada, a imaginação dispara – pronto, não temos saída! Nada acontece. Então eu passo à possibilidade seguinte. Imagino desastres automaticamente. Passo horas assim, até ver o que estou fazendo e me obrigar a parar, mas dali a pouco já estou fazendo a mesma coisa novamente.

As pessoas do Tipo Seis acham que qualquer pequeno contratempo pode ser sua ruína. Fazem tempestades em copos d'água e sempre conseguem fazer uma lista de razões para alguma coisa não dar certo. Naturalmente, isso acaba afetando sua atitude no trabalho e nos relacionamentos. Os menores mal-entendidos e divergências de opinião podem levá-las a pensar que estão na iminência de ser abandonadas ou que os amigos e aliados se voltaram contra elas. Quando não é controlada, essa tendência pode estragar importantes relacionamentos ou deflagrar reações paranóides diante do que percebem como injustiças especialmente dirigidas contra elas.

SUPERANDO O PESSIMISMO

Aprenda a discernir os perigos reais dos potenciais. Quantas vezes espera maus desfechos? Tem dificuldade em imaginar que as coisas correrão bem? Você pensa deliberadamente nos problemas ou se trata de um reflexo? Embora prever futuros problemas tenha alguma utilidade, no seu caso isso costuma impedir que você lide com a realidade do aqui e agora – a única em que pode encontrar equilíbrio e orientação para viver cada momento.

Vitimizar-se e Culpar os Outros

A depender do quanto se sintam impotentes para fazer algo de construtivo, as pessoas do Tipo Seis podem atuar suas ansiedades queixando-se e culpando os outros. Isso se aplica especialmente quando temem ser censuradas ou punidas por uma figura de autoridade pelos erros cometidos.

O hábito de culpabilizar os outros bem pode ter sua origem na infância – é comum a situação em que os pais chegam em casa e, encontrando alguma coisa quebrada, perguntam: "Quem foi?" A criança do Tipo Seis, sentindo-se culpada, então responde: "Foi a Debbie! E sabe o que mais? Ela desarrumou tudo lá em cima e me disse um palavrão!"

"Estou furioso e não vou mais tolerar nada disso!"

Na vida adulta, as pessoas do Tipo Seis normalmente descarregam a ansiedade queixando-se daqueles com quem estão frustradas junto a terceiros. Para muitas dessas pessoas, a mesa de refeições é o lugar preferido para desabafar sobre as decepções no trabalho e a incompetência alheia. Mas o mesmo pode ocorrer junto à máquina de cafezinho do escritório ou em uma mesa de bar na *happy hour*. A verdade é que, quando se sentem exploradas ou ludibriadas, essas pessoas costumam vitimizar-se e criar o hábito de *reclamar sem tomar nenhuma atitude para mudar a situação*. Com o passar do tempo, isso acaba intensificando sua auto-imagem de vítimas, o que muitas vezes leva a paranóias e aos destrutivos padrões de "solução de problemas" verificados na faixa não-saudável.

> **POR QUE TODO MUNDO QUER ATRAPALHAR MINHA VIDA?**
>
> Quantas de suas conversas são para se queixar – do emprego, dos relacionamentos, dos filhos, dos pais, do time, da política, da cidade ou mesmo do tempo? Antes de queixar-se de alguém, você discute a questão com a própria pessoa? Em que ou quem você está jogando a culpa pelos problemas de sua vida?

REAÇÃO AO *STRESS*:
O TIPO SEIS PASSA
AO TRÊS

Conforme vimos, as pessoas do Tipo Seis investem incansavelmente tempo e energia em seus "sistemas de segurança". Quando o *stress* vai além dos limites suportáveis, elas passam ao Tipo Três, podendo motivar-se ainda mais para o trabalho. Além disso, essas pessoas se esforçam ainda mais para adaptar-se ao meio e lutam para tornar-se modelos de sucesso social e financeiro. Assim, tornando-as mais conscientes da própria imagem, a passagem ao Tipo Três faz as pessoas do Tipo Seis procurarem o olhar, os gestos, a postura e o jargão certos para serem aceitas por seus pares. Com isso, esperam conquistar os demais e evitar a rejeição. Porém, como adotam um profissionalismo e uma atitude amigável visivelmente forçados, as pessoas começam a desconfiar do que elas estão realmente querendo.

Como as pessoas do Tipo Três, as do Tipo Seis tornam-se competitivas, em geral pela identificação com crenças ou grupos (pode ser um time de futebol, a empresa para a qual trabalham, sua escola, nacionalidade ou religião). Além disso, podem tornar-se gabolas e, para se autopromover, adotar atitudes condescendentes, desprezar os demais e superestimar a própria superioridade, numa tentativa desesperada de defender-se da baixa auto-estima e dos sentimentos de inferioridade. É possível também que comecem a mentir sobre suas origens e formação, explorem a si mesmas e aos outros e que o desejo de triunfar sobre grupos e ideologias rivais adquira laivos de fanatismo.

Se estiverem sob *stress* prolongado, tiverem sofrido uma crise grave sem contar com apoio adequado ou sem outros recursos com que enfrentá-la, ou se tiverem sido vítimas constantes de violência e outros abusos na infância, as pessoas do Tipo Seis poderão cruzar o ponto de choque e mergulhar nos aspectos não-saudáveis de seu tipo. Por menos que queiram, isso poderá forçá-las a admitir que seus atos de beligerância e suas reações defensivas estão, na verdade, ameaçando sua própria segurança.

A BANDEIRA VERMELHA:
PROBLEMAS PARA
O TIPO SEIS

▲

Por mais difícil que seja, admitir isso pode representar o início de uma reviravolta na vida dessas pessoas. Se reconhecerem a verdade desses fatos, elas poderão, por um lado, mudar sua vida e dar o primeiro passo rumo à saúde e à libertação. Mas, por outro, também poderão tornar-se ainda mais nervosas e reativas: "Farei qualquer coisa por você! Não me abandone!" ou o extremo oposto: "Eles vão se arrepender de haver procurado encrenca comigo!" Se persistirem nessa atitude, arriscam-se a ultrapassar a linha divisória que as separa dos Níveis não-saudáveis.

Se seu comportamento ou o de alguém que você conhece se enquadrar no que descrevem as advertências abaixo por um período longo – acima de duas ou três se-

---

ADVERTÊNCIAS

POTENCIAL PATOLÓGICO: Distúrbios de Personalidade Paranóide, Dependente e Limítrofe, Distúrbios Dissociativos e comportamentos passivo-agressivos, intensos ataques de ansiedade.

➤ Intensa ansiedade e ataques de pânico

➤ Aguda sensação de inferioridade e depressão crônica

➤ Medo constante de perder o apoio das pessoas

➤ Alternância de independência e demonstrações impulsivas de desafio

➤ Manutenção de "más companhias" e apego a relacionamentos abusivos

➤ Suspeitas extremas e paranóia

➤ Ataques histéricos a inimigos percebidos

manas, digamos –, é mais do que recomendável buscar aconselhamento, terapia ou algum outro tipo de apoio.

PRÁTICAS QUE CONTRIBUEM
PARA O DESENVOLVIMENTO
DO TIPO SEIS

▲

➤ Observe quanto tempo passa tentando imaginar como resolver possíveis problemas futuros. Na verdade, quantas vezes o que você imagina de fato acontece? Além disso, observe que essa atividade mental acaba por fazê-lo lidar com os problemas reais de modo *menos* eficiente. Se você está preocupado e obcecado com uma reunião que terá amanhã ou na semana que vem, é bem provável que acabe esquecendo-se de fazer uma importante ligação hoje, ou mesmo que deixe de perceber um verdadeiro sinal de perigo. Tranqüilizar a mente pela prática disciplinada da meditação – principalmente quando se concentra no corpo – ajuda as pessoas do Tipo Seis a silenciar o coro das vozes que estão em sua cabeça. Lembre-se: a certeza interior geralmente não fala com palavras.

➤ Você tende a ter dificuldade em apreciar devidamente os momentos em que atinge seus objetivos sem cair imediatamente na ansiedade – você é capaz de preocupar-se até com o rancor que possam sentir por suas realizações! Quando atingir uma meta, seja grande ou pequena, pare para relaxar, respirar profundamente e saborear o momento. Tente absorver e guardar a impressão que lhe provoca sua própria competência. Ela o ajudará a ver como você de fato pode apoiar os outros e também encontrar apoio em si mesmo. Essa lembrança o ajudará quando voltar a duvidar de sua capacidade.

➤ Procure conscientizar-se daquilo em que confia e do modo como chega a suas decisões. Observe principalmente os métodos ou aliados a que automaticamente recorre quando não se sente seguro de si. Por que acha que os outros sabem mais o que fazer que você? Atente ainda para a raiva e a rejeição que as pessoas lhe despertam quando descobre que elas não têm as respostas que você busca. É possível evitar isso ouvindo mais o que seu coração e seus instintos lhe dizem. Deixe que as vozes interiores se levantem: entenda que elas representam apenas projeções do medo e do superego. Quanto mais reconhecer a verdade disso, mais perto estará da mente tranqüila e do caminho certo para você.

➤ Embora queira ser responsável e ajudar a todos, você tende a ser injusto consigo mesmo, não acreditando que seu próprio autodesenvolvimento valha a pena. Isso pode ser exacerbado pelo medo da mudança, da entrada em território desconhecido. Corra riscos, principalmente quando se tratar de abandonar os padrões mais seguros e conhecidos. O apoio de que você precisa para analisar os problemas mais difíceis pode ser fornecido por um terapeuta ou um grupo espiritual em que você confie. Mas lembre-se que, para essa análise, o fundamental é contar com sua própria força e coragem.

➤ Procure diversidade e variedade. Certo, você gosta de hambúrguer, mas experimente também o filé de frango. Você adora basquete, mas talvez consiga achar interessante outro esporte ou atividade. O mesmo vale para seus interlocutores. Interagindo ocasionalmente com pessoas de diferentes formações e perspectivas, você aprenderá mais sobre si e sobre o mundo. Longe de ser perigoso, isso contribuirá para aumentar muito sua rede de apoio e seu bem-estar.

➤ Aprenda a reservar algum tempo para cultivar sua tranqüilidade. Isso não significa passar horas na frente da TV, mas sim algum tempo em que possa estar simplesmente consigo mesmo. O contato com a natureza lhe é muito benéfico. Faça caminhadas, jardinagem, natação, meditação e, acima de tudo, não use essas ocasiões para preocupar-se nem traçar estratégias para o trabalho ou os relacionamentos. Pense nessas ocasiões como momentos em que Ser se torna mais fácil. Um maior contato com o meio ambiente e com as sensações do corpo fará maravilhas no sentido de acalmar essa sua mente agitada.

As pessoas saudáveis do Tipo Seis são dotadas de uma tremenda capacidade de resistência, atingindo seus objetivos pela constância e pela persistência de seus esforços. Menos exuberantes que as de outros tipos, elas agem conforme o ditado "O sucesso é 10% inspiração e 90% transpiração". Atentas aos detalhes, tendem a abordar os problemas cuidadosa e metodicamente: gerenciam os recursos, organizam as tarefas conforme a prioridade e cuidam da execução dos projetos, sentindo que seu valor pessoal está em sua confiabilidade e na qualidade de seu trabalho. As mais eficientes dentre essas pessoas valorizam a responsabilidade e a competência – e é isso que elas sempre se esforçam para mostrar.

REFORÇANDO OS PONTOS FORTES DO TIPO SEIS
▲

Devido ao seu espírito sempre vigilante e a sua sensibilidade aos sinais de perigo, as pessoas do Tipo Seis são capazes de antever os problemas e "cortá-los pela raiz". Como são mediadoras natas, elas costumam poupar a si e aos demais, seja em casa ou no trabalho, muitas dores de cabeça, pois têm olho clínico para detectar potenciais irregularidades e problemas. Essas pessoas costumam encarregar-se das coisas porque querem que sua vida corra da melhor maneira possível: contratar seguros e pagar as contas com antecedência são atitudes típicas do Tipo Seis.

Essas pessoas gostam de aprender e pensar sobre as coisas, mas dentro de categorias conhecidas e conhecíveis. Por permitirem respostas definitivas, os sistemas auto-suficientes – como o direito, a contabilidade, a engenharia, as línguas e as ciências – as atraem. Por conseguinte, elas tendem a sobressair-se em todo trabalho que requeira análise cuidadosa e consideração de variáveis. Sua diligência as torna alertas para as discrepâncias dos sistemas e para os problemas, imprecisões e contradições nas declarações que ouvem. O universo acadêmico, por exemplo, tem muitos dos valores defendidos pelo Tipo Seis: observância de boa estrutura e forma, referência a autoridades por meio de citações e notas, análise meticulosa e raciocínio sistemático.

As pessoas do Tipo Seis brilham na capacidade de trabalhar pelo bem comum sem precisar "aparecer". Elas procuram saber o que tem de ser feito e o fazem, com a sensação de participar de algo que transcende seu interesse pessoal, mostrando-nos o quanto é bom comprometer-se, servir e cooperar. São pessoas que acreditam na máxima que diz: "Uma andorinha só não faz verão", principalmente quando a situação exige que as pessoas se agreguem para sobreviver: produzir alimentos e roupas, construir uma casa, melhorar o bairro ou as condições de trabalho, defender uma cidade ou um país.

Embora capazes de profunda lealdade e dedicação aos demais, os mais integrados dentre os representantes do Tipo Seis também se devotam a aprender mais sobre si mesmos. Nesse processo, muitas vezes descobrem um grande e insuspeitado talento para a criatividade na auto-expressão. O compromisso com o próprio aperfeiçoamento os ajuda a cultivar a auto-estima e a ver que estão em condições de igualdade com quem quer que seja – são igualmente competentes, dignos de respeito e louvor, capazes de assumir responsabilidades e defender-se em qualquer área da vida.

Para Connie, o caminho do crescimento passa pela capacidade de centrar-se em si mesma:

"Podemos ser amigos?" Provavelmente, a característica de minha personalidade que mais mudou é a capacidade de defender meus pontos de vista. Agora tenho a certeza interior de estar bem, de que as coisas também estão. Em meus melhores momentos, sou forte e posso cuidar não apenas de mim, mas também dos outros. Em vez de ter quinze figuras de autoridade, tenho um ou dois amigos em quem confio mais – e escuto também a mim mesma. Na verdade, agora há coisas que não conto a ninguém. Antes, minha vida era um livro aberto. Hoje dou a mim e às pessoas o devido respeito.

As pessoas saudáveis do Tipo Seis são seguras de si porque aprenderam a reconhecer sua própria orientação interior e a confiar nela. Sua fé em si mesmas geralmente se manifesta numa grande coragem e capacidade de liderança, as quais provêm de uma profunda compreensão das inseguranças e fraquezas alheias. Assim, vendo sua sinceridade e boa vontade em aceitar as próprias fraquezas, as pessoas reagem bem à sua liderança. Elas nutrem um espírito igualitário, que se baseia na noção de que na verdade não há líderes nem seguidores, mas sim pessoas diferentes com diferentes qualidades que buscam uma maneira de reunir-se em prol do bem comum. Esse desejo de participar, de encontrar um terreno comum e de trabalhar para o bem e a segurança de todos é uma dádiva de que nossa espécie precisa para sobreviver.

O CAMINHO DA INTEGRAÇÃO: O TIPO SEIS PASSA AO NOVE

▲

As pessoas do Tipo Seis concretizam seu potencial e se mantêm na faixa saudável quando mantêm o equilíbrio nos instintos e centram-se no corpo, como as que estão na faixa saudável do Tipo Nove. Para encontrar a estabilidade que buscam, elas precisam recorrer ao apoio e à constância de sua presença física: centrar-se no aqui e agora. Muitas das pessoas deste tipo são ativas, até mesmo atléticas, mas isso não significa que estejam necessariamente em contato com as sensações que o corpo vivencia a cada instante. A atenção às impressões sensoriais funciona como compensação para o ininterrupto pensar dessas pessoas, dando-lhes algo mais com que se identificar.

A princípio, o centramento nas sensações físicas pode provocar pânico ou terror, principalmente se sofreram algum tipo de trauma no passado. Não raro, verificam-se tremores quando as pessoas deste tipo que foram criadas em ambientes violentos começam a ocupar mais plenamente o próprio corpo. Nessas ocasiões, é importante que elas percebam que essas reações físicas são a forma que o corpo encontra de assimilar medos e mágoas passados, *não sendo necessariamente indícios de perigos presentes*. Se conseguirem sentir a si mesmas *e* a suas sensações de ansiedade sem reagir, começarão a viver uma experiência mais aberta e confiante da vida.

Entretanto, as pessoas do Tipo Seis não conseguirão atingir essa estabilidade simplesmente imitando as características dos representantes típicos do Tipo Nove. A complacência, a tentativa de apagar-se e a adoção de rotinas cômodas não anularão suas ansiedades, antes pelo contrário. Porém, acostumando-se a estar mais consigo mesmas sem reagir a essas ansiedades, elas começam a sentir-se mais seguras do apoio não apenas das pessoas mais importantes em sua vida ou do trabalho, mas também de Ser. Elas então reconhecem a benevolência da vida e vêem que o chão não lhes vai fugir. E isso não se deve a uma crença nem a algum truque mental, mas sim a uma tranquila certeza interior que não exige explicação nem respaldo externo.

Com essa equilibrada abertura, essas pessoas reconhecem os vínculos que têm em comum com a humanidade. Sentem-se inclusivas e aceitam os outros, independente de conhecerem ou não seus pontos de vista e seus estilos de vida. Elas são cheias de coragem, uma coragem que é uma força em si mesma, e não uma reação contrafóbica ao medo. Essa coragem provém de uma sensação de integridade interior e de uma profunda ligação consigo mesmas e com tudo que as cerca. Assim, como as pessoas saudáveis do Tipo Nove, as pessoas do Tipo Seis que se encontram em processo de integração são capazes de enfrentar tremendos desafios e até tragédias e ameaças com equilíbrio e equanimidade.

A TRANSFORMAÇÃO DA PERSONALIDADE EM ESSÊNCIA

▲

Todos os seres humanos necessitam de apoio e segurança para sobreviver e, principalmente, florescer, *mas raramente percebem o quanto são de fato apoiados*. Além do apoio que temos dos amigos e entes queridos, nós temos o das pessoas que cultivaram o alimento que comeremos hoje à noite, o dos desconhecidos operários que fizeram nossas roupas, o das pessoas que trabalham nas companhias de gás e eletricidade e por aí vai. Nenhum dos leitores deste livro já se viu verdadeiramente sem apoio, mas nossa personalidade, baseada como é em defesas contra o medo e os sentimentos de deficiência, não consegue reconhecer isso. A capacidade de reconhecer e reagir com inteligência ao apoio que encontramos no mundo, bem como ao apoio e orientação interior do Ser, só pode ser atingida por meio da Presença – pelo acatamento de nossa verdadeira natureza.

As pessoas do Tipo Seis dão um "passo em falso" quando recorrem ao ego que teme e duvida para saber onde encontrar o verdadeiro apoio e a verdadeira orientação. Ironicamente, quanto mais questionam e criam estratégias, menos seguras se sentem. Em vez de dar-lhes a segurança que buscam, a identificação com a sensação de ansiedade as torna pequenas, indefesas e desorientadas. Só quando percebem seus padrões de raciocínio sob a influência do medo elas começam a retomar o contato com sua natureza essencial. Quando o fazem, redescobrem sua própria autoridade interior e reconhecem que o apoio que estavam procurando está em toda parte e sempre disponível.

> "Quando comer uma fruta, pense na pessoa que plantou a árvore."
> PROVÉRBIO VIETNAMITA

Jenny, terapeuta na faixa dos 50 anos que recentemente sofreu uma mastectomia, descreve muito bem essa transformação:

> Acho que me tornei minha própria autoridade com essa experiência da mastectomia. Consegui reconhecer e aceitar o amor de minha família e de meus amigos, coisa que nunca havia acontecido antes. Que coisa maravilhosa! Eu tinha de ser minha própria autoridade porque minha sobrevivência estava em jogo e ninguém melhor que eu sabe o que é melhor para mim! Que sensação fantástica a de ser saudável! Recentemente, venho me concentrando em plantar flores, em vez de arrancar ervas daninhas o tempo todo. Minhas "vozes interiores" – coisas do meu antigo superego – só querem que eu veja as ervas daninhas.

> "Você não pode depender de ninguém. Não há guias, mestres, autoridades. Há apenas você – sua relação com os outros e com o mundo – e nada além disso."
> KRISHNAMURTI

As pessoas do Tipo Seis se transformam quando enfrentam seu Medo Fundamental de não ter apoio e orientação. Ao fazê-lo, começam a vivenciar um amplo e vazio espaço interior, no qual às vezes têm medo de cair. Se conseguirem tolerar essa sensação, esse espaço mudará, preenchendo-se de luz ou transformando-se de várias outras formas. Essas pessoas então passam a reconhecer que, na verdade, o apoio que vinham buscando está justamente nesse espaço repleto de liberdade, abertura, sabedoria e paciência. Quando o encontram, as pessoas do Tipo Seis sentem-se seguras, corajosas e inteligentes – em resumo, demonstram todas as qualidades que desejavam.

A MANIFESTAÇÃO DA ESSÊNCIA

No fundo, as pessoas do Tipo Seis lembram que o universo é benevolente e lhes dá apoio integral. Elas sabem que estão centradas no Ser, que fazem parte da Natureza Divina e que têm direito à graça.

Quando sua mente está tranquila, as pessoas do Tipo Seis vivenciam a vastidão interior que é a Base do Ser. Elas percebem então que a Essência é real, não simplesmente uma idéia: com efeito, ela é o que de mais real há na existência, é seu próprio fundamento. Comumente se associa essa paz interior à presença de Deus, que se manifesta a cada instante. Quando vivenciam essa verdade, essas pessoas sentem-se apoiadas, constantes e fortes, como se fossem um monolito. Elas percebem que essa base constitui a verdadeira segurança, e é isso que lhes dá uma imensa coragem.

Esse é o verdadeiro significado da *fé*, sua qualidade Essencial específica. A fé não é uma crença, mas a certeza imediata que decorre da experiência. Sem esta, a fé é simples crença, mas com a experiência, a fé nos traz a orientação segura. Boa parte da personalidade do Tipo Seis pode ser descrita como uma tentativa de imitar ou recriar a fé em termos de crenças e de encontrar um substituto para a certeza de já contar com a segurança que provém do Divino. Porém, quando a Essência se manifesta, essas pessoas verificam que seu centramento no Ser é absoluto e imutável. O Ser lhes dá apoio porque elas são parte dele: sua própria existência está no Ser porque seria impossível *não* ser dessa forma.

| Some os pontos das quinze afirmações para o Tipo Seis. O resultado estará entre 15 e 75. As instruções ao lado o ajudarão a descobrir ou confirmar seu tipo de personalidade. | ➤ 15   Você provavelmente não pertence a um dos tipos aquiescentes (Um, Dois e Seis).
 ➤ 15-30   Você provavelmente não pertence ao Tipo Seis.
 ➤ 30-45   É muito provável que você tenha problemas comuns ao Tipo Seis ou que um de seus pais seja do Tipo Seis.
 ➤ 45-60   É muito provável que você tenha algum componente do Tipo Seis.
 ➤ 60-75   É muito provável que você pertença ao Tipo Seis (mas ainda poderá pertencer a outro se tiver uma concepção demasiado limitada deste tipo). | *As pessoas do Tipo Seis costumam identificar-se erroneamente como pertencentes ao Tipo Quatro, Oito ou Um. As dos Tipos Dois, Cinco e Um costumam identificar-se erroneamente como pertencentes ao Tipo Seis.* |

CAPÍTULO 13

TIPO SETE: O ENTUSIASTA

▲

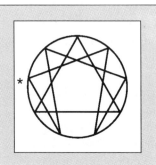

O GENERALISTA

O VERSÁTIL

A CRIANÇA PRODÍGIO

O DILETANTE

O *CONNOISSEUR*

O DÍNAMO

"O prazer é o objeto, o dever e a meta de todas as criaturas racionais."

VOLTAIRE

"Nenhum prazer é mau em si mesmo, porém os meios pelos quais certos prazeres são atingidos trazem dores muitas vezes maiores que eles."

EPICURO

"Com a captura, acaba o prazer da caça."

ABRAHAM LINCOLN

"Como se pode discutir a questão de adquirir ou possuir, quando a única coisa de que um homem precisa é tornar-se – ser, afinal, e morrer na plenitude de seu ser."

SAINT-EXUPÉRY

O CTA RISO-HUDSON

Classificação Tipológica Segundo a Atitude

Classifique as afirmações ao lado conforme sua aplicabilidade com base na seguinte escala:

1 ..... *Nunca é verdadeira*

2 ..... *Raramente é verdadeira*

3 ..... *Em parte é verdadeira*

4 ..... *Geralmente é verdadeira*

5 ..... *Sempre é verdadeira*

_____ 1. Adoro viajar e descobrir diferentes tipos de pratos, de pessoas, de experiências – todo o fantástico turbilhão da vida!

_____ 2. Minha agenda normalmente é cheia e eu gosto que seja assim: não quero que a grama cresça debaixo de meus pés.

_____ 3. Para mim o que importa é a emoção e a variedade, mais que o conforto e a segurança – que eu, aliás, não desprezo quando encontro.

_____ 4. Minha mente está sempre tagarelando – às vezes parece que penso dez coisas de uma vez!

_____ 5. Se tem uma coisa que não suporto é entediar-me – procuro dar um jeito de não me aborrecer nunca.

_____ 6. Sou de entrar de cabeça nos relacionamentos – mas quando acabam, acabam.

_____ 7. Sou curioso e aventureiro – geralmente sou o primeiro a experimentar coisas novas e interessantes.

_____ 8. Quando já não gosto de fazer alguma coisa, eu paro de fazê-la.

_____ 9. Não sou só uma pessoa "divertida": tenho um lado sério, até sombrio, só que não gosto de mexer muito com ele.

_____ 10. Sou bom no geral, mas não tanto nos pequenos detalhes: gosto mais de pensar para chegar a novas idéias que me envolver com sua execução.

_____ 11. Quando realmente quero uma coisa, quase sempre descubro um meio de consegui-la.

_____ 12. De vez em quando entro em "baixo astral", mas sempre saio logo dele.

_____ 13. Um de meus maiores problemas é que sou muito distraído e às vezes me disperso demais.

_____ 14. Tenho tendência a gastar mais do que deveria.

_____ 15. Acho ótimo estar com as pessoas – contanto que elas queiram ir aonde eu quero.

Verifique a análise da pontuação na página 296.

TIPO SETE DE PERSONALIDADE: O ENTUSIASTA

➤ **MEDO FUNDAMENTAL:** O de sofrer dores e privações.

➤ **DESEJO FUNDAMENTAL:** Ser feliz, satisfazer-se, realizar-se.

➤ **MENSAGEM DO SUPEREGO:** "Você estará num bom caminho se obtiver o que precisa."

O Tipo Ocupado, que Gosta de Divertir-se: Espontâneo, Versátil, Voraz e Dispersivo

Chamamos este tipo de personalidade de *o Entusiasta* porque ele está sempre se entusiasmando com tudo que lhe chama a atenção. Seus representantes vêem a vida com curiosidade, otimismo e espírito de aventura. Como crianças numa doceria, eles vêem o mundo com olhos escancarados, antevendo embevecidos todas as boas coisas de que desfrutarão. Arrojados e cheios de vivacidade, com alegre determinação vão em busca do que querem da vida. A palavra iídiche *chutzpah* – uma espécie de atrevido desembaraço – descreve muito bem uma de suas maiores características.

Embora pertençam à Tríade do Raciocínio, as pessoas do Tipo Sete não costumam dar essa impressão, pois tendem a ser bem práticas e a envolver-se com milhares de projetos ao mesmo tempo. Seu raciocínio é *antecipatório*: elas prevêem as coisas e geram idéias às carreiras, preferindo as atividades que lhes estimulem a mente – o que, por sua vez, gera mais coisas a fazer e pensar. Embora possam não ser necessariamente intelectuais ou estudiosas segundo a definição padrão, essas pessoas costumam ser inteligentes, ler bastante e expressar-se verbalmente muito bem. Elas passam rapidamente de uma idéia a outra, saindo-se bem nos *brainstorms* e na síntese de informações. São o tipo de gente que se deixa arrebatar pelo fluxo rápido e contínuo das idéias e pelo prazer da espontaneidade, preferindo a visão panorâmica e a excitação dos estágios iniciais do processo criativo à análise detalhada de um determinado tópico.

Devon, uma bem-sucedida executiva, fala-nos um pouco aqui sobre a dinâmica de funcionamento da mente de uma pessoa de seu tipo:

> Não tem jeito: sou a mulher das listas. Não é por causa da memória, pois a minha é ótima. É mais para descarregar as informações e evitar continuar pensando nas coisas. Outro dia, por exemplo, fui a um concerto cujos ingressos, além de caros, haviam sido difíceis de conseguir. Mas não consegui ficar até o fim. Minha mente me torturava com as coisas que tinha de fazer. Acabei não agüentando – levantei-me e fui embora. A pessoa com quem eu estava ficou muito chateada e eu perdi uma boa apresentação.

As pessoas do Tipo Sete muitas vezes são dotadas de mentes ágeis, tornando-se alunas capazes de aprender extremamente rápido. Isso se aplica não apenas à sua capacidade de absorver informação (línguas, fatos, métodos), mas também à de realizar trabalhos manuais. Elas tendem a apresentar excelente coordenação mente-corpo e destreza manual (datilografia, tênis, piano). Quando aliam essas duas capacidades, essas pessoas podem ser a encarnação do verdadeiro modelo do Renascimento.

Ironicamente, a grande curiosidade e a capacidade de aprender muito rápido podem criar problemas para as pessoas do Tipo Sete. Por serem capazes de desenvolver diferentes habilidades com relativa facilidade, torna-se difícil para elas decidir o que fazer. Por isso, nem sempre valorizam o que possuem como fariam se tivessem tido de lutar para obtê-lo. Quando mais equilibradas, porém, essas pessoas são capazes de empregar sua versatilidade, curiosidade e capacidade de aprendizagem para chegar a grandes realizações.

A origem de seu problema é comum a todos os tipos da Tríade do Raciocínio: a perda de contato com a orientação interior e o apoio da natureza Essencial. Isso causa-lhes grande ansiedade, pois não lhes dá a segurança de estar fazendo opções que beneficiem a si mesmas e aos demais. As pessoas do Tipo Sete lidam com essa ansiedade de duas formas: em primeiro lugar, tentam manter a mente ocupada o tempo todo, principalmente com projetos e idéias positivas para o futuro, pois assim conseguem, até certo ponto, manter a ansiedade e os sentimentos negativos fora do consciente. Além disso, como em seu caso a atividade estimula o raciocínio, elas são impelidas a permanecer sempre em movimento, indo de uma experiência a outra em busca de estímulo. Isso não quer dizer que fiquem marcando passo: em geral são pessoas práticas, que gostam de ver as coisas serem feitas.

Frances, uma bem-sucedida consultora de mercado, parece ter mais energia que o resto dos seres humanos – algo típico do Tipo Sete:

> Sou de uma produtividade absolutamente incrível. Quando estou no escritório, fico alegre e minha mente funciona às mil maravilhas. Sou capaz de criar várias campanhas de *marketing* para um cliente, fazer o esquema de uma palestra que vou dar num seminário, destrinchar um problema com um cliente pelo telefone, fechar dois negócios, ditar algumas cartas e, quando olho para o relógio, ainda são 9h30 da manhã e minha assistente está acabando de chegar para darmos início ao trabalho do dia.

Em segundo lugar, as pessoas do Tipo Sete lidam com a perda da orientação Essencial por meio do método de tentativa e erro: fazem tudo para certificar-se de saber qual a melhor opção. Num nível muito profundo, *elas não se acham capazes de descobrir o que realmente querem da vida.* Por conseguinte, tendem a experimentar de tudo – e, por fim, podem acabar experimentando *qualquer coisa* para substituir aquilo que realmente estão buscando. ("Se não posso ter aquilo que realmente me satisfaria, vou me divertir de qualquer maneira. Terei toda sorte de experiências – assim, não me sentirei mal por não ter o que realmente quero.")

"Ainda não sei o que quero ser quando crescer."

Isso pode ser visto nas mínimas coisas do cotidiano dessas pessoas. Incapazes de decidir se querem sorvete de baunilha, chocolate ou morango, elas vão pedir os três sabores, só para ter certeza de não perder a opção "certa". Se tiverem duas semanas de férias e vontade de ir à Europa, será o mesmo dilema: que países e cidades visitar? Que pontos turísticos conhecer? A maneira que as pessoas do Tipo Sete encontram para resolver isso é incluir o maior número de países, cidades e atrações turísticas no roteiro. Enquanto correm atrás de experiências estimulantes, o que seu coração realmente quer vai sendo tão enterrado no inconsciente que elas nunca podem saber exatamente o que é.

Além disso, quanto mais intensificam a busca de liberdade e satisfação, maior a tendência a fazer opções piores e menor a satisfação, pois tudo é vivenciado indiretamente, através do filtro da atividade mental acelerada. O resultado é que essas pessoas acabam ansiosas, frustradas e com raiva, diminuindo assim seus próprios recursos físicos, emocionais e financeiros. Elas podem acabar destruindo a saúde, os relacionamentos e as finanças em sua busca de felicidade.

Gertrude agora está tentando se estabelecer na carreira e na família, mas, fazendo um retrospecto, analisa como essa tendência contribuiu para dificultar seu início de vida:

> Não havia nada que fazer nem em casa nem na cidadezinha do sul em que cresci. Eu morria de vontade de sair de lá e ir para algum lugar mais interessante. Quando fiz 16 anos, comecei a namorar e logo fiquei grávida, mas o pai de meu filho não quis casar-se comigo – o que, para mim, não foi problema, já que eu tampouco queria casar-me com ele. Não demorei a conhecer outro homem, casamo-nos e então me mudei para uma cidade maior. Mas a coisa não funcionou como eu queria porque nos separamos depois que eu dei à luz o meu filho e tive de voltar para casa. Fiquei lá por uns dois anos, até colocar meus pés no chão novamente. Quando as coisas pioraram, casei-me de novo. Agora, aos 19 anos, acho que já fiz muita coisa.

"Se a vida lhe der limões, faça limonada."

Porém o lado bom é que as pessoas do Tipo Sete são extremamente otimistas, exuberantes, "para cima". Dotadas de uma enorme vitalidade e de um desejo de viver plenamente cada dia, elas são alegres e bem-humoradas por natureza, não levando nada – nem a si mesmas – muito a sério. Quando são interiormente equilibradas, conseguem contaminar todos os que as cercam com seu entusiasmo e alegria de viver, fazendo-nos relembrar o simples prazer de existir – a maior de todas as dádivas.

O PADRÃO DA INFÂNCIA

A infância das pessoas do Tipo Sete é matizada por uma sensação em grande parte inconsciente de desligamento da figura materna (que é muitas vezes, mas nem sempre, a mãe biológica). De modo geral, essas pessoas são muito suscetíveis a uma profunda frustração resultante da sensação de serem prematuramente apartadas da ligação com a mãe, como se tivessem sido desmamadas cedo demais (o que pode ser fato em alguns casos). Numa reação a isso, as crianças do Tipo Sete inconscientemente "decidem" cuidar de si mesmas. ("Não vou ficar parado com pena de mim mesmo, esperando que alguém se encarregue de tomar conta de mim. Eu mesmo o farei!") Esse padrão não implica que as pessoas deste tipo não tenham tido intimidade nem proximidade com a mãe na infância. Porém, no plano emocional, elas decidiram inconscientemente que teriam de cuidar de suas próprias necessidades.

> *Favor observar que o padrão da infância aqui descrito não provoca o tipo de personalidade. Em vez disso, ele descreve tendências observáveis na tenra infância que têm grande impacto sobre os relacionamentos que o tipo estabelece na vida adulta.*

As razões para isso podem variar muito. Talvez a chegada de um irmãozinho tenha feito a criança do Tipo Sete perder de repente a atenção exclusiva da mãe. Talvez uma enfermidade (da própria criança ou da mãe) tenha impedido o contato mais próximo entre elas.

Devon, a executiva que já conhecemos, relembra:

> Um incidente acontecido quando eu tinha 3 anos me impressionou tanto que me lembro dele como se tivesse ocorrido ontem. Meu irmão, recém-nascido, estava tendo uma convulsão. Minha mãe não parava de gritar e literalmente arrancar os cabelos, negros e longos. Lembro-me de seu cabelo caindo no tapete bege e rosa. Era tarde da noite, e a ambulância levou consigo meu irmão, minha mãe e meu pai também. Sei que, até um ano e meio, fui muito bem cuidada por minha mãe. Aí ela ficou grávida e enjoava muito até meu irmão nascer. Ele, por sua vez, tem saúde frágil desde bebê e, assim, é o meio que perdi minha mãe por tabela.

As pessoas do Tipo Sete são também muito influenciadas pela "fase da separação" do processo de desenvolvimento do ego, quando aprendem a tornar-se mais independentes da mãe. Uma das maneiras que as crianças normalmente encontram de lidar com o difícil processo de separação está em ligar-se ao que os psicólogos denominam *objetos transicionais*: os brinquedos, jogos, coleguinhas e outras distrações que ajudam as crianças a suportar a ansiedade dessa fase.

As pessoas do Tipo Sete dão a impressão de ainda estar em busca de objetos transicionais. Enquanto puderem descobrir e deixar-se levar por idéias, experiências, pessoas e "brinquedos" interessantes, elas conseguem reprimir a sensação subjacente de frustração, medo e mágoa. Mas se, por alguma razão, não encontrarem os objetos transicionais adequados, a ansiedade e os conflitos emocionais atingem o patamar consciente. Então essas pessoas tentam encontrar outra distração o mais rápido possível, a fim de controlar a sensação de pânico. Naturalmente, quanto maiores a privação e a frustração realmente vividas pela criança, maior a necessidade do adulto de "ocupar a mente" com toda sorte de distrações.

TIPO SETE COM ASA SEIS: O ANIMADOR

OS SUBTIPOS CONFORME
AS ASAS

Faixa saudável As pessoas deste subtipo são brincalhonas e produtivas. Curiosas e criativas, além de dotadas de um excelente senso de humor e de uma visão mais positiva que a do outro subtipo, elas mantêm a certeza de que a vida é uma coisa boa e alegre. Por sua rapidez mental, seu espírito de cooperação e sua capacidade de organização, essas pessoas são capazes de realizar muita coisa, aparentemente sem grande esforço. Elas gostam de variedade e têm facilidade para entrosar-se com os outros, o que faz das atividades ligadas ao ramo dos espetáculos, relações públicas, publicidade, mídia e diversões seu elemento.

Exemplos

Robin Williams
Steven Spielberg
W. A. Mozart
Jim Carrey
Goldie Hawn
Carol Burnett
Sarah Ferguson
Benjamin Franklin
Timothy Leary
Tom Wolfe

Faixa média Espertas, interessadas em novidades, falantes e amigáveis, as pessoas deste subtipo têm uma grande reserva de energia e podem proporcionar momentos muito animados aos que estão à sua volta. Apesar de serem geralmente produtivas, elas podem perder a concentração com mais facilidade que as do outro subtipo. A depender de seu grau de insegurança, poderão demonstrar um certo nervosismo, uma aceleração meio frenética. Como gostam de emoções fortes, estão sempre envolvidas em relacionamentos ou em busca de um. Apesar de não gostarem de ficar sós, esperam muito dos mais íntimos. Costumam ficar divididas entre o desejo de arriscar-se a encontrar melhores opções e o medo de perder o que têm. Há uma possibilidade de abuso de drogas no caso deste subtipo devido à ansiedade e a ocultos sentimentos de inferioridade.

TIPO SETE COM ASA OITO: O REALISTA

Faixa saudável As pessoas deste subtipo realmente apreciam o mundo, sendo "materialistas" no sentido mais amplo do termo. Elas aliam a rapidez ao ímpeto – o que, muitas vezes, lhes angaria sucesso material e cargos de poder e importância. Determinadas a obter da vida o que desejam, elas pensam estrategicamente e são capazes de organizar rapidamente os recursos interiores e exteriores para realizar seus desejos. São práticas, pragmáticas e obstinadas. Seu senso de humor se expressa pelo sarcasmo e pelo atrevimento.

Faixa média Versáteis, as pessoas deste subtipo dirigem suas energias em várias direções, podendo ter diversas profissões. Podem demonstrar determinação, ímpeto e agressividade na busca da satisfação de suas necessidades. Seu forte desejo de acumular posses e experiências as torna mais viciadas no trabalho que as pessoas do outro subtipo. ("Eu mereço!") Além disso, como seu interesse maior recai nas atividades, mais do que nas pessoas, elas tendem a ser pragmáticas quanto aos relacionamentos: buscam parceiros e não figuras românticas idealizadas. Essas pessoas não têm medo da solidão e conhecem muito bem suas próprias expectativas e limites. Para obter o que desejam, são capazes de uma objetividade que beira a rispidez e, em alguns casos, a pressão. Ao contrário dos representantes do Tipo Sete com Asa Seis, cujo entusiasmo é tanto que chega a ser infantil, os deste subtipo podem mostrar-se muito *blasés* e insensíveis.

Exemplos

Jack Nicholson
Lucille Ball
Joan Rivers
Howard Stern
Leonard Bernstein
Lauren Bacall
Bette Midler
Malcolm Forbes
John F. Kennedy
"Scarlett O'Hara"

O INSTINTO DE AUTOPRESERVAÇÃO NO TIPO SETE

Garantindo o Meu. Os típicos Autopreservacionistas do Tipo Sete são pessoas cheias de energia e determinação, principalmente quando se trata de garantir que seus prazeres e necessidades sejam sempre satisfeitos. Seus interesses e preocupações tendem a relacionar-se ao prático e ao material (ou, nas palavras imortais de Scarlett O'Hara, "Juro por Deus que jamais passarei fome novamente!"). Essas pessoas tendem a ser ambiciosas e a dar duro para poder dispor de várias opções.

AS VARIANTES
INSTINTIVAS
▲

Além disso, os Autopreservacionistas do Tipo Sete são consumistas no sentido clássico da expressão: gostam de fazer compras, viajar e mimar-se, empenhando-se sempre em descobrir novas possibilidades de prazer (catálogos e guias de espetáculos, viagens e restaurantes). Essas pessoas estão sempre atentas a pechinchas e liqüidações e gostam de conversar a respeito com os amigos. ("Descobri umas gracinhas de canecas numa loja que abriu há pouco tempo." "Puxa, esse monitor é excelente. Por quanto você o comprou?") Embora gostem de sair e conversar, temem depender dos outros ou que estes dependam delas.

Os Autopreservacionistas menos saudáveis do Tipo Sete podem demonstrar impaciência e nervosismo quando suas necessidades não são logo atendidas. Preocupados em não sofrer privações, muitas vezes ficam ansiosos quando perdem algum conforto ou apoio material. (Não raro, têm medo de passar fome.) Essas pessoas podem tornar-se extremamente exigentes e mal-humoradas quando são frustradas, pois esperam que os outros lhes satisfaçam as necessidades assim que elas as manifestem – ou até antes disso.

Na faixa não-saudável, obstinadas com sua própria necessidade de segurança, essas pessoas mostram-se descorteses e desatentas perante os demais. Sem tolerar interferências, lançam-se agressivamente à busca de tudo aquilo que crêem que as tornará mais seguras e menos ansiosas. A irresponsabilidade e o descomedimento em relação aos próprios recursos podem levá-las a desbaratá-los, estragando a saúde, jogando a dinheiro ou gastando em demasia. Assim, podem passar dos limites e permitir-se todo tipo de excesso.

O INSTINTO SOCIAL NO TIPO SETE

O Que Estarei Perdendo. Os representantes Sociais típicos do Tipo Sete costumam cultivar um grupo de amigos e "conselheiros" que partilham de seus interesses e entusiasmos. Por meio desse grupo, eles se informam das novidades e obtêm o estímulo e a variedade que apreciam. Como são idealistas, gostam de envolver-se com causas sociais. Porém, depois que o fazem, às vezes sentem-se atados, pois seu ritmo é mais rápido do que o dos outros. Nessas ocasiões, vêem a responsabilidade social como um estorvo, pois ficam divididos entre o desejo de honrar seus compromissos e o de largar tudo e cuidar de sua vida. Além disso, os representantes Sociais deste tipo estão sempre em busca de algo mais interessante ("Essa festa de ano-novo parece que vai ser boa, mas aposto que a do Ted vai pegar fogo depois da meia-noite!"). Eles se ressentem diante da autoridade, vendo-a como arbitrária e desnecessária – mais uma fonte de restrição social.

Os representantes Sociais menos saudáveis do Tipo Sete tendem a dispersar sua energia no que poderíamos chamar de meios compromissos: gostam de ter a agenda sempre cheia, mas estão sempre anotando também algumas "alternativas". Assim, colocam muitos ferros no fogo, mas não esperam que nenhum fique em brasa. São pessoas amigáveis e mesmo encantadoras, mas muito ariscas, podendo facilmente cancelar seus compromissos se a ansiedade ou uma opção mais promissora surgirem.

Na faixa não-saudável, essas pessoas tendem a dissipar sua energia e seu talento numa interminável sucessão de festinhas, encontros sociais ou "reuniões de planejamento" que nunca acabam em nada. Deixando atrás de si uma trilha de iniciativas interrompidas e corações partidos, são como aves de arribação, inquietas e inquietantes, pois a fuga da ansiedade as torna irresponsáveis e conduz a "cenários sociais" potencialmente arriscados e destrutivos.

O INSTINTO SEXUAL NO TIPO SETE

O Neófilo. Os típicos representantes Sexuais do Tipo Sete estão em constante busca de coisas novas, que fujam do ordinário. Como os do Tipo Quatro, eles tendem a rechaçar o mundano – são pessoas que querem viver a vida intensamente em todas as suas atividades e interações. Vendo-a através da lente da imaginação, elas idealizam a si mesmas, aos relacionamentos e à realidade. Freqüentemente, essas pessoas demonstram curiosidade em relação a uma ampla gama de coisas, deixando-se fascinar por idéias e assuntos que estão na crista da onda. A atração que une os representantes Sexuais do Tipo Sete àqueles que consideram interessantes é magnética. Quando o radar de seu instinto sexual detecta alguém assim, não hesitam em aproximar-se usando de todo o seu charme e interesse. Da mesma forma que o objeto de sua curiosidade temporariamente os deslumbra e hipnotiza, eles são capazes de induzir sensações semelhantes nos demais. Essas pessoas gostam da emoção de fantasiar com seu novo objeto de desejo, imaginando futuras aventuras e interesses comuns. Elas amam idéias loucas, humor e espírito – seu raciocínio é bastante rápido, mas isso pode trazer inquietação não só a elas mas também aos seus relacionamentos.

Nos Níveis menos saudáveis, essas pessoas podem tornar-se volúveis nos interesses e também nos afetos. Elas temem os compromissos, preferindo a intensa paixão das fases iniciais de um relacionamento. (Amam o amor.) O romance e o processo de descoberta mútua as deleita, mas, assim que os sentimentos se tornam familiares, elas partem em busca de novas possibilidades. A inquietude as faz perder o discernimento e envolver-se com modismos e idéias espetaculares que, apesar da embalagem glamourosa, são pouco mais que distrações temporárias. Logo vem a decepção.

Nas faixas não-saudáveis, os representantes Sexuais do Tipo Sete podem buscar emoções com ainda menos prudência. Assim, poderão envolver-se em projetos malucos e casos amorosos pouco viáveis e perigosos, tornando-se caçadores de emoções que buscam cada vez mais fontes de prazer e diversão porque cada vez menos conseguem gozá-las. Viver no limiar as torna pessoas duras e dissolutas, que muitas vezes se esgotam ou se prejudicam irreversivelmente com seus excessos.

| A seguir, alguns dos problemas mais freqüentes no caminho da maioria das pessoas do Tipo Sete. Identificando esses padrões, "pegando-nos com a boca na botija" e simplesmente observando quais as nossas reações habituais diante da vida, estaremos dando um grande passo para libertar-nos dos aspectos negativos de nosso tipo. | DESAFIOS PARA O CRESCIMENTO DO TIPO SETE ▲ |

O SINAL DE ALERTA PARA O TIPO SETE: "ADIANTE A GRAMA SEMPRE ESTÁ MAIS VERDE"

A tentação característica das pessoas do Tipo Sete é a propensão a perder o gosto por aquilo que estão fazendo ou vivendo. A grama sempre está mais verde em algum outro lugar, e assim elas começam a desejar o futuro, como se um outro fato ou atividade fosse a solução para seus problemas. ("Esta noite vou jantar com uns amigos, mas quem estará no *vernissage*? Quem sabe, se eu comer depressa, consiga dar uma passada lá também!") Se elas ignorarem seu Sinal de Alerta – deixar-se levar pelas possibilidades do momento seguinte, em vez de viver totalmente o presente –, começarão a seguir o rumo errado.

Suponha que está conversando com um amigo num restaurante lotado e de repente começa a escutar a conversa ao lado. Você presta atenção a ela enquanto finge que está atento às palavras do amigo? Se a resposta é "sim", você sucumbe à tentação do Tipo Sete. O resultado é que acabaria não apreciando devidamente nenhuma das duas conversas e, de quebra, indiretamente ofenderia seu amigo, que provavelmente perceberia tudo.

"Não quero perder oportunidades."

Esse tipo de atenção errante tem sérias conseqüências para as pessoas do Tipo Sete, já que sua vida se baseia tanto nele. *Pensar torna-se o mesmo que antever*, e isso as leva a não ficar com nada o suficiente para conhecê-lo profundamente ou obter alguma verdadeira satisfação. Quando não dão ouvidos ao seu Sinal de Alerta, deixam-se atrair por outra coisa, independentemente do que quer que estejam fazendo. Sua atenção errante as faz pular e ligar a TV, abrir a geladeira em busca de algo que merendar, telefonar a um amigo ou rabiscar num bloco, em vez de começar a trabalhar – ou mesmo continuar a ler o livro de que estavam gostando!

TREINANDO A MENTE ERRANTE

Escolha uma atividade qualquer e concentre-se nela. Ao fazer isso, observe quando se distrai e pensa em outra coisa. Volte a concentrar-se no que estava fazendo e, caso se distraia novamente, tente retornar à atividade que escolheu. Repita o procedimento, tentando sempre permanecer concentrado no que está fazendo.

Na maioria das vezes, será difícil conseguir concentrar-se, principalmente no início. Mas, se persistir e conseguir identificar o que o distrai da atividade, conseguirá entender melhor os fatores que deflagram o seu Sinal de Alerta. A tensão física é um deles? A fome, o cansaço e a ansiedade também têm alguma influência?

O Papel Social: O Dínamo

Os representantes mais típicos do Tipo Sete definem-se como "Dínamos": aqueles que precisam injetar energia e emoção nas situações para que todos se animem – e, assim, eles mesmos também fiquem animados. Como são pessoas de muita energia, para elas é fácil representar esse papel. Porém, como com todos os Papéis Sociais, uma vez que o indivíduo se identifica com eles, torna-se cada vez mais difícil deixar de agir da maneira que ele preconiza.

O papel de Dínamo, Catalisador ou Vela de Ignição – bem como o de conspirador e aliciador – permite às pessoas do Tipo Sete tornar-se o centro das atenções. Sua companhia é muitas vezes disputada porque sua alegria levanta o moral das pessoas.

TIPO SETE: O ENTUSIASTA

		Termos-chave:	
S A U D Á V E L	Nível 1	Alegria Satisfação	As pessoas do Tipo Sete deixam de acreditar que precisam de determinados objetos ou experiências para estar satisfeitas, o que lhes permite assimilar plenamente suas próprias experiências e tirar proveito delas. Além disso, paradoxalmente realizam seu Desejo Fundamental – ter satisfação e alegria, atender às próprias necessidades – e se mostram gratas, reconhecidas e extáticas.
	Nível 2	Expectativa Entusiasmo	As pessoas do Tipo Sete concentram-se nas possibilidades, emocionando-se com a antevisão de todas as coisas que farão. Auto-imagem: "Sou uma pessoa feliz, espontânea e sociável".
	Nível 3	Realismo Produtividade	As pessoas do Tipo Sete reforçam sua auto-imagem mergulhando de cabeça na vida e fazendo tudo aquilo que lhes garanta ter o que precisam. O gosto e a paixão que sentem pela vida as torna muito versáteis e prolíficas. Apesar de arrojadas e otimistas, são pessoas práticas e sensatas.
M É D I A	Nível 4	Voracidade Consumismo	Temendo estar perdendo experiências mais interessantes, as pessoas do Tipo Sete tornam-se inquietas e buscam cada vez mais opções. Mantêm-se eternamente ocupadas, fazendo malabarismos para dar conta de diferentes tarefas e planos, além de lutar para manter-se informadas sobre as mais recentes tendências.
	Nível 5	Distração Dispersão	As pessoas do Tipo Sete receiam o surgimento de sentimentos penosos e a possibilidade de frustrar-se ou entediar-se. Por conseguinte, tentam manter-se ocupadas e animadas. Elas procuram criar energia em torno de si falando, fazendo brincadeiras e buscando novas aventuras, mas muitas vezes se distraem e perdem a concentração.
	Nível 6	Egocentrismo Intemperança	As pessoas do Tipo Sete temem ser impossível dispor suficientemente do que crêem que precisam. Assim, tornam-se impacientes em sua busca de gratificação instantânea. Apesar de muito exigentes, elas quase nunca se mostram satisfeitas quando suas exigências são atendidas. Perdulárias e *blasées*, mostram-se displicentes em relação aos próprios hábitos, jamais aceitando a culpa por eles.
N Ã O – S A U D Á V E L	Nível 7	Insaciabilidade Escapismo	As pessoas do Tipo Sete temem que seus atos lhes tragam sofrimento e infelicidade, o que pode ser verdade. Assim, entram em pânico e evitam o próprio sofrimento a qualquer custo. Comportam-se com impulsividade e irresponsabilidade, fazendo tudo aquilo que prometa alívio temporário contra a ansiedade, mas no fundo não têm alegria nessa busca.
	Nível 8	Mania (Depressiva) Temeridade	Desesperadas por fugir à ansiedade, as pessoas do Tipo Sete perdem o controle, atuando o sofrimento em vez de senti-lo. À medida que se tornam cada vez mais instáveis e imprevisíveis, períodos de atividade frenética alternam-se a profundas depressões. Insensibilizadas e temerárias, fazem qualquer coisa para suprimir o sofrimento.
	Nível 9	Acabrunhamento Paralisia	Convencidas da possibilidade de haver arruinado a própria saúde, vida e alegria de viver, as pessoas menos saudáveis do Tipo Sete pressentem já não ter alternativas para o sofrimento. Paralisadas e cheias de pânico, muitas vezes cometem excessos que acarretam graves problemas financeiros e físicos, inclusive dores crônicas.

Kansas é uma atriz talentosa que também se profissionalizou como empresária:

> É gostoso saber que você pode afetar a vida das pessoas com sua energia. Muitas vezes vejo as pessoas se animarem bem diante dos meus olhos. Gosto de fazer todo mundo sentir-se feliz. Às vezes, isso é um problema, pois sinto que atraio muita gente que é meio "deprê". Para dizer a verdade, não acho que essas pessoas queiram melhorar. Estou tentando deixá-las seguir seu caminho e poupar minha energia para melhores investimentos, nos quais ela seja realmente apreciada. A capacidade de levantar naturalmente o moral das pessoas é de fato um grande dom.

"Vamos lá, pessoal! Vamos agitar essa parada!"

O problema começa quando os representantes típicos do Tipo Sete começam a agir apenas como os superdínamos que precisam falar, chocar, instigar e deslumbrar o tempo todo. Isso inevitavelmente as sobrecarrega demais, além de tornar-se cansativo para todos também. Quase todo mundo, inclusive outras pessoas do Tipo Sete, acha que essa energia excessiva acaba se tornando unidimensional e extenuante. Se os outros não conseguem acompanhar seu ritmo, essas pessoas saem em busca de novas oportunidades e platéias, interpretando essa reação como uma forma de rejeição ou abandono que provoca raiva e frustração. Porém elas podem sentir-se também cada vez mais identificadas com seu papel, sem saber como relacionar-se ou satisfazer-se de outra maneira.

Velma, versátil educadora e consultora de mercado, conheceu essa frustração no início da adolescência:

> Quando criança, sentia-me livre, desinibida, cheia de vida. Sabia que conseguia fazer as pessoas rirem. As outras crianças disputavam minha companhia porque eu era divertida. Quando adolescente, queria ser levada mais a sério, principalmente pela minha família, mas nunca achava que o conseguia. Então eu reagia às expectativas atuando ou sendo boba, engraçada ou dramática (em vez de autêntica) para chamar a atenção.

MEXENDO O CALDEIRÃO

Quando se pegar distraindo as pessoas – animando a festa, por assim dizer –, procure observar para quem está fazendo isso. Qual o efeito que essa excitação provoca sobre o seu contato consigo mesmo? E sobre o seu contato com os outros? Você se sente satisfeito? O que você acha que aconteceria se não assumisse a responsabilidade de animar o ambiente em que está?

A Gula e a Eterna Insatisfação

O vício característico das pessoas do Tipo Sete é a *gula* – literalmente, o desejo de empanturrar-se de comida. Em muitos casos, elas bem poderiam ser acusadas de comer ou beber demais, da mesma forma que fazer em demasia tudo aquilo que lhes traga satisfação física. Embora às vezes a gula possa aplicar-se literalmente ao Tipo Sete, é mais produtivo entender essa Paixão metaforicamente, como a tentativa de preencher um vazio interior com coisas e experiências.

A gula é a reação emocional de querer cumular o eu com gratificações externas diante da experiência da frustração, do vazio e da carência. Em lugar de vivenciar diretamente o vazio e a carência, as pessoas do Tipo Sete tentam fugir à ansiedade distraindo-se tanto com os prazeres da carne quanto com estímulos mentais. Quanto mais profundas as distorções emocionais da infância, menor a probabilidade de essas pessoas se conformarem com as próprias experiências – elas precisam de *mais* para encher-se completamente, cedendo assim à "Paixão" da gula.

Por manter a mente ocupada para defender-se da ansiedade, essas pessoas têm dificuldade de perceber e processar as informações provenientes dos sentidos, a menos que lhes causem uma impressão muito forte. Assim, sua identidade se baseia no fato de *permanecer mentalmente excitadas*; o que está na cabeça – os pensamentos em si – não é tão importante quanto o estímulo e a promessa de gratificação produzidos. As pessoas do Tipo Sete buscam estímulos fortes para que as impressões que forem filtradas sejam registradas pela mente e as satisfaçam. Como sua identidade se baseia no fato de permanecer estimuladas, essas pessoas normalmente impõem-se poucos limites e não gostam de restrições. Elas querem ser livres para reagir aos impulsos e desejos tão logo eles surjam, sem demora. Como todas as Paixões, a longo prazo a gula está fadada ao fracasso, pois quanto mais essas pessoas "se entopem" indiscriminadamente, tentando encontrar o alimento de que foram privadas na infância, mais insatisfeitas se tornam.

"A vida é uma progressão de necessidades, não de prazeres."

SAMUEL JOHNSON

A Busca de Estímulos e de Novas Experiências

A despeito de qual seja o nosso tipo, nós geralmente buscamos aquilo que pensamos que nos fará felizes, sem considerar se nossas opções têm a *possibilidade* de trazer-nos felicidade. Que circunstâncias propiciam a felicidade? O que a faz durar mais que um breve instante? Como podemos aumentá-la sem correr o risco de exagerar em alguma coisa? Esse tipo de questão constitui o tema do Tipo Sete.

Os típicos representantes do Tipo Sete são sofisticados, colecionadores e *connoisseurs* – são aqueles que sabem qual o melhor joalheiro, conhaque ou restaurante francês, quais dos filmes recentes vale a pena ver e quais as últimas novidades e tendências porque não querem perder nada.

Uma das distinções mais nítidas entre os representantes que estão na faixa saudável e os que estão na média é que os primeiros se sentem mais gratificados quando são capazes de concentração e produtividade – assim, eles contribuem com algo de novo e válido para o mundo; já os que estão na faixa média tornam-se menos produtivos porque a ansiedade os faz concentrar-se mais em divertir-se e entreter os demais. Sua criatividade é suplantada por um desejo cada vez maior de adquirir e consumir.

A cineasta Tara reconhece em si esse padrão:

> Infelizmente, é verdade que tendo a me entusiasmar com as novidades e depois perder o interesse e deixar para lá. Para mim, a variedade é o sal da vida. Falar em fazer algo "interessante" me faz sentir bem, mesmo que depois não faça nada. Gosto de aprender coisas novas. Adoro aulas – de culinária, dança de salão, patins, qualquer coisa. Compro pelo menos dez revistas diferentes. Também gosto de fazer pesquisa de preços antes de comprar porque acho importante verificar todas as opções e escolher a que mais valoriza meu dinheiro. Para mim é difícil assumir compromissos num relacionamento porque também aí estou sempre em dúvida se não há algo melhor, se já verifiquei todas as opções ao meu dispor.

DESCOBRINDO A DÁDIVA

Observe como a antecipação e o desejo de novas experiências o impede de saborear o que está vivendo no momento. Para analisar isso melhor, você pode fazer um joguinho: pare um instante e tente descobrir alguma coisa extraordinária em sua experiência imediata. Qual a dádiva que recebe neste exato momento?

O Tédio e a Diversidade de Opções

> "A essência do tédio é descobrir-se na busca obsessiva da novidade."
>
> GEORGE LEONARD

As pessoas do Tipo Sete freqüentemente reclamam do tédio e do quanto o detestam, embora o que chamem de tédio seja a ansiedade que sentem quando o ambiente não lhes propicia os estímulos necessários para manter longe o sofrimento e os sentimentos negativos. Da mesma forma, as restrições e a incapacidade de seguir em frente provocam nessas pessoas não apenas tédio, mas até pânico. Elas não querem situações que as "prendam" nem forcem a enfrentar sentimentos penosos antes de estar prontas para tal.

Para defender-se do tédio e das sensações que o acompanham, essas pessoas querem manter a cabeça cheia de fascinantes possibilidades e certificar-se de estar sempre em dia com tudo que é novo, elegante e emocionante.

Velma, que já conhecemos, explica:

> Eu preferia a variedade em tudo. Tinha determinados amigos para meu lado intelectual, outros para meu lado emocional e outros para meu lado se-

xual. Sentia-me impelida a buscar satisfação em todos esses lados meus. Era impossível resistir. Quanto mais experiências tinha, mais queria ter e, daí, passei a precisar delas cada vez mais. Minha energia dependia da variedade de minhas experiências. Conseguia fazer várias coisas diferentes sem me exaurir – via-me impelida a "fazer" tudo e tinha energia para isso. Jamais quis nada do jeito tradicional. Cada coisa nova e diferente que eu experimentava alimentava meu desejo de continuar a buscar o novo e o diferente. Um círculo vicioso.

Sem orientação interior, as pessoas do Tipo Sete precisam fazer tudo pelo método de tentativa e erro – provavelmente, sem dar ouvidos a conselhos, pois sempre querem ver tudo com seus próprios olhos. Elas acham que, vivenciando o maior número de situações, saberão quais as farão mais felizes. Mas é humanamente impossível experimentar tudo: há demasiados lugares a visitar, pratos a provar, roupas a vestir, experiências a viver. Seriam precisos séculos para que elas tivessem todas as experiências que precisariam para orientar-se apenas com base nisso. Experimentar de tudo para saber como é levaria muitas vidas e, ainda assim, as possibilidades são quase infinitas. Além disso, há experiências que provavelmente seriam perigosas e prejudiciais, já que há coisas na vida que é preciso evitar ou que, pelo menos, demandam muita cautela. Porém, para o bem ou para o mal, as pessoas do Tipo Sete em geral têm de aprender as coisas por experiência própria.

> **TÉDIO, ESSA PALAVRA TEMIDA**
>
> Analise aquilo que está chamando de tédio. Como você o sente em seu próprio corpo? Como você descreveria a sensação de tédio? Depois que conseguir identificá-lo, procure determinar quais as lembranças e associações que lhe provoca.

A Falta de Discriminação e o Excesso de Atividades

Para os representantes típicos do Tipo Sete, é muito fácil perder a noção das prioridades: eles estão em atividade constante e, muitas vezes, exagerada. Independentemente da situação financeira, essas pessoas tendem a desperdiçar dinheiro: é comum que vivam à grande, seja morando numa metrópole com farta oferta de lazer e conveniências, ou numa cidadezinha do interior, na qual tenham de conformar-se com as poucas lojas e diversões locais. Se não conseguirem sair dela, essas pessoas podem passar o dia inteiro fumando e vendo TV, falando ao telefone, visitando amigos ou batendo papo no bar da praça.

O exagero também se aplica a idéias, pois quando se entusiasmam com alguma coisa, vão até às últimas conseqüências. Mas o contrário também é verdade: à medida que se tornam menos saudáveis, elas

"Por que não encontro ninguém que consiga manter o mesmo ritmo que eu?"

perdem a concentração e a capacidade de levar as coisas a cabo, deixando atrás de si muitas coisas começadas e não terminadas. O fato de que muitas de suas boas (e às vezes brilhantes) idéias jamais se realizam se torna mais uma fonte de frustração para elas. Se não lidarem com as ansiedades ocultas que as levam a fugir de si mesmas, acabarão por jogar fora suas melhores inspirações e oportunidades.

Sua agilidade de raciocínio e sua eloqüência podem degenerar em superficialidade e lábia, muito embora elas pensem que isso é o mesmo que capacidade de improvisar. Na faixa média, essas pessoas tendem a considerar-se verdadeiros sabe-tudo – o que, às vezes, as mete em encrencas que, depois, tentam resolver na base da "enrolação".

> **PROGRAMAS REALISTAS**
>
> Durante alguns dias, tome nota de quanto tempo leva para fazer as coisas: quanto demora para ir ao trabalho, fazer compras, ver um amigo etc. Compare o resultado ao programa que havia feito inicialmente. É possível cortar uma ou duas atividades por dia para ganhar um pouco de tempo para respirar e para conseguir desfrutar plenamente das atividades que se comprometeu a fazer?

Como Evitar a Ansiedade e os Sentimentos Penosos

> "O homem que não se satisfaz consigo mesmo procurará em vão pela satisfação em outras coisas."
>
> LA ROCHEFOUCAULD

Da mesma forma que, em tempo de guerra, um inimigo pode bloquear sinais de rádio transmitindo um sinal mais forte, as pessoas do Tipo Sete "bloqueiam" sua própria percepção da dor, tristeza e privação mantendo a mente constantemente ocupada com possibilidades novas e interessantes. Porém isso não quer dizer que elas não sofram, sintam dor ou tenham depressão – a percepção de seu próprio sofrimento no fim vence suas defesas. Mas tão logo possam, essas pessoas tocam o barco para a frente. De forma semelhante, tornam-se peritas em usar a mente ágil para reenquadrar as suas experiências, sempre descobrindo uma maneira de ressaltar o que elas têm de positivo e desviar os sentimentos mais profundos, mesmo no caso de grandes tragédias.

Jessie, uma terapeuta que personifica várias das exuberantes qualidades do Tipo Sete, relembra o reenquadramento de uma grande perda que sofreu:

> Quando eu tinha 11 anos, meu pai morreu subitamente de infarto do miocárdio. Lembro-me de haver pensado: "Quais são as minhas opções? Qual a melhor coisa que posso fazer agora? Minha mãe está em choque, com idéias suicidas, e minha irmã menor está atuando. Eu vou crescer". Decidi ser o mais alegre, animada e útil que pudesse. Não se deve perder tempo sofrendo. Essa é a minha única maneira de ser livre – livre da depressão e do desespero.

> **ENTRANDO EM CONTATO COM OS SENTIMENTOS MAIS PROFUNDOS**
>
> Como tarefa de Trabalho Interior, pare um instante e vivencie mais profundamente seus próprios sentimentos. Pense em uma pessoa ou situação que lhe provoque sentimentos fortes até que estes comecem a surgir. Observe o que acontece e verifique por quanto tempo consegue concentrar-se no que sente. Ao perceber que sua atenção mudou de rumo, procure identificar o que o impediu de continuar pensando no que sentia. O que o levou a distrair-se?

Frustração, Impaciência e Egocentrismo

As pessoas do Tipo Sete podem ser extremamente exigentes: quanto mais ansiosas, mais impacientes com os outros e consigo mesmas. Nada acontece rápido o bastante. Nada lhes satisfaz as necessidades. Sem dar-se conta, elas podem seguir pela vida afora projetando em todas as suas experiências uma sensação subjacente de frustração.

"Quero e quero já!"

Além disso, podem tornar-se profundamente frustradas e impacientes consigo mesmas. Essas pessoas podem conseguir evitar enfrentar o próprio sofrimento, mas são geralmente alertas demais para não perceber que estão desperdiçando seus recursos e talentos. Muitas de suas idéias aproveitáveis ficam na gaveta porque elas se tornam impacientes demais consigo mesmas para deixar que seus projetos cheguem à fase final.

Essa frustração subjacente as torna altamente intolerantes diante dos defeitos alheios, além de incapazes de suportar as expectativas, não só as que os outros criam em relação a elas como também a incapacidade deles de atender às expectativas *delas*. Sua impaciência pode também manifestar-se pela exasperação e por uma atitude ferina e desdenhosa.

Velma, a consultora de mercado, continua:

> Quando eu era criança, gostava de ficar conversando com mamãe na cama dela. Ela me fazia umas gracinhas e depois tentava livrar-se de mim. Dizia-me que eu não tinha problemas. Ela esperava que eu continuasse a ser a mesma garotinha alegre de sempre. Comecei a sentir desdém por minha mãe e hoje me pego fazendo o mesmo com todos aqueles com quem não tenho paciência.

Dentre os três tipos cuja base é a frustração (Quatro, Um e Sete), este é o que expressa mais abertamente seu desprazer, pois é também um tipo assertivo. Seus representantes são capazes de manifestar diretamente a frustração e a infelicidade com relação a tudo que não lhes agrada. O pensamento subconsciente que está por trás dessa atitude é: "Se eu tiver um ataque de raiva, conseguirei fazer a mamãe cuidar de mim". Atuando de maneira tão exigente, eles geralmente conseguem o que querem.

A impaciência das pessoas do Tipo Sete é vivenciada pelos outros como egocentrismo desenfreado. Embora elas gostem de chamar a atenção, não o fazem porque querem ser estimadas e admiradas, uma motivação narcisista característica dos tipos pertencentes à Tríade do Sentimento. Com efeito, em certas situações, essas pessoas não se incomodam de parecer bobas se isso mantiver a energia fluindo e impedir que se vejam diante de sua ansiedade. As pessoas do Tipo Três, por exemplo, jamais mostrariam suas fraquezas e imperfeições da maneira que tantas vezes fazem as do Tipo Sete.

> **DESCOBRINDO A FRUSTRAÇÃO**
>
> Observe como a energia da frustração age sobre você. Ao perceber que está frustrado, pare e respire fundo algumas vezes. Como é a verdadeira sensação de frustração? O que acontece quando você a vivencia, em vez de atuá-la?

Impulsividade e Falta de Sensibilidade

"Não é problema meu."

Já que manter o *momentum* é um de seus valores elementares, as pessoas do Tipo Sete podem adotar uma abordagem do tipo "acertar um golpe e fugir", o que deixa os outros magoados e confusos. Para manter-se em movimento, essas pessoas suprimem a culpa e o remorso por seus atos. Embora em geral não queiram magoar ninguém, suas defesas dificultam-lhe reconhecer o sofrimento que provocam – ou até percebê-lo.

Para evitar a ansiedade, essas pessoas tornam-se também cada vez mais impulsivas. A constante busca de estímulos – por meio do abuso de álcool, alimentos prejudiciais e cigarros ou simplesmente da pressão que se impõem – poderá causar-lhes graves problemas físicos. Em seus piores momentos, essas pessoas podem recorrer à agressão verbal, mostrando-se excessivamente exigentes, prepotentes e cruéis.

Devon fala com franqueza sobre sua forma de lidar com os problemas:

> Algumas vezes, expulsei as pessoas da minha vida sem aviso prévio. Num dia, elas pensavam que viveríamos felizes para sempre e, no dia seguinte, eu estava dizendo adeus. Na época, não senti remorso nenhum. Elas simplesmente me haviam obrigado a deixá-las. Hoje me sinto muito mal por ter tido tão pouca consideração por seus sentimentos, mas o principal era que, se eu tivesse de sofrer, não acreditava que seria capaz de sobreviver ao sofrimento. Então eu fugia dele e saía em busca de novo prazer em outro lugar. Você podia apostar que, se eu estivesse deprimida, me levantaria, poria meu melhor vestido, saltos altos e sairia para dançar.

> **LIMPANDO A BAGUNÇA**
>
> Pessoas que conhecem você sabem que você não tem a intenção de magoá-las, embora possa tê-lo feito inadvertidamente, em períodos mais carregados de *stress*.
>
> Quando for apropriado, converse com um amigo ou uma pessoa querida a quem possa ter magoado. Peça-lhe antes permissão para conversar e, depois que tiver se desculpado, ouça o que ele ou ela tem a lhe dizer. Compartilhe com essa pessoa seus sentimentos sobre quaisquer aspectos que continuam irresolvidos. Isso talvez não seja fácil para você, mas aliviar assim a situação pode reduzir muito sua própria mágoa e ansiedade – bem como sua necessidade de sufocá-las debaixo de um excesso de atividades.

Escapismo, Excessos e Vícios

Os representantes típicos do Tipo Sete vêem-se como pessoas espontâneas que apreciam as diversões e adotam a filosofia de viver para o momento presente. Porém, eles nem sempre se apercebem do quanto essa atitude pode esconder uma abordagem cada vez mais escapista da vida. A depender do quanto se deixem levar por medos e ansiedades, não serão tão livres e espontâneos quanto imaginam. Assim, podem ir impulsiva e cegamente em busca de tudo aquilo que lhes prometer satisfação imediata sem considerar o quanto isso pode lhes custar. Sua filosofia é: "Desfrute agora e pague depois".

"O que quer que leve você durante a noite."

Essas pessoas podem achar excitantes mesmo as experiências mais negativas e penosas, pois elas servem de máscara a um sofrimento ainda mais profundo. O sofrimento do alcoolismo ou do vício em drogas, por exemplo, é algo terrível. Mas, para os representantes deste tipo que se encontrarem em processo de degradação, é um sofrimento preferível ao que sobreviria do pânico e do pesar mais profundos.

As pessoas do Tipo Sete estão presas a um ciclo de antecipação, desejo ardente e excesso que chamamos de *síndrome do chocolate*. Uma das coisas mais deliciosas que há quando se ganha uma caixa de chocolates finos é a antecipação da primeira mordida. Para as pessoas deste tipo é assim: não conta tanto a experiência em si; *o que mais as estimula é a prelibação dessa experiência*. E, como sabe todo mundo (menos as pessoas do Tipo Sete), um prazer levado a extremos pode tornar-se rapidamente uma fonte de desprazer. Depois de comer vários chocolates, começamos a sentir o oposto do prazer: repugnância e dor.

No caso dessas pessoas, a busca da gratificação pode assumir um caráter de vício: elas passam a exigir doses cada vez maiores de tudo aquilo que lhes agrada para manter-se estimuladas e eufóricas. Até o perigo pode começar a não provocar reação.

Tara fala com franqueza sobre seu passado nesse aspecto:

> Evitar as coisas gera ansiedade. E, à medida que a intensidade vai se tornando intolerável, a necessidade de distração se torna cada vez maior. A dis-

tração precisa ser "maior" que a ansiedade para reprimi-la. Acho que foi por isso que tantas vezes perdi o controle na vida. Em vez de render-me ao medo e ao sofrimento, eu fugia deles. Evitava-os a qualquer preço até que ficou impossível continuar fugindo. Eu poderia ter morrido de *overdose* ou de acidente de trânsito, dirigindo sempre a 220km/h.

AVALIANDO SEU GRAU DE PERSISTÊNCIA

Faça duas listas em seu Diário do Trabalho Interior: na primeira, coloque os principais projetos que você iniciou e não conseguiu terminar; na segunda, cite os que você de fato levou a cabo. Você é capaz de distinguir um padrão em cada uma das listas? O que o entusiasma mais: ter novos planos e possibilidades ou acompanhar o processo e sua finalização? Até que ponto você é "viciado" na movimentação, em detrimento de realizar de fato algo importante para si mesmo? Atrás de que você acha que tem corrido até agora – e de que tem corrido?

REAÇÃO AO *STRESS*:
O TIPO SETE
PASSA AO UM

▲

Quando o *stress* aumenta, as pessoas do Tipo Sete se dão conta de que precisam concentrar as energias se quiserem realizar seus planos. Assim, como os representantes típicos do Tipo Um, elas começam a sentir que precisam restringir-se: passam a trabalhar com mais afinco, achando que podem resolver tudo sozinhas, e a tentar impor limites ao seu próprio comportamento. Com efeito, obrigam-se a permanecer nos eixos, apesar de logo se frustrarem com seus limites e estruturas. Daí, podem tornar-se mais inquietas e dispersivas ou mais rígidas e autocontroladas, quando sua habitual vivacidade pode dar lugar a uma seriedade implacável.

Também como os representantes do Tipo Um, quando estressadas, essas pessoas tentam educar os outros – sugerindo desde um bom livro ou curso a um bom lugar para fazer compras, passando por um determinado ponto de vista político ou espiritual. O entusiasmo por suas próprias opiniões pode rapidamente transformar-se numa tendência a debater ou criticar as dos demais. Assim, elas acabam tornando-se extremamente impacientes com o mínimo indício de incompetência, em si ou nos outros. Em situações de muito *stress*, a raiva e o ressentimento vêm à tona, levando-as a dar vazão à frustração mediante a busca de defeitos em tudo e de repreendas e comentários sarcasticamente cruéis.

A BANDEIRA VERMELHA:
PROBLEMAS PARA O
TIPO SETE

Se estiverem submetidas a *stress* por períodos prolongados, tiverem sofrido uma crise grave sem contar com apoio adequado ou sem outros recursos com que enfrentá-la, ou se tiverem sido vítimas constantes de violência e outros abusos na infância, as pessoas do Tipo Sete poderão cruzar o ponto de choque e mergulhar nos aspectos não-saudáveis de seu tipo. Por menos que queiram, isso poderá forçá-las a admitir que sua vida lhes está fugindo ao controle e que seus atos e opções na verdade lhes trazem mais sofrimento.

Se reconhecerem a verdade desses medos, elas poderão, por um lado, mudar sua vida e dar o primeiro passo rumo à saúde e à libertação. Por outro, poderão tornar-se ainda mais dispersivas, impulsivas e maníacas, envolvendo-se desesperadamente em riscos para evitar o sofrimento a qualquer custo. ("Vale qualquer coisa para chegar ao dia seguinte.") Se persistirem nessa atitude, essas pessoas se arriscam a ultrapassar a linha divisória que as separa dos Níveis não-saudáveis. Se seu comportamento ou o de alguém que você conhece se enquadrarem no que descrevem as advertências abaixo por um período longo – acima de duas ou três semanas, digamos –, é mais do que recomendável buscar aconselhamento, terapia ou algum outro tipo de apoio.

ADVERTÊNCIAS POTENCIAL PATOLÓGICO: Distúrbios Maníaco-Depressivos, Personalidade Fronteiriça, elementos do Distúrbio Histriônico de Personalidade, Distúrbios Obsessivo-Compulsivos, abuso de drogas.	➤ Dispersão extrema e tentativas de fuga da ansiedade ➤ Vícios crônicos graves e debilitantes ➤ Impulsividade, agressividade e reações infantis ➤ Atividades compulsivas e humor eufórico ➤ Períodos de perda de controle ➤ Mania, depressão e extrema instabilidade de humor ➤ Períodos de pânico e terror paralisante

➤ Quando se sentir mentalmente agitado, pare um instante e respire fundo para saber o que realmente está acontecendo com você. Observe especialmente se está inquieto ou sente medo por causa de alguma coisa e tente perceber como a velocidade de seus pensamentos o afasta do contato com esses sentimentos.

PRÁTICAS QUE CONTRIBUEM PARA O DESENVOLVIMENTO DO TIPO SETE

▲

Quando percebe que a mente dispara e começa a fazer associações livres, é uma boa hora de perguntar-se o que de fato está acontecendo. Na maioria das vezes, você estará mascarando algum tipo de ansiedade. A palavra *chato* é uma boa dica: sempre que recear "chatear-se", pare para descobrir o que está evitando.

➤ Seu problema não é tanto ignorar os sentimentos negativos quanto assimilá-los *de forma incompleta*. Você os percebe mais ou menos bem, mas quer logo passar por cima deles. Permitir que as coisas realmente o afetem, que tenham impacto sobre você num nível mais profundo, não é o mesmo que atolar-se em negativismo. Pelo contrário, se deixar que os fatos – mesmo os que magoam – o toquem profundamente, estará enriquecendo sua própria experiência e tornando sua alegria mais verdadeira e significativa. Observe como os sentimentos se expressam em seu corpo. Como é a sensação da tristeza? Onde você a situa – no estômago, no peito ou no rosto? E a voracidade? Identificar um sentimento – dizer a si mesmo: "Estou triste" ou "Estou alegre" – já é um começo, mas não é o mesmo que o vivenciar plenamente e deixar-se afetar por ele.

➤ Aprenda a detectar sua impaciência e descobrir de onde ela vem. Como representante de seu tipo, você pode ficar muito impaciente com o ritmo e o nível de energia dos outros, mas também consigo mesmo. Como tem talento para muitas áreas, tende a não cultivar plenamente nenhuma. Você é injusto consigo próprio pela impaciência não só em relação a si mesmo como também ao processo de aprendizagem e aquisição de uma técnica ou habilidade. Cuidado também com a síndrome do *"expert* instantâneo". A noção básica de um tema ou uma certa destreza, juntamente com seu charme e fanfarronada, certamente podem abrir-lhe portas. Mas se você não souber do que está falando, se não tiver feito o dever de casa, se deixar as idéias alinhavadas, os outros logo se darão conta, e sua reputação – malgrado todos os seus dotes – sofrerá. As pessoas do Tipo Sete detestam ser tachadas de superficiais, mas a culpa é de sua impaciência se os outros o vêem assim. Esforce-se para cultivar seus talentos.

➤ Descubra a alegria das coisas simples. Como as pessoas do Tipo Quatro, você tende a amplificar a realidade – gosta que as coisas sejam extraordinárias, fabulosas e excitantes. Porém o fantástico é que, quando estamos presentes, *todas as nossas experiências são extraordinárias*. Arrumar o quarto ou chupar uma laranja podem ser experiências altamente gratificantes quando se está 100% nelas. Cada instante é uma fonte única de prazer e assombro. O medo da privação e o desejo de divertir-se o impedem de encontrar a satisfação que busca. Pense nos momentos mais plenos e gratificantes que já viveu – o nascimento de um filho, o casamento, um piquenique com colegas de faculdade, um pôr-do-sol perfeito. O que os torna tão satisfatórios? Observe que, embora possam não dar ensejo a grandes relatos, esses momentos possuem outra coisa que os torna gratificantes. Na medida em que conseguir descobrir o que é, sua vida mudará.

➤ A meditação pode ajudar muito as pessoas do Tipo Sete, em especial por tranqüilizar a mente. Se começar a meditar, logo perceberá a intensidade de sua tagarelice mental. O esforço para relaxar e identificar-se mais com sua presença no momento será grande. Além disso, observe como você *termina* a meditação. As pessoas de seu tipo costumam sair da meditação aos tombos, como se a personalidade não pudesse esperar nem dois segundos para voltar à agitação. Conscientize-se de estar finalizando a sessão e tente levar a tranqüilidade interior a tudo que fizer. A meditação de pouco valerá para transformar-nos se estiver restringida aos poucos minutos diários que reservamos à nossa vida interior.

➤ Você de fato tende a ser mais alegre e exuberante que a maioria das pessoas. Observe o que acontece quando você consegue compartilhar isso sem fazer pressão e sem "demonstrá-lo". Você será mais eficiente e profundo quando estiver centrado e seguro – em tais ocasiões, sua alegria será evidente e a todos afetará. Além disso, se for autêntica, não precisará "levantar a galera" e não poderá ser diminuída nem perdida se os outros não reagirem a ela.

Mesmo na faixa média, as pessoas do Tipo Sete tendem a ser criativas. Mas, quando são mais centradas e equilibradas, elas podem ser brilhantes, polivalentes, capazes de sintetizar as várias áreas que dominam. Graças às suas diversas habilidades e interesses, a seu prazer no trabalho e a sua extroversão, essas pessoas muitas vezes obtêm sucesso.

REFORÇANDO OS PONTOS FORTES DO TIPO SETE

▲

Como costumam dizer elas mesmas, são pessoas que têm os pés no chão. Não são fantasistas nem ociosas – são ligadas à realidade e à vida prática. Elas entendem que precisam ser realistas, produtivas e trabalhadoras se quiserem obter os meios financeiros para realizar seus muitos sonhos.

Assim, os representantes saudáveis do Tipo Sete não se conformam em simplesmente consumir o trabalho alheio, seja ele um hambúrguer ou a roupa de um estilista. Eles sabem que seu maior prazer na vida vem de *contribuir* com alguma coisa para o mundo e, por isso, prefeririam desenhar um vestido a comprá-lo, fazer um filme a assistir o de outrem – afinal, assim poderiam fazê-los exatamente do jeito que querem.

Uma maneira construtiva de abordar sua versatilidade e seu desejo de diferentes experiências está em cumprir várias tarefas ao mesmo tempo. Dessa forma, essas pessoas conseguem satisfazer o gosto pela variedade, fazer uso de diversas habilidades e, ao mesmo tempo, ver como estas se relacionam. Essa técnica costuma agradar muito às pessoas do Tipo Sete e, contanto que se estabeleçam limites e prioridades, em geral atinge excelentes resultados.

"O mundo é a minha casa."

Além disso, elas têm o dom de gerar idéias rápida e espontaneamente. São pessoas com visão de conjunto que gostam de dar o pontapé inicial nos projetos e se sobressaem na descoberta de soluções originais para os problemas. Sua mente quase transborda de conceitos e possibilidades criativas, o que as habilita a considerar opções que os outros poderiam nem perceber. Quando saudáveis, elas são capazes também de manter a disciplina necessária à concretização de suas idéias.

Talvez o maior dom das pessoas do Tipo Sete seja a capacidade de manter a visão positiva e a certeza da abundância. Quando essa visão é temperada pelo realismo e pela disposição de enfrentar os sentimentos mais difíceis, elas demonstram um entusiasmo contagiante, qualquer que seja a situação. Longe de ser tímidas, elas vivem a vida plenamente e convidam todos a fazer o mesmo. ("Só se vive uma vez.") Além disso, sua abertura a novas experiências pode muito bem torná-las cultas e bem-informadas. São pessoas que de fato se sentem em casa no mundo e gostam de compartilhar as riquezas que descobrem em suas incursões.

Tara continua:

> A vida é um grande parque de diversões. Tudo é interessante. A vida me desperta uma espécie de alegria e curiosidade espontâneas. Sinto-me amparada pelo universo, como se tivesse a certeza de que tudo vai dar certo. Mesmo quando as coisas estão pretas, algo dentro de mim sempre acredita que

no fim tudo vai dar certo. O mundo às vezes é mau, é terrível, mas acho que não me é pessoalmente hostil. Graças a essa sensação de segurança, sou mais curiosa e estou mais disposta a abrir-me para as coisas.

O CAMINHO DA INTEGRAÇÃO: O TIPO SETE PASSA AO CINCO

▲

As pessoas do Tipo Sete concretizam seu potencial e se mantêm na faixa saudável quando aprendem a desacelerar a sua mente rápida para que suas impressões possam afetá-las mais profundamente, como as que estão na faixa saudável do Tipo Cinco. Quando rumam à integração, não mais viciadas em distrações e experiências extraordinárias, elas conseguem conviver com o fruto de sua observação o bastante para descobrir as coisas mais incríveis a respeito do ambiente em que vivem e de si mesmas. Isso não só lhes dá a orientação que buscam, mas também enriquece sua produtividade e criatividade. Além disso, tudo aquilo que produzem ganha mais ressonância e significação para os outros.

Cultivando mais a tranqüilidade e a concentração, as pessoas do Tipo Sete estabelecem um maior contato com sua própria orientação Essencial. Assim, tornam-se capazes de reconhecer quais as experiências que realmente terão valor para elas. Não mais sujeitas à ansiedade de fazer opções erradas e deixar de seguir o melhor rumo, elas simplesmente *sabem* o que fazer. A exploração mais profunda da realidade não faz aqueles que estão em processo de integração perderem a espontaneidade ou o entusiasmo – pelo contrário, torna-os mais livres para saborear cada momento.

Todavia, a imitação das características típicas do Tipo Cinco não ajudará muito as pessoas do Tipo Sete. O excesso de pensamentos, o distanciamento emocional e a ansiedade para lidar com as necessidades alheias só servirão para exacerbar o circo que é o cérebro dessas pessoas. A tentativa de obrigar-se a se concentrar tampouco terá resultados, pois se baseia na repressão. Porém, à medida que conseguirem tranqüilizar a mente e tolerar a ansiedade, elas gradual e naturalmente aprenderão a abrir-se para a lucidez, a inovação, a percepção e a sabedoria dos representantes saudáveis do Tipo Cinco.

A TRANSFORMAÇÃO DA PERSONALIDADE EM ESSÊNCIA

▲

Se há uma coisa que as pessoas do Tipo Sete precisam entender é que, enquanto estiverem perseguindo diretamente a felicidade e a satisfação, jamais as obterão. A realização não decorre de "obter" nada: é um estado que surge quando permitimos que a riqueza do momento presente nos toque. Quando compreenderem isso e conseguirem deixar de lado as condições que impõem à sua própria felicidade, elas verão o desabrochar de uma vastidão interior e, com ela, o do simples prazer de existir. Compreenderão então que o próprio Ser, pura existência, é prazeroso. Assim, passarão a apreciar profundamente a própria vida.

Após anos de trabalho interior, Tara descobriu isso por si só:

> Comecei a compreender que a vida nem sempre é diversão. Redefini o que é divertido e o que não é e percebi que essas idéias geralmente são falsas. Muito do que eu não julgava divertido – como lavar pratos – na verdade está bem; não é diferente nem pior do que outras atividades que eu considerava divertidas.

Certamente não há nada de errado em pensar no futuro, mas, no caso do Tipo Sete, isso se torna um dos principais meios de perder o contato com a Presença. A parte mais difícil de seu processo de transformação recai na capacidade de permanecer em contato com a realidade presente.

> "A gratidão revela a plenitude da vida."
>
> MELODY BEATTIE

Isso se deve ao fato de que, estando mais despertos e presentes, nós acabamos por trazer à consciência o sofrimento e a privação, justamente as coisas de que fogem as pessoas do Tipo Sete. Nessas ocasiões, elas poderão lembrar-se de que o sofrimento que temem já ocorreu – e elas sobreviveram. Com o apoio da Presença, então, serão capazes de permanecer com esse sofrimento o suficiente para realmente metabolizá-lo. O pesar, como qualquer processo orgânico, tem um ciclo e requer um determinado período – não pode ser precipitado. Além disso, se não conseguirmos conviver com a tristeza, não conseguiremos conviver com a felicidade.

Quando esse trabalho chega ao fim, as pessoas do Tipo Sete conseguem satisfazer-se com muito pouco, pois percebem que sempre haverá o suficiente para elas e todos os demais. Talvez seu maior dom seja a *capacidade de ver o mundo espiritual no material* – perceber o Divino nas coisas mais comuns.

Jessie, a terapeuta que conhecemos anteriormente, conta-nos um momento em que essa capacidade lhe valeu muito:

> Quando meu enteado estava morrendo de AIDS, tomei-o nos braços e perguntei a mim mesma: "Qual é a melhor opção agora? O que de mais maravilhoso poderia ele viver neste momento?" Então o orientei em seu caminho para a paz e o alívio do outro lado. Gregory conseguiu libertar-se suavemente do aspecto físico da vida, sentiu que esta havia chegado ao fim e na verdade escolheu o momento de seu último suspiro. Tudo se havia completado, estava perfeito, e todos estávamos ali com ele.

A MANIFESTAÇÃO DA ESSÊNCIA

Os hindus dizem que Deus criou o universo como dança para poder gozar o prazer de ver refletida nele Sua própria criação. É essa sensação de maravilha e assombro diante da beleza da vida que está infundida nas pessoas do Tipo Sete.

> "A plenitude da alegria é ver Deus em tudo."
>
> JULIAN OF NORWICH

Desse ponto de vista Essencial, o Tipo Sete representa o *júbilo*, o estado finalmente destinado aos seres humanos. O júbilo é uma experiência que surge espontaneamente quando vivenciamos em nós o Ser – quando nos libertamos da tagarelice e dos projetos intermináveis da mente egóica. Do ponto de vista cristão, os seres humanos foram criados para ir ao Céu e gozar da Visão Beatífica – passar a eternidade contemplando Deus em suprema e completa felicidade. Assim, o *êxtase* é nosso estado por direito. Quando relembram essa verdade, as pessoas do Tipo Sete, vendo na alegria seu estado essencial, a personificam e difundem.

Jessie continua:

> Aprendi a recentrar-me por meio de momentos tranqüilos de contemplação e reflexão. Descobri todo um mundo dentro de mim. O espírito que eu sou é livre e me mostrou tanto com que regalar-me. Meu mundo interior transcende meus atos exteriores, mas também transborda e lhe dá cor. O júbilo que sinto às vezes borbulha e torna a vida um deleite. Sei que não preciso de muito e, no entanto, minha vida está cheia. Em meus melhores momentos, sou tomada pelo assombro e pela gratidão. Vivo o momento e tenho a certeza de que todas as minhas necessidades serão satisfeitas.

Acima de tudo, as pessoas do Tipo Sete percebem no mais profundo nível de consciência que a vida realmente é um dom. Uma das maiores lições que o Tipo Sete tem a dar é que não há nada de errado com a vida, nada de errado com o mundo material. Ela é uma dádiva do Criador. Se não esperássemos nada, seríamos tomados de júbilo e gratidão o tempo inteiro. Quando não exigimos nada da vida, tudo se torna uma dádiva Divina capaz de nos arrebatar em êxtase. Esta é a luta do Tipo Sete: lembrar qual a verdadeira fonte do júbilo e viver de acordo com essa verdade.

Some os pontos das quinze afirmações para o Tipo Sete. O resultado estará entre 15 e 75. As instruções ao lado o ajudarão a descobrir ou confirmar seu tipo de personalidade.

➤ 15   Você provavelmente não pertence a um dos tipos assertivos (Três, Sete e Oito).

➤ 15-30   Você provavelmente não pertence ao Tipo Sete.

➤ 30-45   É muito provável que você tenha problemas comuns ao Tipo Sete ou que um de seus pais seja do Tipo Sete.

➤ 45-60   É muito provável que você tenha algum componente do Tipo Sete.

➤ 60-75   É muito provável que você pertença ao Tipo Sete (mas ainda poderá pertencer a outro se tiver uma concepção demasiado limitada deste tipo).

As pessoas do Tipo Sete costumam identificar-se erroneamente como pertencentes ao Tipo Dois, Quatro ou Três. As dos Tipos Nove, Três e Dois costumam identificar-se erroneamente como pertencentes ao Tipo Sete.

CAPÍTULO 14

TIPO OITO: O DESAFIADOR

O LÍDER

O PROTETOR

O PROVEDOR

O EMPREENDEDOR

O INCONFORMISTA

O ROCHEDO

"Nasce daí esta questão debatida: se será melhor ser amado que temido ou vice-versa. Responder-se-á que se desejaria ser uma coisa e outra; mas como é difícil reunir ao mesmo tempo as qualidades que dão aqueles resultados, é muito mais seguro ser temido que amado, quando se tenha que optar por uma das duas."
MAQUIAVEL, O PRÍNCIPE

"Entrar numa guerra sem o desejo de vencer é fatal."
DOUGLAS MACARTHUR

"O poder não tem de se exibir. O poder é confiante e seguro, tem em si o início e o fim, sustenta-se e justifica-se. Quem o tem, sabe."
RALPH ELLISON

"O homem precisa criar um método para os conflitos humanos que repudie a vingança, a agressividade e a retaliação. A base desse método é o amor."
MARTIN LUTHER KING, JR.

O CTA RISO-HUDSON

Classificação Tipológica Segundo a Atitude

Classifique as afirmações ao lado conforme sua aplicabilidade com base na seguinte escala:

1 ..... *Nunca é verdadeira*

2 ..... *Raramente é verdadeira*

3 ..... *Em parte é verdadeira*

4 ..... *Geralmente é verdadeira*

5 ..... *Sempre é verdadeira*

Verifique a análise da pontuação na página 323.

_____ 1. Sou extremamente independente e não gosto de precisar de ninguém para as coisas realmente importantes.

_____ 2. Sou da opinião de que "é preciso quebrar alguns ovos quando se quer fazer uma omelete".

_____ 3. Quando gosto das pessoas, geralmente penso nelas como "minha gente" e acho que devo estar atento aos seus interesses.

_____ 4. Sei como conseguir as coisas – sei como recompensar e como pressionar as pessoas para que façam o que precisa ser feito.

_____ 5. Não tenho muita simpatia pelos fracos e vacilantes – a fraqueza sempre é um convite aos problemas.

_____ 6. Sou muito determinado e não sou de recuar nem desistir facilmente.

_____ 7. Nada me deixa mais orgulhoso que ver alguém que acolhi sob a minha asa conseguir vencer sozinho.

_____ 8. Tenho um lado terno, até um pouco sentimental, que demonstro para muito pouca gente.

_____ 9. As pessoas que me conhecem apreciam o fato de eu ser objetivo e dizer exatamente o que penso.

_____ 10. Tive de trabalhar muito para conseguir tudo que tenho – acho que batalhar é muito bom porque nos dá resistência e nos faz ter certeza do que queremos.

_____ 11. Vejo-me como um desafiador, alguém que faz as pessoas abandonarem a comodidade para dar o melhor de si.

_____ 12. Meu senso de humor é direto, às vezes até um pouco rude, embora eu ache que a maioria das pessoas é demasiado pudica e suscetível.

_____ 13. Meus acessos de raiva são monumentais, mas logo se dissipam.

_____ 14. Sinto-me mais vivo quando faço o que os outros julgam impossível: gosto de ir até o limite e ver se consigo desafiar as probabilidades.

_____ 15. A corda sempre tem de estourar de um lado – e eu não quero que seja do meu.

TIPO OITO DE PERSONALIDADE: O DESAFIADOR

O Tipo Forte e Dominador: Autoconfiante, Decidido, Obstinado e Provocador

Chamamos este tipo de personalidade de *o Desafiador* não só porque, dentre os nove do Eneagrama, ele é o que mais gosta de enfrentar pessoalmente desafios, mas também porque o Tipo Oito é o que mais proporciona às outras pessoas oportunidades que para elas representam um desafio a superar-se de alguma forma. Seus representantes são carismáticos e dotados dos requisitos físicos e psicológicos para persuadir os outros a acompanhá-los em qualquer coisa a que se dediquem – abrir uma empresa, reconstruir uma cidade, administrar o lar, declarar a guerra e declarar a paz.

▶ MEDO FUNDAMENTAL: O de ser magoado ou controlado; medo de ser invadido.

▶ DESEJO FUNDAMENTAL: Proteger-se; determinar o curso de sua própria vida.

▶ MENSAGEM DO SUPEREGO: "Você estará num bom caminho se for forte e conseguir dominar as situações."

Dotadas de imensa vitalidade e força de vontade, as pessoas do Tipo Oito não se sentem vivas quando não as utilizam. Elas aplicam-se com inesgotável energia a promover mudanças no ambiente em que vivem – um desejo de deixar nele a sua marca, mas também de impedir que este e os que nele se encontram possam causar algum prejuízo a seus entes queridos. Desde cedo, descobrem que isso exige força, determinação, persistência e muita resistência – qualidades que cultivam em si mesmas e buscam nos demais.

Thayer é uma corretora da bolsa de valores que se dedicou muito ao estudo do seu próprio tipo de personalidade. Aqui ela relembra um incidente da infância no qual esse padrão se evidencia claramente:

> Grande parte de minha resistência e tenacidade vem do meu pai. Ele sempre me dizia que jamais deixasse alguém me dar ordens. Chorar era errado. Aprendi muito cedo a dominar meu lado mais fraco. Aos 8 anos, durante um passeio, o cavalo que eu montava se desgovernou. Quando finalmente alguém conseguiu fazê-lo parar, eu apeei sem uma lágrima. Via-se sem sombra de dúvida o quanto meu pai estava orgulhoso de mim.

As pessoas do Tipo Oito não gostam de ser controladas e fazem de tudo para não deixar que ninguém as domine (seu Medo Fundamental), seja pelo poder psicológico, sexual, social ou financeiro. Muitas de suas atitudes decorrem do desejo de reter e aumentar ao máximo todo o poder que porventura possuam.

"Podemos tornar-nos derrotistas ou fortes. O trabalho é o mesmo."

CARLOS CASTAÑEDA

Não importa se são generais ou jardineiros, pequenos empresários ou magnatas, mães de família ou chefes de uma comunidade religiosa: ser quem manda e deixar sua marca no círculo em que vivem é sua maior característica.

Seus representantes constituem os verdadeiros "individualistas inquebrantáveis" do Eneagrama porque, mais que os de qualquer outro tipo, prezam a autonomia. Querendo ser independentes e não dever nada a ninguém, essas pessoas muitas vezes se recusam a ceder às convenções sociais, já que são capazes de passar por cima do medo, da vergonha e da preocupação que seus atos possam provocar. Embora geralmente saibam o que os outros pensam a seu respeito, não deixam que isso as influencie e cuidam da própria vida com determinação exemplar e, às vezes, intimidante.

"Sou o senhor do meu próprio destino."

Embora até certo ponto receiem as ameaças físicas, para as pessoas do Tipo Oito é muito mais importante o medo da impotência e do controle, seja este qual for. Dotadas de um extraordinário poder de resistência, elas são capazes de suportar sem queixas grandes provações físicas. Isso, porém, é uma faca de dois gumes, já que geralmente acabam negligenciando não só a própria saúde e o bem-estar como também os dos demais. No entanto, como têm um medo tremendo do sofrimento emocional, elas usam toda a força de que são dotadas para proteger os próprios sentimentos e manter os outros a uma distância segura do ponto de vista emocional. Todavia, por trás da armadura que criam para defender-se está a vulnerabilidade.

Assim, para ser tão diligentes como são, as pessoas do Tipo Oito pagam o preço da falta de contato emocional com muitos daqueles com quem convivem. Os mais próximos podem reagir a isso demonstrando uma insatisfação cada vez maior, o que as confunde. ("Não entendo por que minha família está reclamando. Eu dou duro para conseguir pagar as contas. Por que estão tão decepcionados comigo?")

Quando isso acontece, as pessoas do Tipo Oito julgam-se incompreendidas e podem tornar-se ainda mais distantes. Na verdade, por trás da fachada intocável, elas sentem-se muitas vezes magoadas e rejeitadas, embora raramente toquem no assunto, pois têm dificuldade de admitir sua vulnerabilidade até para si mesmas. Como receiam a rejeição (ser de alguma maneira humilhadas, criticadas, repreendidas ou magoadas), tentam defender-se rejeitando os outros primeiro. Com isso, os representantes típicos do Tipo Oito *bloqueiam sua capacidade de amar e relacionar-se*, já que o amor confere ao outro poderes sobre eles, redespertando seu Medo Fundamental.

Quanto mais investem no ego para proteger-se, mais sensíveis se mostram a qualquer desconsideração, real ou imaginária, ao seu amor-próprio, autoridade ou preeminência. E quanto mais procuram tornar-se impermeáveis aos sofrimentos e às mágoas, físicos ou emocionais, mais se fecham emocionalmente – e, assim, endurecem-se como verdadeiras rochas.

Quando são emocionalmente saudáveis, porém, as pessoas do Tipo Oito mostram-se mais abertas e confiantes nos próprios recursos. A estabilidade de sua força interior as faz tomar iniciativas e realizar coisas com uma grande paixão pela vida. Sua presença possui uma autoridade que impõe respeito, tornando-as líderes natas. Seu equilíbrio as dota de bom senso e capacidade de decisão em fartas doses.

Sabendo que nenhuma decisão pode agradar a todos, elas se dispõem a responsabilizar-se por suas opções. Além disso, na medida do possível, tentam ser imparciais na consideração dos interesses das pessoas sob sua responsabilidade, pois desejam construir um mundo melhor para todos.

O PADRÃO DA INFÂNCIA

A maioria das pessoas do Tipo Oito relata haver sentido desde muito cedo que precisava tornar-se "adulta". Muitas vezes, isso foi necessário devido a graves problemas no lar – a falta do pai, por exemplo, pode tê-las obrigado a ajudar no sustento da família. Além disso, elas podem ter sido forçadas a viver num ambiente perigoso (como o dos traficantes de drogas, gangues de rua etc.). Embora o problema possa ter sido outro, mesmo aqueles que cresceram em famílias relativamente normais acabaram tendo a necessidade de proteger seus sentimentos. Em resumo, as pessoas do Tipo Oito tendem a crescer rápido, e as questões relativas à *sobrevivência* adquirem para elas importância capital. É como se perguntassem: "Como posso, ao lado das poucas pessoas que me interessam, sobreviver neste mundo tão cruel e inóspito?"

> *Favor observar que o padrão da infância aqui descrito não provoca o tipo de personalidade. Em vez disso, ele descreve tendências observáveis na tenra infância que têm grande impacto sobre os relacionamentos que o tipo estabelece na vida adulta.*

Roseann recorda a pressão criada pelas condições de sua infância:

> À medida que eu ia crescendo, o fato de fazer testa a meu pai criou, por tabela, uma relação com minha mãe. Ela sempre queria que eu transmitisse a ele os pedidos relativos aos passeios da família, ir ao cinema, coisas assim: "Você pede a seu pai; se eu o fizer, ele dirá que não", era o que ela me dizia. Por um lado, eu me orgulhava de que ela achasse que eu era forte o bastante para lidar com ele. Mas, por outro, eu me ressentia porque, apesar do respeito que havia entre nós, eu sempre tive medo de meu pai. Afinal, era apenas uma menina. Mas eu sabia que não podia demonstrar e nem sequer admitir isso.

Ainda jovens, as pessoas do Tipo Oito começam a pensar que não é seguro ser meigo ou conciliador. Tais atitudes lhes parecem coisa de "fracos" e "inseguros" e só podem trazer rejeição, traição e dor. Por conseguinte, acham melhor não baixar a guarda – se tiver de haver carinho e afeto em sua vida, terá que ser por obra de alguma outra pessoa.

É comum as pessoas do Tipo Oito afirmarem haver lutado contra fortes sensações de rejeição ou traição quando eram crianças. Por serem curiosas e assertivas, entravam freqüentemente em "encrencas" que lhes valiam punições. Em vez de defender-se da rejeição distanciando-se ou mostrando-se indiferentes diante dos que os castigavam, elas pensavam: "Que vão para o inferno. Quem precisa deles? Ninguém manda em mim!" Como todo mundo, as pessoas do Tipo Oito naturalmente queriam ser amadas, mas quanto mais eram rejeitadas e tratadas como inconvenientes, mais seu coração se endurecia.

Arlene pertence a uma ordem religiosa e sempre apoiou e ajudou as pessoas de sua comunidade. Ela relembra um infeliz incidente da infância que contribuiu para fazer desabrochar suas defesas:

> Quando eu tinha dois anos e meio, minha irmã nasceu. Um dia, quando minha mãe estava deitada com ela, insisti em subir na cama, pois também queria ficar ao lado de minha mãe. Ela me disse várias vezes que pedisse à minha tia para pôr-me no colo, pois tinha medo que eu machucasse a minha irmã. Mas eu era teimosa e saía do colo da minha tia para voltar a tentar subir à cama. Minha mãe finalmente me pôs para fora da cama e, quando isso aconteceu, acho que pensei: "Vou dar o troco!" Depois, quando já estava maior, decidi que sairia de casa para um convento após completar a oitava série, mesmo que isso magoasse muito toda a família. Mas eu não pensei na vontade de meus pais e simplesmente o fiz.

Às vezes, as crianças do Tipo Oito aprendem a representar o papel do Bode Expiatório (Ovelha Negra ou Criança-problema). Segundo a teoria dos sistemas familiares, os "bodes expiatórios" sempre tornam explícitos os problemas da família, seja falando ou agindo. Quando adultas, elas tornam-se inconformistas, rebelando-se contra as restrições e contra o sistema sempre que podem.

Às vezes, a "decisão" de tornar-se tão dura quanto o ferro surge quando a criança *se sente traída por um dos pais* ou por um adulto importante para ela. Essa traição pode ser, por exemplo, a ida para um internato, para a casa de parentes ou a privação injusta de suas economias ou de algum objeto que para ela tenha valor. Além disso, pode ser a sujeição a maus-tratos ou abuso sexual. Porém, devido ao extremo desequilíbrio de poder entre ela e os que a tratam com injustiça, a criança pouco ou nada pode fazer, exceto tomar a decisão de jamais permitir que isso volte a ocorrer.

Kit é uma empresária bem-sucedida do ramo da moda. Aqui ela nos conta a memorável decisão que tomou quando era menina:

> A morte repentina de minha babá, uma mulher negra, quando eu tinha 7 anos, foi o estopim de uma importante decisão na minha vida. Sem que meus pais soubessem, ela me consolava e apoiava de várias formas quando eles me castigavam. Mas quando de repente ela morreu, eu me senti verdadeiramente só. Fiquei furiosa com eles por não me deixarem ir ao enterro, zangada com meus irmãos por causa de sua evidente indiferença e com raiva dela por me haver abandonado assim. No entanto, não derramei uma lágrima sequer. Resolvi que estaria mesmo sozinha e que não precisaria de ninguém.

As pessoas do Tipo Oito consideram a traição um elemento fundamental em sua vida porque ela marca a morte de sua bondade e inocência. Ao serem traídas por alguém importante no que possuem de mais íntimo, elas decidem que jamais se permitirão ser inocentes e vulneráveis de novo, jamais baixarão a guarda. Durante algum tempo, podem secretamente lamentar a perda dessa inocência, mas por fim aceitam que isso é o que devem fazer para enfrentar os desafios da vida. A depender do mal que lhes houver causado o ambiente da infância e da juventude, elas podem tornar-se tão implacáveis consigo mesmas como o são com os outros. Depois de enterrado o coração, até a dor da inocência perdida pode ser esquecida.

TIPO OITO COM ASA SETE: O INDEPENDENTE

Faixa saudável Dotadas de mente ágil e de visão das possibilidades concretas, as pessoas deste subtipo geralmente são carismáticas o bastante para angariar apoio e adesão aos seus projetos. Elas pautam-se pela ação e querem deixar sua marca no mundo. Além disso, essas pessoas conseguem desafiar os outros a superar-se para melhorar a própria vida de alguma maneira concreta. Este subtipo é o mais independente, buscando a auto-suficiência em tudo o que faz.

Faixa média As pessoas deste subtipo são defensoras dos riscos e da aventura; tendem a nutrir "grandes planos" e a fazer grandes promessas, exagerando seus potenciais para recrutar o apoio dos outros. Além disso, estão entre as mais sociáveis de seu tipo, mostrando-se muito falantes, extrovertidas e autoconfiantes. São pessoas práticas, pragmáticas e competitivas que não se preocupam muito em agradar os outros nem em tolerar o que julgam ser fraqueza ou ineficiência. Elas podem tornar-se impacientes e impulsivas, deixando-se levar pelos sentimentos mais que as do outro subtipo. Sendo mais abertamente agressivas e provocadoras, tendem menos a fugir das brigas.

OS SUBTIPOS CONFORME
AS ASAS

Exemplos

Franklin D. Roosevelt
Mikhail Gorbachev
Donald Trump
Barbara Walters
Don Imus
Frank Sinatra
Courtney Love
Susan Sarandon
Bette Davis
Joan Crawford

TIPO OITO COM ASA NOVE: O URSO

Faixa saudável As pessoas deste subtipo aliam a força, a autoconfiança e a determinação ao equilíbrio e a um certo relaxamento. São mais constantes na busca dos próprios objetivos e menos agressivas e perturbáveis que os demais representantes do Tipo Oito. Além disso, são mais carinhosas e voltadas para a família, de-

Exemplos

Martin Luther King, Jr.
Golda Meir
Toni Morrison
John Wayne
Sean Connery
Sigourney Weaver
Paul Newman
Indira Gandhi
Glenn Close
Norman Mailer

mostrando poder e liderança pelo desejo de proteção. Há em sua constituição menos lugar para "astúcias": elas querem ser independentes, mas à sua maneira. A capacidade de confortar e tranqüilizar os outros aumenta sua capacidade de liderança.

Faixa média Essas pessoas parecem dotadas de natureza dupla, manifestando-se de maneiras distintas em diferentes áreas da vida. Assim, podem ser muito carinhosas em casa, mas extremamente agressivas e determinadas no trabalho, por exemplo. Elas gostam de viver com discrição e tranqüilidade, preferindo agir nos bastidores. Além disso, tendem a falar devagar e a prestar muita atenção às mensagens não-verbais e à linguagem corporal das pessoas, mostrando-se afáveis, mas tomando nota de todos os detalhes. Estrategistas e observadoras, elas praticamente convidam os outros a subestimá-las. As pessoas deste subtipo são às vezes teimosas, impassíveis e veladamente ameaçadoras. Quando perdem a cabeça, a explosão é repentina e violenta, mas termina rápido.

O INSTINTO DE AUTOPRESERVAÇÃO NO TIPO OITO

AS VARIANTES
INSTINTIVAS

O Sobrevivente. Os típicos Autopreservacionistas do Tipo Oito são os que mais prezam a sensatez. No intuito de ter dinheiro e poder suficientes para garantir seu bem-estar e o de seus entes queridos, concentram-se nas questões práticas e no "ganha-pão". Amantes da privacidade do lar, são eles os mais domésticos dentre os representantes de seu tipo. Porém, independentemente de serem homens ou mulheres, essas pessoas fazem questão de ser quem "veste as calças". Elas tendem a ser mais materialistas que os representantes das outras duas Variantes Instintivas: desejam o dinheiro pelo poder que confere, mas também gostam de adquirir bens (como carros ou imóveis) que simbolizem seu destaque e importância. São também as que mais tendem a viciar-se no trabalho, podendo ter vários empregos ou trabalhar longas horas para conseguir uma renda que lhes dê satisfação e proteção.

Os Autopreservacionistas do Tipo Oito tendem a preocupar-se em proteger suas posses e investimentos. Com efeito, inclusive no lar, são em geral extremamente zelosos de seu território. ("Ninguém entra na garagem sem *minha* permissão!") Sentem-se seguros quando sabem onde estão suas coisas e têm certeza de que elas estão a salvo. Portanto, estão sempre certificando-se de que suas finanças, sua posição pessoal e profissional e suas posses não correm nenhum risco.

Na faixa não-saudável, os Autopreservacionistas do Tipo Oito podem revelar-se tiranos e até ladrões, justificando seu comportamento destrutivo com a alegação de estar contribuindo para tornar os outros "mais fortes". Afinal, o mundo é uma selva. No mínimo, eles vêem razão em seu egoísmo e procuram satisfazer suas necessidades – geralmente financeiras e sexuais – sem a mínima consideração pelos sentimentos alheios. Não hesitam em atacar e fragilizar as pessoas para proteger os próprios interesses e garantir que ninguém venha a ameaçar sua segurança material.

O INSTINTO SOCIAL NO TIPO OITO

Entusiasmo e Camaradagem. A intensidade do Instinto Social se manifesta no Tipo Oito por fortes laços que seus representantes criam com as pessoas. A honra e a confiança são muito importantes para eles, que gostam de testar os amigos e fazer pactos com aqueles que se mostram confiáveis, criando assim sólidas amizades. A sensação de inadequação e rejeição é minorada quando se cercam de amigos seguros que os aceitam como são. (Nem todos são aceitos em seu círculo mais íntimo, mas, para os que passam no teste demonstrando lealdade e firmeza, o céu é o limite.) As noitadas, excursões de fim de semana e recepções para os amigos são a maneira de relaxar que mais agrada às pessoas desta Variante Instintiva, as quais fazem qualquer coisa pelos seus poucos eleitos. Elas gostam de promover reuniões sociais, comer e beber com os amigos e compartilhar aventuras com "gente boa". Além disso, gostam de debater – o mais acaloradamente possível – questões como política, esporte ou religião.

Nos Níveis inferiores, os representantes Sociais do Tipo Oito correm o risco de negligenciar os amigos ou rejeitá-los após qualquer desavença. Sentem-se traídos com facilidade e tendem a guardar rancor por mais tempo que a maioria das pessoas. Quando banem alguém de seu círculo mais íntimo, dificilmente o deixam aproximar-se de novo, preferindo mantê-lo para sempre "na geladeira". Além disso, seu pendor para criar histórias pode degenerar em flagrantes exageros: tornam-se tratantes e enroladores, cheios de encanto e promessas, mas pouco dispostos a realmente ajudar as pessoas.

Na faixa não-saudável, devido à sensação de rejeição e traição, essas pessoas podem tornar-se solitárias e extremamente anti-sociais. Tornam-se irresponsáveis e autodestrutivas, além de particularmente propensas ao abuso de drogas. A mistura entre a raiva e as drogas poderá destruir rapidamente tudo que há de bom em sua vida. Uma vez nesse estado, essas pessoas mostram-se incapazes de compreender o mal que fazem a si mesmas e aos outros.

O INSTINTO SEXUAL NO TIPO OITO

Assumindo a Responsabilidade. Os típicos representantes Sexuais do Tipo Oito são os mais intensos e carismáticos de todos os deste tipo. Eles reagem com paixão a tudo aquilo que lhes interessa e querem causar grande impacto na vida daque-

		Termos-chave:	
S A U D Á V E L	Nível 1	Entrega Heroísmo	As pessoas do Tipo Oito deixam de acreditar que precisam estar sempre no comando de todas as situações, o que lhes permite baixar a guarda e curar seu coração. Assim, paradoxalmente realizam seu Desejo Fundamental: protegem-se e, ao mesmo tempo, se entregam, tornando-se magnânimas, generosas e, por vezes, heróicas.
	Nível 2	Auto-suficiência Força	As pessoas do Tipo Oito empenham-se com toda a energia e força de vontade em tornar-se independentes e em controlar a própria vida. São dotadas de muito vigor e voltadas para a ação. Auto-imagem: "Sou uma pessoa assertiva, direta e cheia de recursos".
	Nível 3	Autoconfiança Liderança	As pessoas do Tipo Oito reforçam sua auto-imagem enfrentando desafios. Provam sua força por meio da ação e da realização, mas também procuram proteger os outros e dar-lhes chances de cultivar as próprias forças. Estrategistas e decididas, gostam de encabeçar projetos construtivos.
M É D I A	Nível 4	Iniciativa Pragmatismo	Temendo não dispor dos recursos necessários para levar a cabo seus projetos ou cumprir o papel de provedoras, as pessoas do Tipo Oito dedicam-se com diligência e perspicácia a obtê-los. Seu caráter mais empreendedor e competitivo as torna mais reservadas quanto aos sentimentos.
	Nível 5	Dominação Auto-exaltação	As pessoas do Tipo Oito receiam não ser respeitadas ou receber o que lhes é devido. Por conseguinte, tentam convencer os outros de sua importância: vangloriam-se, blefam e fazem grandes promessas para conseguir adesão aos seus planos. Orgulhosas e obstinadas, querem que todos saibam que são elas que mandam.
	Nível 6	Intimidação Provocação	As pessoas do Tipo Oito temem perder o controle da situação e o apoio dos demais. Assim, recorrem à opressão e à ameaça para conseguir o que querem, mostrando-se mal-humoradas e irresponsáveis perante as suas obrigações.
N Ã O – S A U D Á V E L	Nível 7	Ditatorialismo Crueldade	As pessoas do Tipo Oito temem que os outros estejam contra elas, o que pode ser verdade. Sentindo-se traídas e incapazes de confiar em quem quer que seja, decidem proteger-se a qualquer custo. Vendo-se como proscritas, comportam-se de modo socialmente intolerável, podendo mostrar-se predatórias, vingativas e violentas.
	Nível 8	Megalomania Intimidação	Desesperadas por proteger-se e apavoradas com a possibilidade de retaliação contra seus próprios atos, as pessoas do Tipo Oito partem para o ataque de seus supostos rivais antes mesmo que lhes façam alguma ameaça. Não respeitam nenhum limite e, assim, rapidamente perdem qualquer escrúpulo. A ilusão de invulnerabilidade pode levá-las a colocar em risco a si mesmas e aos demais.
	Nível 9	Sociopatia Destruição	Convencidas de haver criado inimigos capazes de derrotá-las, as pessoas menos saudáveis do Tipo Oito preferem destruir implacavelmente a deixar que alguém triunfe e venha a controlá-las. Assim, podem deixar atrás de si um rastro de destruição que inclui até a possibilidade de homicídio.

les que o rodeiam. (Tal impacto pode ser positivo ou negativo, a depender naturalmente de seu Nível de Desenvolvimento.) Como os seus colegas da Variante Social, eles gostam de diversão e agitação, embora tenham uma veia mais rebelde. Dotados de um malicioso senso de humor, eles gostam de ser "maus". Apesar de capazes de profundo amor e devoção, podem ver na intimidade uma luta pelo poder e uma oportunidade de aumentar sua auto-estima. Assim, talvez gostem de discussões e se mostrem ríspidos com os mais íntimos: reagem à gentileza com impaciência. Como os Autopreservacionistas, podem ser competitivos, porém mais pelo prazer da competição que para obter segurança. Na verdade, perdem o interesse quando ganham rápido demais, e isso se aplica também aos relacionamentos íntimos.

Nos Níveis inferiores, a Variante Sexual pode levar essas pessoas a exigir atenção, coerência e fidelidade e a mostrar-se pouco tolerantes diante de qualquer hesitação do outro. No fundo, elas se vêem no papel de mentoras e responsáveis e querem moldar os outros da forma que mais se adapte aos seus planos e necessidades. O fato de terem sempre uma opinião sobre qualquer aspecto da vida do parceiro dificulta-lhes a manutenção de uma relação de igualdade.

Nas faixas menos saudáveis, essas pessoas poderão tentar controlar e dominar completamente o parceiro. Assim, demonstrarão muito ciúme e verão o outro como uma posse sua, além de poderem querer isolá-lo dos amigos e conhecidos. Nos casos mais graves, é possível ocorrerem episódios de agressão e vingança e crimes passionais.

A seguir, alguns dos problemas mais freqüentes no caminho da maioria das pessoas do Tipo Oito. Identificando esses padrões, "pegando-nos com a boca na botija" e simplesmente observando quais as nossas reações habituais diante da vida, estaremos dando um grande passo para libertar-nos dos aspectos negativos de nosso tipo.

DESAFIOS PARA
O CRESCIMENTO
DO TIPO OITO
▲

O SINAL DE ALERTA PARA O TIPO OITO: A LUTA PELA AUTO-SUFICIÊNCIA

As pessoas do Tipo Oito sentem uma necessidade de proteger-se que pode transformar-se em medo de qualquer tipo de dependência. ("Não me sinto seguro, então preciso defender-me buscando mais recursos para proteger-me.") Como não acreditam poder recorrer ao apoio ou auxílio dos outros sem perder a própria autonomia, essas pessoas costumam sentir-se como se estivessem em guerra contra o mundo. Tudo na vida é difícil, uma verdadeira luta, o que as leva a esforçar-se constantemente para se impor num ambiente que consideram desfavorável e até hostil. ("Tive de lutar por tudo que tenho." "Se você não se defender, vão comê-lo vivo.")

Em geral, as pessoas do Tipo Oito não gostam de trabalhar subordinadas a ninguém, preferindo o risco e a aventura de assumir suas próprias atividades. Muitas delas são ladinas empreendedoras que estão sempre de olho num novo projeto. Além disso, são muitas vezes competitivas, não exatamente para mostrar-se superiores, mas sim para garantir a posse dos recursos necessários à sua segurança e bem-estar. Essas pessoas só conseguem relaxar na medida em que tomam o comando da situação.

Evidentemente, ninguém na vida é auto-suficiente de verdade. Todos, inclusive as pessoas do Tipo Oito, precisam dos outros para viver e atingir objetivos comuns. Se analisassem sua vida objetivamente, veriam que na verdade dependem de muita gente para realizar o que desejam. No entanto, devido ao medo da dependência e da traição, não querem admitir isso nem dividir os louros com ninguém, persuadindo-se de que só elas dão duro e de que precisam pressionar os outros a segui-las.

Caso se acostumem a esse ponto de vista, ignorando o Sinal de Alerta, essas pessoas correm o risco de perder-se ainda mais em sua fixação. Quando começam a sentir que os outros precisam ser controlados e que a vida precisa ser conquistada, estão tomando a direção errada. Isso pode manifestar-se por meio de conflitos em casa e no trabalho – ou simplesmente de xingamentos diante de um pote de geléia que não quer abrir.

LUTANDO CONTRA O MUNDO

Observe se não está pondo mais energia que o necessário nas coisas que faz. Quando abrir uma porta ou segurar algo, procure ver se não o faz com demasiada força. Independentemente do que seja, será que você não poderia empregar menos força e, mesmo assim, manter a eficiência? Quando estiver falando, escute sua própria voz. Qual a quantidade de energia economicamente ideal para dizer o que quer?

O Papel Social: O Rochedo

Os representantes mais típicos do Tipo Oito vêem-se como um Rochedo, o mais forte e indestrutível, a base para os outros, seja na família ou no círculo profissional. ("Sou duro. É de mim que todos têm de depender.") A identificação, seja consciente ou inconsciente, com a força e a inamovibilidade de uma rocha tem vantagens: reforça a autoconfiança e a iniciativa. Mas, por outro lado, implica a necessidade de suprimir as próprias fragilidades, dúvidas e receios. Além disso, como os representantes dos demais tipos, os do Tipo Oito começam a ficar pouco à vontade na presença das pessoas, a menos que interajam a partir de seu Papel Social.

Transformando-se num rochedo, as pessoas do Tipo Oito acreditam que conseguirão defender-se e evitar as mágoas. Infelizmente, isso as leva a defender-se contra muitas das boas coisas que existem na vida – o carinho, a ternura, a intimidade e a abnegação, por exemplo. Elas precisam ser sempre frias e impermeáveis ao sofrimento e às dificuldades, sejam os seus ou os dos outros.

Arlene, a quem já conhecemos, vê tudo isso como simples fatos:

> Sou uma pessoa instintiva. A cabeça demora a seguir o instinto. Eu vivo muito no futuro. Além disso, consigo facilmente negar ou obliterar meus sentimentos e simplesmente levar a vida em frente quando surge alguma perda.

Quanto maior o *stress*, mais duras e agressivas se tornam as pessoas deste tipo. As que se encontram nos Níveis médio-inferiores acham que é perfeitamente justo adotar a linha dura com os demais – como se dissessem: "Quero ver o que vocês vão fazer!" –, pois se vêem como lutadoras que só tentam sobreviver num mundo frio e inóspito.

Kit relembra a dificuldade que isso lhe criou na infância:

> Não é que eu quisesse desobedecer. Eu teria gostado de ser uma garota "boazinha" ou, pelo menos, aceitável. Mas eu era impulsiva, queria me impor a qualquer preço e me sentia impelida a seguir meu coração e defender a mim mesma e às minhas convicções. Sempre respondia aos meus pais e era considerada muito impertinente. Quando criança, ficava louca quando minhas intenções eram mal-interpretadas e vistas negativamente. Então, desde cedo comecei a isolar meus sentimentos e a fingir que nada me atingia.

O RESGATE DA INTIMIDADE

Especifique ao menos uma área de sua vida – um relacionamento, um local, um momento – na qual não se sente obrigado a ser duro. Procure transportar-se até ela. Como essa área o faz sentir-se? De que forma ela difere de outras áreas de sua vida?

Luxúria e "Intensidade"

As pessoas do Tipo Oito querem sentir-se fortes e autônomas – em outras palavras, *querem sentir-se vivas e reais*. Assim, a Paixão da *luxúria* (seu "Pecado Capital") as impulsiona a agir de maneira a estimular a sensação de estar vivas, a viver *intensamente*. Os relacionamentos, o trabalho e a diversão precisam ser intensos, como se elas tivessem de impor-se constantemente sobre a própria vida.

Porém, a depender do quanto cedam à Paixão da luxúria, essas pessoas ficam presas a um padrão segundo o qual precisam impor a própria vontade sobre o meio (e inclusive as pessoas) para obter a intensidade que tanto desejam. Ironicamente, quanto mais se impõem, menos energia lhes sobra para conectar-se a si mesmas ou a quem quer que seja. Em última análise, quanto mais se impõem, *menor a sensa-*

ção de estar realmente vivas. Os outros – e elas mesmas – tornam-se números, objetos que devem ser manipulados. O resultado é um entorpecimento interior que exige um esforço de superação ainda maior. A intensidade só as faz necessitar de mais intensidade.

Além disso, há algo de temerário nos representantes típicos do Tipo Oito. Eles podem não ser pilotos de automobilismo nem jogadores profissionais, mas todos são viciados na intensidade e na adrenalina presentes na vitória contra os desafios. A princípio, isso pode ser emocionante, mas, com o tempo, se torna esgotante e, afinal, prejudicial à saúde. Para algumas dessas pessoas, o risco está em simplesmente ignorar as advertências contra os maus hábitos alimentares, o cigarro e o álcool. ("Isso não acontecerá comigo. Sou forte demais para que esse tipo de coisa me afete.") A auto-afirmação se transforma então num vício – quanto mais vencem, maior se torna a falsa sensação de onipotência que pode levar a trágicos erros de cálculo.

Outra ironia está na relação que se estabelece entre a luxúria e o controle. Como vimos, as pessoas do Tipo Oito querem sentir-se no comando da situação. Mas estar sob o domínio da luxúria é a antítese do controle: a luxúria é uma reação do eu a algo exterior que o inspira. Cobiçar uma pessoa ou um objeto – seja ele o dinheiro, o poder ou outra coisa – é estar sob seu domínio. Como ocorre com os demais tipos, a Paixão é uma distorção que afinal provoca o oposto daquilo que o tipo realmente deseja.

AUMENTANDO A EXCITAÇÃO

Em parte, você gosta de riscos e competições porque aumentam sua sensação de estar vivo. Qual a diferença entre essa sensação e a que você obtém quando relaxa? Você é capaz de relaxar mais neste momento? De que forma isso contribui para sua noção de eu?

O Preço do Controle

Sendo dotados de mentalidade pragmática, os representantes típicos do Tipo Oito geralmente nutrem algum sonho, na maioria das vezes ligado a alguma maneira de ganhar dinheiro, um investimento no comércio ou na bolsa. Esse sonho pode variar do simples (jogar na loteria regularmente) ao complexo (abrir e administrar seu próprio negócio). Nem todas as pessoas do Tipo Oito têm fortuna, mas a maioria está em busca de alguma espécie de "sorte grande" que lhes dê a independência, o respeito e o poder de barganha que tipicamente desejam.

Ed, um terapeuta, relembra o precoce desenvolvimento de seu espírito empreendedor:

> Lembro-me de haver ido a um terreno baldio catar sementes quando tinha 5 anos. Dali eu fui à casa de nossa senhoria, que ficava em frente à nossa,

e as vendi por cinco centavos, dizendo-lhe que eram excelente ração para passarinhos. Peguei o dinheiro e fui à *delicatessen* mais próxima, comprar dois bolinhos. Então fui à quadra de tênis da cidade e vendi cada bolinho por cinco centavos. Com os dez centavos arrecadados, voltei à *delicatessen* e comprei quatro bolinhos. E aí acaba a história porque, quando voltei à quadra, o dono da cantina me pôs para fora aos berros.

A depender da intensidade de seu medo da dependência, as pessoas do Tipo Oito desejarão certificar-se de que quem manda são elas. Apesar da satisfação que lhes dá o controle, com isso elas jogam nos próprios ombros a pesada obrigação de administrar tudo. Se tiverem filhos, cuidarão dos problemas práticos da sobrevivência deles, fornecendo-lhes boa comida, abrigo, roupas e educação. Quando dispõem de dinheiro, podem achar que lhes cabe dar carros e casas aos filhos, além de arranjar-lhes um bom emprego. ("Seu 'velho' cuidará de tudo para você.") Essas pessoas despendem uma incrível quantidade de energia elaborando planos, tomando todas as decisões e iniciativas e incitando os outros a implementá-las. Assim, criam em torno de si uma espécie de campo de força que pode ser energético e protetor para uns, intimidante para outros, mas sempre esgotante para elas próprias.

"Sou eu o responsável pelo ganha-pão."

Portanto, a intimidade se torna um problema para os representantes típicos do Tipo Oito. Eles muitas vezes gostariam de aproximar-se das pessoas e manifestar seus fortes sentimentos, mas não sabem como relaxar as defesas, principalmente a necessidade de controle. Em virtude de sua incapacidade de manter um contato emocional mais direto, passam a relacionar-se pela competitividade, pelo desafio e pela fisicidade. O conflito os estimula e isso acaba se tornando uma fonte de mal-entendidos. As pessoas do Tipo Oito gostam de entrar em discussões acaloradas – inclusive brigas – para terem a chance de provar que não levam desaforos para casa, mas às vezes mostram-se surpresas ao saber que sua contundência magoa muito seus interlocutores. Muitas delas manifestam o quanto se sentem próximas de alguém por meio da sexualidade e do contato físico. Ou então demonstram sua afeição por meio de altercações e outros atos violentos.

Porém essas pessoas não querem que os outros percebam o quanto estão estressadas. Por isso, tentam resolver todos os problemas sem contar nada – ou tudo

---

NEGANDO A PRÓPRIA TERNURA

As pessoas do Tipo Oito submetem-se a tremendas pressões para sustentar os outros, ser fortes e jamais chorar, demonstrar debilidade, dúvida ou indecisão.

Analise as várias circunstâncias em que já se colocou sob esse tipo de pressão. Em nome de quem você o fez? O resultado compensou o esforço? O que acha que teria acontecido se você não tivesse exigido tanto de si mesmo?

– a ninguém. Elas tendem a trabalhar demais, viciando-se no *stress* e na adrenalina, e a não mudar enquanto não sejam obrigadas por algum problema de saúde. Sempre gastando a própria energia até esgotar-se, expõem-se muitas vezes a problemas como ataques do coração, derrames, hipertensão e câncer.

A Presunção de Ser "Maior que a Própria Realidade"

"Quero ver vocês lidarem comigo."

Quando suspeitam que as pessoas não reconhecem o quanto lhes custa "administrar" tudo, os representantes típicos do Tipo Oito fazem questão de relembrar quem é que tem a última palavra. Assim, mostram quem é mais importante fazendo muito barulho – na maior parte, bazófia e bravata –, como fazem, no mundo animal, os machos alfa quando querem demarcar seu território, pois gostam de mostrar que são os "manda-chuvas". ("Conheço uma pessoa que pode ajudá-lo. Falarei com ela por você.") Eles podem recorrer a aparentes expressões de generosidade para convencer as pessoas a cooperar com seus objetivos, na base do velho método da cenoura pendurada na ponta da vara – ou fazer tratos do tipo: "Faça isso para mim que eu cuido de você depois". Embora normalmente prefiram usar de estímulo e persuasão para induzir as pessoas a fazer o que eles querem, não hesitarão em tentar abordagens mais agressivas para dominá-las se encontrarem resistência.

Encontrar meios de fazer favores torna-se essencial. Sem alguma espécie de trunfo, sentem-se em desvantagem para lidar com os outros. Ou, pior ainda, podem acabar em débito com alguém sem ter condições de pagá-lo – algo que pode deflagrar seu Medo Fundamental.

Além disso, essas pessoas procuram aumentar sempre sua esfera de influência – de certa forma, aumentar os limites de seu ego. ("Este é meu castelo, minha propriedade, minha empresa, minha mulher, meus filhos – tudo é um reflexo meu.") Conceber projetos e levá-los a cabo é uma forma de ganhar um pouco de imortalidade, de anunciar ao mundo: "Eu estive aqui". O tamanho de seu império não é tão importante quanto o fato de ser *seu* – e de serem eles os que controlam tudo. Se tiverem muito sucesso financeiro, gostam de manter uma *entourage* e viajar como verdadeiros reis, esperando deferência, obediência e respeito. Quando dão uma ordem, querem que seja cumprida imediatamente e sem questionamentos.

APOSENTANDO O MANDA-CHUVA

Você se orgulha de ser sincero e direto. Qual o seu grau de sinceridade quando tenta impressionar ou subjugar os outros? Como se sente ao colocar as pessoas "nos eixos" dessa forma: mais à vontade consigo mesmo ou menos? Você consegue imaginar alguma maneira mais eficaz de angariar o apoio e a colaboração das pessoas?

Impor-se × *Agredir*

As pessoas do Tipo Oito gostam de abordagens diretas e desconfiam quando acham que alguém está fazendo rodeios – por isso, o estilo de comunicação de alguns dos outros tipos pode representar um problema para elas: não conseguem entender por que não é tão objetivo quanto o seu. Ao mesmo tempo, certos tipos podem ficar perplexos com a audácia e a contundência demonstradas pelo Tipo Oito.

A razão para isso é que as pessoas do Tipo Oito necessitam de limites muito claros: querem saber em que pé estão com os outros e, num plano mais instintivo, onde elas terminam e onde começam eles. Essas pessoas querem saber o limite de tolerância dos outros e *o descobrem testando-o*. Se aquele com quem se relacionam não reagir, elas continuarão forçando esse limite até obter uma reação. Às vezes isso implica em alfinetar ou pirraçar o outro. Às vezes a pressão é sexual, mas também pode ser simplesmente a de obter uma resposta imediata.

"De que você é feito?"

Devido à contundência de sua vontade de afirmação, muitas vezes intimidam os demais. Por mais que afirmem estar apenas tentando chamar a atenção das pessoas e mostrar-lhes qual a sua posição, não é raro que seu tom direto seja interpretado como raiva ou crítica. Parte do problema está no fato de as pessoas do Tipo Oito não saberem a força que possuem. Como já vimos, elas tendem a empregar mais energia que o necessário em quase tudo que fazem. E, quanto mais inseguras estiverem, maior a probabilidade de impor-se agressivamente. A ironia disso é que, assim, acabam por despertar mais resistência que espírito de cooperação.

Arlene comenta seu estilo, típico do Tipo Oito:

> Dou a impressão de ser invulnerável, ou assim me dizem. Em geral, confio em mim mesma e assumo riscos com facilidade. Muitas vezes, "improviso" antes de conhecer os detalhes da situação. Quase sempre, saio-me bem. Por dentro, porém, nem sempre me sinto tão segura quanto aparento. Isso dificulta as coisas, pois me transforma numa "ameaça" para as pessoas.

Quando se sentem inseguras ou ameaçadas, as pessoas do Tipo Oito podem tornar-se irritáveis e imprevisíveis. Para os que as cercam, é difícil saber o que as fará explodir: pode ser simplesmente uma refeição que não ficou pronta na hora, uma sala que não foi arrumada do jeito que elas queriam ou um tom de voz. Temendo ser desafiadas ou passadas para trás, as mais problemáticas dentre essas pessoas começam a impor indiscriminadamente a própria vontade. ("É do jeito que eu quero ou rua!" "Faça assim porque *eu* mandei!")

Outras estratégias típicas que adotam para conseguir o que querem sem recorrer ostensivamente à agressividade são as de debilitar a segurança alheia e dividir para conquistar. Além disso, podem usar de violência verbal, gritando na cara dos outros quando estão zangadas ou frustradas. Evidentemente, se continuarem assim, acabarão fazendo com que eles se reúnam contra elas – justo uma das coisas que mais temem. Quando se deixam levar pelo medo da rejeição ou da invasão, as pessoas do Tipo Oito não conseguem discriminar entre os que de fato as magoaram no passado e aqueles com quem convivem no presente. Elas agem como se eles certamente as fossem tratar com injustiça e decidem usar todas as suas forças para impedir que isso aconteça.

> **SENTINDO A FORÇA DE SUA ENERGIA INSTINTIVA**
>
> Da próxima vez que sentir vontade de reagir a uma situação, tente fazer uma experiência. Em vez de agir sob a força do impulso, pare, respire fundo e tente perceber como essa força age dentro de você. Tente seguir-lhe o percurso. Qual a sua duração? Ela muda ao longo do tempo? Prestando-lhe atenção, você sente despertarem outros sentimentos? Com uma das mãos, toque suavemente a área em que essa energia mais se concentra. O que acontece?

O Controle e os Relacionamentos

O medo de ser controladas que têm as pessoas do Tipo Oito é muito fácil de deflagrar. Por conseguinte, elas podem sentir-se controladas mesmo quando não lhes estejam pedindo nada de extraordinário. Não é de admirar que isso lhes crie grandes problemas nos relacionamentos profissionais e íntimos. Elas têm, por exemplo, muita dificuldade de acatar instruções, quanto mais ordens. ("Ninguém vai me dizer o que devo fazer!") Assim, seus maiores recursos – a energia e a força de vontade – acabam sendo desperdiçados em conflitos desnecessários.

Quanto mais desajustado o ambiente da infância, mais controle essas pessoas necessitam ter para sentir-se protegidas. E, à medida que decrescem na escala dos Níveis, precisam de cada vez mais "provas" de sua própria força e capacidade de domínio.

O ex-piloto comercial Ian fala com franqueza de sua necessidade de controlar a família, principalmente a mulher:

"*É como eu quero ou rua.*" Hoje isso não me deixa à vontade, mas, quando era mais jovem, precisava provar para mim mesmo que era o rei da cocada preta em todos os aspectos. Fazia meus filhos acordarem cedo como se fosse um sargento no quartel e controlava inteiramente o orçamento de casa. Minha mulher tinha de me pedir cada centavo, e eu fazia tudo para que ela não tivesse renda própria, tentando impedir que tivesse qualquer liberdade para divertir-se. Sem dinheiro, ela não poderia deixar-me.

A tendência a lutar pelo controle pode levar ao conflito aberto quando essas pessoas acharem que os outros ganharão vantagem injusta sobre elas. Assim, reúnem a determinação férrea à inesgotável energia para demarcar linhas no chão e desafiar quem quer que se disponha a cruzá-las. ("Não haverá aumento algum e, se você não gostar, pode pedir demissão agora mesmo!") Infelizmente, após dar seus ultimatos – mesmo que no calor da hora –, elas acham que devem ir até o fim. Recuar ou moderar-se lhes parece demonstração de fraqueza, além de tornar provável a perda da independência e do controle.

Se não fizerem alguma coisa, a sede de controle pode levar as pessoas do Tipo Oito a ver os entes queridos como posses. Sua lógica é a seguinte: se dependem delas, é porque são fracos e pouco diligentes. Por conseguinte, não merecem ser respeitados nem tratados como iguais. Havendo passado por cima de sua própria sensibilidade e de suas necessidades emocionais, elas são capazes de ridicularizar ou ignorar as dores alheias. Os mais perturbados sentem-se ameaçados também pelos subordinados que demonstrarem alguma força e podem debilitá-los minando-lhes o equilíbrio e a segurança com ordens arbitrárias e, quando esses expedientes falharem, por meio de ataques verbais fulminantes.

> **E SE ALGUÉM FIZESSE ISSO COMIGO?**
>
> Lembre-se de alguma ocasião em que pressionou alguém a fazer algo contra a própria vontade. Você agora pode imaginar uma outra forma de conseguir o que precisava ou queria? O que você desejava era legítimo? Como seriam as coisas se essa pessoa tivesse simplesmente dado o que você queria sem que precisasse pressioná-la? Da mesma forma, procure lembrar-se de situações em que alguém tentou pressioná-lo. De que forma os métodos dessa pessoa influíram sobre seu desejo de colaborar com ela?

Desafio e Rebeldia

Como meio de impor-se e de desafiar a autoridade, as pessoas do Tipo Oito podem casar-se demasiado jovens ou com alguém que sua família não aprove ou recusar-se a prosseguir nos estudos – ou realizar qualquer outro ato de desafio. Mesmo quando ainda crianças, elas são capazes de uma incrível resistência à autoridade.

Ed relembra:

> Um de meus problemas quando criança era o gênio terrível. O que mais me enfurecia era ver alguém tentando mandar em mim. Lembro-me de um dia em que, voltando da escola, vi uma equipe fazendo reparos na rua. Curioso, fui até lá. Um policial mandou que me afastasse. Eu só tinha uns 8 anos, mas respondi que não sairia dali de jeito nenhum. Ele me levou para casa e disse aos meus pais que eu era "o guri mais abusado que ele já tinha visto".

Os representantes mais problemáticos deste tipo são rancorosos e tendem a provocar e intimidar de vá-

"Ninguém manda em mim!"

rias formas os que se atravessarem em seu caminho. Esperando encontrar rejeição e antagonismo, eles criam rivalidades mesmo entre antigos amigos e aliados e podem inadvertidamente fazer os próprios familiares voltarem-se contra eles. Então, perguntam-se por que despertam tanta rejeição e ressentimento. Segundo seu ponto de vista, só agiram pelo bem dos outros; eles acabarão vendo isso – algum dia. Seu próprio rancor lhes parece suficiente para justificar a mágoa que causam ou a pressão que exercem.

Geralmente, não querem briga, mas estão dispostos a seguir até o fim para fazer o outro recuar, inclusive recorrendo a ameaças do tipo "o pior ainda está por vir". ("Você realmente está pedindo que eu lhe faça isso! Você *não* quer que eu saia do sério!")

Kit exemplifica a força de vontade e o espírito desafiador do Tipo Oito:

> Eu estava sempre sendo castigada enquanto o resto da família tinha privilégios. Determinada a ganhar a batalha das vontades, eu suportava todos os castigos, pensando que "Ninguém pode me fazer nada que eu não queira!". Assim, ria quando tomava uma surra para não demonstrar fraqueza e preferia ficar trancada horas e horas no quarto a ceder.

TRIUNFOS QUE CUSTAM CARO

Muitos dos problemas de saúde e de relacionamento das pessoas do Tipo Oito devem-se à sua intransigência em voltar atrás, ceder ou demonstrar receio. Responda as seguintes perguntas em seu Diário do Trabalho Interior:

Quais as suas primeiras lembranças de negar-se a negociar ou ceder? Você consegue recordar algum incidente dos tempos de escola? Algum incidente mais recente? Como eles o fizeram sentir-se fisicamente? E psicológica e emocionalmente? (Seja o mais detalhado possível.) O que foi preciso para que você soubesse que havia "ganho" a batalha? O que a outra pessoa teve de fazer? Como isso o fez sentir-se? Por quanto tempo?

REAÇÃO AO *STRESS*: O TIPO OITO PASSA AO CINCO

▲

Quando as pressões se acumulam, as pessoas do Tipo Oito empregam com afinco redobrado os métodos de resolução de problemas que vinham utilizando até então. Por fim, sua postura provocadora e assertiva as leva a situações que estão acima de suas forças. Quando mordem mais do que podem engolir, podem passar ao Tipo Cinco, buscando uma trégua nos conflitos para traçar estratégias, ganhar tempo e reunir suas forças.

Em tais momentos, essas pessoas se tornam figuras solitárias, que passam horas a fio remoendo os fatos, lendo e colhendo informações para avaliar melhor a situação, fazendo questão de dispor do tempo, do espaço e da privacidade para estudar as coisas antes de voltar à ação. Como as pessoas do Tipo Cinco, elas se deixarão absorver por seus planos e projetos, passando a trabalhar até tarde da noite, a evitar os outros e a fazer segredo de suas atividades. Além disso, poderão parecer estranhamente quietas e distantes, surpreendendo os que conhecem bem suas características mais assertivas e apaixonadas.

Como no caso dos representantes típicos do Tipo Cinco, o *stress* também torna as pessoas do Tipo Oito mais nervosas. Elas passam a minimizar seu conforto e suas necessidades e a cuidar mal de si mesmas. Não é rara a presença de insônia nem a manutenção de dietas pouco saudáveis.

A sensação de rejeição também pode induzi-las a demonstrar alguns dos aspectos mais sombrios do Tipo Cinco. Assim, poderão mostrar-se extremamente cínicas e desprezar as crenças e os valores dos outros. Nos casos mais graves, correm o risco de tornar-se niilistas e desligadas de tudo, com pouca chance de relacionar-se com os outros ou de encontrar algo de positivo em si e no mundo.

Se tiverem sofrido uma crise grave sem contar com apoio adequado ou sem outros recursos com que enfrentá-la, ou se tiverem sido vítimas constantes de violência e outros abusos na infância, as pessoas do Tipo Oito poderão cruzar o ponto de choque e mergulhar nos aspectos não-saudáveis de seu tipo. Por menos que queiram, isso poderá forçá-las a admitir que sua atitude desafiadora e suas tentativas de controlar os outros na verdade lhes criaram mais riscos – elas tornaram-se menos, e não mais, seguras. Isso poderá ser vivenciado como um medo de que os outros, inclusive as pessoas de quem mais gostam, queiram deixá-las ou voltar-se contra elas. E, com efeito, alguns desses receios podem ter fundamento.

A BANDEIRA VERMELHA: PROBLEMAS PARA O TIPO OITO

▲

Por mais difícil que seja, essa conclusão pode representar o início de uma reviravolta na vida dessas pessoas. Se reconhecerem a verdade desses fatos, elas poderão, por um lado, mudar sua vida e dar o primeiro passo rumo à saúde e à libertação. Por outro, poderão tornar-se ainda mais beligerantes, desafiadoras e intimidadoras, tentando desesperadamente aferrar-se ao controle de que dispõem. ("É o mundo contra mim." "Que ninguém nem sonhe em procurar confusão comi-

---

ADVERTÊNCIAS

POTENCIAL PATOLÓGICO: Distúrbio de Personalidade Anti-social, comportamento sádico, violência física, paranóia, isolamento.

➤ Sensação paranóica de estar sendo traído por gente "do outro lado"
➤ Isolamento e amargura crescentes
➤ Falta de consciência e empatia; dureza cruel de coração
➤ Episódios de cólera, violência e destrutividade física
➤ Elaboração de planos de vingança e retaliação contra "inimigos"
➤ Visão de si mesmo como "fora-da-lei"; comportamentos criminosos
➤ Episódios de contra-ataque à sociedade (sociopatia)

go – eu acabo com qualquer um que fizer isso!") Se persistirem nessa atitude, elas se arriscam a ultrapassar a linha divisória que as separa dos Níveis não-saudáveis. Se seu comportamento ou o de alguém que você conhece se enquadrarem no que descrevem as advertências da página anterior por um período longo – acima de duas ou três semanas, digamos –, é mais do que recomendável buscar aconselhamento, terapia ou algum outro tipo de apoio.

PRÁTICAS QUE CONTRIBUEM PARA O DESENVOLVIMENTO DO TIPO OITO

▲

➤ A sugestão de entrar em contato com seus próprios sentimentos pode ser um clichê da psicologia, mas, no seu caso, é útil. Ninguém duvida da paixão de uma pessoa do Tipo Oito e ninguém melhor que você sabe o quanto, no fundo, quer estar mais perto das pessoas. Mas só você pode aprender a deixar que esses sentimentos venham à tona. A vulnerabilidade diz às pessoas que elas são importantes, que você se interessa por elas. Ninguém está dizendo que é para você entregar seu coração de bandeja, mas negar a mágoa ou atuá-la não será a solução.

➤ A elaboração do luto é muito importante para as pessoas do Tipo Oito. Você não é de ficar parado sentindo pena de si mesmo por muito tempo, porém, quando estiver sofrendo, tente encontrar uma forma construtiva de lamentar suas perdas e mágoas. Essa sua carapaça não está aí à toa: talvez seja hora de descobrir algumas das razões.

➤ As pessoas do Tipo Oito possuem um autêntico instinto de camaradagem e gostam de divertir-se em companhia dos outros, mas isso não é o mesmo que intimidade. Procure encontrar pessoas em quem possa realmente confiar e converse com elas sobre aquilo que o consome. Se já tiver alguém assim, tente abrir-se mais e dar-lhe a chance de fazer o mesmo. Não parta do princípio de que ninguém quer saber de seus sentimentos ou de seus problemas. Além disso, procure ouvir o que lhe dizem quando estiver desafogando suas mágoas. Atente para o fato de estar sendo ouvido e faça o mesmo com os outros.

➤ Procure dar algum tempo para que sua alma possa restabelecer-se com tranqüilidade. Isso não quer dizer assistir televisão, comer nem beber – reserve esse tempo para estar realmente consigo mesmo e apreciar as coisas simples. Inspire-se em seus vizinhos do Tipo Nove e deixe que a natureza revitalize seus sentidos. Embora o seu tipo não seja o primeiro da fila para a aula de meditação, as práticas que objetivam a paz e a quietude são muito úteis na redução de seus níveis de *stress*.

➤ O trabalho é importante, e sua família e seus amigos de fato precisam de você e apreciam tudo que você faz para o bem deles. Por isso mesmo, você não deve se matar de trabalhar. O mesmo se aplica à sua falta de moderação nos "vícios": as pessoas do Tipo Oito costumam entrar de cabeça tanto no trabalho quanto na diversão. Um pouco de comedimento em termos de intensidade numa coisa e noutra pode garantir-lhe mais tempo para gozar a vida de forma mais sutil e profunda. Questione essa sua necessidade de intensidade. De onde ela vem? O que aconteceria se você ou sua vida fossem um pouco menos agitados?

➤ Analise suas expectativas de rejeição. Você sabe quantas vezes espera que as pessoas não gostem de você? Sente que precisa comportar-se de forma a evitar a rejeição? Essas expectativas estão por trás de sua sensação de isolamento e, com o tempo, tornaram-se responsáveis por sua raiva. Qualquer um tem raiva e até ódio quando se sente continuamente rejeitado. Talvez você esteja transmitindo sinais que as pessoas decodificam como rejeição de sua parte, não só por causa de problemas específicos delas, mas também por causa de sua autoproteção. Isso nos leva de volta à questão da vulnerabilidade: os sentimentos bons que você almeja só poderão tocá-lo na medida em que você mesmo o permitir.

As pessoas do Tipo Oito são gente de ação e intuição prática. Dotadas de visão, satisfazem-se imensamente sendo construtivas – tanto no sentido literal quanto no figurado. Um elemento crucial em sua liderança é a criatividade prática: elas gostam de construir as coisas do zero, transformando material pouco promissor em algo grandioso. São capazes de ver as possibilidades das pessoas e das situações: uma garagem cheia de trastes pode tornar-se uma loja; o adolescente problemático pode ser o líder. Sua disposição de incentivar e instigar, para que as pessoas dêem o melhor de si, as faz ajudá-las a descobrir recursos jamais sonhados. Portanto, uma de suas palavras-chave é "capacitação". As pessoas mais saudáveis deste tipo concordam com as palavras: "Dê a alguém um peixe e ele comerá por um dia. Mas ensine-o a pescar e ele se alimentará a vida inteira". Elas sabem que são verdadeiras porque já ensinaram a si mesmas a "pescar".

REFORÇANDO OS PONTOS FORTES DO TIPO OITO
▲

A *honra* também é importante para as pessoas saudáveis do Tipo Oito: sua palavra é sua garantia. Quando dizem: "Você tem minha palavra", estão falando sério. Elas falam diretamente, sem subterfúgios, e buscam o mesmo nos outros, sentindo-se gratificadas quando são reconhecidas por isso – embora não mudem quando sua honestidade não é apreciada.

Além disso, querem ser *respeitadas*. Se estiverem na faixa saudável, respeitam a dignidade de toda e qualquer criatura, sentindo-se pessoalmente feridas por qualquer violação aos direitos e às necessidades alheios. A injustiça provoca-lhes reações e atitudes viscerais: são capazes de meter-se em brigas para defender os mais fracos e os que se sentem injustiçados. Fortes e corajosas, mas também humildes e gentis, as pessoas do Tipo Oito são capazes de colocar-se em perigo pelo bem da justiça. As que estão nos Níveis superiores têm a visão, a compaixão e a força para deixar no mundo uma marca indelével.

"Eu posso defendê-lo."

Diz Roseann, a quem já conhecemos:

> É bom ser do Tipo Oito: como somos fortes e capazes de assumir responsabilidade em qualquer situação, as pessoas nos respeitam e nos querem perto delas. Lembro-me de uma sensação muito boa quando cheguei cor-

rendo à casa de uma amiga que me pedira ajuda, pois estava sendo perseguida por um ex: "Graças a Deus você veio. Tenho a sensação de que a própria Marinha acabou de aportar!", disse ela.

O controle, nas pessoas saudáveis, assume a forma do autodomínio. Elas sabem que, na verdade, é contraproducente "declarar guerra ao mundo" todo dia. Num nível mais profundo, o controle não constitui uma meta importante para essas pessoas; em vez disso, ele é o desejo de exercer uma influência benéfica sobre as pessoas e sobre o mundo. Seu equilíbrio as faz compreender que esse tipo de influência decorre da fortaleza interior, e não da contundência, da imposição da própria vontade nem, muito menos, da queda-de-braço. Elas reconhecem que controlar pessoas e situações é, no fundo, uma forma de prisão. A verdadeira liberdade e independência vêm por meio de uma relação mais simples e relaxada com o mundo.

Finalmente, os representantes saudáveis do Tipo Oito são magnânimos, possuindo uma generosidade que lhes permite transcender seus próprios interesses. Eles sentem-se seguros o bastante para demonstrar um pouco sua vulnerabilidade, o que os torna capazes de admitir o quanto se importam com os outros. Isso transparece em sua atitude protetora, defendendo os amigos contra as ameaças do valentão da escola ou os colegas de trabalho contra uma política injusta. Eles estão sempre dispostos a assumir pressões e críticas, fazendo o que é preciso para proteger aqueles que estão sob sua responsabilidade.

Quando isso acontece, os representantes do Tipo Oito atingem um grau ainda maior de grandeza em tudo aquilo que fazem para o bem de sua família, da nação e do mundo, o que os torna muito respeitados e honrados. Assim, atingem uma espécie de imortalidade que os eleva à qualidade de heróis. A História registra diversos representantes da faixa saudável deste tipo que assumiram a defesa de algo superior a si mesmos – às vezes até superior à sua compreensão imediata. O legado de sua determinação e de sua luta persiste até nossos dias em grande parte do bem que existe no mundo.

O CAMINHO
DA INTEGRAÇÃO:
O TIPO OITO PASSA AO DOIS

▲

As pessoas do Tipo Oito concretizam seu potencial e se mantêm na faixa saudável quando aprendem a abrir seu coração para os outros, como as que estão na faixa saudável do Tipo Dois. Elas não precisam adquirir nenhuma nova qualidade para que isso ocorra; precisam simplesmente retomar o contato com o próprio coração para perceber quanto carinho e interesse lhes inspiram os demais. Muitas vezes, essas pessoas descobrem em si esse lado por meio do amor das crianças e dos animais. As crianças conseguem fazer muitas pessoas do Tipo Oito mostrarem o que têm de melhor, pois prezam a inocência infantil e desejam protegê-la. Ao lado delas e dos animais, conseguem baixar a própria guarda e deixar que transpareça um pouco de sua ternura.

Para estar à altura de sua própria grandeza de coração, as pessoas do Tipo Oito precisam primeiro ter coragem de revelá-la. Isso exige que confiem em algo além de sua inteligência e seu poder – o que, naturalmente, requer que abandonem muitas de suas defesas clássicas. Não importa quão rancorosa e fechada possa haver-se tornado uma pessoa do Tipo Oito, a criança sensível que decidiu proteger-se ainda está lá dentro, à espera da oportunidade de rever a luz do dia.

Todavia, é importante observar que a passagem ao Tipo Dois não significa a mera imitação de suas características típicas. A tentativa forçada de agradar ou lisonjear as pessoas não conseguirá muito, a não ser revelar seu artificialismo. Em vez disso, as pessoas do Tipo Oito devem procurar renunciar às suas defesas e ouvir mais seu próprio coração. Naturalmente, surgirá de imediato o medo da vulnerabilidade. Porém, à medida que o admitirem e o deixarem esvair-se, começarão a sentir-se mais à vontade diante de seus sentimentos mais ternos.

Quando seguem o caminho da integração, as pessoas do Tipo Oito podem tornar-se grandes líderes, pois conseguem transmitir claramente o profundo respeito e a estima que sentem pelos seus semelhantes. Além disso, são muito eficientes porque, como as pessoas saudáveis do Tipo Dois, reconhecem seus próprios limites. À medida que aprendem a cultivar-se, cuidar-se e aceitar sua vulnerabilidade, contribuem para melhorar sua saúde e seu bem-estar: podem trabalhar muito, mas sabem quando é chegada a hora de parar para restabelecer as forças. Além disso, mesmo na diversão, dão preferência a atividades que realmente as enriqueçam, e não simplesmente satisfaçam seu apetite de intensidade.

A TRANSFORMAÇÃO DA PERSONALIDADE EM ESSÊNCIA

▲

À medida que conseguem aceitar a própria vulnerabilidade, as pessoas do Tipo Oito descobrem o caminho de volta à Presença, abandonando gradualmente aquela auto-imagem segundo a qual precisam sempre demonstrar força e capacidade de controle. Se persistirem, terminarão por enfrentar seu Medo Fundamental de ser magoadas ou controladas pelos outros e compreender como ele surgiu em sua vida. Vencendo-o, tornam-se menos presas ao Desejo Fundamental de proteger-se a qualquer custo.

Quando alguém se liberta do Medo e do Desejo Fundamentais, o que sucede é o oposto do que acontece nos Níveis de Desenvolvimento inferiores. O desejo de auto-suficiência e de afirmação inerente à estrutura de personalidade do Tipo Oito se desmancha, dando lugar à verdadeira força Essencial. Isso permite às pessoas deste tipo colocar-se a serviço de causas que transcendem o pessoal. Quando o conseguem, elas podem demonstrar espírito extraordinariamente heróico, como é o caso de Martin Luther King, Jr., Nelson Mandela e Franklin Roosevelt. Esses homens renunciaram à preocupação com sua própria sobrevivência para tornar-se veículos de uma causa sublime. ("Se me matarem, matarão apenas um ser humano – cedo minha vida para que a visão continue viva.") Algo profundamente nobre e inspirador surge da liberdade decorrente da superação do Medo Fundamental.

A MANIFESTAÇÃO DA ESSÊNCIA

No íntimo, as pessoas do Tipo Oito recordam a alegria simples de viver: a incomparável satisfação de estar vivo, principalmente no plano mais visceral e instintivo. Elas ainda mantêm algum contato com a pureza e a força das reações instintivas, lembrando-nos a todos que estas também são parte da ordem Divina. Se não estivermos ligados a nossos próprios instintos, ficaremos privados do principal combustível da transformação.

O reflexo da Essência nas pessoas do Tipo Oito não se deixa levar pelas palavras belas e falsas que a personalidade engendra, mas fomenta o surgimento de representações mais simples e impessoais da verdade. Ichazo chamou a isso "Inocência" e, de certa forma, as pessoas do Tipo Oito anseiam por reaver a inocência que conheceram quando crianças – uma inocência que se sentiram obrigadas a abandonar para tornar-se fortes.

> "Em verdade vos digo que se não vos converterdes e não vos fizerdes como crianças, de modo algum entrareis no reino dos céus."
>
> JESUS DE NAZARÉ

As pessoas do Tipo Oito manifestam também a inocência da ordem natural, aquela na qual todas as criaturas do universo manifestam a própria natureza. Um gato inocentemente age como gato, inclusive quando espreita a presa. Um pássaro inocentemente age como pássaro, e um peixe, como peixe. Só a humanidade é que parece haver perdido essa capacidade nata. Poderíamos dizer que a natureza Essencial do Tipo Oito nos relembra o que é ser inteiramente humano, vivo, parte de uma ordem natural vasta e perfeitamente equilibrada.

Quando deixam de lado sua voluntariosidade, as pessoas do Tipo Oito descobrem a Vontade Divina. Em vez de procurar o poder pela imposição do próprio ego, elas se alinham ao Poder Divino. Em vez de agir como se estivessem contra o mundo, elas vêem que têm nele um papel a cumprir – o qual, se desempenhado com sinceridade, pode garantir-lhes um lugar no panteão da imortalidade, entre os grandes heróis e santos da História. A libertação lhes confere o poder de inspirar os outros a também agir com heroísmo, o que pode significar uma influência que perdura por séculos.

As pessoas do Tipo Oito recordam ainda a força e a onipotência de participar da realidade Divina. A vontade Divina não é o mesmo que voluntariosidade. Quando entendem isso, elas cessam sua guerra contra o mundo e descobrem que a integridade, o poder e a independência que vinham procurando já lhes pertenciam. Eles fazem parte de sua verdadeira natureza; da mesma forma que são da verdadeira natureza de todos os seres humanos. Quando vivenciam essa verdade em toda a sua profundidade, essas pessoas conseguem simplesmente Ser, sentindo-se em harmonia com o universo e com o incessante mistério da vida.

TIPO OITO: O DESAFIADOR 323

Some os pontos das quinze afirmações para o Tipo Oito. O resultado estará entre 15 e 75. As instruções ao lado o ajudarão a descobrir ou confirmar seu tipo de personalidade.

➤ 15 Você provavelmente não pertence a um dos tipos assertivos (Três, Sete e Oito).

➤ 15-30 Você provavelmente não pertence ao Tipo Oito.

➤ 30-45 É muito provável que você tenha problemas comuns ao Tipo Oito ou que um de seus pais seja do Tipo Oito.

➤ 45-60 É muito provável que você tenha algum componente do Tipo Oito.

➤ 60-75 É muito provável que você pertença ao Tipo Oito (mas ainda poderá pertencer a outro se tiver uma concepção demasiado limitada deste tipo).

As pessoas do Tipo Oito costumam identificar-se erroneamente como pertencentes ao Tipo Sete, Seis ou Quatro. As dos Tipos Seis, Três e Sete costumam identificar-se erroneamente como pertencentes ao Tipo Oito.

CAPÍTULO 15

TIPO NOVE: O PACIFISTA

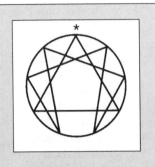

O QUE CURA

O OTIMISTA

"A maioria das pessoas acha que paz é quando Nada de Mau Acontece ou Pouca Coisa Acontece. No entanto, para sermos tomados pela paz e por ela transformados em dádiva de serenidade e bem-estar, terá de ser Algo de Bom que Acontece."

E. B. WHITE

O CONCILIADOR

O CONFORTADOR

"Existe um preço que é alto demais a pagar pela paz, e ele pode ser dito em uma palavra: o da dignidade."

WOODROW WILSON

O UTOPISTA

"O homem precisa de algum tipo de atividade exterior, pois interiormente é inativo."

SCHOPENHAUER

UMA PESSOA COMO TODO MUNDO

"A indolência é um deleite, porém é também uma aflição: precisamos estar fazendo alguma coisa para ser felizes."

WILLIAM HAZLITT

O CTA RISO-HUDSON

Classificação Tipológica Segundo a Atitude

Classifique as afirmações ao lado conforme sua aplicabilidade com base na seguinte escala:

1 ..... *Nunca é verdadeira*

2 ..... *Raramente é verdadeira*

3 ..... *Em parte é verdadeira*

4 .....*Geralmente é verdadeira*

5 ..... *Sempre é verdadeira*

_____ 1. O que as pessoas gostam em mim é a sensação de segurança que lhes transmito.

_____ 2. Não me incomodo de estar com as pessoas nem de estar só – para mim, tanto faz, contanto que esteja em paz comigo mesmo.

_____ 3. Encontrei um certo equilíbrio na vida e não vejo razão para perturbá-lo.

_____ 4. Estar "à vontade", em todos os sentidos da expressão, é algo que me agrada muito.

_____ 5. Prefiro concordar que criar uma cena.

_____ 6. Não sei exatamente como, mas não deixo que as coisas me atinjam.

_____ 7. Sou uma pessoa fácil de agradar e geralmente me contento com o que tenho.

_____ 8. Já me disseram que sou distraído e alheio às coisas – o fato é que eu as entendo, mas simplesmente não quero reagir.

_____ 9. Não me acho particularmente obstinado, mas as pessoas dizem que eu às vezes sou teimoso quando tomo uma decisão.

_____10. A maioria das pessoas parece excitar-se muito fácil; eu sou muito mais estável.

_____11. É preciso aceitar o que a vida nos dá; afinal, não há mesmo muito que fazer!

_____12. Sou capaz de entender diferentes pontos de vista e geralmente concordo com as pessoas mais que discordo delas.

_____13. Acredito que se devem realçar os fatores positivos, em vez de ficar martelando os negativos.

_____14. Tenho uma espécie de filosofia de vida que me orienta e conforta muito em épocas difíceis.

_____15. Durante o dia, faço tudo que precisa ser feito, mas quando o dia acaba, eu relaxo mesmo.

Verifique a análise da pontuação na página 349.

TIPO NOVE DE PERSONALIDADE: O PACIFISTA

➤ **MEDO FUNDAMENTAL:** O da perda e da separação; o da aniquilação.

➤ **DESEJO FUNDAMENTAL:** Manter o equilíbrio interior e a paz de espírito.

➤ **MENSAGEM DO SUPEREGO:** "Você estará bem se os que o rodeiam também estiverem."

O Tipo Descomplicado, Discreto: Receptivo, Tranqüilizador, Agradável e Complacente

Chamamos este tipo de personalidade de *o Pacifista* porque nenhum outro é mais dedicado à busca da paz interior e exterior, para si e para os demais. Seus representantes muitas vezes abrigam um anseio de busca espiritual, de ligação com o cosmo e com as pessoas. Eles se esforçam por manter sua paz de espírito tanto quanto para estabelecer a paz e a harmonia no mundo em que vivem. As questões mais vivenciadas por este tipo são fundamentais a todo trabalho interior: despertar × adormecer para a nossa verdadeira natureza, presença × transe, tensão × relaxamento, paz × sofrimento, união × separação.

Ironicamente, sendo um tipo tão voltado para o mundo espiritual, o Nove está no centro da Tríade do Instinto e é aquele que potencialmente está mais ligado ao mundo físico e ao próprio corpo. A contradição se resolve quando atentamos para o fato de que seus representantes ou estão em contato com seus instintos e possuem uma tremenda força primitiva, um forte magnetismo pessoal, ou se abstraem deles e tornam-se alheios e distantes, até superficiais.

"Deixo-me levar pela correnteza."

Para compensar a perda de contato com a energia dos instintos, as pessoas do Tipo Nove também se recolhem à imaginação e às fantasias. (Por isso, seus representantes às vezes identificam-se erroneamente como pertencentes aos Tipos Cinco e Sete, regidos pela mente, ou aos Tipos Dois e Quatro, regidos pelos sentimentos.) Além disso, quando suas energias instintivas entram em desequilíbrio, eles as acabam usando contra si próprios, reprimindo sua própria força até tornar-se psiquicamente inertes. Quando essa energia não é utilizada, estagna-se como um lago que transborda até represar a nascente que o alimenta. Porém, quando estão em harmonia com seu Centro Instintivo e a energia que lhe é própria, eles tornam-se como um grande rio que a tudo transporta em seu leito.

O Tipo Nove já foi denominado a *coroa do Eneagrama* porque está no alto do símbolo e parece abarcar tudo que ele contém. Seus representantes são capazes de exibir a força do Tipo Oito, o espírito brincalhão e aventureiro do Tipo Sete, o caráter conscencioso do Tipo Seis, o intelectualismo do Tipo Cinco, a criatividade do Tipo Quatro, o poder de atração do Tipo Três, a generosidade do Tipo Dois e o idealismo do Tipo Um. Entretanto, o que eles geralmente não demonstram é estar dentro de si mesmos – *uma noção mais forte de sua própria identidade*.

Ironicamente, portanto, o Tipo Nove só não é como ele mesmo. A idéia de ser um eu à parte, um indivíduo que precisa se impor diante dos demais, apavora seus representantes – eles preferem fundir-se com outra pessoa ou entregar-se silenciosamente aos seus idílicos devaneios.

Red, um consultor de mercado nacionalmente conhecido, comenta essa tendência:

> Estou consciente de que me concentro nas pessoas, quero saber como elas são, onde e como vivem etc. Nos relacionamentos, geralmente abro mão de meus planos em favor dos planos do outro. Tenho de estar sempre alerta quanto a ceder às exigências alheias em detrimento de minhas próprias necessidades.

As pessoas do Tipo Nove demonstram a tentação universal de ignorar os aspectos mais perturbadores da vida e buscar um pouco de paz pelo adormecimento. Elas reagem à dor e ao sofrimento tentando atingir um estado prematuro de paz, seja ele uma falsa conquista da espiritualidade ou uma negação maior. Essas pessoas demonstram, mais do que a maioria, a tendência de fugir às tensões e aos paradoxos da vida pela tentativa de transcendê-los ou de buscar soluções simples e indolores para os problemas.

Pensar no que a vida tem de bom naturalmente não é mau – só que é uma abordagem limitada e limitante da vida. Se as pessoas do Tipo Nove procuram ver o lado bom das coisas para se proteger das vicissitudes da vida, os outros tipos também têm suas próprias distorções. O Quatro, por exemplo, concentra-se em suas próprias feridas e em seu papel de vítima; o Um, no que há de errado nas coisas e assim por diante. Já o Nove se prende ao lado bom da vida, de forma a não deixar que sua paz de espírito se abale. Porém, em vez de negar o lado sombrio da vida, seus representantes deveriam compreender que *todas as perspectivas propostas pelos outros tipos também são verdadeiras*. Eles precisam resistir ao impulso de fugir do mundo real para um "prematuro estado zen" ou para a "branca luz" do Divino e lembrar-se que a única saída passa por uma coisa e pela outra.

O PADRÃO DA INFÂNCIA

Muitas das pessoas do Tipo Nove relatam haver tido uma infância feliz, mas esse nem sempre é o caso. Quando a infância é mais conturbada, as crianças deste tipo aprendem a defender-se *dissociando-se das ameaças e traumas que as afligem*, adotando o papel do Pacifista ou Mediador nos conflitos familiares. Elas aprendem que a melhor maneira de manter a harmonia no lar é "desaparecer" e não criar problemas para ninguém e que, se não fizerem exigências nem tiverem expectativas – em resumo, se não derem trabalho –

> *Favor observar que o padrão da infância aqui descrito não provoca o tipo de personalidade. Em vez disso, ele descreve tendências observáveis na tenra infância que têm grande impacto sobre os relacionamentos que o tipo estabelece na vida adulta.*

conseguirão acalmar Mamãe e Papai, além de proteger-se. (No contexto de um sistema familiar inadequado, o termo que mais se aplica neste caso é o do Filho Perdido.) A sensação é a seguinte: "Se eu aparecer e me impuser, vou acabar criando ainda mais problemas. Portanto, se não atrapalhar, a família permanecerá unida".

Georgia, uma famosa terapeuta, vem se dedicando ao Trabalho Interior há vários anos:

> Minha mãe era alcoólatra e tinha temperamento instável. Então, quando eu era criança, esforçava-me por não atrapalhar nem criar problemas. Dessa forma, aprendi a ficar à margem da vida e a ser complacente com as necessidades alheias. Eu tinha medo de não ser amada se me impusesse. Optei por viver minha vida de uma forma mais interiorizada, que na verdade me enriquecia muito, e por não enfrentar as pessoas.

As crianças do Tipo Nove crescem pensando que não é permitido ter necessidades, impor-se, sentir raiva ou criar dificuldades para os pais. Por conseguinte, elas jamais aprendem a impor-se adequadamente ou, por extensão, a *realizar-se independentemente* de seus pais e entes queridos. Essas crianças aprendem a permanecer em segundo plano, onde as coisas não podem atingi-las. Na vida adulta, seu espaço psíquico é tão ocupado pelos problemas e planos daqueles a quem tentam atender que, muitas vezes, essas pessoas não conseguem distinguir seus próprios desejos e necessidades.

Além disso, elas aprendem a reprimir tão completamente a raiva e a própria vontade que perdem a consciência de nem sequer tê-las. Aprendendo a ajustar-se a tudo aquilo que lhes é apresentado, raramente ocorre a essas pessoas perguntar-se o que desejam, pensam ou sentem. Em decorrência disso, geralmente precisam de algum esforço para descobrir o que querem para si mesmas.

Red passou anos trabalhando as questões da discrição e da raiva reprimida:

> Tenho a clara noção de haver sido deixado de lado por ser um "menino tão bonzinho". Minha mãe costuma elogiar o "anjo" que eu era, pois podia ser deixado sozinho horas a fio e, ainda assim, me distraía. Acho que minha mãe é do Tipo Nove e que eu captei muito de sua filosofia de vida. (...) Quando havia conflitos com meu pai, ela dizia-lhe coisas como: "Não vire o barco" e "Se não tem nada a dizer, não diga nada". Outra coisa que ela sempre dizia era: "Quando um não quer, dois não brigam" – o que era sua forma de me dizer que podia acabar uma briga evitando discutir.

Em famílias muito desajustadas, as crianças deste tipo podem haver sofrido trauma emocional, físico ou sexual. Nesse caso, elas aprendem a proteger-se contra os sentimentos mais intoleráveis dissociando-se ou fechando-se. De um certo modo, é bom que elas não estejam conscientes das lembranças traumáticas ou da raiva, mas, por outro lado, isso acarreta um déficit na capacidade de deixar-se afetar profundamente pela realidade. Tais indivíduos poderão perder-se em fantasias ou concentrar-se exclusivamente no que for positivo e pacífico – por mais ilusório que isso possa revelar-se depois.

André é um bem-sucedido corretor imobiliário que atua numa grande metrópole. Boa parte do seu sucesso se deve ao fato de ser natural e despretensioso, traços comuns ao Tipo Nove, embora aprendidos a um custo muito alto:

> Minha mãe passou grande parte da minha infância deprimida. Eu sabia que, quanto menos trabalho lhe desse, mais seguro estaria. Assim, tentava ajustar-me o mais que podia. Ia muito ao quintal da casa da minha avó, ficar entre as árvores enormes e todos os animais que lá havia.

TIPO NOVE COM ASA OITO: O ÁRBITRO

Faixa saudável As pessoas deste subtipo aliam a capacidade de agradar e confortar à força e resistência. Fortes e agradáveis, elas facilmente se entrosam com as pessoas e as coisas que as cercam, servindo de mediadoras e atenuando conflitos. Muitas vezes, buscam novos projetos para sair um pouco da rotina normal. Além disso, são práticas e costumam preocupar-se com suas necessidades imediatas e sua situação física e financeira. Mais sociáveis que as pessoas do outro subtipo, elas geralmente preferem trabalhar em equipe. Sobressaem-se nas profissões ligadas à área da assistência e consultoria e podem dar-se muito bem no comércio, principalmente nas áreas de negociações e recursos humanos.

Faixa média Essas pessoas gostam de socializar-se e divertir-se, estando propensas a excessos que interferem com a capacidade de concentrar-se em metas mais significativas. Elas podem ser defensivas e teimosas, tendendo a empacar e recusar-se a dar ouvidos aos outros. As pessoas deste subtipo são muitas vezes geniosas, embora dificilmente se possa prever o que as provocará – em geral, ameaças ao que consideram seu bem-estar pessoal ou à sua família, emprego ou crenças. Às vezes se mostram explosivas e cortantes, mas logo recuperam a calma habitual.

OS SUBTIPOS
CONFORME AS ASAS

▲

Exemplos

Ronald Reagan
Gerald Ford
Lady Bird Johnson
Kevin Costner
Sophia Loren
Walter Cronkite
Whoopi Goldberg
Janet Jackson
Ringo Starr
Ingrid Bergman

TIPO NOVE COM ASA UM: O SONHADOR

Faixa saudável Imaginativas e criativas, as pessoas deste subtipo muitas vezes são capazes de sintetizar diferentes escolas de pensamento ou pontos de vista nu-

Exemplos

Abraham Lincoln
Rainha Elizabeth II
Carl Jung
George Lucas
Audrey Hepburn
Margot Fonteyn
Rose Kennedy
Walt Disney
Garrison Keillor
Norman Rockwell

ma visão de um mundo ideal. Elas são particularmente hábeis na comunicação não-verbal (arte, música instrumental, dança, esportes ou trabalho com os animais e a natureza) e podem dar-se muito bem em grandes instituições. São tipicamente amigáveis e tranqüilizadoras, mas possuem uma noção muito definida de seus objetivos e, em especial, de seus ideais. Geralmente dão bons terapeutas, conselheiros ou pastores, pois aliam a capacidade de ouvir sem julgar ao desejo de ajudar aos outros.

Faixa média As pessoas deste subtipo querem que a ordem externa seja um meio de ordenar o mundo interior. Apesar disso, tendem a perder-se em ocupações e atividades de pouca importância. Elas podem ser enérgicas, mas de uma maneira distante, que interfere com a capacidade de levar adiante os objetivos de longo prazo ou de cooptar colaboradores. Mais reservadas que as pessoas do outro subtipo, elas demonstram a raiva com comedimento e ardente indignação. Além disso, preocupam-se com a questão da respeitabilidade e muitas vezes sentem-se moralmente superiores às pessoas de classes, culturas e estilos de vida diferentes dos seus. Pode haver nelas um veio um tanto puritano, que dá ao seu estilo pessoal um toque correto e formal.

O INSTINTO DE AUTOPRESERVAÇÃO NO TIPO NOVE

AS VARIANTES
INSTINTIVAS

▲

O Que Busca o Conforto. Os típicos Autopreservacionistas do Tipo Nove são pessoas agradáveis, de trato fácil, que não pedem muito da vida. Elas preferem os prazeres simples e de fácil obtenção: comer no restaurante *fast-food* mais próximo, ver a reprise de um clássico na TV e "apagar" numa poltrona confortável. Embora possam ser muito talentosas, em geral são pouco ambiciosas. Sua forma característica de lidar com ansiedade é envolver-se na rotina, podendo valer-se de afazeres corriqueiros para evitar lidar com grandes planos e desafios. Essas pessoas às vezes se deixam atrair cada vez mais por pequenas recompensas como forma de compensar a incapacidade de realizar os seus verdadeiros desejos – mas sempre com alguma ansiedade reprimida por não satisfazer suas verdadeiras necessidades.

A inércia característica deste tipo transparece mais visivelmente nesta variante. A apatia e o desleixo podem dificultar a essas pessoas a iniciativa para obter o que realmente desejam ou cuidar de suas necessidades básicas. Elas podem recorrer cada vez mais à comida e à bebida como meio de suprimir a raiva e a ansiedade e, como geralmente têm bom apetite, há uma propensão ao vício. Essas pessoas não querem que ninguém perturbe sua agradável disposição de espírito e muitas vezes resistem às interferências mantendo-se teimosamente caladas.

Na faixa não-saudável, os Autopreservacionistas do Tipo Nove caem em profunda apatia diante da vida e podem sofrer de fadiga e baixo índice de desempenho. Nesse caso, tornam-se sedentárias crônicas, fecham-se emocionalmente e, aos poucos, vão desperdiçando a saúde, os relacionamentos e as oportunidades. Vícios e dependências são comuns.

O INSTINTO SOCIAL NO TIPO NOVE

A Família Feliz. Os representantes Sociais típicos do Tipo Nove são os que mais se interessam em aproximar as pessoas e promover a paz. Eles gostam de envolver-se com os outros, de tomar parte no que acontece, mas também resistem à idéia de atender a demasiadas expectativas. Assim, podem estar fisicamente presentes, mas mental e emocionalmente distantes. Eles geralmente têm um alto nível de energia e gostam de atividade, contanto que dentro de estruturas familiares, predefinidas. Embora não se neguem a colaborar com as pessoas, gostam de saber exatamente o que se espera deles. Surpreendentemente, essas pessoas podem ser muito convencionais e conformistas, no sentido de cumprir as expectativas de seu círculo social, mas também se mostram ansiosas diante da possibilidade de perder a própria identidade, de tornar-se um apêndice ou "clone" de outrem.

A insegurança quanto ao seu próprio valor, juntamente com o desejo de agradar e adaptar-se, leva essas pessoas a ter dificuldade em dizer "não". Todavia, elas normalmente acabam resistindo de alguma maneira, em geral passivo-agressiva. A tentativa de agradar as diversas pessoas e grupos sociais de sua vida pode levá-las à dispersão e ao desencantamento, como no caso do Tipo Sete. Essas pessoas muitas vezes têm problemas quando precisam traçar metas pessoais e levá-las a cabo.

Na faixa não-saudável, os representantes Sociais do Tipo Nove podem mostrar-se resignados e deprimidos diante de sua falta de desenvolvimento. Sua grande insegurança e carência em geral são mascaradas pela insipidez no plano emocional. As demonstrações de raiva e indignação poderão afastar os demais, aumentando assim a sensação de isolamento.

O INSTINTO SEXUAL NO TIPO NOVE

Fusão. Os típicos representantes Sexuais do Tipo Nove querem assumir as qualidades mais enérgicas do outro, e isso os leva a gravitar em torno de tipos agressivos. Assim, poderão eles próprios também demonstrar alguns traços acessórios de agressividade. Tendem a ser mais atrevidos que os representantes das demais variantes, e sua ira é facilmente despertada quando pressentem ameaças aos seus relacionamentos. Eles buscam uma parceria completa, pensando nela como "nossa" – em vez de "minha" – vida. É como se quisessem que o outro se integrasse a eles. Muitas vezes o idealizam, sem querer enxergar seus defeitos, mas podem também tornar-se críticos e exigentes, principalmente se tiverem Asa Um. Os elogios que o outro merece são elogios ao eu; o mesmo vale para as ofensas e decepções.

O outro torna-se o centro de gravidade, o eixo da identidade dos representantes Sexuais do Tipo Nove. Por conseguinte, podem não conseguir desenvolver uma identidade própria e estabelecer sua independência. Eles podem ser criaturas de um extremo romantismo, lembrando assim os representantes do Tipo Quatro. No quadro final podem entrar fantasias irrealistas de salvação – o "complexo de Cinderela" –, ilusões, e apego excessivo aos entes queridos.

Na faixa não-saudável, essas pessoas tornam-se extremamente dissociadas e deprimidas, aparentando não possuir um eu central. Incapazes de fundir-se adequadamente ao outro, sentem-se perdidas. Fantasias com o outro mesclam-se a fantasias de raiva e vingança, embora raramente atuadas. Elas acabam tendo relacionamentos cuja tônica é a dependência ou lutando sozinhas, à espera de um. Há também a possibilidade de o eu tornar-se uma função de antigos relacionamentos. ("Meg e eu éramos o mais perfeito dos casais. Sinto tanto a sua falta desde que ela morreu.")

DESAFIOS PARA O CRESCIMENTO DO TIPO NOVE ▲	A seguir, alguns dos problemas mais freqüentes no caminho da maioria das pessoas do Tipo Nove. Identificando esses padrões, "pegando-nos com a boca na botija" e simplesmente observando quais as nossas reações habituais diante da vida, estaremos dando um grande passo para libertarnos dos aspectos negativos de nosso tipo.

O SINAL DE ALERTA PARA O TIPO NOVE: DIZER "AMÉM" A TUDO

"Não importa. Para mim, tanto faz."

A partir dos Níveis médios, as pessoas do Tipo Nove sofrem a tentação de ser demasiado condescendentes por temer que, entrando em choque com os outros, perderão a relação que têm com eles. Por exemplo, se o parceiro lhes pergunta aonde gostariam de ir jantar, elas bem podem responder: "Tanto faz, amor – qualquer lugar que *você* queira está bom para mim".

Dito de modo simples, essas pessoas podem criar o hábito de dizer "amém" a coisas que na verdade não querem fazer. Essa estratégia pode evitar discordâncias de imediato, mas inevitavelmente levará a ressentimentos de parte a parte. Além disso, no caso deste tipo o ressentimento geralmente reverte em comportamento passivo-agressivo – concordar em fazer alguma coisa e depois não cumprir o trato –, o que por fim gera conflitos e mal-entendidos muito maiores. A acomodação também as sujeita a ser exploradas, já que estão sempre dispostas a pagar caro para manter a paz.

TIPO NOVE: O PACIFISTA

		Termos-chave:	
SAUDÁVEL	Nível 1	Autodomínio Espírito Indômito	As pessoas do Tipo Nove deixam de acreditar que sua participação no mundo é indesejável ou pouco importante. Assim, conseguem realmente estabelecer contato consigo mesmas e com os demais. Além disso, paradoxalmente realizam seu Desejo Fundamental – ter equilíbrio interior e paz de espírito – e se mostram donas de si, dinâmicas, tranquilas e presentes.
	Nível 2	Naturalidade Serenidade	As pessoas do Tipo Nove concentram-se no ambiente ou nos relacionamentos como um todo, desejando manter um equilíbrio harmonioso entre estes e seu próprio eu. Auto-imagem: "Sou uma pessoa equilibrada, gentil e descomplicada".
	Nível 3	Desprendimento Capacidade de Reconfortar	As pessoas do Tipo Nove reforçam sua auto-imagem estabelecendo e mantendo a paz e a harmonia em seu mundo. Aplicam sua paciência e sensatez na mediação de conflitos e no auxílio aos demais. Em geral, essas pessoas são cheias de imaginação, inspirando a todos com sua visão da vida, que é positiva e dotada de potencial de cura.
MÉDIA	Nível 4	Discrição Trato Agradável	Temendo que os conflitos possam pôr em risco sua paz de espírito, as pessoas do Tipo Nove começam a evitar potenciais desavenças concordando com os demais. Julgam que não vale a pena discutir sobre certas questões, mas assim começam a dizer "sim" a muitas coisas que, na verdade, não querem fazer.
	Nível 5	Isenção Complacência	As pessoas do Tipo Nove receiam que qualquer mudança significativa em seu mundo ou qualquer sentimento mais forte possa perturbar sua frágil paz. Por conseguinte, estabelecem sua vida de maneira a evitar que as coisas as atinjam. Elas perdem-se em hábitos e rotinas cômodas, inventam afazeres e "dessintonizam" os problemas.
	Nível 6	Resignação Apaziguamento	As pessoas do Tipo Nove temem que lhes exijam reações que possam despertar a ansiedade e acabar com sua paz de espírito. Assim, minimizam a importância de certos problemas e tentam evitar outros. Cheias de estoicismo, marcham penosamente vida afora, aferrando-se a ilusões e suprimindo a raiva.
NÃO-SAUDÁVEL	Nível 7	Repressão Negligência	As pessoas do Tipo Nove temem que a realidade as obrigue a lidar com seus problemas, o que pode ser verdade. Assim, podem reagir apegando-se à ilusão de que está tudo certo e resistindo teimosamente a qualquer tentativa de enfrentar os problemas. São pessoas deprimidas, sem energia e com baixo nível de desempenho.
	Nível 8	Dissociação Desorientação	Desesperadas por apegar-se a qualquer farrapo de paz interior que lhes possa ter restado, as pessoas do Tipo Nove temem reconhecer a realidade. Elas tentam bloquear da consciência tudo que as possa afetar pela dissociação e pela negação. Mostram-se desoladas, dessensibilizadas e desamparadas, sofrendo muitas vezes de amnésia.
	Nível 9	Auto-abandono "Apagamento"	As pessoas muito pouco saudáveis do Tipo Nove sentem-se totalmente incapazes de enfrentar a realidade. Refugiando-se em si mesmas, tornam-se completamente apáticas. Elas poderão tentar bloquear a percepção para salvar suas ilusões de paz fragmentando-se em subpersonalidades.

Hope, uma eficiente terapeuta, reconhece esse padrão em si mesma:

> Sempre fui apaziguadora demais, comedida demais, uma "mosca morta". Lembro-me de várias vezes em que devia defender-me, defender alguém, e não o consegui. Geralmente a causa era uma mistura do medo de conflitos, do medo de que a situação piorasse e do desejo de que "todos se dessem bem uns com os outros". Em grande parte de minha vida, subestimei minha capacidade, fosse nos esportes ou na profissão, a fim de ficar em segundo plano e não sobressair. O importante era ajudar os outros a chegar à linha de frente, não a mim mesma.

A acomodação e a discrição marcam o início do "ato de desaparecimento" do Tipo Nove. Em vez de impor-se e correr o risco de afastar as pessoas, seus representantes começam a sumir adotando papéis convencionais e a esconder-se por trás de *slogans* e lugares-comuns. Se a ansiedade e os conflitos aumentarem, eles tornam-se quase invisíveis. Isso se deve ao fato de estarem tentando adaptar-se às circunstâncias, "não ser um problema" – só que se acabam perdendo no processo.

Hope fala a respeito de um desses momentos:

> Quando estava no primeiro grau, ainda afirmando minha independência, disse à professora que não copiaria o que estava escrito no quadro. Ela veio até onde eu estava e sacudiu meu queixo com toda a força. Jamais voltei a criar problemas na escola ou na igreja. Tornei-me uma "boa menina" que fazia tudo o que lhe mandavam.

DIZER "SIM" QUANDO SE QUER DIZER "NÃO"

Pense nas ocasiões em que concordou em seguir os planos e as preferências alheios, em vez de ficar com suas próprias opções. O que isso representou para sua sensação de participação? E para seu contato consigo mesmo e com sua própria experiência? Você se ressentiu por aquiescer? Como você prescindiu de sua opção? O que esperava ganhar fazendo isso?

O Papel Social: Uma Pessoa Como Todo Mundo

Os representantes típicos do Tipo Nove começam a criar um certo Papel Social ao ver-se como Uma Pessoa Como Todo Mundo, aquele indivíduo modesto que se contenta em ficar em segundo plano e não causar problemas a ninguém. ("Não precisa me comprar um presente de aniversário. Sei que você gosta de mim.") Eles acham que sua presença, suas opiniões e sua participação na verdade não importam e não trazem nenhuma conseqüência especial. Por mais limitante que isso seja de um certo ponto de vista, essas pessoas sentem-se bem dentro dessa autodefinição – ela lhes permite minimizar as próprias esperanças e expectativas, de maneira a não se expor ao risco da frustração, rejeição, raiva e decepção.

O Papel Social do Tipo Nove é um pouco difícil de perceber a princípio, mas torna-se palpável a partir do instante em que é vivenciado. A sua identidade é como a garra que sustenta a pedra de um anel ou a moldura de um quadro. Sua atenção se volta para a pedra ou a pintura, não para si, e a identidade e auto-estima surgem por meio da relação (mesmo que apenas imaginária) com aqueles que aparentemente têm maior valor.

Identificando-se como Uma Pessoa Como Todo Mundo, os representantes do Tipo Nove ganham uma certa camuflagem, uma capacidade de mimetizar o ambiente que lhes garantirá não ser perturbados. Esse Papel Social lhes dá também a esperança de que, se não cuidarem de si mesmos, os outros percebam sua discreta humildade e corram para ajudá-los. Além disso, essas pessoas imaginam que, sendo discretas e humildes, a vida as poupará da tristeza e dos reveses. Infelizmente, nem sempre as coisas correm dessa maneira e, colocando-se em último plano, elas tendem a atrair a si um certo grau de solidão e depressão. As oportunidades jamais lhes sorriem e os outros começam a não as levar a sério.

Philip é um distinto professor universitário cuja ativa vida acadêmica não nega a noção que ele tem de si mesmo:

> Sempre achei que não era importante e sempre presumi que as pessoas contassem mais que eu, que deveriam ser consideradas primeiro, que suas necessidades eram mais procedentes que as minhas. Um bom exemplo está na minha reação aos problemas de saúde. Quando surge algum sintoma, eu geralmente convivo com ele por um bom tempo até tomar alguma providência. Por outro lado, quando meus filhos eram pequenos, mal pegavam um resfriado e eu imediatamente os levava ao médico.

Quando não é reconhecido e analisado, esse papel pode levar as pessoas do Tipo Nove a perder a energia e a confiança em sua capacidade de enfrentar a vida. Elas se deprimem e cansam-se facilmente, necessitando de freqüentes cochilos e muitas horas de sono. Torna-se então cada vez mais difícil tomar alguma atitude em seu próprio benefício.

EU MEREÇO

Faça uma lista das coisas que o estimulam e entusiasmam. Não censure nem revise nada. Que tipo de pessoa você seria se pudesse? O que pode fazer hoje para tornar-se mais parecido com essa pessoa? E esta semana? E este ano?

A Preguiça e o Auto-Esquecimento

A preguiça, no caso das pessoas do Tipo Nove, está relacionada a não querer envolvimento interior com aquilo que estão fazendo. Elas não são necessariamen-

> "Morrer não é nada; aterrador é não viver."
>
> VICTOR HUGO

te preguiçosas nas tarefas do dia-a-dia – pelo contrário, podem ser muito ativas no trabalho e no lar. Sua preguiça é interior, uma preguiça espiritual que as faz não querer que a realidade as atinja ou afete profundamente. Essas pessoas não querem tomar a iniciativa por sua vida. Por causa disso, até mesmo as que se encontram na faixa média do tipo ligam o piloto automático, e assim a vida se torna menos urgente e menos ameaçadora - é vivida a uma distância segura, por assim dizer.

A preguiça é, por conseguinte, a da lembrança de si e a da autopercepção. As pessoas do Tipo Nove não se esforçam por manter contato consigo mesmas, com os outros ou com o mundo. Identificar-se com o corpo e seus instintos implica a consciência da mortalidade. Essas pessoas apegam-se a certa disposição interior confortável ou identificam-se com algo além de si mesmas, tornando *sua percepção efetivamente difusa*, no intuito de evitar que o impacto da mortalidade as atinja. O mundo ganha um foco difuso e elas sentem-se mais seguras, porém à custa de sua vitalidade e vivacidade.

Apesar de poderem buscar o espiritual, as pessoas do Tipo Nove muitas vezes tentam obter os benefícios psicológicos e emocionais do trabalho interior adotando a atitude oposta à de estar presente. Elas adormecem, anestesiando-se para o que realmente sentem e dessintonizando a realidade, ao tempo em que esperam continuar agindo sem esforço no mundo. Ironicamente, querem entrar em união com ele, mas acabam conseguindo apenas um sucedâneo da paz, a falsa paz do sono e da dissociação, uma "paz" tão tênue que tudo pode abalar. Como todos os projetos do ego, esse também está fadado ao fracasso.

A Falta de Consciência do Eu e a Dessensibilização

Por mais paradoxal que pareça, as pessoas do Tipo Nove criam e mantêm seu senso de identidade perdendo a consciência de si mesmas, não se percebendo inteiramente como indivíduos. Todos os demais tipos *fazem algo* para criar e manter sua noção de eu – o Tipo Quatro, por exemplo, insiste em seus sentimentos e disposições de espírito; o Tipo Oito impõe-se continuamente de várias formas. O Nove, ao contrário, cria sua identidade não tendo consciência direta de si. Em vez disso, seus representantes *concentram-se nos relacionamentos com as pessoas*. É como se fossem a sala em que os outros se reúnem ou a página de um álbum no qual estão coladas as fotografias alheias. Sua noção de eu é, portanto, uma "habilidade negativa", é a capacidade de conter o outro, e não a si.

Isso permite aos representantes saudáveis deste tipo prestar um apoio extraordinário às pessoas. Porém o erro fundamental que cometem é acreditar que, para manter sua relação com elas, precisam abrir mão da relação consigo mesmos. Isso lhes traz problemas, pois a manutenção dessa habilidade negativa exige que eles *resistam* cada vez mais a tudo aquilo que possa perturbar seu senso de harmonia e integração. Sua noção de eu depende de manter-se longe de diversas impressões. Eles precisam resistir especialmente a tudo que possa conscientizá-los da raiva, da frustração, do sofrimento e de qualquer outro sentimento negativo.

Exteriormente, essas pessoas podem fazer muita coisa, mas boa parte de sua atividade é constituída de afazeres os mais prosaicos. Elas arranjam mil incumbências, mas adiam a resolução de problemas mais críticos. Enquanto estão às voltas com esse tipo de ocupação, não conseguem entender por que os outros ficam chateados com elas. Se não estão incomodando em nada, por que alguém se aborreceria? O que elas não vêem é o quanto sua falta de reação pode ser frustrante para os outros. Além disso, não percebem que estão lançando as bases para uma profecia que traz em si seu cumprimento: a falta de participação dos representantes que se encontram entre as faixas média e não-saudável acabará por promover o que eles mais temem – a perda e a separação das pessoas.

É importante que essas pessoas reconheçam que *entorpecimento não é relaxamento*. Com efeito, o entorpecimento requer a manutenção da tensão física. Quando estamos relaxados, estamos perfeitamente conscientes da respiração, das sensações corporais e do ambiente que nos cerca. A verdadeira paz tem um quê de vivacidade e energia que nada tem a ver com o insosso desapego que aqui vemos.

André prossegue:

> Em meus piores momentos, sinto-me anestesiado. Não é nem depressão, é apenas dessensibilização mesmo. As menores coisas parecem exigir imenso esforço. Pode passar um tempo enorme até que eu resolva simplesmente olhar pela janela e pensar ou cair na frente da TV e fazer *zapping*. O tempo simplesmente pára. É como se eu virasse um zumbi. Ainda consigo agir normalmente, pois consigo ir ao trabalho e mostrar-me gentil, mas por dentro sinto-me inteiramente fechado. Perco a esperança de encontrar um rumo na vida.

"SUMINDO"

Sempre que perceber que "sumiu" e perdeu a consciência de si, volte atrás e tente detectar quais as circunstâncias que precederam essa ausência. O que lhe pareceu ameaçá-lo a ponto de fazê-lo querer fugir da situação? Essa ameaça estava no ambiente ou era um estado ou reação seus? À medida que for se conscientizando do que estava oculto, use essa informação para criar um sistema de alarme que o ajude a não voltar a se fechar no futuro.

Refugiando-se no Santuário Interior

Apesar das aparências, as pessoas do Tipo Nove são na verdade as mais reservadas do Eneagrama. A confusão está em que, pelo fato de não ser física, sua re-

"Não deixo que as coisas me atinjam."

tração não é tão evidente quanto em outros tipos. Essas pessoas continuam a participar enquanto se abstraem de qualquer envolvimento ativo com o mundo. Elas tentam estabelecer e manter um Santuário Interior, um local particular na mente ao qual ninguém mais tenha acesso. ("Estou aqui, estou seguro; ninguém vai me dar ordens.")

Essas pessoas recolhem-se a esse Santuário Interior quando estão ansiosas e aflitas ou simplesmente quando há ameaça de conflitos. Elas o povoam com fantasias e lembranças idealizadas; o mundo e as pessoas reais não são permitidos. Ele é o único lugar em que as pessoas do Tipo Nove conseguem libertar-se das exigências alheias. No aspecto positivo, isso lhes permite manter a calma numa crise, mas também pode trazer-lhes problemas interpessoais e impedir-lhes o autodesenvolvimento.

Nos níveis mais elevados, isso pode manifestar-se mediante uma reserva interior de tranqüilidade, conforme nos diz André:

> A maior parte do tempo, sinto-me sereno e tranqüilo – um sentimento contido e seguro. Gosto dessa característica de meu tipo. Por exemplo, num recente terremoto, quando minha casa parecia estar sendo partida em duas, não senti nenhum medo especial. Eu estava recebendo hóspedes de Nova York e ouvia seus gritos na sala, mas tinha a sensação de estar observando o terremoto de algum outro plano. Na verdade, achei-o bem interessante. Parecia-me inútil ficar aflito; eu não podia controlar o que estava acontecendo, então por que me preocupar?

Quanto mais se refugiam em seu Santuário Interior, mais as pessoas do Tipo Nove se perdem em devaneios. O esquecimento do que está acontecendo ao seu redor lhes dá a ilusão de paz e harmonia, mas elas se tornam cada vez mais distraídas, o que só deixa os outros frustrados e as torna menos capazes e produtivas. Caso se entreguem a esse transe, poderão sentir empatia pelos entes queridos e até por estranhos e animais em perigo, mas seus sentimentos não terão relação com nenhuma ação efetiva. Cada vez mais, os relacionamentos ocorrerão na imaginação.

EXPLORANDO O SANTUÁRIO INTERIOR

Seu Santuário Interior é um lugar de paz e segurança, mas você precisa pagar muito caro para viver lá, como provavelmente está começando a perceber. Você é capaz de detectar quando se volta para ele? A seu ver, quais as características que o tornam um refúgio seguro? Quais delas são pouco realistas? Procure discernir com lucidez o quanto ganharia se pudesse permanecer mais no mundo real, em vez de buscar abrigo em seu Santuário Interior.

A Idealização do Outro nos Relacionamentos

As pessoas do Tipo Nove idealizam os outros e vivem por intermédio de uma rede de identificações primárias, em geral com a família e os amigos mais íntimos.

Como disse um representante do tipo, "Não preciso estar em constante contato com alguém se sei que posso contar com ele". À medida que isso se acentua, essas pessoas começam a relacionar-se com a idéia do outro, em vez de relacionar-se com este como ele realmente é. Por exemplo, se um dos filhos tiver um problema com drogas ou outra crise grave, elas terão muita dificuldade em lidar com essa realidade, pois idealizam a família.

A idealização permite-lhes concentrar-se em outra pessoa, ao invés de em si mesmas. Além disso, permite-lhes ainda ter uma reação emocionalmente positiva aos demais, atendendo ao superego. ("Você estará bem se os que o rodeiam também estiverem.") Elas muitas vezes são atraídas por pessoas mais fortes e agressivas, que possam criar o "molho" do relacionamento. O relacionamento com pessoas mais dinâmicas e enérgicas fornece-lhes a vitalidade que tendem a suprimir em si mesmas. Esse acordo tácito muitas vezes funciona bem, já que os tipos mais assertivos geralmente procuram quem os siga em seus planos e aventuras. A idealização, além disso, indiretamente mantém (ou até intensifica) sua auto-estima: se uma pessoa tão destacada tem um relacionamento com elas, seu amor-próprio aumenta.

Porém há três grandes riscos nesse trato. Em primeiro lugar, as pessoas do Tipo Nove podem ser exploradas por seus interlocutores mais assertivos, independentes e agressivos. Em segundo, ao cabo de algum tempo, estes geralmente perdem o interesse pelos convencionais e complacentes representantes do Tipo Nove. Finalmente, o mais importante é que, enquanto estiverem tentando ganhar vitalidade pela fusão com outrem, as pessoas deste tipo dificilmente farão o necessário à recuperação da que lhe é inerente.

DESCOBRINDO FORÇAS INSUSPEITAS

Sempre que perceber estar idealizando alguém, observe as qualidades em que mais se concentra. Você acha que não as possui? Lembre-se que, em sua natureza Essencial, você já possui tais qualidades – e, desse ponto de vista, o outro funciona simplesmente como um lembrete daquilo que você bloqueou em si mesmo. Assim, a idealização pode funcionar como um bom guia no Trabalho Interior de descobrir e reapropriar-se de uma maior porção de suas qualidades positivas.

Viver de Acordo Com Fórmulas ou Uma "Filosofia de Vida"

Os representantes típicos do Tipo Nove costumam agir de acordo com uma "filosofia de vida" que, em geral, é uma mistura de provérbios e aforismos domésticos, bom senso e textos das escrituras, além de ditos populares e citações de toda sorte. Tais fórmulas lhes fornecem um meio de lidar com as pessoas e com as situações potencialmente problemáticas. Eles têm respostas prontas para os proble-

"Um dia a sorte me sorrirá."

mas da vida. Só que, embora possam aplicar-se em certas circunstâncias, essas "respostas" tendem ao simplismo e não dão conta das particularidades dos casos individuais. O problema é que essas pessoas valem-se dessas filosofias incontestáveis mais para defender-se das inquietações que para chegar a verdades mais profundas ou a uma real compreensão. Além disso, muitas dessas suas filosofias proporcionam-lhes consolo. ("Eu sou Deus", "Tudo é uno", "Tudo é amor".) Sem muito esforço, elas podem tornar-se desculpas para aprofundar o distanciamento e a passividade.

Na faixa menos saudável, essas pessoas poderão usar a espiritualidade para defender um determinado tipo de fatalismo, para aceitar situações desfavoráveis ou mesmo prejudiciais como se não houvesse nada que pudessem fazer. ("É a vontade de Deus.") As mais defendidas vão além e descartam suas próprias intuições, bom senso, percepção sensorial e até a experiência pessoal e profissional para dar lugar ao que desejam que seja verdade. É como se pudessem fingir que podem não dar ouvidos a seus alarmes interiores sem maiores conseqüências. Tornam-se então prematuramente resignadas, no intuito de convencer a todos e a si mesmas de que não é preciso preocupar-se nem afligir-se com nada. No fim, os anjos cuidarão de tudo.

FILOSOFIAS A TODA PROVA

Toda vez que se pegar repetindo ou pensando num provérbio ou aforismo, faça duas coisas. Em primeiro lugar, observe contra que sentimento desagradável você o está usando. Você é capaz de prestar atenção ao seu corpo e conscientizar-se do que está sentindo? Em segundo lugar, como exercício, imagine uma situação em que o provérbio não é verdadeiro – uma situação na qual valha seu extremo oposto. Talvez a verdade esteja no meio-termo.

Teimosia e Resistência

As pessoas do Tipo Nove podem saber muito bem que é preciso empenho e atenção para o autodesenvolvimento, para a resolução de problemas e para o relacionamento significativo com as pessoas. Mas sentem uma indefinível hesitação, como se fosse necessário um esforço extraordinário para participar mais plenamente da própria vida. Tudo parece ser muito complicado. Quase todos já nos levantamos da cama onde sonhávamos agradavelmente para enfrentar o desafio que o dia nos reservava. Muitas vezes temos vontade de desligar o despertador para sonhar uns poucos minutos mais. Muitas vezes o fazemos – e perdemos a hora. Os representantes típicos do Tipo Nove possuem na psique um mecanismo similar que os leva a adiar o despertar.

"Resolvo isso depois."

Quanto mais pressionados a despertar e reagir, mais se retraem. Como querem ser "deixados em paz", eles apaziguam as pessoas, buscando a paz a qualquer custo.

André fala sobre a inutilidade da tentativa de defender-se das exigências da mãe:

Aparentemente, a única coisa que dava prazer à minha mãe era decorar a casa. Como é do Tipo Quatro, ela fazia de tudo para personalizar nossa prosaica casinha de subúrbio. Na hora de decorar o meu quarto, ela tirou todos os meus pôsteres e os substituiu por papel de parede em tons pastel. Senti como se tivesse sido apagado. Por mais que eu detestasse aquilo, sabia que ela não mudaria nada e, assim, não me aborreci. Seria perda de tempo até tentar discutir o caso com ela.

Apesar da tendência à acomodação, as pessoas do Tipo Nove têm dentro de si uma teimosia e uma resistência; uma espécie de desejo de não se deixar afetar por nada que possa ameaçar sua paz. Embora possam ser vistas como passivas, elas abrigam uma grande força e determinação – empregadas na tentativa de não se deixar abalar. Por trás da calma aparente, essas pessoas são verdadeiros muros de pedra: além de certo ponto, elas não negociarão.

Embora muitas delas não queiram deixar-se mudar ou influenciar pelos outros, as menos saudáveis tampouco querem deixar-se afetar por suas próprias reações às coisas, temendo qualquer coisa que possa entornar o caldo. Ironicamente, isso se aplica não apenas às emoções negativas, mas também às positivas. Assim, podem ver no entusiasmo um verdadeiro desastre, pois ele pode prejudicar seu equilíbrio emocional.

Estranhamente, por mais desagradáveis que sejam as circunstâncias de sua vida, os representantes menos saudáveis deste tipo resistem com todas as forças à possibilidade de melhorá-las. Sua paciência se transforma em soturna resistência: a vida é algo que se deve agüentar, não viver nem, muito menos, gozar. Os prazeres que porventura se permitem servem para fazê-las esquecer da crescente falta de vitalidade interior. Mas as merendas durante as reprises de TV, os papos com os amigos ou a vivência vicária das qualidades que desejam possuir não contrabalançam inteiramente a dor de perceber que sua vida estancou.

PARE DE ADIAR SUA VIDA

Dedique alguns instantes a analisar os diferentes meios de que se vale para adiar uma participação mais plena em sua própria vida. Quando e como costuma desligar o alarme do seu despertador interior? Há alguma situação específica que deflagre esse comportamento – em casa, no trabalho; determinadas pessoas ou circunstâncias? O que é preciso para que você desperte?

Raiva e Ira Reprimidas

Nas faixas médio-inferiores, as pessoas do Tipo Nove aparentam não ter o mínimo traço de agressividade (ou sequer de desejo de afirmação). Porém, por trás da fachada de contentamento e neutralidade, muitas vezes estão ocultas boas doses de raiva e ressentimento que elas se recusam a admitir ou, muito menos, enfrentar.

"Quanto mais você falar nisso, menos pensarei em fazê-lo."

A raiva é uma reação instintiva que, se não for assimilada, transforma-se por fim em ira. Quando esta não encontra vazão, impede que vários outros fortes sentimentos – e até a capacidade de amar – se manifestem. Os representantes típicos do Tipo Nove temem que, se deixarem a ira vir à tona, sobrevenha a perda das duas coisas que consideram mais importantes na vida: sua paz de espírito e seus relacionamentos. Na verdade, é justamente o contrário. Uma vez conscientes da ira reprimida, essas pessoas poderão transformá-la no combustível de que precisam para sair de sua inércia.

As pessoas do Tipo Nove podem ter diversos motivos para sentir raiva (ira, negativismo) e nem todos são evidentes. Subconscientemente, têm raiva por achar que não dispõem de "espaço" para ter sua própria vida. Estão tão ocupadas tentando manter a harmonia e apaziguar a todos que acumulam muito ressentimento. Além disso, têm raiva por achar que os outros estão sempre perturbando seu equilíbrio, tentando forçá-las a agir quando só querem ficar em paz ou lembrando-lhes os problemas que prefeririam esquecer. Por último, têm raiva porque as pessoas podem haver abusado ou tirado vantagem de sua passividade – e elas se sentiram impotentes para reagir.

As menos saudáveis dentre essas pessoas tendem ao capachismo, sofrendo passivamente tudo que lhes é servido. As típicas paralisam-se sempre que precisam reagir instintivamente para proteger-se. Elas acham-se incapazes de defender-se adequadamente, falar por si ou agir oportunamente em benefício próprio. A sensação de impotência é uma das maiores causas da ira reprimida.

Geralmente pensamos na raiva como algo negativo. Mas o seu lado positivo e menos compreendido está na capacidade de destruir os bloqueios que nos prendem a antigos padrões de comportamento. Há um lado salutar na raiva que poderia ser

---

INTEGRANDO A RAIVA

Você precisa treinar ficar à vontade diante da raiva e vê-la como uma força a qual tem direito de vivenciar e exercer. Do ponto de vista espiritual, a raiva geralmente nos dá a capacidade de dizer "não" – de proteger-nos de algo que não queremos na vida. Portanto será útil começar por dizer "não" àquilo que realmente não quer. Se isso o fizer sentir-se culpado ou receoso, apenas observe essas reações e permaneça calmo e centrado. Procure, todavia, dizer "não" nas situações adequadas. Se porventura tiver de errar, que seja por excesso, ao menos durante o período inicial e até habituar-se a fazê-lo normalmente.

chamado de *raiva santa* – a capacidade de fazer as pessoas colocarem o pé no chão, estabelecerem limites e defenderem-se. No caso do Tipo Nove, boa parte do trabalho de recuperação está no contato com a energia refreada e na capacidade de sentir a própria raiva.

Como já vimos, as pessoas do Tipo Nove tentam lidar com o *stress* minimizando a intensidade de seus próprios desejos e refugiando-se em seu Santuário Interior. Quando isso não é o bastante para controlar a ansiedade, elas passam ao Tipo Seis, investindo nas idéias ou relacionamentos que julgam capazes de dar-lhes mais segurança e estabilidade.

REAÇÃO AO *STRESS*:
O TIPO NOVE PASSA
AO SEIS

▲

Quando as ansiedades e preocupações vêm à tona, essas pessoas concentram-se inteiramente no trabalho e nos projetos. É como se, após deixar as coisas de lado algum tempo, achassem que é possível cobrir tudo de uma só vez, entrando numa fase de atividade frenética. Ao mesmo tempo, mostram-se muito reativas às exigências alheias, tornando-se mais passivo-agressivas e defensivas. Suas positivas "filosofias de vida" caem por terra, revelando as dúvidas e o pessimismo contra os quais se vinham defendendo. Além disso – também como as pessoas do Tipo Seis –, quando estressadas, elas podem verbalizar queixas há muito guardadas sobre os outros e sobre seu quinhão na vida. Embora isso possa reduzir temporariamente o *stress*, a vantagem em geral dura pouco porque elas continuam relutando em chegar à origem de sua infelicidade. Se o *stress* se intensificar, essas pessoas podem criar uma mentalidade de "estado de sítio": suspeitas paranóides podem descambar rapidamente em acusações de culpa aos outros por seus próprios problemas e reações desafiadoras. Suas explosões de raiva e mau humor as deixarão tão surpresas tanto quanto os que as presenciarem.

Se tiverem sofrido uma crise grave sem contar com apoio adequado ou sem outros recursos com que enfrentá-la, ou se tiverem sido vítimas constantes de violência e outros abusos na infância, as pessoas do Tipo Nove poderão cruzar o ponto de choque e mergulhar nos aspectos não-saudáveis de seu tipo. Por menos que queiram, isso poderá forçá-las a admitir que os

A BANDEIRA VERMELHA:
PROBLEMAS PARA
O TIPO NOVE

▲

problemas e conflitos que têm na vida não desaparecerão – e podem, inclusive, estar piorando – graças principalmente à sua falta de iniciativa. Além disso, a realidade poderá obrigá-las a enfrentá-los. (Apesar da negação, o filho poderá ser levado de volta para casa pela polícia, o parceiro com um "leve problema com o álcool" poderá ser demitido por ir trabalhar bêbado ou o caroço no seio poderá não desaparecer conforme o esperado.)

Se chegarem a essas constatações, poderão dar uma reviravolta na vida: por um lado, podem dar o primeiro passo rumo à saúde e à libertação; por outro, podem teimar ainda mais em manter a cômoda ilusão de que está tudo bem. ("Por que todo mundo quer me perturbar?" "Quanto mais você insistir nisso, mais longe de tomar alguma iniciativa eu vou estar!") Se persistirem nessa atitude, essas pessoas se arriscam a ultrapassar a linha divisória que as separa dos Níveis não-saudáveis. Se seu comportamento ou o de alguém que você conhece se enquadrarem no que descrevem as advertências abaixo por um período longo – acima de duas ou três semanas, digamos –, é mais do que recomendável buscar aconselhamento, terapia ou algum outro tipo de apoio.

ADVERTÊNCIAS

POTENCIAL PATOLÓGICO: Distúrbios Dissociativos, Esquizóides e de Dependência, depressão anedônica, negação extrema, despersonalização grave e prolongada.

➤ Negação de graves problemas de saúde, financeiros ou pessoais
➤ Obstinação e resistência acirrada contra qualquer tipo de auxílio
➤ Amortecimento e repressão da vitalidade e percepção geral
➤ Sensação de inadequação e negligência generalizada
➤ Dependência de outras pessoas e falta de interesse em evitar ser exploradas
➤ Depressão crônica e perda da sensação de prazer emocional (anedonia)
➤ Extrema dissociação (sensação de estar perdido, confusão, desligamento profundo)

PRÁTICAS QUE CONTRIBUEM PARA O DESENVOLVIMENTO DO TIPO NOVE

➤ Embora a verdadeira humildade seja uma característica louvável, não é ela que você deve cultivar. Aprenda a distinguir entre a autêntica humildade e a tendência a diminuir a si mesmo e a sua capacidade. Em outras palavras, lembre-se do Papel Social de seu tipo – Uma Pessoa Como Todo Mundo – e observe quando começa a representá-lo. Você pode sentir-se sobrecarregado pelos problemas ou achar que tem pouco a oferecer aos demais, mas basta uma rápida olhada na discórdia, na violência e no sofrimento que há no mundo para ganhar uma tranqüila sabedoria em relação ao que você *pode* fazer. Se há uma energia que é necessária ao restabelecimento do equilíbrio neste mundo agitado, certamente é a tranqüila energia da cura e da conciliação das pessoas saudáveis do Tipo Nove. Saiba que, quando está realmente em contato consigo mesmo, tem toda a força e capacidade de que precisa em qualquer situação.

➤ Aprenda o valor da palavra *não*. É natural não querer decepcionar as pessoas, mas, quando deparar uma proposta que não o deixa à vontade, é melhor deixar seus receios claros desde o início do que concordar silenciosamente e arrepender-se depois. Além disso, os outros provavelmente se aborrecerão mais se você resistir com agressividade passiva após haver inicialmente concordado com eles. As pessoas querem saber qual a sua verdadeira opinião ou preferência – mesmo que estas lhe pareçam pouco importantes.

➤ Aprenda a reconhecer o que *você* quer de uma determinada situação. Na maioria das vezes, você estará tão ocupado considerando as posições e opiniões das pessoas que pode acabar esquecendo as suas. Graças a esse hábito, você talvez não saiba de imediato o que deseja. Se necessário, não hesite em pedir às pessoas um instante para avaliar as opções. E não hesite em adotar aquela que realmente prefere. Lembre-se de que você também tem direito a ter vontades.

➤ Faça como os representantes saudáveis do Tipo Três e invista em seu desenvolvimento e no cultivo de seus talentos. Há muitas formas agradáveis e perfeitamente válidas de passar o tempo, distraindo-se ou conversando com os amigos – mas procure ter certeza de não estar negligenciando seu próprio desenvolvimento. O início pode despertar muitas de suas ansiedades e dúvidas em relação a si mesmo, mas as recompensas da persistência serão muito maiores e satisfatórias. Além disso, investindo em si mesmo, você não estará se afastando de ninguém: todos lucrarão se você se tornar mais forte e pleno.

➤ Observe quando, em vez de relacionar-se de fato, está apenas imaginando uma relação com alguém. Para a maioria das pessoas, sentar ao seu lado no sofá enquanto você devaneia com uma viagem ou o último episódio de sua novela favorita não é a melhor coisa do mundo. Se perceber que está "desaparecendo" diante de uma determinada pessoa, pergunte-se se não está aborrecido ou inquieto com alguma coisa que ela fez. Qualquer que seja a situação, falar sobre o problema poderá ajudá-lo a retomar o contato consigo mesmo e com a pessoa.

➤ Aprenda a reconhecer e assimilar a raiva. Para a maioria das pessoas do Tipo Nove, a raiva é algo muito ameaçador. De todas as emoções, parece ser a que mais facilmente pode destruir sua paz interior. No entanto, só por meio dela você terá contato com sua força interior – ela é o combustível que consumirá sua inércia. Naturalmente, isso não significa que você precise sair gritando com as pessoas ou agredindo estranhos pela rua, mas sim que, quando sentir raiva, não há nada de errado em dizer às pessoas que está aborrecido. Aprenda a *sentir* a raiva em seu corpo. Como é essa sensação? Em que parte ela se mostra com mais força? Familiarizando-se com ela enquanto sensação, você terá menos medo.

Um dos maiores trunfos das pessoas do Tipo Nove é a imensa paciência, que muitas vezes se traduz numa atitude que deixa os outros à vontade, permitindo-lhes desenvolver-se à sua própria maneira. Essa atitude é a mesma dos bons pais: ensinam pacientemente novas habilidades aos filhos, enquanto permanecem a uma distância respeitosa porém atenta.

REFORÇANDO OS PONTOS FORTES DO TIPO NOVE

▲

Essa paciência encontra seu respaldo na tranqüila força e na tremenda resistência características das pessoas do Tipo Nove. Elas conseguem manter a calma mesmo nas ocasiões mais difíceis. É comum relatarem situações em que conseguem vencer rivais mais vistosos no trabalho e nos relacionamentos, ao modo da fábula da lebre e da tartaruga. Quando saudáveis, essas pessoas conseguem trabalhar com constância e persistência na obtenção de suas metas, geralmente atingindo-as. Sua força de vontade se libera e elas demonstram muita garra e pique, como convém ao tipo que está no centro da Tríade do Instinto.

Graças ao seu extraordinário equilíbrio interior, os representantes saudáveis do Tipo Nove são muito eficientes em épocas de crise. Os pequenos altos e baixos da vida não os desestabilizam, como tampouco os grandes. Quando os grandes reveses e vicissitudes deixam a todos ansiosos, essas pessoas são como um baluarte de tranqüilidade, seguindo em frente e fazendo as coisas.

André sabe o quanto isso é simples – e difícil:

> Superar um período de mal-estar e dessensibilização é simples: basta admitir para mim mesmo que algo está errado e depois contar como me sinto a alguém em quem confio. O contato com as emoções mais "agitadas" é penoso, mas é a maneira de diluí-las. Outra estratégia que ajuda é retomar o contato com o corpo fazendo ginástica, massagens etc. Criar um cachorro também tem sido fantástico nesse aspecto: ele é tão "ligado" no momento e exige tanta atenção que é difícil eu conseguir ser um zumbi novamente.

As pessoas saudáveis do Tipo Nove são extremamente inclusivas em relação aos demais, o que constitui um dom especialmente importante na sociedade globalizada em que vivemos. (Isso explica por que as pessoas do Tipo Seis – que tendem a ser exclusivas e a colocar os outros ou no grupo de "dentro" ou no grupo de "fora" – precisam integrar as qualidades do Tipo Nove.) Enquanto os representantes típicos do Tipo Nove vêem o bem nos outros (e desejam fundir-se a eles), os realmente saudáveis vêem também o bem em si mesmos (e desejam tornar-se mais independentes e envolvidos com seu mundo).

"As pessoas podem se dar bem."

Embora sem dúvida queiram ajudar os outros, eles não se identificam com o papel do Salvador ou Auxiliar. São valorizados por escutar sem julgar, brindando a todos com a liberdade e a dignidade da filosofia do "viva e deixe viver". São capazes de perdoar e conceder o benefício da dúvida, sempre buscando uma interpretação positiva das situações. Sua capacidade de dar espaço e ouvidos aos demais os torna muito solicitados. Além disso, embora possam considerar diversos pontos de vista, são capazes de tomar atitudes firmes quando necessário. Sua simplicidade, objetividade, inocência e falta de malícia colocam as pessoas à vontade e fazem-nas confiar neles.

Para as pessoas saudáveis deste tipo, conflitos, tensões e dissensões são permitidos e, inclusive, apreciados. Elas geralmente demonstram capacidade de chegar a uma nova síntese que resolva de alguma maneira a contradição ou o conflito. Assim, podem ser muito criativas, apesar da tendência à modéstia. Além disso, costumam gostar muito da expressão não-verbal – por meio da música, da arte, da pintura ou da dança. São pessoas dotadas de muita imaginação que gostam de explorar o mundo dos sonhos e dos símbolos. Seu pensamento é holístico, pois elas querem manter a sensação de união com o universo. Os mitos são uma forma de falar a respeito de grandes temas da natureza humana e da ordem moral da existência: no fim, tudo é bom e funciona como deve.

As pessoas do Tipo Nove concretizam seu potencial e se mantêm na faixa saudável quando aprendem a reconhecer seu valor Essencial, como as que estão na faixa saudável do Tipo Três. Com efeito, elas superam seu Papel Social – o de Uma Pessoa Como Todo Mundo – e reconhecem que merecem seu próprio tempo e atenção.

O CAMINHO DA INTEGRAÇÃO: O TIPO NOVE PASSA AO TRÊS
▲

Empenham-se em seu desenvolvimento e lançam-se ao mundo, mostrando a todos o que têm a oferecer.

O maior obstáculo que têm a enfrentar para atualizar seu potencial é a tendência à inércia. Quando dão início ao processo de integração, essas pessoas muitas vezes deparam sensações de peso e sonolência quando tentam fazer algo de bom por si mesmas. Porém, à medida que avançam nesse processo, sua energia aumenta e, com ela, seu carisma. Após passar a maior parte da vida pensando que são invisíveis, elas surpreendem-se ao constatar que os outros não apenas as escutam, mas também buscam sua opinião. Quando elas reconhecem o próprio valor, os outros também as valorizam mais. Ao reclamar a vitalidade de sua natureza instintiva, elas passam a infundir energia aos outros. Assim, ao descobrir seu valor e vê-lo refletido em outras pessoas, elas se surpreendem e deleitam.

Naturalmente, a integração não significa a imitação das características singulares do Tipo Três. O ímpeto, a competitividade e a consciência da própria imagem pouco contribuem para a criação da verdadeira auto-estima – pelo contrário, só servirão para manter as ansiedades que essas pessoas nutrem quanto a seu valor e mantê-las dissociadas de sua verdadeira identidade. Porém, à medida que conseguirem encontrar a energia de investir em seu próprio desenvolvimento, o amor e a força de seu coração se transformarão num invencível fator de cura dentro de seu mundo.

Em última análise, as pessoas do Tipo Nove assumem sua natureza Essencial enfrentando seu Medo Fundamental – o de perder a relação com as coisas e as pessoas – e abandonando a idéia de que sua participação no mundo não tem importância e de que, por isso, não precisam "aparecer".

A TRANSFORMAÇÃO DA PERSONALIDADE EM ESSÊNCIA
▲

Elas percebem que a única maneira de atingir realmente a união e a plenitude que buscam é envolvendo-se totalmente com o momento presente, e não "desaparecendo" na imaginação. Mas isso requer que retomem o contato com sua natureza instintiva e vivenciem diretamente seu lado físico. Isso muitas vezes pressupõe o confronto da raiva e da ira reprimidas, que em geral representam uma ameaça muito grande à sua habitual noção de eu. Mas, quando permanecem consigo mesmas e conseguem integrá-las, as pessoas do Tipo Nove começam a vivenciar a constância e a estabilidade que sempre almejaram. Tendo essa força interior como base, elas ganham o poder indômito que se alinha à vontade Divina, como o que se vê em representantes extraordinários deste tipo como Abraham Lincoln e Sua Santidade, o Dalai Lama.

> "Não nos cabe criar a unidade; cabe-nos apenas reconhecê-la."
>
> WILLIAM SLOAN COFFIN

É o domínio da experiência mortal que as pessoas do Tipo Nove precisam aprender a aceitar e abraçar, a fim de atingir a verdadeira plenitude e união. Embora haja muitos aspectos da realidade que estão além do mundo manifesto, não concretizamos nosso potencial *negando* esse mundo. Em outras palavras, não conseguiremos nunca transcender realmente a condição humana: só abraçando-a inteiramente é que chegaremos à plenitude de nossa verdadeira natureza.

Quando reconhecem e aceitam essa verdade, as pessoas do Tipo Nove tornam-se extremamente independentes e donas de si. Elas aprendem a impor-se com maior desenvoltura e a vivenciar uma maior paz, equanimidade e contentamento. O domínio de si mesmas lhes permite estabelecer relacionamentos profundamente gratificantes, pois elas estão realmente em contato consigo – são vivas, despertas, alertas e exuberantes, tornando-se pessoas dinâmicas e cheias de alegria, que trabalham para curar seu mundo e promover a paz.

Longe de reprimir-se ou mostrar-se indiferentes, essas pessoas descobrem o quanto é bom estar presentes para a vida, conforme observa Red:

> Sei exatamente o que preciso dizer e fazer e tenho a força e a coragem de fazê-lo. Parei de querer agradar às pessoas e passei a agradar a mim mesmo. Por mais estranho que pareça, esse esforço para satisfazer minhas próprias necessidades muitas vezes satisfaz as de todos, como se, concentrando-me nas minhas, eu pudesse antever as do grupo.

A MANIFESTAÇÃO DA ESSÊNCIA

> "Felicidade: dissolver-se em algo grande e completo."
>
> WILLA CATHER

As pessoas do Tipo Nove relembram a qualidade Essencial da plenitude e completude. Elas relembram a interligação de todas as coisas, sabendo que nada no universo está separado do resto das coisas existentes. Esse conhecimento traz muita paz de espírito, e a missão do Tipo Nove é, do ponto de vista da Essência, ser um lembrete vivo da unidade subjacente de nossa verdadeira natureza.

Quando se libertam, essas pessoas tornam-se inteiramente presentes e conscientes da plenitude e da unidade da existência, ao tempo em que mantêm sua noção de individualidade. As menos saudáveis têm a capacidade de perceber algumas das ilimitadas qualidades da realidade, mas tendem a perder-se e confundir-se com o ambiente em que vivem. Já as que se libertam não se perdem nesse estado nem em fantasias idealistas; elas vêem como o bem e o mal estão juntos ("Deus manda a chuva tanto para os justos quanto para os injustos") e aceitam a paradoxal união de opostos – aceitam que o prazer e a dor, a tristeza e a felicidade, a saúde e a doença, a união e a perda, o bem e o mal, a vida e a morte, a clareza e o mistério, a paz e a ansiedade estão inextricavelmente ligados.

Essa é uma conclusão a que Martin, um consultor de mercado, chegou sozinho:

> Quando minha mulher morreu o ano passado, fiquei arrasado até perceber que sua vida e sua morte eram parte de um evento maior. Talvez seja uma coisa que eu não entenda, mas parece ser uma peça pertencente a um conjunto maior. Quando aceitei a plenitude da vida dela, sua morte tornou-se apenas uma parte do todo maior, e eu consegui aceitá-la.

Outra qualidade Essencial do Tipo Nove é aquela que Oscar Ichazo denominou "Amor Santo". Cumpre, porém, entendê-lo adequadamente: o amor Essencial a que nos referimos é uma característica dinâmica do Ser que flui, transforma e rompe todas as barreiras que encontra. Ele supera qualquer sensação de separação e isolamento dentro dos limites do ego, problemas que assolam a Tríade do Instinto. É por isso que o verdadeiro amor amedronta – ele traz consigo a dissolução dos limites e a morte do ego. No entanto, quando nos rendemos à ação do Amor Santo, retomamos o contato com o oceano do Ser e percebemos que, no fundo do coração, somos esse Amor. Somos essa infinita, dinâmica e transformadora Presença de consciência amorosa, e assim sempre foi.

Some os pontos das quinze afirmações para o Tipo Nove. O resultado estará entre 15 e 75. As instruções ao lado o ajudarão a descobrir ou confirmar seu tipo de personalidade.

➤ 15   Você provavelmente não pertence a um dos tipos retraídos (Quatro, Cinco e Nove).

➤ 15-30   Você provavelmente não pertence ao Tipo Nove.

➤ 30-45   É muito provável que você tenha problemas comuns ao Tipo Nove ou que um de seus pais seja do Tipo Nove.

➤ 45-60   É muito provável que você tenha algum componente do Tipo Nove.

➤ 60-75   É muito provável que você pertença ao Tipo Nove (mas ainda poderá pertencer a outro se tiver uma concepção demasiado limitada deste tipo).

As pessoas do Tipo Nove costumam identificar-se erroneamente como pertencentes ao Tipo Dois, Cinco ou Quatro. As dos Tipos Seis, Dois e Sete costumam identificar-se erroneamente como pertencentes ao Tipo Nove.

PARTE III

▼

Instrumentos para a Transformação

▲

CAPÍTULO 16

▼

O ENEAGRAMA
E A PRÁTICA ESPIRITUAL

EM SI, o Eneagrama não é um caminho espiritual. Ele é, sim, um instrumento excepcional, além de um grande auxílio, *qualquer que seja o caminho* que estejamos seguindo. Todavia, a percepção que ele nos possibilita deve ser combinada a algum tipo de prática diária. A prática aplica a informação fornecida pelo Eneagrama à experiência do dia-a-dia e ajuda-nos a retornar às verdades fundamentais que ele nos revela.

A combinação entre o conhecimento proveniente do Eneagrama e a prática espiritual consiste em:

➤ Tornar-se presente e consciente o máximo possível ao longo do dia
➤ Ver a personalidade em ação
➤ Não agir a partir de seus impulsos

Esses três elementos subjazem a todas as demais ferramentas e práticas que integram este livro. Sempre que nos conscientizarmos da ação de uma determinada faceta de nossa personalidade, podemos lembrar de respirar fundo e relaxar o mais que pudermos. Ao mesmo tempo, devemos continuar a observar e conter os impulsos até que algo se altere e nosso estado mude. A análise do que observarmos não importa tanto quanto a conscientização, o relaxamento do corpo e a não-atuação.

Ainda que não seja em si mesmo um caminho espiritual completo, o Eneagrama oferece grandes revelações a qualquer pessoa que esteja trilhando o caminho da terapia ou o do espírito. Os *insights* sobre a natureza humana que ele propicia – principalmente quando se leva em conta a especificidade dos Níveis de Desenvolvimento – são tão "na mosca" que dificilmente deixarão de funcionar como catalisadores de nosso crescimento.

A ESCOLHA DE UMA PRÁTICA

As grandes religiões do mundo deram-nos um sem-número de práticas que visam à transformação pessoal; o mesmo fizeram a moderna psicologia, o movimento de auto-ajuda e os pensadores espirituais contemporâneos. Independentemente da prática que escolhermos — seja ela a meditação, a oração, a *yoga*, a leitura de livros inspiradores ou qualquer outra —, há três critérios para avaliar sua utilidade do ponto de vista da transformação.

> "Um dos problemas que enfrentamos na atualidade é a falta de familiaridade com a literatura sobre o espírito. Estamos interessados nos fatos do dia e nos problemas do momento."
>
> JOSEPH CAMPBELL

Em primeiro lugar, devemos perguntar-nos se essa prática contribui para tornar-nos mais conscientes, despertos e abertos para a vida ou se, na verdade, está servindo apenas para respaldar as mais caras — e mesmo negativas — ilusões a nosso próprio respeito. Ela propicia o cultivo da Presença e frisa a importância de nosso contato com a vida aqui e agora?

Em segundo, devemos perguntar-nos se ela nos ampara na exploração de certas limitações e facetas incômodas de nossa personalidade. Não são poucos os caminhos que oferecem uma espécie de "*glamour* espiritual", incutindo nos adeptos a idéia de que são, de alguma forma, distintos do resto da humanidade (ou seja, melhores) e acenando com a promessa de grandiosos poderes cósmicos em pouco tempo. Embora sempre se possam atingir poderes extraordinários, eles geralmente são mais um desvio que uma marca de autêntica realização. (Por outro lado, é provável que qualquer caminho que nos culpe ou julgue constantemente também seja desequilibrado.)

Em terceiro, devemos perguntar-nos se esse caminho nos encoraja a pensar por nós mesmos. O crescimento vem do desejo de ver mais a fundo não só a nossa natureza, como também a da realidade. As respostas prontas de gurus ou doutrinas retrógradas desestimulam esse processo. Tais "respostas" podem acalmar-nos transitoriamente a personalidade, encobrindo as feridas e ansiedades mais profundas, mas sua limitação em geral se revela assim que surge uma crise de verdade.

Com efeito, *a vida é nossa maior mestra*. Tudo que fizermos pode ser instrutivo, estejamos trabalhando, conversando com o parceiro ou dirigindo o carro. Se estivermos presentes para nossas experiências, as impressões de nossas atividades terão vida e frescor, possibilitando-nos sempre aprender alguma coisa nova. Porém, se não estivermos presentes, os momentos serão iguais uns aos outros, e nada da riqueza da vida nos tocará.

> "A meditação não é um caminho para a iluminação nem um método para atingir nada específico — é a própria paz e a própria bem-aventurança."
>
> DOGEN

Não há uma prática espiritual ou técnica psicológica que seja sempre certa para todos. Nossos diferentes estados e situações costumam exigir diferentes opções. Às vezes, temos a mente e o coração tranqüilos, podendo facilmente dedicar-nos à meditação, contemplação ou visualização. Em outros momentos, estamos cansados e não conseguimos meditar. Nesse caso, talvez a oração, a música ou a meditação peripatética sejam mais recomendáveis.

Nosso tipo específico provavelmente também influenciará nas práticas que escolhermos. Os tipos retraídos (Quatro, Cinco e Nove), por exemplo, que não têm muito contato com o próprio corpo, se beneficiarão muito optando pela meditação peripatética, *yoga*, alongamento ou mesmo *jogging*. Porém, como normalmente preferem práticas mais sedentárias, as pessoas desses tipos costumam justificar-se alegando que essas abordagens não contam.

No caso dos tipos assertivos – Três, Sete e Oito –, embora possa não corresponder à sua idéia de prática espiritual, o contato com o coração por meio da meditação e dos atos de caridade é de valor inestimável. Além disso, seus representantes – voltados para a ação – podem achar que a meditação é simplesmente "ficar sentado sem fazer nada".

"A prece não é divertimento de senhoras idosas. Quando adequadamente compreendida e usada, ela é o mais potente dos instrumentos de ação."

GANDHI

Já os tipos aquiescentes – Um, Dois e Seis – podem não achar que participar de um retiro de silêncio ou tomar uma massagem seja espiritual. Para eles, tão movidos pela consciência do dever como são, a contemplação parece o oposto da devida preocupação com o bem-estar alheio. No entanto, tudo que seja feito com atenção pode tornar-se a base da prática espiritual se nos centrar no corpo, nos acalmar a mente e nos abrir o coração. As práticas e abordagens que descrevemos em seguida ajudam-nos a encontrar em nós mesmos o equilíbrio.

SETE INSTRUMENTOS DE TRANSFORMAÇÃO

Se quisermos utilizar o Eneagrama em nossa jornada de autodescoberta, precisaremos de algo além de informações interessantes sobre os nove tipos. Esse verdadeiro mapa da alma só pode tornar-se útil quando o aliamos a outros ingredientes-chave. Para tanto, sugerimos sete instrumentos que consideramos indispensáveis à jornada espiritual.

1. **A Busca da Verdade.** Se estivermos realmente interessados na transformação, não há nada mais importante que cultivar o amor da verdade. A busca da verdade implica a curiosidade em relação ao que ocorre dentro de nós e ao nosso redor, o inconformismo diante das respostas automáticas que a personalidade nos empurra. Se nos observarmos, veremos que muitas das explicações batidas que nos damos por nosso comportamento ou pelos atos alheios são uma forma de resistência. Elas representam um meio de evitar ver melhor nosso estado atual. Uma res-

"A liberdade interior não é guiada por nossos esforços; ela vem da visão do que é verdadeiro."

BUDA

"Conhecereis a verdade, e a verdade vos libertará."

JESUS DE NAZARÉ

posta batida pode ser, por exemplo: "Estou com muita raiva de meu pai". Mas a verdade mais profunda pode ser: "Eu adoro meu pai e quero desesperadamente ser amado por ele". Ambos os níveis de verdade aí podem ser difíceis de aceitar para nossa personalidade. Poderíamos precisar de muito tempo para admitir que estamos com raiva do pai – e mais tempo ainda para reconhecer o amor por trás da raiva.

À medida que aceitamos o que é real no momento presente, tornamo-nos mais capazes de aceitar tudo que possa surgir, pois sabemos que *não somos apenas isso*. A verdade abrange tanto as nossas reações de temor quanto os maiores recursos de que dispomos na alma. Se nossas reações automáticas nos desviam de nossa busca da verdade, o reconhecimento de sua existência nos aproxima dela. Quando nos dispomos a aceitar toda a verdade – seja ela qual for –, dispomos de mais recursos interiores para lidar com as situações que enfrentamos.

> "Quando perguntaram a Michelângelo como criava uma escultura, ele disse que a estátua já existia dentro do mármore (...). Em sua opinião, cabia-lhe apenas retirar o excesso que recobria a criação de Deus.
> O mesmo acontece com você. Seu eu perfeito não precisa ser criado, pois Deus já o criou (...). Cabe-lhe apenas deixar que o Espírito Santo remova o terrível modo de raciocinar que recobre seu eu perfeito."
>
> MARIANNE WILLIAMSON

2. "Não fazer." O processo de transformação às vezes nos parece paradoxal porque falamos tanto de luta e esforço quanto de permitir, aceitar, renunciar. A resolução dessa aparente oposição está no conceito de "não fazer". Quando o entendemos, vemos que *a verdadeira luta é relaxar até conseguir obter uma maior percepção, de maneira a detectar as manifestações da personalidade*. Não agindo conforme nossos impulsos automáticos nem os suprimindo, começamos a compreender o que os provoca. (Um exemplo está na história que Don conta no Prefácio.) Não agindo conforme ditam os impulsos, criamos aberturas através das quais conseguimos vislumbrar o que realmente estamos querendo fazer. Essas revelações tornam-se muitas vezes lições de grande importância para nós.

3. A Disposição para a Abertura. Uma das principais funções da personalidade é separar-nos de vários aspectos de nossa verdadeira natureza. Ela nos faz limitar a experiência do eu, bloqueando o acesso à consciência de todas as facetas que não se encaixam em nossa auto-imagem. Relaxando o corpo, silenciando a tagarelice da mente e deixando que o coração se torne mais sensível à situação, abrimo-nos justamente para as qualidades e os recursos interiores que mais nos ajudam a crescer.

Cada momento tem a possibilidade de nos dar prazer, nos alimentar, nos amparar – *se* estivermos aqui para percebê-lo. A vida é uma grande dádiva, mas a maioria de nós a deixa escapar porque prefere assistir ao filme da vida, projetado dentro da cabeça de cada um. À medida que aprendemos a confiar no momento e a valorizar a percepção, aprendemos também a desligar o projetor desse filme e a viver uma vida muito mais interessante – uma vida na qual os protagonistas realmente somos nós.

4. A Busca do Apoio Adequado. Quanto mais apoio tivermos em nosso Trabalho Interior, mais fácil será o processo. Se vivermos ou trabalharmos em ambientes inadequados, o Trabalho Interior não será impossível, mas será mais difícil. A maioria não pode abandonar o emprego nem a família assim tão facilmente, mesmo que esteja tendo problemas com eles. O que normalmente podemos fazer é procurar pessoas que nos estimulem e funcionem como testemunhas de nosso crescimento. Além disso, podemos participar de grupos, *workshops* e situações que fomentem nosso desenvolvimento. A busca de apoio, além disso, permite que programemos nossos horários de modo a deixar tempo para as práticas que alimentam a alma.

5. Aprender com Todas as Coisas. Uma vez envolvidos com o processo de transformação, compreendemos que tudo que ocorre no momento presente é o que precisamos enfrentar de imediato. E tudo o que nos surge na mente e no coração é a matéria-prima que podemos usar para o crescimento. É muito comum a tendência a abandonar aquilo que de fato temos diante de nós em favor da imaginação. Começamos então a idealizar ou dramatizar a situação, justificando-nos ou até fugindo para a "espiritualidade". Se permanecermos com a vivência real de nós mesmos e da situação, saberemos exatamente o que precisamos saber para crescer.

> "Cada objeto manifesta algum poder de Alá. Seu júbilo e Sua ira, Seu amor e Sua magnificência emanam por meio dos objetos. É por isso que somos atraídos ou repelidos. Tais manifestações não terão fim enquanto o processo da criação existir."
>
> SHEIK TOSUN BAYRAK AL-JERRAHI AL-HALVETI

6. Cultivar um Verdadeiro Amor do Eu. Já se disse muitas vezes que não podemos amar aos outros se não amarmos a nós mesmos. Mas o que quer dizer isso? Geralmente pensamos que tenha algo que ver com a obtenção de auto-estima ou de guloseimas emocionais para compensar nossa sensação de carência. Talvez, mas um dos aspectos fundamentais do amor maduro que se tem por si mesmo é a preocupação em não evitar a dor e o sofrimento que possa haver na real situação de vida de cada um. Assim não se pode crescer. Precisamos amar-nos o bastante para não nos abandonarmos – e nós nos abandonamos quando não estamos plenamente presentes na vida. Quando nos deixamos levar pelas preocupações, fantasias, tensões e ansiedades, dissociamo-nos do corpo, dos sentimentos e, em última análise, de nossa verdadeira natureza.

Além disso, o verdadeiro amor do eu acarreta uma profunda aceitação de si mesmo – um retorno à Presença e uma adaptação a si próprio como realmente se é, sem tentar mudar o que se vive. Para tanto, vale também buscar a companhia de pessoas que tenham em si um pouco dessa qualidade.

7. A Adoção de Uma Prática. A maioria dos ensinamentos espirituais frisa a importância de algum tipo de prática, seja ela a meditação, a prece, a *yoga*, o relaxamento ou o movimento. O importante é reservar algum tempo diariamente para restabelecer o contato mais profundo com a nossa verdadeira natureza. A prática regular (juntamente com a participação em algum grupo) serve para lembrar-nos sempre do quanto estamos hipnotizados pela personalidade. A prática espiritual interfere com os hábitos mais arraigados e dá-

> "No fundo, a maestria é prática. A maestria é permanecer no caminho."
>
> GEORGE LEONARD

nos a oportunidade de despertar cada vez mais e por mais tempo de nosso transe. Por fim, compreenderemos que aprendemos algo novo cada vez que nos dedicamos a nossa prática – e que perdemos uma oportunidade de deixar que a vida se transforme cada vez que nos afastamos dela.

Um dos maiores obstáculos à prática regular está na expectativa de chegar a um determinado resultado. Ironicamente, esse obstáculo se torna um problema principalmente quando a prática nos leva a bons avanços. A personalidade se apodera deles e tenta recriá-los a seu bel-prazer. Acontece que isso não é possível, pois os avanços só se verificam quando estamos inteiramente abertos para o momento presente. Quando começamos a prevê-los e a contar com sua ocorrência, afastamos sua possibilidade. Nesse momento, receberemos uma nova dádiva ou seremos capazes de vislumbrar algo novo – que, muito provavelmente, não será em nada parecido ao que conseguimos na semana anterior. Além disso, a personalidade pode usar esses avanços para justificar a interrupção da prática, dizendo: "Genial! Como você avançou! Agora já 'fixou' o que precisava e não precisa continuar".

Além da prática diária, a própria vida nos dá muitas oportunidades de ver a personalidade em ação, permitindo que a nossa natureza essencial venha à tona e a transforme. Mas não basta pensar na transformação nem falar ou ler sobre ela. A procrastinação é uma das grandes defesas do ego. A única hora de usar os instrumentos da transformação é agora.

SEGUINDO SEU CAMINHO

Se levarmos a sério o trilhar de um caminho espiritual, precisamos imbuir-nos das verdades que compreendemos a cada dia – de fato, a cada momento de cada dia. Precisamos aprender a "seguir nosso caminho" em todas as áreas da vida. Porém como devemos fazê-lo? Como todo mundo (principalmente no início do Trabalho), estamos cheios de maus hábitos, antigas feridas e problemas malresolvidos. Apenas a intenção de trilhar um caminho espiritual não será o bastante.

Devido a esse problema, os mestres espirituais vêm apresentando diretrizes aos seus seguidores ao longo da História. Buda recomendou que as pessoas seguissem aquilo que se conhece como o "Caminho Óctuplo": Compreensão Correta, Pensamentos Corretos, Falar Correto, Ação Correta, Sustento Correto, Esforço Correto, Observação Correta e Concentração Correta. Moisés apresentou os Dez mandamentos para que o povo judeu vivesse conforme a vontade de Deus. Cristo corroborou os Dez Mandamentos, mas exigiu a seus seguidores que cumprissem seus dois mandamentos básicos: "Ama a Deus sobre todas as coisas e a teu próximo como a ti mesmo". Já que não tem nenhum caráter confessional, o Eneagrama não implica a obediência a mandamentos teístas nem a códigos de ética específicos. Entretanto, a questão permanece: "O que queremos dizer quando dizemos estar num caminho espiritual?"

Escreva acerca do que essa questão representa para você em seu Diário do Trabalho Interior. Qual é o seu "mínimo nível de dedicação diária" para que o seu trabalho espiritual efetivamente funcione? Quais os seus ideais pessoais no que se refere a essa questão? Honestamente, o que você exige de si mesmo? Com que você realmente se compromete quando "segue o caminho" da transformação e da libertação?

Desculpas e Mais Desculpas

Uma das desculpas mais comuns entre as pessoas que empreendem essa jornada é não ter pique suficiente para cuidar da vida *e* dedicar-se a um trabalho de transformação ao mesmo tempo. Ora, na verdade nós temos mais energia do que precisamos para transformar nossa vida a cada dia, só que em 98% dos casos a empregamos em tensões, reações emocionais que nada têm a ver com o que de fato está acontecendo, devaneios e tagarelice mental. O fato é que essa energia pode ser canalizada para duas coisas: a manutenção das estruturas da personalidade ou o desenvolvimento e o crescimento, se deixarmos de identificar-nos com essas estruturas. Quando chegamos a essa conclusão por experiência própria, com-

> "Um dos meios que mais funcionam para despertar o desejo de trabalhar em você mesmo é perceber que pode morrer a qualquer momento."
>
> GURDJIEFF

	"SÓ ESTAREI PRESENTE PARA MINHA PRÓPRIA VIDA QUANDO..."
1	"Tiver atingido integridade e equilíbrio perfeitos, não cometer mais erros e estiver com minha vida organizada. Quando tiver atingido a perfeição, eu o farei."
2	"For amado incondicionalmente e sentir esse amor. Quando as pessoas derem valor ao meu afeto e aos meus sacrifícios e quando atenderem a todas as minhas necessidades emocionais, eu o farei."
3	"Tiver realizado o bastante para sentir-me bem-sucedido e valoroso. Quando tiver toda a atenção e admiração que desejo e quando sentir que alcancei destaque, eu o farei."
4	"Tiver resolvido todos os meus problemas afetivos e descoberto o quanto a minha pessoa realmente importa. Quando for completamente livre para expressar todos os meus sentimentos a quem e quando eu quiser, eu o farei."
5	"Sentir-me inteiramente confiante e capaz de lidar com o mundo. Quando tiver aprendido e dominado completamente tudo que devo saber, eu o farei."
6	"Tiver apoio suficiente para sentir-me inteiramente seguro e estabilizado. Quando todas as áreas de minha vida estiverem administradas e nada puder pegar-me de surpresa, eu o farei."
7	"Estiver inteiramente feliz e realizado, certo de haver descoberto o que devo fazer de minha vida. Quando estiver inteiramente satisfeito, eu o farei."
8	"For inteiramente independente e não tiver de recorrer a ninguém para nada. Quando estiver no controle de tudo e quando minha vontade for sempre obedecida, eu o farei."
9	"Estiver totalmente em paz, sem conflitos nem problemas. Quando nada no mundo me afligir ou incomodar e quando todos os meus conhecidos estiverem felizes e em paz, eu o farei."

preendemos a necessidade de criar nossa conta bancária espiritual, mantendo alguma reserva de força vital para dar ensejo à transformação.

Outra das principais desculpas para adiar o trabalho interior se deve ao fato de a personalidade nos impor toda sorte de "condições" e "requisitos" que interferem com a prática regular. ("Vou levar a meditação a sério assim que resolver todos os demais problemas de minha vida, quando a temperatura estiver perfeita, quando houver silêncio total e quando todo mundo me deixar em paz.")

As condições e os requisitos são apenas uma forma de procrastinação espiritual. Se dermos ouvidos a essa voz interior, talvez tenhamos pela frente uma longa espera, pois as circunstâncias jamais serão ideais. Por mais que quiséssemos, não poderíamos controlar todas as situações externas da vida. Porém há uma coisa que podemos fazer: comparecer com Presença e percepção – justamente aquilo que temos mais resistência em fazer.

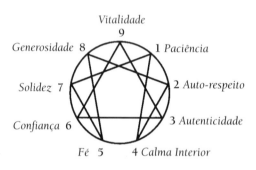

AS COMPENSAÇÕES DA PRÁTICA

Conforme você provavelmente sabe, a maioria de nossas condições à Presença jamais serão atendidas, pelo menos não como desejamos. A ironia é que, quando de fato estamos presentes, encontramos todas as qualidades que estávamos procurando. Isso é porque elas fazem parte do mundo da Essência, e não da personalidade – e a Essência só pode ser vivenciada quando nos colocamos no momento presente.

Finalmente, muitos de nós resistimos a uma maior abertura para a vida porque *receamos que, se nos tornarmos demasiado saudáveis, as pessoas não saberão o quanto nos magoaram.* Se nos tornarmos saudáveis, não podemos continuar a punir nossos pais (nem outras figuras importantes de nosso passado) por haver-nos feito sofrer. Quando sentimos raiva do pai, da mãe ou do parceiro, acabamos comendo demais, bebendo além da conta ou fumando para mostrar-lhe o quanto estamos infelizes. Se deixarmos que esses sentimentos orientem nossos atos, conseguiremos apenas fazer mal a nós mesmos.

As "Compensações" da Prática

As qualidades listadas em torno do Eneagrama que vemos nesta página estão entre as mais importantes compensações, digamos assim, do trabalho que fizermos por nós. O ego não é, por natureza, dotado de nenhuma dessas qualidades (ou "virtudes", em termos mais tradicionais). Elas representam, com efeito, o *contrário* daquilo que normalmente somos quando nos identificamos com a personalidade. Mas quando aprendemos a estar presentes para os *bloqueios* à nossa Essência, essas qualidades começam a emergir espontaneamente, tornando-se disponíveis para nós à medida que necessitamos delas – o ego não influi em seu surgimento. Não precisamos (e, na verdade, não podemos) fazer nada, a não ser observar o que impede que isso ocorra.

Como Enfrentar as Dependências

Se abusarmos de medicamentos, álcool ou drogas, o trabalho de transformação que vimos discutindo não será possível. Se tivermos alguma dependência, precisamos voltar à "sobriedade" se quisermos aprofundar o questionamento a respeito de nossa verdadeira natureza. Se dificultarmos o funcionamento do organismo, seja por excesso ou carência, será praticamente impossível cultivar a sensibilidade e a atenção necessárias à lucidez de nossa auto-observação.

Felizmente, dispomos de muitos recursos para romper com as dependências, entre os quais se incluem livros, *workshops*, grupos de apoio, terapia e até internamento. O Eneagrama não pretende substituir nenhum desses recursos. Porém, quando usado em conjunção com eles, pode ser de grande utilidade na compreensão das origens de um padrão de dependência.

Os nove tipos podem criar dependências e co-dependências. Entretanto, como se verificam entre eles determinadas *tendências*, apresentamos as correlações a seguir como ponto de partida. Elas não pretendem ser extensivas nem representar uma discussão exaustiva desse complexo problema. (Você será suscetível, além disso, às dependências e aos distúrbios alimentares mostrados no quadro da página 362 conforme o tipo que se encontra na Direção de Desintegração, ou *stress*, do seu.)

TRABALHO COM O SUPEREGO

O superego é a voz interior que está sempre nos censurando por não agir conforme certos padrões ou recompensar o ego quando atendemos às suas exigências. Quando obedecemos ao superego, ele nos dá ta-

"Há muitas áreas de crescimento (fracasso e outros negócios inacabados, comunicação e relacionamentos maduros, sexualidade e intimidade, carreira e êxito no trabalho, certos medos e fobias, feridas antigas e mais) onde a boa terapia ocidental como um todo é mais rápida e mais bem-sucedida do que a meditação. Esses aspectos cruciais do seu ser não podem ser só descritos como 'natureza da personalidade'. Freud disse que ele queria ajudar as pessoas a amar e a trabalhar. Se você não pode amar bem e dar uma contribuição significativa à Terra, então para que serve seu trabalho espiritual? A meditação pode ajudar nessas áreas. Mas se, depois de sentar por alguns momentos, você descobrir que ainda tem trabalho a fazer, encontre um bom terapeuta e alguns outros caminhos para comunicar efetivamente esses resultados."

JACK KORNFIELD

"O impressionante é que nós realmente amamos o próximo como a nós mesmos: fazemos aos outros aquilo que fazemos a nós. Nós os odiamos quando nos odiamos. Nós somos tolerantes com eles quando toleramos a nós mesmos."

ERIC HOFFER

pinhas nas costas, dizendo: "Bom menino!/Boa menina! Era isso mesmo que tinha de fazer!" Mas, quando fazemos algo que o superego reprova, ele nos condena – e sempre na primeira pessoa. ("Mas o que fui fazer? Já imagino o que as pessoas vão pensar de mim agora!" "Se tentar de novo, certamente vou falhar mais uma vez.")

Se refizermos essas críticas substituindo "eu" por "você", reconheceremos nelas as palavras ríspidas que nos foram dirigidas pela primeira vez na infância. Com efei-

	AS DEPENDÊNCIAS E DISTÚRBIOS ALIMENTARES DOS TIPOS
1	Excesso de dietas, vitaminas e técnicas de depuração (jejum, comprimidos dietéticos e enemas). Alimentação insuficiente com vistas ao autocontrole: em casos extremos, anorexia e bulimia. Álcool para alívio da tensão.
2	Excesso de alimentos e medicamentos não sujeitos a receitas médicas. Farras, principalmente de doces e carboidratos. Superalimentação para compensar "carências afetivas". Hipocondria para provocar reações solidárias.
3	Ênfase excessiva no corpo com vistas ao reconhecimento. Exercícios físicos até a exaustão. Dietas de fome. Vício em trabalho. Ingestão excessiva de café, estimulantes, anfetaminas, cocaína ou esteróides ou excesso de cirurgias plásticas para melhoria cosmética.
4	Excesso de doces e gorduras. Uso de álcool para alterar o humor, facilitar o entrosamento social e obter alívio emocional. Falta de atividade física. Bulimia. Calmantes. Tabaco, medicamentos ou heroína contra a ansiedade social. Cirurgia plástica para remoção de traços indesejáveis.
5	Maus hábitos no comer e no dormir graças à minimização das necessidades. Desleixo com a higiene e a nutrição. Falta de atividade física. Psicotrópicos para fuga e estimulação mental; narcóticos e álcool para a ansiedade.
6	Rigidez na dieta provoca desequilíbrios nutricionais. ("Não gosto de verduras.") Excesso de trabalho. Cafeína e anfetaminas para estimulação, mas também álcool e calmantes para amortecer a ansiedade. Maior suscetibilidade ao alcoolismo que os demais tipos.
7	O tipo mais propenso a criar dependências: estimulantes (cafeína, cocaína e anfetaminas), Ecstasy, psicotrópicos, narcóticos e álcool. Tendência a evitar outras substâncias calmantes. Desgaste físico no intuito de "ficar ligado". Excesso de cirurgias plásticas, analgésicos.
8	Negligência de problemas e necessidades físicas; propensão a evitar visitas ao médico e exames de rotina. Excesso de gorduras, álcool e tabaco, associado a desgaste físico, podendo acarretar estafas, doenças cardíacas e derrames cerebrais. Os problemas relacionados à questão do controle assumem importância central, embora haja possibilidade de dependência de álcool e narcóticos.
9	Excesso ou carência na alimentação devido à falta de consciência de si e à repressão da raiva. Falta de atividade física. Uso de calmantes e psicotrópicos, álcool, maconha e narcóticos para aliviar a solidão e a ansiedade.

AS "ORDENS-UNIDAS" DE CADA TIPO	
Ordem-Unida	*Contradição*
1 "Você estará num bom caminho se fizer o que é 'certo'?"	Parece razoável, mas como saber o que é "certo"? Seus padrões são objetivos ou subjetivos? De onde vêm essas idéias? As pessoas do Tipo Um lutam para ser boas, mas jamais conseguem ser boas o bastante para seu superego.
2 "Você estará num bom caminho se for amado pelos outros e estiver perto deles."	Por que seu valor depende do amor de alguém e como ter certeza de que é amado? Mesmo que não o seja, o que isso tem que ver com você? As pessoas do Tipo Dois lutam para se aproximar dos outros, mas ainda assim sentem-se pouco amadas.
3 "Você estará num bom caminho se for bem-sucedido e respeitado pelos outros."	O que o faz pensar que uma determinada atividade aumenta seu valor? Por que precisa fazer alguma coisa para sentir-se valoroso? Quanto precisa realizar para isso? As pessoas do Tipo Três costumam fazer sucesso, mas sentir-se vazias por dentro.
4 "Você estará num bom caminho se for fiel a si mesmo."	"O que significa ser fiel a si mesmo"? Qual é o eu ao qual alguma outra parte é "fiel"? Significa apegar-se a velhas reações e sentimentos? As pessoas do Tipo Quatro esforçam-se tanto por ser únicas que acabam descartando muitas das opções que a vida lhes dá.
5 "Você estará num bom caminho se conseguir dominar algo."	Como você sabe que atingiu o domínio completo de alguma coisa? Quando é que se chega ao fim desse processo? Qual a relação entre sua área e suas verdadeiras necessidades? As pessoas do Tipo Cinco concentram-se anos e anos em aprender o máximo sobre um determinado assunto e continuam sem autoconfiança.
6 "Você estará num bom caminho se fizer o que se espera que faça."	Como você espera poder cobrir todas as frentes? Sua correria e preocupação o tornam mais seguro? Você realmente acha importante fazer o que esperam que faça? As pessoas do Tipo Seis lutam tanto pela segurança e, no entanto, sentem-se ainda ansiosas e receosas.
7 "Você estará num bom caminho se obtiver o que precisa."	Você sabe a diferença entre uma necessidade e uma vontade? Você se sentiria bem se uma determinada necessidade sua não fosse satisfeita? Nesse caso, ela é mesmo uma necessidade? As pessoas do Tipo Sete procuram aquilo que crêem que lhes trará a satisfação, mas continuam se sentindo insatisfeitas e frustradas.
8 "Você estará num bom caminho se for forte e conseguir dominar as situações."	Como você sabe que está sendo forte e que está protegido? De quanto controle precisa? Sua motivação para dominar realmente aumenta seu bem-estar? As pessoas do Tipo Oito querem cada vez mais controle e, apesar disso, não se sentem seguras.
9 "Você estará bem se os que o rodeiam também estiverem."	O que você pode fazer para que os outros fiquem bem? Como pode ter certeza de que todos realmente estão bem? Por que seu bem-estar depende antes do bem-estar e da felicidade dos outros? Como isso é impossível, as pessoas do Tipo Nove "dessintonizam" os problemas.

to, o superego é a "voz interiorizada" de nossos pais e outras figuras de autoridade, antigas e atuais. Sua função original era fazer-nos agir da maneira que pensávamos que faria nossos pais continuarem nos amando e protegendo. Inconscientemente nos identificamos com essas vozes e as incorporamos para não correr o risco de perder o amor e o apoio de nossos pais. Em vez de deixá-los nos punir (e, assim, ter de lidar com o sofrimento que isso causaria), aprendemos a punir-nos nós mesmos.

O problema é que mesmo as partes do superego que foram úteis quando tínhamos 2 anos de idade provavelmente já não o são hoje em dia. Apesar disso, essas vozes são tão fortes agora quanto eram então – e geralmente nos trazem mais prejuízos que benefícios, alienando-nos cada vez mais de nossa verdadeira natureza. De fato, o superego é um dos principais agentes da personalidade: ele é o "crítico interior" que restringe as possibilidades de que dispomos.

Grande parte de nosso trabalho inicial de transformação consiste em conscientizar-nos mais da "voz" do superego em seus vários disfarces, sejam positivos ou negativos. Ela age todo o tempo no sentido de promover nossa identificação com a personalidade e nossa atuação das maneiras mais contraproducentes que há. Quando estamos presentes, conseguimos ouvir as vozes do superego sem nos identificar com elas; conseguimos ver as atitudes e posições do superego como se fossem os personagens de uma peça, esperando nas coxias para entrar no palco e controlar-nos ou atacar-nos mais uma vez. Quando estamos presentes, escutamos a voz do superego, mas não lhe damos nenhuma força: essa voz "todo-poderosa" torna-se então apenas mais um aspecto do momento.

Porém precisamos também estar alertas contra a formação de novas camadas de superego após o início do trabalho psicológico e espiritual. Poderíamos chamá-las de *superego espiritual* ou *superego terapêutico*. Em vez de repreender-nos com as vozes de nossos pais, passamos a fazê-lo com as vozes de Buda, Jesus, Maomé, Freud ou do próprio terapeuta! Com efeito, um dos maiores riscos que enfrentamos ao utilizar o Eneagrama é que o superego "assuma" nosso trabalho e comece a criticar-nos por não ascender na escala de Níveis de Desenvolvimento ou não tomar logo o Rumo da Integração, por exemplo. Entretanto, quanto mais presentes estivermos, mais facilidade teremos em perceber a irrelevância dessas vozes e em negar-lhes o controle. Por fim, elas acabam perdendo a força e nós podemos recobrar o espaço e a tranqüilidade que precisamos para estar receptivos a forças interiores mais propícias à vida.

As "Ordens-Unidas" do Superego

Antes que isso aconteça, precisamos atentar para as "ordens-unidas" do superego. Elas representam o básico de nossa vida mental, ditando a maioria de nossas atividades rotineiras. Inicialmente, algumas dessas mensagens parecem bem sensatas. (Uma das principais características das mensagens do superego é sua capacidade de fazer-nos sentir "normais", apesar de inibidos.) Todavia, se prestarmos mais atenção, veremos que elas são não apenas arbitrárias e subjetivas, mas também coercivas e prejudiciais. Essas mensagens nos impõem padrões cada vez mais difíceis de atingir, pelos quais sempre pagamos muito caro. Se nos sentirmos ansiosos, temerosos, arrasados ou fracos, podemos ter certeza de que o superego está no comando.

Atitudes que Curam

Outra maneira de nos libertarmos do superego está em uma maior conscientização de nossas reações automáticas diante de problemas e conflitos, seguida de uma "atitude que cura". Já mencionamos algumas delas, específicas para cada tipo.

Durante uma semana, teste a atitude curadora específica de seu tipo. Observe o que ela lhe traz nos relacionamentos, no trabalho, no lar etc. Vale a pena anotar suas observações em seu Diário do Trabalho Interior. Posteriormente, você poderá testar as dos demais tipos.

	AS ATITUDES CURATIVAS DE CADA TIPO
1	Talvez os outros estejam certos. Talvez alguém tenha uma idéia melhor. Talvez as pessoas aprendam por si mesmas. Talvez eu tenha feito tudo que é possível fazer.
2	Talvez eu pudesse deixar alguém fazer isso. Talvez essa pessoa na verdade esteja demonstrando afeto por mim, só que a seu próprio modo. Talvez eu também pudesse fazer algo de bom por mim.
3	Talvez eu não tenha de ser o melhor. Talvez as pessoas me aceitem do jeito que eu sou. Talvez o que pensem a meu respeito não seja tão importante.
4	Talvez não haja nada de errado comigo. Talvez as pessoas de fato me entendam e me amparem. Talvez eu não seja o único a me sentir assim.
5	Talvez eu possa confiar nas pessoas e dizer-lhes o que preciso. Talvez eu possa ser feliz no mundo. Talvez meu futuro seja bom.
6	Talvez isso dê certo. Talvez eu não precise prever todos os problemas possíveis. Talvez eu possa confiar em mim e nos meus julgamentos.
7	Talvez o que eu tenha já seja suficiente. Talvez eu não precise estar em nenhum outro lugar agora. Talvez eu não esteja perdendo nada de interessante.
8	Talvez essa pessoa não esteja querendo tirar vantagem de mim. Talvez eu possa baixar um pouco mais a guarda. Talvez eu possa deixar meu coração ser tocado mais profundamente.
9	Talvez eu faça diferença. Talvez eu precise criar coragem e me envolver. Talvez eu seja mais forte do que penso.

TRABALHO CORPORAL

O corpo é extremamente importante para o Trabalho Interior, pois põe a realidade à prova de uma forma que a mente e as emoções (os outros dois centros) não podem fazer. Como já mencionamos, isso se deve ao fato de que o *corpo está sempre aqui*, no momento presente. A mente e os sentimentos podem estar em qualquer lugar – imaginando o futuro, vivendo no passado ou ruminando uma fantasia –, mas o corpo está sempre no aqui e agora. Portanto, se estivermos conscientes das sensações corporais, teremos um bom indício de que estamos presentes.

Alimentação Criteriosa

A maioria das pessoas sabe que uma boa dieta e exercícios praticados com freqüência e regularidade são essenciais a uma vida saudável. No entanto, muitas vezes nos esquecemos disso quando falamos sobre o crescimento psicológico ou espiritual. Quando nos alimentamos bem e nos exercitamos e descansamos o bastante, as emoções se tornam mais equilibradas e a mente, mais lúcida, permitindo que o processo da transformação flua com mais facilidade.

Nem sempre é fácil termos consciência e controle de nossos hábitos alimentares. Com efeito, nosso modo de comer representa um dos aspectos mais automáticos e inconscientes da personalidade. Apesar disso, quando prestamos mais atenção a ele, geralmente chegamos à conclusão de que a personalidade nos faz comer muito mais (ou menos) do que o corpo precisa. Podemos comer depressa demais, sem saborear a comida, ou remanchar para comer. Além disso, podemos comer coisas que nos fazem mal e gostar de alimentos que não promovam nosso bem-estar. Embora haja inúmeras dietas e regimes que se propõem melhorar a saúde das pessoas, está claro que é preciso respeitar o organismo e a individualidade de cada um. Alguns se dão bem com uma dieta vegetariana, outros precisam de uma dieta com alto percentual de proteína. Como em todas as coisas, a percepção pode dar mais inteligência e sensatez aos nossos padrões alimentares.

Relaxamento

Talvez a técnica que mais promova o contato com o corpo e suas energias seja o relaxamento total. Relaxar não é apenas algo que fazemos quando estamos praticando *yoga* ou meditando – podemos fazer tudo com relaxamento. Podemos fazer tudo que fazemos centrados e relaxados ou tensos e confusos. Basicamente, o relaxamento consciente é uma questão de aprendermos como voltar sempre ao aqui e agora, abrindo-nos a uma impressão cada vez mais profunda da realidade.

Muita gente confunde entorpecimento com relaxamento, quando na verdade são extremos opostos. As pessoas podem achar que, se não sentirem dor nem tensão, estão relaxadas. Entretanto, quando o corpo é submetido a tensão muscular forte e prolongada, lida com ela adormecendo os músculos afetados. A maioria das pessoas sofre tensões há tanto tempo que grande parte do corpo adormece – *elas deixam de sentir o próprio corpo*. A maioria literalmente possui nós por todo o corpo, mas o entorpecimento camufla o incômodo que eles causam. Porém, enquanto não percebermos essas tensões, não poderemos liberá-las. Por fim, elas poderão acabar com nossa saúde e vitalidade.

TRABALHANDO O CORPO

Existem inúmeras abordagens corporais válidas, como massagem, acupuntura, *yoga*, dança, *tai chi* e artes marciais. Qualquer uma pode ser útil, mas, para efeitos duradouros, é preciso considerar duas coisas:
➤ Como seu corpo reage a ela? Você se sente mais à vontade dentro dele? Ganhou mais flexibilidade? Tem maior facilidade em estar presente para si mesmo e para o ambiente em que está?
➤ Você pode comprometer-se a praticá-la por algum tempo – ao menos o tempo de obter algum benefício efetivo?

Paradoxalmente, quanto mais relaxados ficarmos, mais perceberemos o quanto nosso corpo na verdade é tenso. Isso pode deixar-nos confusos, pois *nossas primeiras vivências do relaxamento nos farão sentir ainda mais incômodo*. Portanto, nossa primeira reação será querer voltar ao entorpecimento, mas a libertação requer que estejamos presentes a tudo que descobrirmos, inclusive nossas tensões. Se formos persistentes, veremos que as tensões começam a dissolver-se milagrosamente, tornando a personalidade mais leve e flexível.

Tendo em vista o quanto é fácil cairmos no entorpecimento, como saber se estamos realmente relaxados? A resposta é incrivelmente simples: *estaremos relaxados na medida em que pudermos experimentar sensações em todas as partes do corpo no momento presente*. Na medida em que não conseguirmos experimentar as sensações do corpo, estaremos tensos – não estaremos presentes. O relaxamento implica um fluxo ininterrupto de sensação pelo corpo, da cabeça aos pés. Ele permite a total percepção do eu e do ambiente – é estar no rio da Presença e do Ser. *Ocupamos plenamente o corpo que nos pertence*: sentimos sua parte dianteira e traseira e tudo que há entre elas. Mas que não haja enganos: esse tipo de liberdade, relaxamento e fluxo são o resultado de muitos anos de prática regular.

O CULTIVO DA MENTE TRANQÜILA

Se nos conscientizarmos só um pouco mais de nós mesmos, perceberemos uma constante realidade: nossa mente está sempre tagarelando! Quase não há um momento em que não transcorra algum tipo de julgamento, comentário ou diálogo interior. Mas quem está falando com quem e por quê?

Uma das maiores razões para a conversa interior é a decisão do que fazer em seguida. Falamos com nossos próprios botões para avaliar a situação em que estamos, ensaiar respostas a futuras perguntas ou reprisar fatos do passado. Porém, com a atenção inteiramente ocupada por essa ininterrupta tagarelice interior, não podemos escutar a voz de nossa própria sabedoria. A personalidade a abafa. É um pouco como procurar freneticamente as chaves dando voltas em torno da casa e, de repente, ver que estão em nosso bolso.

Apesar disso, a idéia de silenciar a mente inicialmente nos parece estranha. Podemos pensar que será chato interromper nosso fluxo de associações mentais, que tudo ficará igual e aborrecido. Todavia, o que ocorre é o contrário disso. O que torna o mundo aborrecido, chato e sem vida é a repetitividade de nossos padrões habituais de raciocínio e a previsibilidade de nossas preocupações. Além disso, a tagarelice mental bloqueia justamente as impressões de vida de que precisamos para crescer e realizar-nos. Por isso, é importante distinguir entre essa "mente de macaco" – tagarelice interior, preocupação, imaginação fútil, centramento no passado ou no futuro – e a mente tranqüila, o misterioso espaço de onde surge o saber.

> "Não preste atenção [aos seus pensamentos]. Não lute contra eles. Simplesmente não faça nada, aceite-os como são, sejam eles quais forem. O próprio ato de lutar contra eles lhes dá vida. Simplesmente ignore-os. Dê só uma olhada neles. Não precisa parar de pensar, basta parar de interessar-se. Pare com a rotina de voracidade, com o hábito de buscar resultados, e a liberdade do universo será sua."
>
> NISARGADATTA

Quando nos tornamos mais relaxados e conscientes, compreendemos que o modo "normal" de operação da mente é como um transe, caótico e desfocado, ao passo que a mente tranqüila possui sobriedade, lucidez e equilíbrio. Em resumo, quando a mente se torna mais tranqüila e silenciosa, a inteligência alinha-se a uma inteligência maior, que interpreta a situação com objetividade e vê claramente o que precisamos e não precisamos fazer. Tornamo-nos perceptivos e alertas a tudo que está à nossa volta. Os sentidos se aguçam, as cores e os sons tornam-se mais nítidos – tudo parece ganhar vida e frescor.

> "É preciso paciência e bom humor para lidar não só com crianças travessas como também com sua própria mente."
>
> ROBERT AITKIN ROSHI

Muitas práticas de meditação destinam-se a silenciar a tagarelice interior e dar ensejo a uma mente mais tranqüila e expansiva. Há séculos, os praticantes budistas detectaram dois tipos de meditação para acalmar a mente. O primeiro chama-se *vipassana*, ou meditação da percepção intuitiva, a qual desenvolve nossa habilidade de conscientizar-nos de nossas experiências com abertura e sem julgamentos, permitindo que a percepção registre os pensamentos e impressões sem prender-se a eles.

O segundo tipo é a meditação chamada *samata*, que desenvolve o foco e a capacidade de concentração. Com sua prática, aprendemos a concentrar-nos em sons ou sílabas repetidos (*mantra*) ou na visualização interior de um diagrama ou imagem sagrada (*mandala*). O praticante aprende a disciplinar a mente concentrando-se no som ou imagem em detrimento de todos os outros pensamentos. Embora ambas essas abordagens possam ser muito úteis no cultivo da mente tranqüila, acreditamos que a *vipassana* funcione particularmente bem em combinação com o Eneagrama como modo de observar sem julgar a personalidade em ação.

A Arte de "Não Saber"

Um dos principais instrumentos para chegar às imediações da mente tranqüila é o "não saber". Nossa mente em geral está repleta de opiniões acerca de quem somos, do que fazemos, do que é importante, do que é certo ou errado e de como as coisas precisam ser. Por estar assim cheia de antigas opiniões e pensamentos, não possui espaço para uma nova impressão do mundo real. Já não aprendemos nada de novo. Isso também nos impede de ver realmente os outros, principalmente as pessoas a quem amamos. Achamos que realmente conhecemos as pessoas e até sabemos o que pensam. Muitos sabemos por experiência que vivenciar alguém

> "A maior das ilusões do homem está em suas próprias opiniões."
>
> LEONARDO DA VINCI

UMA MEDITAÇÃO QUE TRAZ CENTRAMENTO

Abaixo fornecemos um exemplo do estilo perceptivo da meditação consciente. Ela se baseia em diretrizes muito simples – permanecer com as impressões e sensações do momento, acompanhar a respiração e manter contato com o ambiente enquanto se permanece em silêncio. Fique à vontade para experimentar e descobrir o que funciona melhor para você.

Escolha um local onde se sinta relaxado, aberto e cômodo. A postura faz diferença, já que você quer permanecer silenciosamente atento – portanto, a postura tensa dificultará isso. Muitas vezes, basta sentar-se apoiando os pés confortavelmente no chão e manter o pescoço e as costas eretas sem tensioná-los. Se quiser, feche os olhos, solte os ombros e deixe os braços penderem livremente. É recomendável procurar sentar-se de acordo com a milenar tradição da meditação, que ocupa lugar de honra em todos os caminhos religiosos do mundo e na vida de todos os grandes espíritos que embarcaram nessa jornada.

Após descobrir qual a postura que mais o deixa relaxado, aberto e atento, respire fundo uma ou duas vezes, inspirando o ar o mais que puder, até encher a barriga, e expirando lentamente. Inspire – deixando o peito encher-se de ar – e expire várias vezes – liberando a tensão presa no corpo. Enquanto está nesse processo, o stress e a ansiedade começam a ceder, tornando-o interiormente mais tranqüilo.

À medida que você vai ficando mais tranqüilo e que as vozes interiores silenciam, você começará a perceber coisas diferentes a respeito de si e do ambiente em que está. Você pode conscientizar-se mais de estar nesse local nesse instante; da temperatura, dos sons e odores presentes. Além disso, pode começar a conscientizar-se de sua presença e de algo que ela possui. Procure simplesmente "sentir" mais profundamente o que está vivendo. Não há nenhum lugar, nenhuma linha de chegada a atingir. Você não precisa adotar um determinado modo de ser nem ter nenhuma inspiração, nenhuma "sensação espiritual" específica. Simplesmente conscientize-se de si mesmo nesse momento. Se estiver cansado, atente para o cansaço. Se estiver agitado, atente para a agitação.

Que sensações e impressões o seu corpo recebe agora? Você consegue perceber-se aí sentado na cadeira? Percebe os seus pés pousados no chão? Qual a sensação de seus pés neste exato momento? Estão frios ou aquecidos, tensos ou relaxados, formigando ou dormentes? Como definiria sua presença agora – acelerada e desordenada ou expansiva e tranqüila? Densa e pesada ou leve e fluindo?

Enquanto continua relaxando, certas tensões que você pode ter abrigado no corpo começarão a revelar-se, talvez na expressão do seu semblante, talvez em uma certa forma de pôr a cabeça ou o pescoço de lado. Os ombros podem estar encolhidos ou desalinhados. Certas partes do corpo podem ficar dormentes. À medida que observa esse tipo de coisa, não faça nada. Não tente mudar; simplesmente conscientize-se mais do que percebe.

Continue sentado em silêncio, observando a si mesmo e a seus pensamentos, aprofundando sua capacidade de adaptar-se a si mesmo, vivendo plenamente o momento e sentindo plenamente sua presença para permitir o surgimento de algo mais profundo e essencial dentro de você.

Se for novato na meditação, comece praticando dez minutos diariamente, de preferência de manhã cedo, antes de começar o dia. À medida que se vai familiarizando com o processo, pode aumentar o número de minutos dedicados à prática. Com efeito, é provável que quanto mais a meditação diária se tornar um hábito, mais você queira aumentar o tempo que lhe dedica, já que o contato íntimo com a natureza Essencial é profundamente restaurador, além de lançar as bases para maiores avanços pessoais. A meditação torna-se então como uma trégua na labuta diária, um oásis que queremos *visitar, em vez de uma obrigação.*

que conhecemos de uma nova forma pode transformar instantaneamente nosso estado e o do outro. Em certos casos, isso pode salvar um relacionamento.

"Não saber" requer a suspensão das opiniões e a liderança da curiosidade que provém da mente tranqüila. Passamos a confiar numa sabedoria interior mais profunda, sabendo que conheceremos o que precisamos saber se permanecermos curiosos e receptivos. Todos já passamos pela experiência frustrante de tentar resolver um problema pensando sobre ele. No fim, acabamos desistindo e fazendo outra coisa e então, quando relaxamos e já deixamos de quebrar a cabeça com ele, a solução nos aparece. O mesmo se aplica à inspiração criadora. De onde vêm esses *insights*? Da mente tranqüila. Quando deixamos de depender das estratégias mentais adotadas pelo ego para sobreviver, o "não saber" se torna um convite – um ímã que atrai para nós um conhecimento mais elevado, de uma forma que pode transformar-nos rapidamente.

> "Só quando a mente está tranqüila – pelo autoconhecimento, e não pela imposição de autodisciplina – é que a realidade ganha vida. Só então, nessa tranqüilidade, nesse silêncio, é que pode ter lugar o êxtase, a ação criativa."
>
> KRISHNAMURTI

ABRINDO O CORAÇÃO

A mudança e a transformação não ocorrem – nem podem ocorrer – sem transformação emocional, sem que o coração seja tocado. Ouvimos o apelo da transformação com o coração, e só ele pode atender a esse chamado. O que nos move é a "Emoção", o movimento da Essência, o movimento do amor. Se o coração estiver fechado, não conseguiremos responder ao chamado, por maior que seja nosso conhecimento espiritual (e, nesse caso, ele pouco importará para nós).

O coração aberto nos permite participar plenamente de nossas experiências e estabelecer um verdadeiro contato com as pessoas que nos cercam. Com o coração, "saboreamos" nossas experiências e conseguimos discernir o que é verdadeiro e valioso. Nesse sentido, poderíamos afirmar que é o coração, e não a mente, que sabe.

> "É impossível à mente compreender Deus. Mas não ao coração; ele já sabe. A mente existe para cumprir as ordens do coração."
>
> EMMANUEL

A Cura da Dor

O processo de transformação do coração pode ser difícil porque, quando ele se abre, é impossível evitar nossa própria dor e deixar de perceber melhor a dor alheia. Com efeito, uma das principais funções da personalidade é impedir-nos a vivência desse sofrimento. Estancamos a sensibilidade do coração a fim de bloquear a dor e continuar a viver, mas nunca temos êxito total nessa empresa. Muitas vezes, percebemos nosso próprio sofrimento o bastante para arruinar nossa própria vida e a vida dos outros. A famosa afirmação de Jung de que "a neurose é a substituta de um sofrimento legítimo" aponta em direção a essa verdade. Mas se não estivermos dispostos a viver nossa dor e nossas mágoas, elas jamais serão curadas. Deixando de lado um sofrimento que é real, tornamo-nos incapazes de sentir alegria, compaixão, amor ou qualquer das emoções do coração.

O importante nisso é não nos deixarmos atolar em nossas tristezas. O trabalho espiritual não se destina a transformar-nos em masoquistas: a idéia é transformar o sofrimento, não prolongá-lo. Não precisamos sofrer ainda mais; precisamos, isso sim, analisar as origens do sofrimento de que já padecemos. Precisamos ver além das defesas da personalidade e analisar os medos e as mágoas que nos impulsionam. Como já vimos, quanto maior o sofrimento que trazemos do passado, mais rígidas e coercitivas as estruturas da personalidade. Porém elas não são invencíveis. E, apesar do que possamos pensar, por maior que seja a dor, ela pode ser transformada se estivermos dispostos a analisá-la aos poucos.

> "Parece impossível amar as pessoas que nos magoam e decepcionam. No entanto, não há outra espécie de pessoas."
>
> FRANK ANDREWS

Felizmente, nossa Essência nos ampara nesse difícil processo de análise da dor e do medo que estão escondidos em nossa personalidade. Sempre que nos dispomos a explorar a verdade da experiência imediata sem julgar nem impor condições, a qualidade Essencial da *compaixão* naturalmente surge e traz consigo a cura.

> "Você não sabe que o espírito original provém da essência de Deus nem que todas as almas humanas são parte d'Ele? Acaso não terá você misericórdia d'Ele ao ver que uma de Suas centelhas sagradas se perdeu em meio a um labirinto e está quase sufocada?"
>
> RABI SHMELKE DE NIKOLSBURG

A compaixão não é o mesmo que sentimentalismo, solidariedade ou autocomiseração. Ela é uma faceta do amor Divino que dissolve todas as defesas e todas as resistências quando o sofrimento realmente é visto. Não há nada que a personalidade possa fazer para gerar a compaixão, mas quando estamos dispostos a ser sinceros e abertos para o que realmente sentimos, ela surge naturalmente e alivia nosso sofrimento. (Poderíamos dizer que a verdade sem compaixão não é verdade, da mesma forma que a compaixão sem verdade não é compaixão.)

O amor Divino que busca expressar-se no mundo por nosso intermédio é uma força poderosa que pode romper com todas as antigas barreiras e inverdades que se acumularam em nós. Apesar de estarmos fadados a encontrar muita dor e muita tristeza durante o processo do Trabalho Interior, é muito importante lembrarmos que *o amor está por trás de tudo*, não só como energia motivadora, mas também como o fim para o qual somos atraídos.

Do Perdão

Um dos elementos mais importantes do progresso espiritual é a disposição e a capacidade de renunciar ao passado – o que inevitavelmente implica o perdão àqueles que nos magoaram. Mas como podemos renunciar às mágoas e aos ressentimentos que nos escravizam a nossas velhas identidades e nos impedem de seguir adiante na vida? Não podemos simplesmente "resolver" perdoar, da mesma forma que não podemos "resolver" amar. Em vez disso, o perdão vem da natureza Essencial, de uma compreensão mais profunda da verdade da situação. Ele permite reconhecer o que está acontecendo conosco e com os outros num plano mais profundo do que o que havíamos percebido antes. Ele requer que vivenciemos plenamente o ressentimento, o ódio e o desejo de vingança em toda a sua profundidade – sem, todavia, atuar esses impulsos. Analisando o pano de fundo dos sentimentos negativos que uma determinada pessoa nos provoca e vendo precisamente como eles se manifestam em nós neste momento, começamos a abalar as estruturas que sustentam esses sentimentos. A Presença nos preenche e liberta da escravidão ao passado.

> "Amai a vossos inimigos, abençoai-os por vos maldizerem, fazei-lhes o bem por vos odiarem e orai por eles por vos usarem e perseguirem."
>
> JESUS DE NAZARÉ

AFIRMAÇÕES DE PERDÃO

Estou disposto a estar disposto a perdoar-me por meus erros.
Estou disposto a perdoar-me por meus erros.
Eu me perdôo por meus erros.
Vejo-os como oportunidades de aprender o discernimento e a paciência.
Agradeço à vida por dar-me oportunidades de tornar-me mais sábio e aceitar mais.

Estou disposto a estar disposto a perdoar meus pais.
Estou disposto a perdoar meus pais.
Eu perdôo meus pais.
Vejo-os como meus mestres e guias.
Agradeço à vida por dar-me mestres tão bons para meu desenvolvimento.

Estou disposto a estar disposto a perdoar aqueles que me magoaram.*
Estou disposto a perdoar aqueles que me magoaram.
Eu perdôo aqueles que me magoaram.
Vejo as mágoas que sofri como oportunidades de aprender a compaixão.
Agradeço à vida por dotar-me de um espírito que perdoa e é capaz de compaixão.

Estou disposto a estar disposto a renunciar à minha dor e ao sofrimento.
Estou disposto a renunciar à minha dor e ao sofrimento.
Eu renuncio à minha dor e ao sofrimento.
Vejo-os como locais em que meu coração se mostra aberto e vivo.
Agradeço à vida por dotar-me de um coração sensível e aberto.

Estou disposto a estar disposto a renunciar às limitações do meu passado.
Estou disposto a renunciar às limitações do meu passado.
Eu renuncio às limitações do meu passado.
Vejo meu passado como o que tinha de acontecer para que eu me tornasse quem sou.
Agradeço à vida por permitir-me ser quem sou por meio de meu passado.

* Você pode, evidentemente, substituir esse trecho por um nome específico. Por exemplo: "Estou disposto a estar disposto a perdoar _____". Além disso, pode compor suas próprias afirmações conforme a necessidade. Comece cada estrofe com as palavras "Estou disposto a estar disposto a...." Em seguida, vá eliminando sucessivamente o caráter condicional de cada afirmação até renunciar, na terceira, à coisa que o prendia. Na quarta afirmação, indique algo que a situação tenha de positivo e, na quinta, agradeça por isso haver acontecido a você. No quadro mais amplo, ela pode ter sido uma bênção disfarçada ou uma das mais importantes experiências formadoras de sua vida.

O ENEAGRAMA DA RENÚNCIA

Após anos de reflexão sobre o processo da transformação, nós dois começamos a ver que espontaneamente seguíamos uma determinada seqüência sempre que conseguíamos observar uma reação defensiva ou um padrão limitante e renunciar a eles.

Vimos que a renúncia não se dava simplesmente pela intenção de livrar-nos de um hábito problemático. Não era uma questão de força de vontade. Apesar disso, muitas vezes os hábitos e as reações cessavam espontaneamente – ou assim nos parecia. Então tentamos descobrir o que tornava mais fácil renunciar a eles. Graças a Gurdjieff, sabíamos que o Eneagrama também poderia ser usado como um *modelo de processamento*. Então organizamos as observações que fizemos em torno do símbolo do Eneagrama e criamos aquilo que chamamos de *Eneagrama da Renúncia*.

O "Eneagrama da Renúncia" consiste numa prática que pode ser utilizada a qualquer momento que se queira. Ela pressupõe nove etapas correspondentes aos nove pontos em torno da circunferência do Eneagrama, *embora tais etapas não estejam diretamente relacionadas aos tipos de personalidade*. Os diagramas à esquerda ilustram esse processo de nove etapas. (Observe que o segundo grupo de quatro começa com a letra "r".)

O processo sempre se inicia no ponto Nove, ao qual atribuímos a qualidade da Presença. Sem um mínimo de Presença, não conseguiremos passar da primeira etapa. Ela nos permite, antes de mais nada, ver que estamos identificados com alguma coisa.

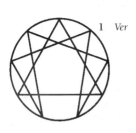

O ENEAGRAMA DA RENÚNCIA

Observe que precisamos chegar ao fim de cada etapa antes de passar à seguinte. Com a prática, o processo de renúncia se acelera à medida que vamos cumprindo as etapas iniciais. Assim, quando temos Presença suficiente para ver que estamos identificados com um estado negativo ou indesejável, podemos passar à etapa Um.

No ponto Um, com o apoio da Presença, somos capazes de "ver". Vemos que estamos identificados com algo – um ponto de vista, uma reação, a necessidade de estar certos, um devaneio agradável, um sentimento doloroso, uma postura. Pode ser qualquer coisa. Admitimos estar presos a algum mecanismo da personalidade. Admitimos estar presos a um transe. Esse é o fenômeno que vínhamos chamando de *pegar-nos com a boca na botija*. Em geral, ele nos faz sentir como se despertássemos e "voltássemos à consciência".

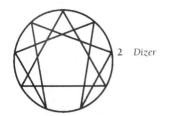

No ponto Dois, nomeamos conscientemente o estado que acabamos de identificar. Nós o "dizemos" – "Estou com raiva", "Estou irritado", "Estou com fome", "Estou entediado", "Estou 'de saco cheio' com isso", "Não gosto disso". Simplesmente verbalizamos com franqueza o que sentimos, sem analisar nem julgar nada.

No ponto Três, o processo se transpõe da mente ao corpo. Nós "sentimos". Todo estado mental ou emocional intenso provoca alguma reação física, algum tipo de tensão. Algumas pessoas podem, por exemplo, trancar a mandíbula e tensionar os ombros quando brigam com o parceiro. Outras, quando estão com raiva, sentem um ardor no estômago. Já outras apertam os olhos quando estão falando consigo mesmas. O medo pode fazer-nos prender o fôlego, apertar os dedos dos pés ou sentir uma descarga elétrica, como um choque. No ponto Três, nós *sentimos* a tensão – não pensamos sobre ela nem a visualizamos. Simplesmente sentimos o que se passa no momento.

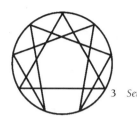

3 *Sentir*

No ponto Quatro, nós "mantemos" a sensação da tensão ou energia que localizamos no corpo, quer dizer, permanecemos com ela. Apesar da tentação de dizer: "Muito bem, estou com raiva e minha mandíbula está travada. Entendi!", precisamos manter a tensão, do contrário não conseguiremos sair desse estado. Além disso, se permanecermos nele, daremos ensejo ao surgimento de sentimentos ocultos de ansiedade ou sofrimento emocional. Se isso acontecer, precisamos ser compassivos para conseguir manter-nos presentes a esses sentimentos.

4 *Manter*

Precisamos de algum tempo para nos interessar por vivenciar-nos dessa forma simples. Queremos que o processo de crescimento seja mais interessante e eficaz, mas não queremos deter-nos na dor de nossas tensões. Todavia, se não o fizermos, pouco poderemos influir sobre nosso modo de viver.

"A única saída está em ir até o fim."

Máxima dos Programas de Doze Passos

No ponto Cinco, após atravessarmos as quatro primeiras etapas, sentiremos que algo se abre em nós, fazendo as tensões cederem. Nós "relaxamos". Sentimo-nos mais leves e despertos. Não nos forçamos a relaxar; porém, mantendo as tensões e sensações na quarta etapa, permitimos que o processo de relaxamento se desenrole em nós.

5 *Relaxar*

O relaxamento não significa adormecimento nem entorpecimento. Sabemos que estamos relaxados quando sentimos mais profundamente o corpo e os sentimentos. Quando relaxamos, descobrimos camadas mais profundas de nosso eu, o que muitas vezes gera ansiedade. A ansiedade pode tornar-nos tensos de novo, mas se conseguirmos relaxar e senti-la, as coisas que nos prendiam começarão a perder a força.

Da mesma forma que as tensões físicas se dissipam quando as sentimos, mantemos e relaxamos, os padrões emocionais que as criam também. *O ato de ver as ten-*

Respirar 6

sões e os padrões emocionais à luz da percepção os dissolve.

No ponto Seis, lembramo-nos de "respirar". Isso não quer dizer que precisemos ofegar como se estivéssemos praticando o método Lamaze; quer dizer simplesmente que devemos conscientizar-nos mais da respiração e deixar que o relaxamento obtido no ponto Cinco "toque" nossa respiração. Isso é importante porque *quanto mais envolvidos com os interesses da personalidade, menos profunda e tranqüila é a respiração.* (Podemos concluir, por exemplo, que quando estamos numa situação muito estressante, a respiração fica entrecortada, "curta".) A respiração nos centra e permite-nos liberar os bloqueios da energia emocional. À medida que ela se torna mais relaxada e profunda, o padrão das tensões continua a alterar-se. Não queremos mais fugir dos nossos problemas emocionais, mas sim enfrentá-los e continuar respirando. Fazendo isso, começaremos a vivenciar uma expansão, a sentir-nos mais centrados, mais "reais".

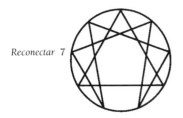

Reconectar 7

No ponto Sete, retomamos o contato com uma noção mais abrangente, mais plena do mundo e de nós mesmos. Nós nos "reconectamos", deixando que outras impressões sensoriais nos penetrem a consciência. Podemos de repente perceber a luz do sol na parede, a temperatura, a brisa. Podemos perceber a textura e a cor da roupa que vestimos.

Essa reconexão implica abertura para todos os fragmentos de experiências nossas que negávamos. Descobrimos que quando realmente mantemos contato com nossa experiência, ela não dá lugar a nossas habituais associações. Nossas metas, motivações e *scripts* interiores caem por terra. De repente, vemos e ouvimos, sentimos – interior e exteriormente – com mais clareza.

Se tivermos um problema com alguém, não continuaremos reagindo da maneira que nossos hábitos nos faziam reagir. Quando nos entregamos ao transe da personalidade, acreditamos saber como as pessoas "sempre são" e agem. Porém, quando retomamos o contato com elas, percebemos o quanto *ignorávamos* a seu respeito. Passamos a apreciar e respeitar o mistério de seu Ser porque estamos em maior contato com o nosso. Quando nos permitimos "não saber" o que o outro fará ou dirá, ou o que está pensando, torna-se possível um relacionamento muito mais verdadeiro e imediato.

Reenquadrar 8

No ponto Oito, "reenquadramos" a situação que pensávamos estar causando nossos problemas. Nós conseguimos então ver a situação toda com maior objetividade e assim, com mais equilíbrio e lucidez, descobrimos uma forma melhor de lidar com ela.

Se estivermos com raiva de alguém, por exemplo, conseguiremos ver a mágoa e o medo dessa pessoa, de modo a falar com ela com maior compaixão e aceitação. Se estivermos nos sentindo oprimidos por um problema, a retomada de contato com algo mais real em nós dá-nos a capacidade de ver que de fato temos condições de enfrentá-lo. Ou poderemos concluir que colocamos o chapéu mais alto do que a mão alcança e que precisamos de ajuda. De qualquer forma, o reenquadramento nos coloca os problemas (e a nós mesmos) numa perspectiva mais ampla.

Presença
9

Finalmente, retornamos ao ponto Nove, tornando-nos ainda mais abertos à Presença e, assim, ganhamos maior percepção. A partir daí, será mais fácil percorrer novamente as nove etapas quando precisarmos.

Após havermos começado a utilizar o "Eneagrama da Renúncia", perceberemos que sempre "empacamos" em algum ponto do processo. Podemos, por exemplo, ver alguma coisa e não sair disso. Podemos perceber que estamos tensos, mas não conseguir manter a tensão o bastante para liberá-la. Será muito útil detectar o ponto em que nos desviamos do processo para podermos concentrar-nos nele.

À medida que continuarmos a utilizá-lo, sua prática ganhará *momentum*, tornando-se cada vez mais fácil e rápida. Além disso, quanto mais longe formos na seqüência, mais difícil será separar as etapas conforme a ordem. Talvez precisemos nos esforçar mais na primeira parte do processo. Porém, *uma vez iniciado o movimento rumo à Presença, ela respaldará cada vez mais nossas atividades.*

Praticando o "Eneagrama da Renúncia", a experiência que temos de nós mesmos se aprofunda e amplia. Tornamo-nos mais relaxados, mais vivos e ligados ao nosso Ser e ao nosso meio, além de mais abertos para a graça. Poderemos ficar espantados com a diferença na experiência do eu em relação à que tínhamos antes de dar início a este processo. Partimos dos refúgios da personalidade e, em cooperação com algo além de nós, conseguimos transformá-los em ouro.

CAPÍTULO 17

▼

A JORNADA ESPIRITUAL – SEMPRE AGORA

APÓS HAVERMOS trabalhado com esse material por algum tempo, sem dúvida veremos – como todos também verão – mudanças em nós. Provavelmente estaremos mais em paz conosco, mais centrados e mais capazes de perdoar a nós e aos outros. Todavia, poderemos de vez em quando questionar a realidade de nossas experiências, perguntando-nos se o progresso que conseguimos não é mais uma ilusão. Haverá ocasiões em que nos perguntaremos: "Estou realmente progredindo em meu caminho?"

Os Níveis de Desenvolvimento representam uma boa maneira de responder a essa pergunta. Se verificarmos que deixamos de adotar os comportamentos e as atitudes de antes e que estamos agindo de forma compatível com um Nível mais elevado, estaremos razoavelmente seguros de estar no rumo certo. Suponhamos que uma pessoa do Tipo Quatro, por exemplo, nota que andou retraída, temperamental, demasiado inibida e suscetível a críticas (comportamentos do Nível 5), mas que, no momento, está mais sociável, além de capaz de revelar-se mais e de não levar tanto as coisas para o terreno pessoal. Se, além disso, ela tiver mais energia, criatividade e concentração no exterior (comportamentos do Nível 3) –, poderá estar razoavelmente segura de uma mudança em seu centro de gravidade e de um progresso. Da mesma forma, se alguém do Tipo Sete perceber que está menos dispersivo e impulsivo, mais concentrado e mais em contato com as próprias experiências, além de achar a vida mais agradável pelo fato de estar mais seletivo, então algum progresso de fato haverá ocorrido.

> O costume do amor não é a sutil discussão.
> Lá a porta é devastação.
> Os pássaros fazem de sua liberdade grandes círculos no céu.
> Como aprendem a fazê-los?
> Eles caem e, ao cair, ganham asas.
>
> RUMI
>
> (Traduzido a partir da tradução de Coleman Barks para o inglês)

Porém algumas questões mais sutis ainda podem permanecer. Podemos achar que estamos mais felizes e capazes de lidar com os altos e baixos da vida – e, no entanto, talvez estejamos apenas mais hábeis na dissociação do ambiente e na "espiritualização" da experiência. Qual é a verdade? Estamos melhor agora que antes ou não?

A resposta está em *observar nossas reações espontâneas em várias circunstâncias*, principalmente nas que antes nos provocavam reações negativas. Se as pessoas e as situações que nos faziam mostrar o que temos de pior deixarem de funcionar dessa maneira, poderemos ter certeza de haver feito um verdadeiro progresso. Se antes perdíamos a paciência ou a compaixão sempre que tínhamos de lidar com uma determinada pessoa ou circunstância e agora isso não acontece mais, poderemos ter certeza de haver feito um verdadeiro progresso. Se a vida se tornar mais fácil, mais expansiva e cheia de sabor; se ela se tornar uma aventura infinita, em vez de algo por que devemos "passar" até que chegue ao fim, poderemos ter certeza de haver feito um verdadeiro progresso. Se virmos que somos capazes de colocar toda a força de nosso Ser nas atividades do dia-a-dia, com o envolvimento de uma criança curiosa e o desapego de uma testemunha desinteressada, permanecendo centrados e com o coração aberto, poderemos ter certeza de haver feito um verdadeiro progresso.

"O autoconhecimento não tem fim – não se atinge um objetivo, não se chega a uma conclusão. Ele é um rio infinito."

KRISHNAMURTI

Além disso, o próprio Eneagrama aponta indicadores seguros do verdadeiro progresso: as qualidades de alto grau de eficácia – na verdade, as virtudes – que encontramos no Nível 1 de cada tipo são as chaves que nos abrem as portas do caminho espiritual. Possuir uma delas é suficiente – mas ter a posse de todas é ter acesso à Essência em todos os momentos e em todas as circunstâncias. Por conseguinte, se aceitarmos as nossas limitações e as limitações alheias (característica do Tipo Um), cuidarmos bem de nós mesmos e afirmarmos incondicionalmente o valor de todas as coisas (característica do Tipo Dois), formos nós mesmos com autenticidade e humildade (característica do Tipo Três), nos renovarmos e melhorarmos não só a nossa qualidade de vida, mas também a dos outros (característica do Tipo Quatro), virmos o contexto e o sentido mais profundo de todos os nossos atos e pensamentos (característica do Tipo Cinco), estivermos centrados na realidade e formos capazes de ter coragem para lidar com o que vier (característica do Tipo Seis), mostrarmos júbilo e gratidão diante da morte, da perda e da mudança (característica do Tipo Sete), soubermos perdoar e tivermos grandeza de coração (característica do Tipo Oito) e abarcarmos a tudo, mantendo a paz de espírito independente do que a vida nos trouxer (característica do Tipo Nove), poderemos ter certeza de haver feito progresso em nosso caminho.

"Por mais longe que você vá, jamais descobrirá os limites da alma."

HERÁCLITO

A RENÚNCIA AO SOFRIMENTO

Gurdjieff disse algo estranho e paradoxal – que a última coisa a que os seres humanos renunciam é ao seu próprio sofrimento. Será que isso é correto? Em caso afirmativo, por quê?

Em primeiro lugar, estamos familiarizados com nosso sofrimento. Ele é o que conhecemos e, portanto, nos parece mais seguro que outras situações que desconhecemos. Talvez tenhamos medo de que, renunciando ao nosso próprio sofrimento, nos sobrevenha outro, novo e pior. A segunda razão, provavelmente mais importante, não deve ser subestimada. Boa parte de nossa identidade provém do apego ao sofrimento, das queixas, tensões, conflitos, culpas, dramas, racionalizações, projeções, justificativas e "energia" que ele permite. Poderíamos inclusive dizer que ele é a raiz da personalidade. Se nosso sofrimento – e tudo que o cerca – desaparecesse, quem nós iríamos ser?

Se nada estivesse errado conosco, teríamos de enfrentar o medo de permanecer sós no presente e de assumir a responsabilidade por nós mesmos. Teríamos de estar dispostos a fazer opções e levá-las a cabo. Não teríamos que ou quem culpar, não haveria mais histórias sobre o passado nem esquemas para o futuro. Iríamos nos tornar simples seres humanos diante do vasto mistério da existência. De fato, iríamos nos tornar o que já somos, com a diferença que então teríamos plena consciência disso e viveríamos conforme essa verdade.

Enquanto não atingirmos a realização, a personalidade nos manterá até certo ponto isolados. É importante que possamos prever isso; do contrário, perderemos a coragem e desistiremos. Porém se persistirmos e nos fizermos presentes, mesmo sabendo que estaremos muitas vezes adormecidos para o que somos, a situação mudará. A cada despertar, algo de novo será revelado, até que o quadro mude radicalmente. Gurdjieff ensinou que esse processo é análogo ao ato de deitar sal a um copo d'água: aparentemente, nada ocorre por um bom tempo até que, de repente, se chega ao ponto de saturação e um novo cristal se forma na água.

Se evitarmos a passividade diante dos mecanismos da personalidade, nos abriremos para a graça Divina, que anseia por agir em nós. À medida que nosso Ser reúne forças, tornamo-nos mais dispostos a renunciar ao sofrimento desnecessário e a conscientizar-nos cada vez mais dessa espantosa dádiva da vida. Em resumo, quanto mais renunciarmos aos apegos e aos sofrimentos que os acompanham, maior será nossa capacidade de alegria e de vida.

Uma vez atingido esse estado, compreendemos a grande poesia dos místicos – nossa jornada parece menos uma luta e mais uma paixão. De fato, os sufistas a

---

No instante em que ouvi minha primeira história de amor
Comecei a procurar por ti, sem saber
O quanto estava cego.

Os amantes não acabam afinal se encontrando em algum lugar
Eles estão um no outro o tempo todo.

Rumi
(Traduzido a partir da tradução de Coleman Barks para o inglês)

descrevem como a volta ao Bem-amado. Nada na vida conseguirá satisfazer-nos se não tivermos aberto o coração para nossa verdadeira natureza. Porém, se ele estiver aberto, tudo nos preenche e realiza. Então vivenciamos o mundo como uma expressão de amor infinito.

A Vida nos Ampara

De modo geral, 99% do tempo, a vida se mostra benevolente e amparadora. O ego nos compele a fixar-nos no 1% quando ele é penoso, trágico e sombrio – muito embora, mesmo nessas ocasiões, ele só seja penoso e trágico para nós. (Nossa tragédia pode ser a sorte de outro.) Embora imaginemos as piores possibilidades – como acidentes de carro –, a vida, em sua maior parte, não se compõe delas. Se analisarmos nossa própria vida mais objetivamente, veremos que a realidade de fato nos am-

---

TEMORES SUBCONSCIENTES DE ABANDONAR A PERSONALIDADE

A razão que está por trás do medo que muitos de nós temos de estar presentes é o fato de intuitivamente sabermos que, com isso, estaremos menos presos aos interesses do ego.

Assim, cada uma das Tríades possui uma determinada crença – falaciosa – acerca da necessidade de continuar com os projetos do ego, juntamente com um medo subconsciente do que poderá ocorrer se esses projetos forem interrompidos. Essas crenças e temores surgem repetidamente sob a forma de obstáculos à Presença, como "razões" para não abandonar algo com que nos identificamos. Abaixo, alguns dos temores subconscientes associados a cada Tríade:

A Tríade do Instinto (Tipos Oito, Nove e Um):
"Se baixar a guarda e seguir o fluxo da vida, desaparecerei. O 'eu' familiar deixará de existir. Não posso protegê-lo se realmente me abrir. Se realmente deixar o mundo entrar e me afetar, serei esmagado por ele, perdendo minha liberdade e minha independência. Serei aniquilado".

A Tríade do Sentimento (Tipos Dois, Três e Quatro):
"Se deixar de identificar-me com essa auto-imagem, minha falta de valor se revelará e perderei a chance de experimentar o amor. No fundo, suspeito ser alguém horrível, indigno de ser amado e, por isso, só mantendo esse projeto do ego terei alguma esperança de ser bem recebido no mundo ou de sentir-me bem comigo mesmo".

A Tríade do Raciocínio (Tipos Cinco, Seis e Sete):
"Se eu parar de usar esta estratégia, se parar de imaginar o que preciso fazer, perderei o chão. Não se pode confiar no mundo – sem minha atividade mental, ficarei vulnerável. Tudo cairá por terra – e eu também. Ficarei perdido. Se minha mente não continuar 'nadando', eu me afogarei".

> "Anunciado ou não, Deus é Presente."
>
> CARL JUNG

para bastante – o que é um milagre, se pensarmos em como as coisas são. O universo é muito mais generoso do que nós reconhecemos e, diante de tão avassaladora abundância, despertar e abrir-nos para toda essa generosidade parece simplesmente o mais sensato a fazer.

Todas as grandes religiões pregam que não estamos sós e que somos amparados por meios invisíveis de modo tão profundo que nem sequer poderíamos imaginar. Segundo a religião cristã, há uma "comunhão dos santos" – a comunidade celeste que constantemente intercede em favor dos que ainda estão na Terra. Os hindus vêem as manifestações de Deus em toda parte, nas árvores, nos lagos e nas montanhas – como também nas tempestades e nos vulcões –, da mesma forma que os budistas vêem as infinitas formas da natureza do Buda. As imagens dos santos cristãos e dos inúmeros *bodhisattvas* são como lembretes desta profunda verdade espiritual: não estamos sós e somos amparados em nosso caminho de infinitas maneiras.

> "Pedi e recebereis; buscai e encontrareis; batei e a porta se vos abrirá."
>
> JESUS DE NAZARÉ

Um dos mais famosos templos do Japão é o Sanjusangendo (O Salão das Trinta e Três Baías), dedicado a Kannon, o Buda da Divina Compaixão. O que dá a esse templo seu incomparável impacto são as 1.001 estátuas douradas de Kannon que estão em seu interior, arrumadas em dez fileiras ao longo de uma extensão equivalente a dois campos de futebol. O local – de uma imponência tranqüila e impressionante, repleto de rara força e delicadeza – lembra ao visitante que Deus, o Absoluto, envia continuamente incontáveis ajudantes, banhando a cada ser humano em onda após onda de graças e de bênçãos provenientes da Divina compaixão. O visitante é subjugado por essa multidão dourada de portadores da graça e da boa vontade do mundo que está logo além da nossa percepção ordinária.

> "Os que estão despertos vivem em estado de constante assombro."
>
> BUDA

Lenta mas inexoravelmente nos conscientizamos dessa benevolência: quando nos abrimos para o momento presente, tudo se torna para nós um mestre, pois tudo na vida nos ampara a presença e o crescimento. O Eneagrama nos mostra como dizemos "não" à vida, como damos as costas às riquezas que nos rodeiam o tempo todo. Porém, como nos lembram as 1.001 estátuas de Kannon, o que verdadeiramente queremos e buscamos fora de nós está sempre disponível aqui e agora.

ESCAVAÇÃO E RESGATE DO VERDADEIRO EU

> "Quanto mais se penetra na verdade, mais profunda ela se torna."
>
> BANKEI, MESTRE ZEN

Certa vez, num vôo tarde da noite, indo para a Califórnia dar um treinamento, começamos a refletir sobre os vários estágios de crescimento que havíamos atravessado em nosso próprio trabalho interior. Parte de nossa discussão estava voltada para a avaliação da possibilidade da proverbial "luz no fim do túnel" ser real ou não, já que ambos sofríamos bastante ao descobrir um novo hábito neurótico, uma nova questão malresolvida do passado. Além disso, nos perguntávamos se o processo de descascar a "cebola" da psique era individual ou poderia ser generalizado. Sentados no avião, passamos horas anotando observações e comparando experiências. Quando aterrissamos, já havíamos elaborado o modelo seguinte, que vimos analisando e refinando ao longo dos anos.

A resposta a que finalmente chegamos naquela noite em que estávamos no ar foi um retumbante "Sim!" Nossa convicção de que a "escavação de nosso verdadeiro eu" é uma descrição precisa do processo de transformação só fez crescer com o tempo. Embora escavar os vários estratos da psique implicasse atravessar camadas de sofrimento e negativismo, a conscientização do velho lixo psíquico acumulado que queríamos evitar valia o esforço. Afinal, seria possível descobrir nosso Ser Essencial, nosso "recôndito áureo", que não só esperara, mas mesmo ansiara por nós.

"O verdadeiro valor de um ser humano pode ser visto no grau de libertação do eu que ele conseguiu atingir."

ALBERT EINSTEIN

O trabalho teria de ser feito camada a camada, à medida que escavássemos as estruturas exteriores da personalidade e atingíssemos as qualidades viscerais mais profundas da nossa verdadeira natureza. Trabalhando pessoalmente nisso por muitos anos, detectamos *nove estratos diferentes no processo de resgate do eu*. Esses estratos não correspondem nem aos nove tipos de personalidade nem aos nove Níveis de Desenvolvimento de cada tipo. É melhor pensar neles como "mundos" diferentes que encontramos ao explorar cada vez mais profundamente os aspectos Essenciais de nossa natureza espiritual – como nove camadas de uma cebola.

Após refletir mais detidamente sobre esses estratos e dar cursos sobre eles por vários anos, nós não só nos convencemos de sua verdade e utilidade, mas também verificamos que certas partes deles foram descobertas por outras pessoas, pertencentes a outras tradições. Este mapa do processo de transformação reúne revelações que todos encontram quando enfrentam as barreiras universais ao Trabalho Interior.

Primeiro Estrato: Nossa Auto-Imagem Habitual

O primeiro estrato compõe-se de idéias e imagens do que gostaríamos de ser e de como automaticamente nos vemos. Ele geralmente contém um certo grau de grandiosidade e ilusão. Por exemplo, podemos pensar que jamais mentimos, que jamais nos atrasamos para nossos compromissos ou que sempre pensamos primeiro nos outros e por aí vai. Podemos também nutrir visões negativas de nós mesmos: que somos desinteressantes, pouco inteligentes ou pouco atléticos. No transe da personalidade, raramente questionamos esses pressupostos trancados a sete chaves e quase sempre reagimos instantânea e violentamente contra os que questionam ou deixam de apoiar nossa (ilusória) visão de nós mesmos.

> "O tipo mais comum de mentira é o que murmuramos para nós mesmos."
>
> NIETZSCHE

No primeiro estrato, a pessoa está entre a faixa média e a não-saudável (em termos de Níveis de Desenvolvimento, do Nível 4 para baixo). A menos que tenha meios de despertar (em geral, exteriores a si mesma), essa pessoa tem pouca chance de mudar, já que está tão imersa no transe da identificação com a personalidade que não consegue despertar-se a si mesma. Se tivermos identificado erradamente nosso tipo (se, por exemplo, formos na verdade do Tipo Nove, e não do Tipo Cinco, como pensávamos), estaremos automaticamente operando dentro do reino da auto-imagem habitual *e será praticamente impossível usar o Eneagrama para algum trabalho significativo de transformação*. É por isso que é fundamental identificar corretamente o nosso tipo de personalidade e entender perfeitamente o seu mecanismo interior.

Segundo Estrato: Nosso Real Comportamento

Se iniciarmos o caminho do Trabalho Interior e mantivermos o processo de auto-observação, começaremos a notar que muitos de nossos comportamentos são incompatíveis com nossa auto-imagem habitual. Essa constatação nos permite chegar ao segundo estrato, no qual começamos a "pegar-nos com a boca na botija". Nossa auto-imagem pode ser a de que sempre dizemos a verdade, mas de repente percebemos o quanto contamos mentiras bobas para evitar conflitos ou agradar as pessoas.

Felizmente, todos nós temos momentos de despertar espontâneo para a verdade de nossa condição e para as nossas maiores possibilidades. Porém, para expandir esses momentos, precisamos valorizá-los o bastante para procurar maneiras de ficar mais despertos. Isso implica a busca de apoio para nosso trabalho interior – por meio de livros, práticas, amigos ou guias mais formais, como mestres e terapeutas. Para permanecer neste estrato – e mais ainda para passar a estratos subseqüentes – é preciso que cultivemos cada vez mais a capacidade de estar presentes. Quanto mais avançarmos, de mais presença necessitaremos.

Terceiro Estrato: Nossas Atitudes e Motivações Interiores

Se persistirmos no caminho, começaremos a notar as atitudes e motivações que jazem por trás de nosso comportamento. O que nos leva a fazer o que fazemos? A necessidade de atenção? A raiva da mãe? Ou o desejo de descarregar nossa própria vergonha e sofrimento? A psicanálise e várias outras formas de terapia visam trazer à consciência essa camada do eu, de forma a evitar que o comportamento seja dominado por impulsos inconscientes. Quanto mais aprofundarmos essas questões, mais ambíguas se tornarão as respostas, já que muitas vezes não é possível dizer precisamente o que "causa" um determinado comportamento.

Neste estrato vemos o quanto são arraigados os hábitos e comportamentos que aprendemos e também quanto remontam a gerações dentro da família ou da cultura. O centro das motivações inerentes ao nosso tipo (inclusive e principalmente nosso Medo e Desejo Fundamentais) é um elemento importante na manutenção dos hábitos e reações automáticas da personalidade. Ao compreendermos nossas motivações, começamos também a vislumbrar o que a alma realmente deseja. Nossas motivações revelam o que achamos que não temos e, portanto, sempre buscamos de uma maneira ou de outra.

Quarto Estrato: Nossos Afetos e Tensões Latentes

À medida que nos tornamos mais conscientes de nós mesmos no momento presente, descobrimos qual a nossa experiência sentida neste momento. Por exemplo, podemos descobrir no estrato 2 que estamos fingindo interesse numa conversa durante uma festa. No estrato 3, podemos admitir que na verdade queremos ir embora dessa festa e, no estrato 4, podemos conscientizar-nos de uma sensação de embrulho no estômago ou de tensão nos ombros e no pescoço.

Se conseguirmos desenvolver nossa capacidade de auto-observação o bastante, perceberemos camadas sutis de tensões musculares e energéticas no corpo, bem como áreas onde a energia está bloqueada ou ausente. A respiração e o relaxamento tornam-se mais importantes aqui. Este estrato requer que estejamos consideravelmente mais presentes para as sensações do corpo que qualquer dos estratos anteriores.

Quinto Estrato: Nossa Raiva, Vergonha e Medo e as Energias Libidinais

Se conseguirmos dar continuidade aos processos que descobrirmos no estrato 4, encontraremos estados emocionais mais primitivos – e possivelmente mais perturbadores – à medida que formos prosseguindo. Entre eles, estão as três "emoções dominantes" do ego: *raiva*, *vergonha* e *medo*, as quais regem as Tríades do Instinto, do Sentimento e do Raciocínio, respectivamente.

> "A resistência a mudar geralmente atinge o máximo quando alguma mudança significativa é iminente."
>
> GEORGE LEONARD

É também neste estrato que encontramos as energias instintivas primitivas (a base das Variantes Instintivas) em sua forma bruta – o impulso de autopreservação, o de entrosamento social com nossos semelhantes e o sexual. Afetos primários de apego, frustração e rejeição também podem ser vistos aqui. Este estrato em geral nos deixa muito pouco à vontade, razão pela qual precisamos de técnicas de relaxamento e, acima de tudo, de uma atitude imparcial, que se abstém de julgamento, diante do que descobrirmos em nós ao trabalharmos os problemas detectados. A psicoterapia tradicional tende a acabar neste estrato.

Sexto Estrato: Nossa Dor, Remorso e Deficiência de Ego

> "É inconcebível que a espiritualidade morra dentro de nós. Mas há nela uma morte, e as pessoas se enlutam por ela. Ocorre um luto quando quem você pensava que era começa a desaparecer."
>
> RAM DASS

Este estrato nada tem a ver com a culpa e as habituais sensações de perda e tristeza que experimentamos no dia-a-dia. O remorso e a tristeza pungente que encontramos aqui vêm, ao contrário, de uma nítida percepção de nossa profunda e completa separação da natureza Essencial.

Portanto, ele acarreta um considerável "sofrimento consciente", o qual devemos permitir-nos vivenciar plenamente em nome não apenas do progresso, mas também da verdade. Esse sofrimento – que é purgatório no mais puro sentido da palavra – possibilita o esvaziamento das ilusões remanescentes do ego, na medida em que as apresenta à luz da Essência e da verdade. Não existem mocinhos nem vilões, portanto não há a quem culpar pelo nosso estado. No fim de tudo, este estrato é vivenciado como um profundo pesar pela condição humana, manifesto como uma sensação intensa e ardente, principalmente no coração. As tradições espirituais associam este estrato à Escura Noite da Alma.

Sétimo Estrato: Vazio, o Vácuo

Muitas das tradições religiosas orientais, especialmente o budismo, descrevem este estrato. Aqui, percebemos claramente que a personalidade não é senão uma invenção transitória, uma história que nos contamos por muito tempo. Porém abandonar a familiar identidade do ego é como pisar no nada, cair num ermo abismo. Portanto, é preciso alguma fé para neutralizar o desespero e o terror que costumam marcar este estrato.

> "A graça preenche os espaços vazios, mas só pode entrar onde há um vácuo para acolhê-la, e é a própria graça que cria esse vácuo."
>
> SIMONE WEIL

O estrato 7 é vivenciado pela personalidade como o fim, a morte. Entretanto, se contarmos com apoio e fé para perseverar e dar esse salto, encontraremos algo completamente inesperado. Em vez da agonia que a personalidade antecipa, o que ela vê como "nada" revela-se como tudo, o "Vazio brilhante" (chamado *Sunyata* pelo zen) do qual tudo emana. Tudo que conhecemos provém desse vácuo; ele é completamente vazio e, no entanto, repleto de potencialidade. Ele é a liberdade e a fonte da vida. A distinção entre o observador e o observado deixa de existir: a experiência e o experimentador tornam-se um só.

Oitavo Estrato: o Ser Verdadeiramente Individual

Paradoxalmente, dentro desse vazio ainda nos vivenciamos como seres individuais que atuam com eficiência no mundo, porém a identidade está centrada na Essência. Nossos atos guiam-se pela consciência Divina, e não pelos projetos e preocupações da personalidade. Ainda há uma certa percepção pessoal, individualizada, mas ela se alia a um transbordamento de amor, gratidão, assombro e exaltação pessoais da alma em direção ao Ser e suas infinitas manifestações. Este é o estrato em que passamos a personificar plenamente nosso Ser Essencial pessoal, ao qual algumas tradições sagradas referem-se como o estado do "eu sou". No sufismo, ele é marcado pela identificação com a Pérola pessoal, o Eu Essencial, como expressão individual do Divino. No cristianismo, este estrato marca o prenúncio da Visão Beatífica, na qual as experiências individuais do eu são uma constatação extática do Divino.

Nono Estrato: o Ser Não Individual, Universal

Pouco se pode falar sobre este estado, já que ele não pode ser descrito em palavras; todos os fenômenos, não importa quão sutis ou exaltados, provêm dele. Se aquele que empreende a jornada tiver sido abençoado com a persistência em sua busca do Divino, a alma terá encontrado seu destino na união mística em Deus, ou o que certas tradições denominam o *Supremo* ou o *Absoluto*. Ele representa a obtenção da percepção completamente não-dualista, a fusão total da consciência individual em Deus, de modo que só há a consciência de Deus. O eu individual e o Divino tornam-se uma só coisa. Esse estado de consciência está além de toda noção de existência individual e manifesta-se como percepção Essencial não-pessoal, o Ser ilimitado do qual desabrocha o universo manifesto.

Esse é o destino final prometido pelas grandes tradições místicas. Porém é extremamente raro manter-se esse estado de consciência de forma permanente. Apenas alguns santos e místicos extraordinários realmente viveram a vida a partir desse estado de profunda percepção. Mas a maioria de nós pode ao menos experimentá-lo, e isso já é o bastante. Experimentar essa realidade, ainda que uma só vez, pode mudar nossa vida de uma maneira muito profunda. Depois que conhecemos a unidade da existência como verdadeira experiência, jamais podemos voltar a ver as pessoas, nós mesmos ou a dádiva da vida da mesma forma.

> "Livrei-me de meu eu como uma cobra muda de pele. Então olhei dentro de mim e vi que sou Ele."
>
> ABU YAZID AL-BISTAMI

O Continuum *da Consciência*

Se analisarmos esses nove estratos, veremos que eles formam um *continuum* desde o reino do imaginário (com pouca relação com a realidade), passando pelo

> "Pois o reino de Deus está dentro de vós."
>
> JESUS DE NAZARÉ

reino do puramente psicológico, até o reino do espiritual. Os estratos de 1 a 3 são basicamente psicológicos. Os de 4 a 6 apresentam elementos psicológicos (principalmente os que provêm da psicologia profunda), mas também contêm elementos que, de modo geral, colocaríamos na categoria espiritual. Eles são *psicoespirituais*; nosso progresso através deles exige uma abordagem que integre psicologia e espiritualidade. Vemos que os estratos de 7 a 9 concentram-se principalmente no domínio do espírito.

> "O remapeamento ou mudança mais radical do limite [do eu] se processa nas experiências da suprema identidade, pois aqui o indivíduo expande o limite de sua identidade com o eu até abarcar todo o universo."
>
> KEN WILBER

O Eneagrama é de utilidade incontestável nos estratos que vão de 1 a 5 e de extrema utilidade nos três primeiros deles. Esses estratos nos ajudam a passar à faixa saudável dos Níveis de Desenvolvimento. Os estratos de 4 a 6 ajudam-nos a consolidar uma personalidade saudável e a dar início ao processo de transferência da identificação da personalidade à Essência. Os estratos de 7 a 9 requerem a percepção e o amadurecimento do eu Essencial e dizem respeito às questões pertinentes ao Nível 1 (dos Níveis de Desenvolvimento) e também às que vão além.

Nossa jornada nos levará a grandes desafios, mas devemos lembrar que tudo aquilo por que nosso coração realmente anseia está à nossa espera no fim dessa jornada.

ALÉM DA PERSONALIDADE

A Essência Está Diante de Nós

> "(...) A autopercepção [é] apenas a percepção da verdadeira natureza. A pessoa que está buscando a libertação percebe, sem dúvidas nem erros, a sua verdadeira natureza pela distinção entre o eterno e o transitório e deixa de desviar-se de seu estado natural."
>
> RAMANA MAHARSHI

Embora realmente precisemos ser pacientes e persistentes ao longo do processo de transformação, a vivência da Essência não é tão difícil quanto geralmente pensamos. Com efeito, uma das maiores defesas do ego contra ela é a crença de que a espiritualidade seja algo rarefeito, pouco prático e muito remoto. Na verdade, como nos garantem os místicos, ela está mais perto do que achamos; não temos de ir a lugar algum ou fazer o que quer que seja. A única coisa que precisamos é *parar de fugir de nós mesmos*. Quando nos vemos como realmente somos – tanto em nossa verdade quanto em nossa falsidade –, começamos o processo de *desaprender* o hábito de nos abandonar e viver de ilusões, reações e defesas.

A boa notícia é que você já está aqui: sua Essência já existe em toda a sua inteireza e perfeição. A pessoa que lê esta página não precisa fazer nada para tornar-se verdadeira ou "espiritual". Quando começamos a perceber os motivos por que nos abandonamos e deixamos de lado o momento, ficamos sem razões para fazê-lo. O conhecimento de nosso tipo de personalidade ajuda-nos na conscientização dessas "razões". Quando paramos de tentar ser quem não somos, nossa verdadeira natureza emerge: "observamos e renunciamos", cessando de interferir com nosso desenvolvimento; paramos de defender uma determinada autodefinição.

Não precisamos aprender nada de novo nem acrescentar nada à nossa Verdadeira Natureza. O progresso espiritual requer que vejamos o que está bem debaixo de nosso nariz – na verdade, está sob as camadas da personalidade. Portanto, o trabalho espiritual é uma questão de subtração, de renúncia, em vez de uma questão de acréscimo ao que já existe. De um certo ponto de vista, isso é extremamente difícil, pois os padrões da personalidade estão profundamente incrustados no Ser. Porém, vendo de outro ângulo, temos o apoio de todo o universo nessa Obra. A Consciência Divina quer que nós a realizemos e ampara-nos no processo. Portanto, presenciar o desenrolar do Trabalho Interior em nós e nos outros é um perene mistério e uma maravilha. Lembre-se sempre, porém, de que, se não podemos empreendê-lo sozinhos, por outro lado, sem nós, ele não pode realizar-se.

> "(...) Quando Deus o encontrar pronto, ele simplesmente terá de agir e derramar-se em você, da mesma forma que, quando o ar é claro e puro, o sol tem de penetrá-lo e não o pode evitar."
>
> MEISTER ECKHART

Momentos que Persistem

Os budistas dizem que "não há pessoas nem lugares sagrados, apenas momentos sagrados" – momentos de graça. Todos nós já vivemos momentos assim. Os momentos de verdadeira graça, quando estamos plenamente vivos e despertos, têm algo de inteiramente diverso, mesmo na lembrança, de outros fatos que possamos recordar. Os momentos Essenciais são muito mais vívidos e reais porque permanecem conosco; eles possuem imediaticidade porque o impacto da vida penetra o torpor da consciência e nos desperta. Percebemos que, renunciando ao medo, à resistência e à auto-imagem, tornamo-nos mais disponíveis para esses momentos transformadores que nos alimentam o espírito. Assim, embora ainda não possamos gerar tais momentos à nossa vontade, podemos criar em nós as condições que nos facilitam vivenciá-los.

O mais impressionante desses "momentos que persistem" é que eles não exigem nada de extraordinário para surgir – eles simplesmente ocorrem, geralmente de modo tranquilo e imprevisto, enquanto estamos tomando o café da manhã, pegando o metrô, andando pela rua ou conversando com um amigo. Nós, os autores, tivemos pessoalmen-

> "A suprema dádiva da vida consciente é a sensação do mistério que a abarca."
>
> LEWIS MUMFORD

te algumas das mais gratificantes experiências espirituais enquanto nada fazíamos além de observar uma maçaneta ou ver de fato o rosto de uma pessoa conhecida. A beleza desse tipo de experiência é avassaladora e pode mudar uma vida. Assim, não é o que fazemos que faz a diferença, mas a qualidade da percepção que empregamos no momento.

Poucas coisas na vida são mais extraordinárias que um momento em que realmente nos encontramos cara a cara com outra pessoa. É maravilhoso e, às vezes, demasiado conseguirmos estar abertos e presentes para outro ser humano. O estar por inteiro com outra pessoa nos ajuda a lembrar de que sempre estamos na presença do Divino.

Rumo à Maturidade Espiritual

> "Não há nada mais compensador nem mais difícil que a nossa tarefa humana fundamental de tornar-nos simplesmente humanos."
>
> JOHN MACQUARRIE

Para muitos de nós, os estágios iniciais da jornada espiritual consistem na busca de experiências profundas e deslumbradoras. Queremos ser intimados por Deus, queremos ter provas de tudo que esperamos ou aprendemos. E, se formos sinceros, teremos muitas dessas experiências. Conheceremos diretamente a compaixão, o júbilo, a paz interior, a força e a determinação, entre outras verdadeiras qualidades da alma. Poderemos afinal compreender o que os budistas querem dizer quando falam de vazio ou a que os poetas sufistas se referem quando falam no Bem-amado; poderemos compreender o mistério da ressurreição de Cristo de um modo inteiramente novo e pessoal. Porém, a menos que tais experiências se integrem à nossa vida diária, permanecerão como vagas lembranças – assunto para conversas ou, pior ainda, um meio de impressionar os amigos com nosso estado mais "evoluído".

Todavia, se persistirmos na prática e continuarmos a busca da verdade da situação, perceberemos que esses estados sublimes não são extraordinários nem indicam que sejamos mais "especiais" que os demais seres humanos. Em vez disso, começaremos a compreender que estamos simplesmente vislumbrando a realidade. Trata-se de algo tão fundamental quanto o céu e o mar; algo inextricavelmente ligado à vida humana. Perceberemos que nossa visão começa a ganhar foco e permite-nos vivenciar a realidade tal qual de fato é. Porém, como essa realidade nos per-

---

MOMENTOS QUE PERSISTEM

Reserve 30 minutos para escrever em seu Diário do Trabalho Interior sobre os momentos de sua vida que mais lhe pareceram reais. Como eram eles? Como era você em tais momentos? Eles eram constituídos de fatos importantes ou corriqueiros? De que forma diferem de suas demais lembranças?

mite vivenciar o amor, o valor, a sabedoria e a força diretamente, vemos que já não precisamos lutar por essas coisas. Assim, já não nos apegamos a bens nem a resultados. Podemos aposentar os projetos do ego com gratidão por nos haverem levado tão longe. Neste estágio, estamos livres para viver como seres humanos maduros, que agem no mundo com responsabilidade e compaixão. É esse o verdadeiro sentido da expressão "estar no mundo mas não ser dele".

Há pouco tempo, eu, Russ, constatei de forma muito profunda essa verdade. Na época, participava de um retiro espiritual. Estávamos em período de trabalho e, como Don descreve no início deste livro, cada participante tinha uma tarefa a cumprir – a minha naquela tarde era a de lavar as vidraças. Àquela altura, eu já havia participado de dezenas de períodos de trabalho semelhantes; portanto, a relutância e a resistência que antes me dominavam nessas situações já não eram o principal problema. Por mais difíceis que tenham sido, aprendi a apreciar tais períodos como oportunidades muito ricas de perceber-me com maior precisão e de restaurar ou ampliar meu equilíbrio interior.

Eu estava lavando, lenta e conscienciosamente, as janelas de um dormitório no segundo andar. Como essa atividade não tinha nada a ver com os interesses habituais de meu ego, eu fiquei livre para assistir de camarote ao funcionamento dos mecanismos de minha personalidade enquanto tentava estar presente na minha tarefa. Perguntava-me se estava fazendo um bom trabalho, esperava que meu mestre notasse o meu empenho, refletia sobre a importância do momento – esses e outros pensamentos e fantasias brincavam-me na mente. Porém afinal percebi algo mais importante: percebi que algo em mim precisava "acompanhar" tudo. Percebi que minha mente dominava o espetáculo, registrando fatos, anotando observações para uso posterior e, num nível mais profundo, orientando minha experiência de um modo que parecia não apenas familiar, mas necessário. Com efeito, eu *era* a orientação.

Nesse momento, algo notável ocorreu. Vi que na verdade não precisava manter essa orientação vigilante, que podia relaxar e renunciar – e as janelas seriam lavadas da mesma forma. Alguma tensão interior cedeu e, de repente, minha experiência se tornou imediata, não mediada por minha atividade mental. Eu simplesmente estava ali, como Presença: a lavagem das vidraças estava acontecendo, meu corpo se movia e respirava, as folhas das árvores balançavam-se lá fora, tudo fluía – mas não havia sensação de separação. O mundo – e, dentro dele, eu

> "Não há mistério maior que este: que continuemos buscando a realidade embora, de fato, sejamos a realidade. Pensamos que a realidade se esconde por trás de alguma coisa que deve ser destruída para que ela se revele. Que ridículo! Raiará o dia em que você vai rir de tudo que já fez. Isso que vai existir no dia em que você rir já existe aqui e agora."
>
> RAMANA MAHARSHI

> "Se pudéssemos ver claramente o milagre de uma única flor, toda a nossa vida mudaria."
>
> BUDA

> "O desabrochar da Essência torna-se o processo da vida. A vida deixa de ser uma sucessão de experiências desconexas de prazer e dor para tornar-se um fluxo, uma corrente de energia vital."
>
> A. H. ALMAAS

– era como um único belo e magnífico desabrochar que prosseguia interminavelmente. No entanto, tudo isso transcorria em meio a uma vasta e pacífica quietude, a qual não se deixava perturbar por esse jogo da realidade que flui e se transforma. O que eu presumia ser a base da realidade – o mundo cotidiano – era mesmo real, mas parecia-se mais ao brincar da luz do sol sobre a superfície do mar: eu podia ver os reflexos brilhantes nas ondas, mas também tinha consciência da profundidade que jaz abaixo deles e sabia que eu mesmo estava imerso nela.

Ao terminar minha tarefa, a ligação que se estabelecera entre mim e essa faceta da realidade permaneceu e intensificou-se de tal forma que consegui interagir com as pessoas a partir dessa noção expandida de mim mesmo. Não senti necessidade alguma de impressionar ninguém com esse "feito", pois via que não era um feito, mas sim apenas uma experiência da verdadeira natureza do mundo. Além disso, podia ver que todos os demais eram simplesmente aspectos dessa mesma natureza; portanto, a quem eu impressionaria?

O mais assombroso dessa experiência foi que vi que era perfeitamente possível ter consciência de mim mesmo enquanto parte da profundidade do Ser e, ao mesmo tempo, agir normalmente no mundo – comer, conversar, trabalhar, descansar. O amor e o respeito pelos outros surgiram de modo muito natural porque, na verdade, eu vivenciei a verdadeira natureza da situação. Em outras palavras, a percepção de nossa verdadeira natureza liberta-nos dos anseios e das ilusões da personalidade, de forma que tornamo-nos capazes de interagir com simplicidade, graça e inabalável paz interior a cada momento. Sabemos quem e o que somos, e a infindável inquietude interior cessa. Tornamo-nos livres para aceitar a maior e mais preciosa de todas as dádivas: o insondável mistério do Ser, a nossa própria existência.

O Heroísmo do Trabalho

Uma das coisas mais espantosas que descobrimos ao explorar nossos hábitos, reações e vozes interiores é o quanto eles nos foram legados por nossos pais. Embora muitos preferíssemos ver-nos como totalmente diferentes de nossos genitores, quanto mais detidamente analisamos nossas atitudes e comportamentos, mais percebemos o quanto seus problemas psicológicos e suas "soluções" nos foram transmitidos. Nossos pais, por sua vez, herdaram muitos dos problemas e reações de seus próprios pais, e assim por gerações e gerações.

A partir dessa perspectiva, vemos que, quando nos conscientizamos de nossa personalidade habitual, estamos curando não só nossos próprios problemas, mas também padrões destrutivos que podem vir afetando gerações, talvez por muitos séculos, dentro de nossa família. Por conseguinte, quando nos trabalhamos, redimimos tanto nossas lutas e sofrimentos

"(...) A abertura espiritual não é uma retirada para um reino imaginado ou uma caverna segura. Ela não é um arrancar, mas um afetar de toda a experiência de vida pela sabedoria e pela bondade do coração, sem separação alguma."

JACK KORNFIELD

quanto os de nossos ancestrais. É o mesmo que ocorre quando as pessoas se tornam livres após muitas gerações de escravidão e percebem que essa liberdade dá sentido e dignidade às lutas de todas as gerações que as precederam.

Uma outra razão, talvez mais convincente, para realizar este trabalho é *impedir que haja transmissão de padrões destrutivos à futura geração*. Por exemplo, estamos nos conscientizando de que muitos hábitos e atitudes inconscientes em relação ao meio ambiente e ao racismo atingiram um ponto crítico. Por conseguinte, muitos jovens pais estão fazendo o possível para personificar novos valores de consciência social e ambiental, de modo que seus filhos não dêem continuidade às mesmas posturas destrutivas. Assim, tanto do ponto de vista do indivíduo quanto do da coletividade, trabalhar-nos a nós mesmos é um ato de nobreza e a educação de um filho é um apelo ao despertar – para que vejamos, reajamos e demos de coração. A educação de um filho é para a maioria das pessoas como estar numa escola espiritual, pois se trata de uma tarefa que acaba trazendo à tona todos os problemas que elas próprias tiveram na infância. Muitas vezes, eles são transmitidos por repetição ou por reação, *a menos que* usemos a oportunidade para trabalhar-nos, superar nossas limitações e redimir nosso passado.

Com efeito, a tarefa de renunciar aos hábitos do passado é um esforço heróico. Ela requer de nós uma tremenda coragem de enfrentar as mágoas, perdas, raivas e frustrações; é preciso muita compaixão para não fugirmos do sofrimento. Além disso, quando constatamos o caráter transgenerativo dos padrões da personalidade, vemos claramente que nossa transformação pessoal tem conseqüências de longo alcance, as quais nem sempre podemos prever. Quando nos trabalhamos, estamos tomando parte na evolução da consciência humana de uma maneira muito palpável.

Todos sabem que algo de importância capital está acontecendo hoje no mundo. Embora muitas de suas manifestações possam ser apenas reações ao milênio, muita gente acha que elas refletem algo de mais importante: o despertar do consciente coletivo. Sabemos que, como espécie, não podemos continuar vivendo da forma que vivemos até hoje e sobreviver por muito tempo. O tempo do egoísmo desenfreado, do consumo irresponsável e do individualismo ganancioso chegou ao fim. Eles já seguiram seu curso, e hoje vemos os prejuízos que nos deixaram em escala global. Talvez o Eneagrama tenha surgido em nossa era para dar à humanidade um instrumento que possa acelerar a transformação do eu egóico de cada um. Os mestres espirituais de todo o mundo estão falando sobre a necessidade de uma mudança na consciência em nível planetário, e as duas coisas podem estar ligadas.

Talvez ainda não seja possível saber para onde vai a humanidade, mas se o Eneagrama acelerar nosso despertar, terá efeitos profundos e de longo alcance. Mesmo que algumas poucas centenas de pessoas

"Nossa maior necessidade é consagrar a vida pela fidelidade a uma realidade mais profunda em nós. Podemos ver agora que nossa prece é por nosso direito inato, há muito esquecido, embora não de todo, pois a memória de seu sabor permanece, incitando-me, lembrando-me."

CHRISTOPHER FREEMANTLE

despertassem e passassem a viver com plena consciência, a história do mundo sem dúvida mudaria.

A transformação se dá quando nossa perspectiva habitual muda e atingimos uma nova compreensão de quem realmente somos. Entretanto, precisamos lembrar que a percepção de quem realmente somos ocorre – como todos os momentos de graça – apenas *sempre agora*. No fim das contas, essa é a sabedoria do Eneagrama.

OS ESTÁGIOS DO TRABALHO

Se realmente nos observássemos,
nos conscientizaríamos de nossos hábitos e tensões.

Se nos conscientizássemos de nossos hábitos e tensões,
renunciaríamos e relaxaríamos.

Se renunciássemos e relaxássemos,
nos conscientizaríamos das sensações.

Se nos conscientizássemos das sensações,
receberíamos impressões.

Se recebêssemos impressões,
despertaríamos para o momento.

Se despertássemos para o momento,
vivenciaríamos a realidade.

Se vivenciássemos a realidade,
veríamos que não somos a personalidade.

Se víssemos que não somos a personalidade,
lembraríamos de nós.

Se lembrássemos de nós,
renunciaríamos ao medo e aos apegos.

Se renunciássemos ao medo e aos apegos,
seríamos tocados por Deus.

Se fôssemos tocados por Deus,
buscaríamos a união com Deus.

Se buscássemos a união com Deus,
iríamos querer o que Deus quer.

Se quiséssemos o que Deus quer,
seríamos transformados.

Se fôssemos transformados,
o mundo se transformaria.

Se o mundo se transformasse,
tudo retornaria a Deus.

AGRADECIMENTOS

Mesmo os mestres têm mestres, e não somos exceções. Alguns não são muito conhecidos, outros são conhecidos de todos. Seria impossível escrever algum agradecimento sem lembrar os Grandes Mestres que mais nos influenciaram – Buda, Cristo e Maomé – bem como mestres mais contemporâneos – Gurdjieff, Krishnamurti, Dogen, Jellaludin Rumi, Sri Aurobindo e Sri Nisargadatta Maharaj. Esperamos que seu espírito, que influenciou este livro, ecoe através de suas páginas.

Gostaríamos também de agradecer aos nossos mestres pessoais da Grande Obra da transformação humana – Jerry Brewster, Alia Johnson e Hameed Ali (que escreve sob o pseudônimo de A. H. Almaas) – pela orientação que nos forneceram todos esses anos. Sua integridade pessoal, sua sabedoria e seu humor foram para nós uma inspiração e uma bênção. Acima de tudo, sua humanidade e sua profunda e autêntica espiritualidade foram um constante exemplo de como "estar no mundo, mas não ser dele".

Com suas perguntas, sugestões e necessidades, nossos alunos e amigos foram colaboradores diretos neste projeto. Ao longo dos três últimos anos em que escrevemos, pedimos a vários deles que nos mandassem relatos de suas experiências, para que o livro ressoasse com as vozes de pessoas de verdade. Gostaríamos de agradecer aos seguintes por sua generosidade: Brenda Abdilla, Sarah Aschenbach, Annie Baehr, Barbara Bennett, Ann-Lynn Best, Bryann Bethune, Nancy Boddeker, Marion Booth, Jane Bronson, Katherine Chernick, Mona Coates, Les Cole, Kate Corbin, Martha Crampton, Ginny Cusack, Jack DeSantis, Alice Downs, Robin Dulaney, Arlene Einwalter, Diane Ellsworth, David Fauvre, Rod Ferris, Peg Fischer, Cathie Flanigan, Lisa Gainer, Belinda Gore, Brian Grodner, Joe Hall, Anita Hamm, Paul Hanneman, Robert Harnish, Helen Hecken, Jane Hollister, John Howe, Andrea Isaacs, Ed Jacobs, Jim Jennings, Joan Jennings, Dan Johnston, Michelle Jurika, George Kawash, Ann Kirby, Ken Kucin, Tomar Levine, Lori Mauro, Doris McCarthy, Gil McCrary, Colleen McDonald, Damon Miller, Maurice Monette, Leslie Moss, Tal Parsons, Connie Pate, James Peck, Gillette Piper, Marie-Anne Quenneville, Joyce Rawlings-Davies, Richard Reese, Joan Rhoades, John Richards, Sylvia Roeloffs, Tony Schwartz, Marin Shealy, Cynthia Smith, Dan Stryk, Lois e Bob Tallon, Vanessa Thornton, Kathleen Tomich, Terri Waite e Gloria White. Suas histórias são verídicas, mas mudamos seus nomes (e, em alguns casos, certos detalhes) para proteger sua privacidade. Agradecemos também aos membros da Japan Enneagram Association, especialmente ao Sr. Hayashi, bem como a Tim McLean e Yoshiko Takaoka. Agradecemos especialmente também ao nosso aluno e colega Carl Dyer, que nos inspirou a desenvolver o QUESTIONÁRIO RISO-HUDSON (O Teste Classificatório Rápido do Eneagrama).

Gostaríamos ainda de agradecer a Dan Napolitano e a Brian Taylor, diretor de operações e advogado do The Enneagram Institute, respectivamente, por seu apoio e seus incansáveis esforços durante os anos que levamos escrevendo este livro. Em várias ocasiões não pudemos cuidar dos assuntos do Instituto, e ambos nos substituíram pacientemente, tirando de nossas costas um grande fardo. Agradecemos também a Ampara Molina, Karl Goodman e Rocky Knutsen, que, cada um à sua maneira, nos ajudaram a manter a saúde e o bem-estar.

Brian Taylor e Nusa Maal deram-nos a ambos um tremendo apoio, além de valiosos conselhos. Da mesma forma, estamos gratos pelo apoio de nossa agente, Susan Lescher, e de nossa editora consultiva, Linda Kahn, por sua inestimável ajuda na estruturação do material. Gostaríamos de agradecer ainda a Toni Burbank, nossa editora na Bantam Books, por compartilhar nossa visão e levar o Eneagrama ao mundo por meio de um livro prático que ajudaria as pessoas a mudar sua vida.

Russ gostaria de agradecer aos seus pais, Al e Honey Hudson, bem como a suas irmãs, Lorraine Mauro e família e Meredith Van Withrow e família. Eu agradeço de coração aos amigos Laura Lau Kentis, Russell Maynor, Steve Varnum, Molly MacMillan, Karen Miller, Maggi Cullen, Stacey Ivey, Tucker Baldwin, Peter e Jamie Faust, Mark Nicolson, Joan Clark, Richard Porter, Janet Levine, Nancy Lunney, Julia Connors, Lisa Morphopoulos, Butch e Wendy Taylor, Jerry e Vivian Birdsall, Paula Phillips, Randy Nickerson, Tony Schwartz, Deborah Pines, Lee e a equipe do Mana Restaurant, Mark Kudlo, David Santiago, Alan e Kathy Fors, Franc D'Ambrosio, D. C. Walton e Mindi McAlister. Gostaria também de registrar minha gratidão à orientação compassiva que recebi de Jeanne Hay, Scott Layton, Rennie Moran, Morton Letofsky e Michael Gruber. Um grande "obrigado" vai para meus amigos da Ridhwan School, pelos incontáveis momentos que dividimos ao longo do Caminho. Obrigado também aos meus amigos do La Rosita Restaurant por me deixarem sentar diariamente com mil manuscritos à mesa. Gostaria também de agradecer à minha avó, Meredith Eaton, que escolheu meu nome e me trouxe ao mundo. Ela faleceu enquanto este livro era escrito, mas sua bondade e gentileza serão sempre lembrados por aqueles que a conheceram.

Finalmente, gostaria de agradecer especialmente pela bênção extraordinária de contar com a amizade de Don, que sempre marca sua presença em minha vida com apoio e carinho incontestáveis. Seu brilho, sua eloqüência e seu humor maravilham-me a cada dia, e sua generosidade de espírito e dedicação a seu Trabalho tocam-me profundamente.

Don gostaria de agradecer a todos os seus alunos, familiares e amigos pelo constante amor e apoio. Como já foram mencionados em livros anteriores, não o farei mais uma vez. Eles sabem quem são. (Vários inclusive já foram citados acima como colaboradores.) Entretanto, gostaria de lembrar Ruben St. Germain, Geoff Edholm, Charles Aalto, Rick Horton e Anthony Cassis particularmente.

Finalmente, embora eu também haja agradecido a Russ em livros anteriores por sua amizade, gostaria mais uma vez de frisar o quanto sou grato pela bênção dessa amizade e de dizer que estou convencido de que não só minha vida seria muito diferente se não fosse por Russ – também o futuro do Eneagrama. Acredito que ele é um espírito extraordinário, enviado não apenas a mim, mas ao mundo para ser um importante mestre espiritual.

Acima de tudo, ambos gostaríamos de agradecer ao Espírito Divino que, acreditamos, manteve a Presença ao longo dos anos de esforço que este livro exigiu para ser escrito. Pelo apoio e orientação que recebemos estamos gratos e dedicamos mais uma vez nosso trabalho, nossa vida e nosso ser à Grande Obra de libertação e transformação humana.

Don Richard Riso
Russ Hudson
Agosto de 1998

NOTA SOBRE LIVROS ACERCA DO ENEAGRAMA

Existem atualmente vários livros acerca do Eneagrama. Entretanto, os leitores vêm se mostrando confusos diante das incoerências e contradições entre eles. É nossa convicção que os livros que aplicam o Eneagrama a relacionamentos, negócios, espiritualidade etc. serão de pouca utilidade se estiverem baseados em noções distorcidas acerca dos tipos do Eneagrama como um todo.

Seja como for, "o Eneagrama" não existe. O que existe são diferentes interpretações de diferentes autores. Portanto, instamos os que se interessarem pelo sistema a ler criticamente todos os livros sobre o assunto (inclusive os nossos), pensando por si mesmos e sempre julgando tudo com base em sua própria experiência.

BIBLIOGRAFIA

Almaas, A. H. *Diamond Heart*. Vols. 1-4. Berkeley, CA: Diamond Books, 1987-1997.
_____. *Essence*. York Beach, ME: Samuel Weiser, 1986.
_____. *The Pearl Beyond Price*. Berkeley, CA: Diamond Books, 1988.
_____. *The Point of Existence*. Berkeley, CA: Diamond Books, 1996.
_____. *The Void*. Berkeley, CA: Diamond Books, 1986.
Andrews, Frank. *The Art and Practice of Loving*. Nova York: Jeremy P. Tarcher/Putnam, 1991.
Barks, Coleman, et al. *The Essential Rumi*. San Francisco: HarperSanFrancisco, 1995.
Beck, Charlotte. *Nothing Special*. San Francisco: HarperSanFrancisco, 1993.
Bennett, J. G. *Enneagram Studies*. York Beach, ME: Samuel Weiser, 1983. [*O Eneagrama*, publicado pela Editora Pensamento, São Paulo, 1985.]
Bradshaw, John. *Bradshaw On the Family*. Deerfield Beach, FL: Health Communications, 1988.
_____. *Homecoming*. Nova York: Bantam Books, 1990.
Cameron, Julia, e Mark Bryan. *The Artist's Way*. Nova York: Jeremy P. Tarcher/Putnam, 1992.
DeMello, Anthony. *Awareness*. Nova York: Doubleday, 1990.
_____. *The Way to Love*. Nova York: Doubleday, 1991.
Diagnostic and Statistical Manual of Mental Disorders, 4ª ed. Washington, DC: American Psychiatric Association, 1994.
Epstein, Mark. *Thoughts Without a Thinker*. Nova York: Basic Books, 1995.
Epstein, Perle. *Kabbalah, The Way of the Jewish Mystic*. Boston: Shambhala, 1988. [*Cabala - O Caminho da Mística Judaica*, publicado pela Editora Pensamento, São Paulo, 1991.]
Fremantle, Christopher. *On Attention*. Denville, NJ: Indication Press, 1993.
Goleman, Daniel. *Emotional Intelligence*. Nova York: Bantam Books, 1995.
Greenberg, J., e Stephen Mitchell. *Object Relations in Psychoanalytic Theory*. Cambridge, MA: Harvard University Press, 1983.
Guntrip, Harry. *Schizoid Phenomena, Object Relations, and the Self*. Madison, CT: International Universities Press, 1995.
Gurdjieff, G. I. *Beelzebub's Tales to His Grandson*. Nova York: Viking Arkana, 1992.
_____. *Views from the Real World*. Nova York: Dutton, 1975.
Hales, Dianne, e Robert Hales. *Caring for the Mind*. Nova York: Bantam Books, 1995.
Halevi, Z'ev Ben Shimon. *The Way of Kabbalah*. York Beach, ME: Samuel Weiser, 1976.
Hanh, Thich Nhat. *The Miracle of Mindfulness*. Boston: Beacon Press, 1975.
Hinsie, Leland, e Robert Campbell. *Psychiatric Dictionary*, 4ª ed. Nova York: Oxford University Press, 1970.
Horney, Karen. *Neurosis and Human Growth*. Nova York: W.W. Norton, 1950.
_____. *Our Inner Conflicts*. Nova York: W.W. Norton, 1945.
Ichazo, Oscar. *Between Metaphysics and Protoanalysis*. Nova York: Arica Institute Press, 1982.
_____. *Interviews with Oscar Ichazo*. Nova York: Arica Institute Press, 1982.
Isaacs, Andrea e Jack Labanauskas, "Interview with Oscar Ichazo", Partes 1-3, *Enneagram Monthly*, Vol. 2, números 11 e 12, 1996 e Vol. 3, número 1, 1997.
Johnson, Stephen. *Character Styles*. Nova York: W.W. Norton 1994.
Jung, C. G. *Psychological Types*. Princeton, NJ: Princeton University Press, 1974.
Kasulis, T. P. *Zen Action, Zen Person*. Honolulu: University of Hawaii Press, 1981.
Kernberg, Otto. *Borderline Conditions and Borderline Narcissism*. Nova York: Jason Aronson, 1975.

Knaster, Mirka. *Discovering the Body's Wisdom*. Nova York: Bantam Books, 1996. [*Descubra a Sabedoria do Corpo*, publicado pela Editora Cultrix, São Paulo, 1999.]
Kornfield, Jack. *A Path with Heart*. Nova York: Bantam Books, 1993. [*Um Caminho com o Coração*, publicado pela Editora Cultrix, São Paulo, 1995.]
Krishnamurti, J. *The Flame of Attention*. San Francisco: HarperSanFrancisco, 1984.
Leonard, George, e Michael Murphy. *The Life We Are Given*. Nova York: Jeremy P. Tarcher/Putnam, 1995.
Lowen, Alexander. *Narcissism*. Nova York: Macmillan, 1983. [*Narcisismo*, publicado pela Editora Cultrix, São Paulo, 1985.]
Mahler, Margaret S., Fred Pine e Anni Bergman. *The Psychological Birth of the Human Infant*. Nova York: Basic Books, 1975.
Maslow, Abraham. *The Farther Reaches of Human Nature*. Nova York: Esalen Books, 1971.
Matt, Daniel. *The Essential Kabbalah*. San Francisco: HarperSanFrancisco, 1994.
Millon, Theodore. *Disorders of Personality*. Nova York: John Wiley & Sons, 1981.
Moore, James. *Gurdjieff: The Anatomy of a Myth*. Rockport, MA: Element, 1991.
Mouravieff, Boris. *Gnosis*. Vols. 1-3. Newbury, MA: Praxis Institute Press, 1989. Edição original francesa, 1961.
Napier, Nancy J. *Sacred Practices for Conscious Living*. Nova York: W.W. Norton, 1997.
Naranjo, Claudio. *Character and Neurosis*. Nevada City, CA: Gateways/IDHHB, 1994.
Nicoll, Maurice. *Psychological Commentaries on the Teaching of Gurdjieff and Ouspensky*. Vols. 1-5. Boston: Shambhala, 1955, 1980.
Nisargadatta, Maharaj. *I am That*. Traduzido por Maurice Frydman. Durham, NC: Acorn Press, 1973, 1982.
Nott, C.S. *Teachings of Gurdjieff*. Londres: Arkana, 1961, 1990.
Oldham, John, e Lois Morris. *The Personality Self-Portrait*. Nova York: Bantam Books, 1990.
Olsen, Andrea, com Caryn McHose. *Body Stories*. Barrytown, NY: Station Hill Press, 1991.
Ornstein, Robert. *The Roots of the Self*. San Francisco: HarperSanFrancisco, 1993.
Ouspensky, P. D. *In Search of the Miraculous*. Nova York: Harcourt, Brace & World, 1949.
_____. *The Fourth Way*. Nova York: Vintage Books, 1957, 1971. [*O Quarto Caminho*, publicado pela Editora Pensamento, São Paulo, 1987.]
Plotinus. *The Enneads*. Nova York: Penguin Books, 1991.
Powell, Robert. *The Wisdom of Sri Nisargadatta Maharaj*. Nova York: Globe Press Books, 1992.
Riso, Don Richard. *Discovering Your Personality Type*. Boston: Houghton Mifflin, 1992, 1995.
_____. *Enneagram Transformations*. Boston: Houghton Mifflin, 1993.
_____. *Understanding the Enneagram*. Boston: Houghton Mifflin, 1990.
Riso, Don Richard, com Russ Hudson. *Personality Types*. Boston: Houghton Mifflin, 1987, 1996.
Rudolph, Kurt. *Gnosis: The Nature and History of Gnosticism*. San Francisco: HarperSanFrancisco, 1987.
Rumi, Mevlana Jellaludin. *Jewels of Remembrance*. Traduzido por Camille e Kabir Helminski. Putney, VT: Threshold Books, 1996.
Satir, Virginia. *The New Peoplemaking*. Mountain View, CA: Science and Behavior Books, 1988.
Schimmel, Annemarie. *The Mystery of Numbers*. Nova York: Oxford University Press, 1993.
Schimmel, Solomon. *The Seven Deadly Sins*. Nova York: Free Press, 1992.
Scholem, Gershom. *Origins of the Kabbalah*. Princeton, NJ: Jewish Publication Society, Princeton University Press, 1962.
Shah, Idries. *Caravan of Dreams*. Londres: Octagon Press, 1968.
_____. *Learning How to Learn*. Londres: Octagon Press, 1978.

Shah, Idries. *Tales of the Dervishes*. Nova York: Arkana/Penguin, 1967.
Shapiro, David. *Neurotic Styles*. Nova York: Basic Books, 1965.
Smith, Huston. *Forgotten Truth*. San Francisco: HarperSanFrancisco, 1985.
Speeth, Kathleen Riordan. *The Gurdjieff Work*. Berkeley, CA: And/Or Press, 1976.
Tart, Charles, org. *Transpersonal Psychologies*. Nova York: Harper & Row, 1975.
_____. *Waking Up*. Boston: Shambhala, 1986.
Taylor, Thomas. *The Theoretical Arithmetic of the Pythagoreans*. York Beach, ME: Samuel Weiser, 1983.
Tracol, Henri. *The Taste for Things That Are True*. Rockport, MA: Element, 1994.
Trungpa, Chogyam. *Cutting Through Spiritual Materialism*. Boston: Shambhala, 1973. [*Além do Materialismo Espiritual*, publicado pela Editora Cultrix, São Paulo, 1987.]
Walsh, Roger, e Vaughan, Frances. *Paths Beyond Ego*. Los Angeles: Jeremy P. Tarcher/Perigee, 1993. [*Caminhos Além do Ego*, publicado pela Editora Cultrix, São Paulo, 1997.]
Wegscheider-Cruse, Sharon. *Another Chance*. Palo Alto, CA: Science and Behavior Books, 1981.
Wilber, Ken. *The Eye of Spirit*. Boston: Shambhala, 1997. [*O Olho do Espírito*, publicado pela Editora Cultrix, São Paulo, 2000.]
_____. *Sex, Ecology, Spirituality*. Boston: Shambhala, 1995.
_____. *The Spectrum of Consciousness*. Wheaton, IL: Quest Books, 1977, 1993. [*O Espectro da Consciência*, publicado pela Editora Cultrix, São Paulo, 1990.]

PARA MAIS INFORMAÇÕES

As livrarias poderão fornecer-lhe exemplares dos outros livros de Don Richard Riso: *Personality Types* (1996, revisado, com Russ Hudson), *Understanding the Enneagram* (1990), *Discovering Your Personality Type: The New Enneagram Questionnaire* (1995, contendo o *Riso-Hudson Enneagram Type Indicator*, questionário RHETI/*Indicador Tipológico via Eneagrama Riso-Hudson*, questionário ITERH) e *Enneagram Transformations* (1993). Para pedir separadamente o RHETI com tábua de respostas ou obter uma interpretação de seus resultados pessoais feita por um mestre do Eneagrama treinado e certificado por Don Riso e Russ Hudson, favor entrar em contato com The Enneagram Institute por meio do endereço abaixo para referências sem compromisso a mestres residentes em sua área.

Don Richard Riso e Russ Hudson ministram um Programa de Treinamento Profissional para o Eneagrama muito abrangente e dividido em três partes. O treinamento destina-se a preparar estudiosos do Eneagrama para ensinar o sistema e aplicá-lo a áreas diversas, como: crescimento pessoal, educação, terapia, aconselhamento e assistência social, espiritualidade, negócios e relacionamentos. Favor entrar em contato com The Enneagram Institute para maiores informações.

Para entrar em contato com Don Richard Riso e Russ Hudson e obter informações acerca de seus seminários e *workshops* sobre o Eneagrama, novas publicações e fitas de áudio ou acrescentar seu nome à *mailing list* para receber informes sobre *workshops* em sua região, entre em contato com:

The Enneagram Institute[SM]
222 Riverside Drive, Suite 10
New York, NY 10025
Telefone: 212 932-3306
Fax: 212 865-0962
e-mail: ennpertype@aol.com
Página Web: www.EnneagramInstitute.com